KB213945

동봉스님

반야심경 여행

도서출판 도반

동봉東峰 스님

강원도 횡성에서 태어나 1975년 불문에 귀의하였다. 해인사승가대학, 중앙승가대, 동국대 불교대학원에서 공부했다.

법명은 정휴正休이며 자호는 일원一圓, 법호는 동봉東峰이고 아프리칸 이름은 기포kipoo起泡다.

1993~1997년 BBS 불교방송에서 〈살며 생각하며〉, 〈자비의 전화〉 등 26개월에 걸쳐 생방송을 진행하였다.

동아프리카 탄자니아에서 52개월간 머물며 펼친 말라리아 구제 활동은 지금도 계속해서 진행 중에 있다.

한국 불교인으로서는 최초로 아프리카에 '학교법인 보리가람스쿨'을 설립하였고 탄자니아 수도 다레살람에 매입한 학교 부지 35에이커와 킬리만자로 산기슭에 개척한 부처님 도량, 사찰 부지 3에이커를 조계종 산하 '아름다운 동행'에 기증하여 종단에서 '보리가람농업기술대학교'를 세워 2016년 9월 개교, 운영하고 있다.

곤지암 '우리절' 창건주이자 회주로서 책, 법문, 소셜미디어 등을 통해 부처님 법을 전하고 있으며, 특히 〈기포의 새벽 편지〉 연재는 1300회를 돌파했다. 지금은 서울 종로 대각사 주지로서 수행자로서의 삶을 이어가고 있다.

《사바세계로 온 부처님의 편지》, 《마음을 비우게 자네가 부처야》, 《아미타경을 읽는 즐거움》, 《불교 상식 백과》, 《밀린다왕문경》, 《평상심이 도라 이르지 말라》 외 60여 권의 저서와 역서가 있다.

여행景行하라!
그대 현인賢人이 되리니

바야흐로 반야심경 여행입니다.
여행을 모르는 사람은
춤을 모르고, 음악을 모르고, 예술을 모르고,
시와 문학을 모르고, 게임과 스포츠를 모르듯
생각보다 많이 고루합니다.

여행을 모르는 사람은
미래가 없고, 희망이 없고, 과거가 없고, 추억이 없고,
현재가 없고, 웃음이 없습니다.
향기와 기쁨이 없고 사랑과 행복이 없듯이
한없이 삭막하고 팍팍합니다.

여행에는 선험적 여행이 있고 경험적 여행이 있습니다.
선험과 경험을 얘기하니까 과학철학자 임마누엘 칸트의 철학을
대하듯 느껴지지 않습니까.
선험적 여행이란 경험 이전의 세계로 정신적 이론적 여행입니다.

그렇다면 경험적 여행은 무엇일까요.

몸으로 뛰고, 발로 뛰는 여행입니다.
이론으로 알고 있는 세계를 몸소 실험을 통해 경험함입니다.
여행의 묘미는 몸으로 뛰면서 몸으로 느끼는 데 있습니다.

몸에는 오감五感이 함께합니다.
몸의 여행이 묘미를 느끼려면 정신 여행이 충분해야만 하겠지요. 이론 여행이 넉넉하지 않으면 맛을 제대로 느낄 수 없습니다.
이론 여행이라면 어떤 게 있겠습니까.

보통사람으로는 우주 지식은 거의가 이론에 그칩니다.
우주복을 입고, 우주선을 타고
지구와 대기권을 벗어나 우주로 여행한 사람이라면
아직은 손가락에 꼽을 정도입니다.

우리가 우주에 대해서 이러쿵저러쿵 얘기들은 하지만
이는 어디까지나 이론일 뿐이지요.
그렇다고 하여 모의실험模擬實驗 한 번 없이
인간의 고귀한 생명을 광활하고 거친 저 우주 속에
그냥 던져버릴 수는 없지 않겠습니까.

이론 여행을 충분하게 한 뒤 몸 여행길에 오를 때
여행의 재미는 깊이를 더할 것입니다.

깨달음도 분명 이와 같습니다

믿음과 이해와 실천과 궁극이라는 신해행증信解行證에서
믿음과 이해라는 단계 없이 곧바로 실천 단계로 뛰어드는 것은
시뮬레이션 한 번 없이 곧바로 우주로 나아감과 같습니다.

그건 천체 우주물리학이나 핵물리학과 같이 위험한 경우에 한해서고 여행은 위험한 것이 아니라서 몸 여행을 먼저 하고 난 뒤 이론 여행은 천천히 해도 괜찮다고요?

그럴 수도 있습니다.
영화를 보기 전에 시놉시스synopsis를 먼저 읽고 나중에 영화를 보게 되면 김이 빠진다는 이들도 더러 있습니다.
그런데 나는 아니더라고요.
머리가 둔해서 그런지 모르겠으나. 어차피 영화도 이해를 필요로 하니까. 미리 골자를 충분히 읽고 난 뒤 영화를 관람한다면 이해가 빠르지 않겠습니까?

나는 할 수만 있다면 우리 인생人生도 일종의 시놉시스를 설정하고 설정을 따라 열 번이고 백 번이고 시뮬레이션을 거친 뒤 제대로 한 번 살아보고 싶습니다.
세상에 시뮬레이션 없는 것은 이른바 가장 소중하다는 인생뿐입니다.

한 번도 가보지 못한 우주, 전혀 경험해 보지 않은 물리도
시놉시스와 시뮬레이션이 가능한데
어찌 인간의 삶은 그것이 불가능할까요?
인생은 모의실험이 불가능하고, 줄거리 설정이 불가능하고
사랑은 계획대로 되는 게 아니더라도
반야의 여행만큼은 이처럼 확실한 로드맵을 통해
보다 알찬 몸 여행 떠나시길 권합니다.

반야심경 여행의 로드맵을 처음 설계하신 부처님
이 길을 좀 더 알차고 부드럽게 고치고
다시 새롭게 디자인하여 내놓은 도서출판 도반 편집자와
관계자 모든 분들께 감사드립니다

이제 이토록 아름답게 잘 정리된 괜찮은 로드맵을 드셨다면
반야심경 여행길에 오르십시오.
그리고 마음껏 즐기십시오.
멋진 여행이 될 것입니다.
그 모든 권리는 이 로드맵을 손에 드신 바로 독자讀者 여러분들
의 몫입니다.

2018년 8월
아이들idle 비구 동봉 합장

차례

【03】

서분 序分 90

크신보살 관자재가 깊은반야 실천하여
저언덕에 도달하는 바라밀다 하올때에
오온모두 공한것을 분명하게 비춰보고
이세상의 일체고액 모두벗어 나느니라
觀自在菩薩行深般若波羅蜜多時
照見五蘊皆空度一切苦厄

【04】

정종분正宗分(1) 온공론蘊空論 129

사리자여 색이공과 별다르지 아니하고
그와같이 공이색과 별다르지 아니하여
색그대로 공이듯이 공그대로 색이니라
수상행식 나머지도 또한다시 이와같네
舍利子色不異空空不異色色即是空空即是
色受想行識亦復如是

【08】
정종분正宗分(5) 이무득과以無得果 450

지혜또한 없거니와 얻을것도 바이없어
얻을것이 없으므로 상구하화 보살행자
반야지혜 의지하여 바라밀다 하는고로
수행하는 그마음에 거리낄게 전혀없고

거리낌이 없으므로 두려움이 또한없어
전도몽상 멀리떠나 구경에는 열반하며
삼세제불 부처님도 반야지혜 의지하여
바라밀다 하는고로 아뇩보리 얻으리니
無智亦无得以無所得故菩提薩埵依般若波羅蜜多故
心無罣㝵無罣㝵故無有恐怖遠離顚倒夢想究竟涅槃
三世諸佛依般若波羅蜜多故得阿耨多羅三藐三菩提

【11】
결분結分(3) 즉설주왈卽說呪曰 568

아제아제 바라아제 바라승아제 모지사바하
揭帝揭帝 般羅揭帝 般羅僧揭帝 菩提僧莎訶
가자!
가자!
저 언덕으로 가자!
저 언덕으로 함께 가자!
깨달음이여!
영원하라!

반야바라밀다심경 般若波羅密多心經
동봉 옮김

관 자 재 보살행자 깊은반야 실천하여
저언덕에 도달하는 바라밀다 하올때에
오온모두 공한것을 분명하게 비춰보고
이세상의 일체고액 모두벗어 나느니라

사리자여 색이공과 별다르지 아니하고
그와같이 공이색과 별다르지 아니하여
색그대로 공이듯이 공그대로 색이니라
수상행식 나머지도 또한다시 이와같네

사리자여 모든법은 공이면서 상인지라
생하지도 아니하고 멸하지도 아니하며
더럽지도 아니하고 깨끗하지 아니하며
늘어나지 아니하고 줄어들지 않느니라

그러므로 공가운데 물질세계 색이없고
정신세계 구성하는 수상행식 마저없고
육근으로 눈귀코혀 몸과뜻이 일체없고
빛깔소리 냄새맛과 촉과법의 육진없고

눈의세계 없거니와 의식계도 마저없고
무명또한 없거니와 무명다함 마저없고
노사또한 없거니와 노사다함 마저없고
고집멸도 사성제도 공속에는 하나없네

지혜또한 없거니와 얻을것도 바이없어
얻을것이 없으므로 상구하화 보살행자
반야지혜 의지하여 바라밀다 하는고로
수행하는 그마음에 거리낄게 전혀없고

거리낌이 없으므로 두려움이 또한없어
전도몽상 멀리떠나 구경에는 열반하며
삼세제불 부처님도 반야지혜 의지하여
바라밀다 하는고로 아뇩보리 얻으리니

고로알라 반야로써 바라밀다 하는말씀
아주아주 크나크게 신비로운 주문이며

크게밝은 주문이며 위가없는 주문이며
견줄수가 없으면서 평등하온 주문이라

이세상의 온갖고를 남김없이 제거하고
참스럽고 실다워서 허망하지 아니하니
그러므로 반야로써 바라밀다 하는주문
내가이제 설하리니 그주문은 이러니라

아제아제 바라아제 바라승아제 모제사바하
아제아제 바라아제 바라승아제 모제사바하
아제아제 바라아제 바라승아제 모제사바하

가자! 가자!
저 언덕으로 가자!
저 언덕으로 함께 가자!
깨달음이여!
영원하라!

般若波羅蜜多心經　　　　　羽

唐三藏法師玄奘 譯

觀自在菩薩行深般若波羅蜜多時
照見五蘊皆空度一切苦厄舍利子

色不異空空不異色色即是空空即
是色受想行識亦復如是舍利子是
諸法空相不生不滅不垢不淨不增
不減是故空中無色无受想行識無
眼耳鼻舌身意无色聲香味觸法无
眼界乃至無意識界无無明亦无無
明盡乃至无老死亦無老死盡無苦
集滅道無智亦无得以無所得故菩
提薩埵依般若波羅蜜多故心無罣
㝵無罣㝵故無有恐怖遠離顛倒夢
想究竟涅槃三世諸佛依般若波羅
蜜多故得阿耨多羅三藐三菩提故
知般若波羅蜜多是大神呪是大明
呪是無上呪是无等等呪能除一切
苦真實不虛故說般若波羅蜜多呪
即說呪曰

揭帝揭帝 般羅揭帝 般羅僧揭帝
菩提僧莎訶

般若波羅蜜多心經

　　　戊戌歲高麗國大藏都監奉

《高麗大藏經》第五卷(48卷中)-1035쪽

[檀紀4291年6月30 東國大學校 發行]

경문 經文

마하반야바라밀대명주경 摩訶般若波羅蜜大明呪經
동봉 옮김

관음보살 마하살이 깊은반야 실천하여
저언덕에 도달하는 바라밀을 닦을때에
오음세계 공한것을 분명하게 비춰보고
이세상의 일체고액 모두벗어 나느니라

지혜제일 사리불아 분명하게 알지니라
물질로써 이루어진 색의세계 공하므로
괴로움이 없거니와 무너지는 상이없고
받아들임 공하기에 받는느낌 없느니라

생각세계 공하므로 앎의상이 전혀없고
닦아감이 공하므로 짓는상이 또한없고
앎의세계 공하므로 느낌상이 없느니라
어찌하여 그러한지 사리불아 알겠는가

색이공과 더불어서 다른것이 하나없고
공이색과 더불어서 다른것이 없으므로

색그대로 공이듯이 공그대로 색이니라
수상행식 나머지도 또한다시 이와같네

사리불아 알지니라 모든법은 공한모습
생하지도 아니하고 멸하지도 아니하며
더럽지도 아니하고 깨끗하지 아니하며
늘어나지 아니하고 줄어들지 않느니라

그러므로 알지니라 이와같이 공한법은
이미훌쩍 떠나버린 과거세도 아니지만
다가오지 않은세계 미래세도 아니면서
한순간도 쉼이없는 현재세도 아니니라

공한세계 그속에는 물질세계 색이없고
정신세계 구성하는 수상행식 마저없고
육근으로 눈귀코혀 몸과뜻이 일체없고
빛깔소리 냄새맛과 촉과법의 육진없고

눈의세계 없거니와 의식계도 마저없고
무명또한 없거니와 무명다함 마저없고
늙고죽음 없거니와 늙고죽음 다함없고
고집멸도 사성제도 공속에는 하나없네

지혜또한 없거니와 얻을것도 바이없어
얻을것이 없으므로 상구하화 보살행자
반야지혜 의지하여 저언덕에 이르기에
수행하는 그마음에 거리낄게 전혀없고

거리낌이 없으므로 근심걱정 전혀없고
근심걱정 없으므로 두려움이 또한없어
뒤바뀌고 어지러운 전도몽상 온갖번뇌
말끔하게 벗어나고 마침내는 열반하며

삼세여래 부처님도 반야지혜 의지하여
저언덕에 도달하는 바라밀을 닦는고로
위가없고 반듯하며 어디에나 두루하는
아뇩보리 높은경지 깨달음을 얻느니라

고로알라 반야로서 저언덕에 도달함은
크나크게 밝고밝은 대명주의 주문이며
위가없이 밝고밝은 무상명의 주문이며
최상이되 두루하는 무등등의 주문이라

이세상의 온갖고를 남김없이 제거하고
참스럽고 실다워서 허망하지 아니하니

그러므로 반야로서 바라밀다 하는주문
내가이제 설하리니 그주문은 이러니라

아제아제 바라아제 바라승아제 모지사바하
아제아제 바라아제 바라승아제 모지사바하
아제아제 바라아제 바라승아제 모지사바하

摩訶般若波羅蜜大明呪經　　羽

姚秦天竺三藏鳩摩羅什 驛

觀世音菩薩行深般若波羅蜜時照
見五陰空度一切苦厄舍利弗色空
故無惱壞相受空故无受相想空故
无知相行空故無作相識空故无覺
相何以故舍利弗非色異空非空異
色色卽是空空卽是色受想行識亦
如是舍利弗是諸法空相不生不滅
不垢不淨不增不減是空法非過去
非未来非現在是故空中無色无受
想行識無眼耳鼻舌身意无色聲香
味觸法无眼界乃至無意識界无無
明亦無无明盡乃至无老死無老死
盡无苦集滅道無智亦无得以無所

得故菩薩依般若波羅蜜故心无罣
导無罣导故无有恐怖離一切顛倒
夢想苦悩究竟涅槃三世諸佛依般
若波羅蜜故得何耨多羅三藐三菩
提故知般若波羅蜜是大明呪無上
明呪无等等明呪能除一切苦真實
不虛故説般若波羅蜜呪卽説呪曰
竭帝竭帝 波羅竭帝 波羅僧竭帝
菩提僧沙呵

摩訶般若波羅蜜大明呪經

　　　戊戌歲高麗國大藏都監奉
勅彫造

《高麗大藏經》第五卷(48卷中)－1037쪽

[檀紀4291年6月30 東國大學校 發行]

[01] 경문 經文

경문 經文

[대행스님] 뜻으로 푼 반야심경

두루 차고 깊은 지혜

한 마음은 밝았으니

저 세상과 이 세상을 두루 살펴

자재로이 행하시는 한 마음이

죽은 세상 산 세상 한데 비추어 보시니

모든 중생들은 본래부터

공생共生 공심共心 공용共用

공체共體 공식共食하며

나투고 화하여 돌아가건만

그것을 몰라서 일체 고품의 길을 걷나니라

사리자여

물질과 마음이 다르지 않고

마음은 모든 물질적 현상과 다르지 않나니

모든 물질적 현상은

곧 한 마음으로 쫓아 있나니라

느끼는 생각과 행하는 의식도

또한 둘이 아니어서 이와 같나니라

사리자여

우주의 생명과 모습은

본래 생겨났다 없어졌다 함도 없으며

더러운 것도 깨끗한 것도 없으며

늘지도 줄지도 않느니라

이런 고로

고정됨이 없는 차원의 물질도

둘이 아닌 까닭에 없나니

감각 지각 의지적 행동

인식작용도 따로 없느니라

눈 귀 코 혀 몸 뜻도

따로 고정됨이 없으며

형상 소리 냄새 맛 감촉 법도

따로 고정됨이 없으며

보이는 세계와 의식세계까지도

따로 고정됨이 없느니라

죽지 않는 것도

죽는 것도

또한 둘이 아닌고로 없으며

늙고 죽음도 없고

또한 늙고 죽음이 다함까지도 없느니라

온갖 괴로움의 원인과

괴로움을 벗어나는 방법까지도 없으므로

지혜도 깨달음도 얻을 바가 없으니

없는 까닭은 이렇게 고정된 것이 없이

화하여 찰나 찰나 나투는 까닭이니라

자유인의 한 마음

깊은 무無의 세계에 회전하며

일체 걸림이 없느니라

마음에 걸림이 없는 고로 두려움이 없으며

뒤바뀐 헛된 꿈 같은 생각을 떠나서

본래부터 영원한 밝음의 구경에 이르렀나니라

과거 현재 그리고 미래의

모든 부처님들도

이 마음 자리를 깨달아

가장 높고 밝은 지혜를 얻어

생사를 초월하고

자유 자재의 경지를 성취하셨나니
마땅히 알라
깊은 미지의 지혜로운 한 마음이야말로
가장 신비하고 가장 밝고 가장 높고 가장 당당한
위 없는 심경이므로
이 깊은 미지의 주문은
진실하여 허망치 않음을 알라
일체 고난에서 벗어나리라

이에
깊은 한 마음을 깨닫는
주문을 설하노니

발 없는 발로 길 없는 길을
어서어서 벗어나세
우리 함께 벗어나세
이승 저승 없는 마음
어서어서 벗어나세

[한마음의 깨달음은
그대로 여여하게 밝았으니
우리 함께 어서어서 벗어나세(세번)]

경문 經文

대한불교조계종 공인 한글반야심경

마하반야바라밀다심경

관자재보살이 깊은 반야바라밀다를 행할 때 오온이 공한 것을 비추어 보고 온갖 고통에서 건너느니라

사리자여 색이 공과 다르지 않고 공이 색과 다르지 않으며 색이 곧 공이요 공이 곧 색이니 수 상 행 식도 그러하니라

사리자여 모든 법은 공하여 나지도 멸하지도 않으며 더럽지도 깨끗하지도 않으며 늘지도 줄지도 않느니라

그러므로 공 가운데는 색이 없고 수 상 행 식도 없으며 안 이 비 설 신 의도 없고 색 성 향 미 촉 법도 없으며 눈의 경계도 의식의 경계까지도 없고 무명도 무명이 다함까지도 없으며 늙고 죽음도 늙고 죽음이 다함까지도 없고 고 집 멸 도도 없으며 지혜도 얻음도 없느니라

얻을 것이 없는 까닭에 보살은 반야바라밀다를 의지하므로 마음에 걸림이 없고 걸림이 없으므로 두려움이 없어서 뒤바뀐 헛된 생각을 멀리 떠나 완전한 열반에 들어가며 삼세의 모든 부처님도 반야바라밀다를 의지하므로 최상의 깨달음을 얻느니라

반야바라밀다는 가장 신비하고 밝은 주문이며 위없는 주문이며 무엇과도 견줄 수 없는 주문이니 온갖 괴로움을 없애고 진실하여

허망하지 않음을 알지니라 이제 반야바라밀다주를 말하리라

아제아제 바라아제 바라승아제 모지 사바하(3번)

지난 2013년6월26일 194회 중앙종회는 의례위원회의 심의 의결된 한글반야심경 수정안에 대하여 동의안을 가결하였으며 이에 2013년7월11일 종무회의 의결을 거쳐 총무원장 스님은 이를 조계종의 반야심경으로 공포하였다.

_____

심경

반야심경

반야바라밀다심경

마하반야바라밀다심경

경 이름이 참으로 정겹습니다

경 이름만 생각해도 그냥 좋습니다

마하반야바라밀다심경이 맞는 것인지

반야바라밀다심경이 맞는 것인지

반야심경으로 줄여도 되는지

심경으로 확 잘라버릴까

아무튼 즐겁습니다

반야심경이

좋아요

【02】
경제 經題

반야바라밀다심경
般若波羅蜜多心經

마하 摩訶

경전 이름 《반야바라밀다심경》은 있는 그대로 '반야바라밀다심경'일 뿐이다. 이 이상도 이 이하도 필요치 않다. 그냥 '반야바라밀다심경'이면 되지 마하摩訶maha가 여기에 왜 필요할까. 나는 이 문제를 1980년대 초반부터 35년이 넘도록 줄기차게 주장해 왔다. 삼장법사三藏法師 쉬앤짱玄奘(602~664)이 《마하반야바라밀다심경》으로 옮겼다면 으레 그 이름 그대로 쓰는 게 맞다. 그런데 삼장법사 쉬앤짱 번역본에는 '마하摩訶'라는 2글자가 실려 있지 않다.

삼장법사 쿠마라지바鳩摩羅什kumarajiva는 344년에 태어나 413년에 입멸하기까지 그가 세운 큰 업적은 역경譯經이었다. 쿠마라지바 역본譯本을 구역舊譯이라 하고 쉬앤짱 삼장의 역본을 신역新譯이라고 한다. 쉬앤짱 삼장이 쿠마라지바 삼장에 비하면 한참 뒷사람이니 분명 영향을 받았을 것이다. 그러므로 쉬앤짱의 신역본 《반야심경》은 쿠마라지바의 구역본 《반야명주경》을 보고 거기서 '마하'를 생략했을 것이라 추측할 수 있다.

그러나 쉬앤짱은 '마하'를 생략한 게 아니라 산스크리트어 원문에 '마하'가 없었기에 없는 대로 정직하게 원문에 충실한 것이다. 쿠마라지바 삼장과 쉬앤짱 삼장을 놓고 볼 때 두 분은 나름대로 특성을 지니고 있다. 쿠마라지바가 워낙 유명하기는 하였으나 한족汉族인 쉬앤짱 입장에서 보면 피부가 거무스레한 중앙아시아인이었다. 같은 시대를 살지 않았기에 망정이지 만일 시대가 같았다면 아마 볼 만했을 것이다.

그만큼 쉬앤짱은 열등의식이 배어 있었다. 따라서 쉬앤짱의 마음을 꿰뚫어 본 후학이 구법 소설《씨여우지西遊记xiyouji》를 썼을 것이다. 쉬앤짱은 쑨우콩孫悟空sunwukong의 스승이다. 삼장법사 쉬앤짱은 쑨우콩을 비롯하여 우직한 주빠지에猪八戒zhubajie와 샤우징沙悟净shawujing 등의 호위를 받으며 상상초월의 갖가지 어려움을 이겨낸 끝에 티앤주天竺tianzhu(인도)에 이르러 마침내 불경을 구해 가지고 돌아오게 된다.

쿠마라지바 삼장 이후 가장 뛰어난 역장譯匠은 두말할 필요 없이 삼장법사 쉬앤짱이다. 잘 알다시피 삼장법사 쿠마라지바의 번역본은 어떤 면에서든《반야경》인 것만은 확실하지만 분명《반야심경》이나《심경》은 아니다. 경전 이름이《마하반야바라밀대명주경》으로 이른바 경의 핵심인〈마음心〉이 없다. 경전 내용에 뜻으로는 분명 들어있겠으나 이름에는 단 한 자도 언급되어 있지 않다. 그런데 이 경명에서 '마하'를 가져다가 쉬앤짱의《반야심경》에 모자를 씌웠다.

나는 오랫동안 부르짖어왔다. 반야바라밀다심경에 '마하'를 얹으면 안 된다고, 마하를 얹으려면 경전 이름만이 아니라 경전도 쿠마라지바 본으로 바꿔야 한다고, 그리하여 《마하반야바라밀대명주경》으로 소의경전을 삼아 통째 바꿔야 한다고 말이다. 큰스님이든 작은 스님이든 다 좋다. 개인적으로 얘기하고 읽는 것쯤이야 '마하'를 얹더라도 크게 문제될 것이 없다.

그런데 요점은 오늘날 한국불교를 대표하는 조계종 공인 한글 《반야바라밀다심경》이다. 조계종에서 공인한 '반야바라밀다심경'이 문화사적으로 가장 완벽하다고 정평이 난 우리의 국보《고려대장경》에도 없는 그런 이름을 올릴 수 있느냐는 것이다. '고려대장경'이 중국이나 일본의 대장경인가. 우리 선조들이 조각한 나라國의 보물寶이며 세계문화유산UNESCO에 이름을 올린 값진 보석이다.

이토록 아름다운 우리 문화재를 제쳐놓고 흘러流 다니通는 책자本로 소의所依를 삼았다. 며칠 전 147회로 마친 나의 《천수경강의》도 실제 세간에 흘러다니는 책자流通本이다. 그러나 이 반야심경은 개인의 문제를 넘어서 조계종 종단 차원에서 공포公布한 경전이다. 포교원장이나 교육원장 이름이 아니다. 종단의 최고 책임자 총무원장 스님 이름으로 우리말 《반야바라밀다심경》을 공포한 것이다

'마하'를 붙인 《마하반야바라밀다심경》으로...

이는 총무원장 스님 한 분만의 잘못이 아니다. 교육을 담당한 불교 교육계의 책임인 동시에 포교를 담당한 포교원과 학자들의 책임이다. 이게 뭐 그리 큰 사건이냐고 하겠지만 이는 화엄경이나 법화경 열반경이 아니요, 또는 법구경이나 금강경 천수경도 아니다. 위 경전들은 의식儀式에서 생략할 수 있다. 따라서 금강경을 비롯한 다른 경전은 조계종단 차원에서 공포하지 않았다. 금강경이 조계종 소의경전이기는 하지만 경전 이름까지 함부로 바꾸지는 않았다.

그러나 《반야심경》은 완벽한 '의식경전'이다. 반야심경에서 '마하'가 있고 없고는 중요한 것이다. 첫째 쉬앤짱 신역본에 없는 경전 이름이다. 둘째 산스크리트어 경전 이름에도 없다. 셋째 '마하반야바라밀'이 있기는 있으나 쿠마라지바 삼장의 《반야명주경》(줄임)이지 쉬앤짱 삼장의 《반야심경》(줄임)은 아니다. 우리나라를 비롯하여 중국 일본 타이완과 그 외 대승불교권에서 유통되는 반야심경으로 '마하'가 든 《마하반야바라밀다심경》이 있으나 다른 나라의 있고 없음을 탓할 게 없다. 그들에게는 거룩한 《고려대장경》이 없으니까.

'크다'의 뜻을 지닌 '마하'가 없는 삼장법사 쉬앤짱의 《반야바라밀다심경》은 실로 아름다움의 극치極致를 이루고 있다.

'크다大maha'는 형용사가 없는 까닭에
'작다小hina'는 형용사도 있을 이유가 없다.

크다 작다를 설정하지 않으므로 하여

많다 적다가 없고 길다 짧다를 뛰어넘고

둥글다 모나다를 초월하며

높다 낮다도 찾아보기 어렵고

귀하다 천하다도 여기에는 없다.

귀하고 천함을 초월하므로 계급caste도 없고

반야심경은 결국 무无에서 무無로 이어진다.

다섯 가지 쌓임五蘊이 텅 빈 세계로부터

여섯 가지 감관六根이 없고

여섯 가지 경계六塵가 없으며

열두 가지 연기十二緣起 법칙이 없고

네 가지 거룩한 진리四聖諦도 초월하고

심지어 이들을 비움으로써 얻는 지혜智도 없고

마침내 얻을 것所得도 없는 데 도달한다.

가장 중요한 말씀이 있다.

네 가지 주문 가운데 마지막으로

넷째 주문인 '무등등주无等等呪'이다.

무엇과도 '견줄 수 없는无等' 주문이면서

모든 생명 온누리에 '두루等한' 주문呪이다.

물론 이 '무등등주无等等呪' 방정식 법문은 쿠마라지바 삼장의
《반야명주경》에도 '무등등명주无等等明呪'로 고스란히 실려 있

다. 아무튼 쉬앤짱의 《반야바라밀다심경》에서 '마하'가 없음은 조사의 선계禪偈를 닮았다. 이토록 군더더기 하나 없는 《반야심경》에 본디 없는 '마하'를 굳이 얹어서 읽어가다니. 그렇다고 쿠마라지바 삼장의 《반야명주경》이 군더더기 투성이라는 말은 결코 아니다. 큰 목련꽃은 큰 대로 아름답고 작은 치자꽃은 작은 대로 아름다운 것이다.

결코 치자꽃이 작다고 하여 목련꽃을 따서 치자꽃에 얹을 필요는 없다.

아름다운 방정식方程式equation이여!

아! 실로 아름다운 방정식 경전이여!

반야바라밀다심경은 비록 짧은 경전이나 팔만대장경의 가르침을 고스란히 담고 있는 가장 아름다운 방정식 경전이다.

오늘도 반야심경 말씀을 떠올리며 끝모를 기쁨歡喜의 세계로 침잠해 들어간다.

아! '무등등주无等等呪'의 거룩한 진리여!

아제아제 바라아제 바라승아제 모제사바하
아제아제 바라아제 바라승아제 모제사바하
아제아제 바라아제 바라승아제 모제사바하

경제 經題
반야바라밀다심경
般若波羅蜜多心經

반야般若는 불모佛母다

반야!

그래, 반야다.

그녀 이름은 반야다.

밖으로 산고産苦를 겪고 있다.

후이! 후이!

가쁜 숨을 몰아쉬고 나서

뒤이어 예쁜 아기가 태어난다.

부처다.

예쁜 아기부처다.

매일같이 산고를 겪는다.

그녀가 엄청난 산고를 겪고 나면

또 하나의 예쁜 아기부처가 탄생한다.

반야는 매일이 아니라

이제는 매시간 아기를 낳는다.

새벽에서 저녁까지

저녁에서 이튿날 새벽까지

아기부처를 낳고 낳고 또 낳는다.

그녀는 계속 아이를 낳는다.

숨 한 번 들이마셨다가

들이마신 숨을 내쉴 때마다

어여쁜 아기부처가 쑴북쑴북 태어난다.

그녀의 호흡은 더 빨라지고

빠른 호흡을 따라 예쁜 아기가 태어난다.

남자 아기부처뿐만 아니라

여자 아기부처도 쑴벙쑴벙 태어난다.

음악이

그라베Grave에서 시작하여

라르고Largo

렌토Lento

아다지오Adagio

안단테Andante

안단티노Andantino

모데라토Moderato

알레그레토Allegretto

알레그로Allegro

비바체Vivace를 거쳐

프레스토Presto로 빨라지듯이

반야는 점차 빠르기로 아기부처를 낳는다.

반야는 그녀의 성姓이고

이름은 실상實相reality이다.

눈에 들어오는 모든 대상을

실상으로 보기에 붙여진 이름이다.

그녀 눈에는 모든 게 부처다.

반야는 모든 것을 낳는다.

온갖 동식물을 낳는다.

산과 바다를 낳고

강과 호수를 낳고

구름과 안개와 비와 바람을 낳는다.

봄 여름 가을 겨울을 낳는다.

눈에 띄지 않는 원력을 낳고

지혜를 낳고

자비를 낳고

방편을 낳고

업보를 낳고

생각을 낳고

낳고…

낳고…

낳고…

나중에는 언어와 문자를 낳고

그러기 전에

이미 해와 달과 별을 낳고

빛과 그림자를 낳고

시간을 낳고 공간을 낳았다.

그녀는 시간을 낳고

그녀가 낳은 시간의 법칙을 따른다.

시간에 변주變奏를 주기는 하나

어떤 경우도 시간의 흐름을 멈추지는 않는다.

그녀는 공간을 낳고

그녀가 낳은 공간의 법칙을 따른다.

공간에 변형變形을 주기는 하나

어떤 경우도 공간의 팽창을 멈추지는 않는다.

그래,

반야般若는

반야는 불모佛母다.

경제 經題
반야바라밀다심경
般若波羅蜜多心經

방편반야 方便般若

그의 성姓은 반야般若다.
태어난 곳에서 부르는 성씨다.
이민을 오면서 지혜智慧로도 불렸지만
그의 성을 번역하여 불렀을 뿐이다.
따라서 반야니 지혜니 하는 것은
단지 그의 성sur name일 뿐
이름first name은 그때그때 바뀐다.

그의 이름은 '탈 것'이다.
성과 합쳐서 '탈 것 반야'다.
손님을 실어나르는 탈 것vehicle이다.
예전에는
말馬이었고
낙타였고
수레였고
나룻배였는데

지금은

자전거baisikl/bike/bicycle이고

오토바이motorcycle이고

자동차motorcar이고

승합차autobus이고

전철electric railway이고

고속전철KTX이고

크루즈Cruise ship이고

점보 여객기jumbo airliner이다.

그리고

이들이 달려가고 날아갈 길이다.

물길이고

바닷길이고

자동차 길이고

항공기가 다니는 길이다.

옛부처가 걸어간 길이고

보살 연각 성문이 걸어간 길이고

역대조사 천하종사가 다들 걸어간 길이다.

앞으로 이룰成 부처佛들이

싸목싸목 걸어갈 길이다.

따라서 반야는 길道이다.

그래,

이는 '길 반야道路般若'다.

'길 반야' 없는 '탈것반야'는 쓸모가 없다.

만해스님은 노래하였다.

'나룻배와 行人'이라고...

물이 얕으나 깊으나

반야는 늘 강을 건네주는 나룻배다.

만해의 나룻배가 다름 아닌 '탈 것 반야'다.

파도를 헤치고 바다를 건네는 여객선이다.

들판을 전속력으로 달리는 갤럽gallop이다.

280km/h로 달리는 케이티엑스KTX다.

마하Mach-1속도로 나르는 점보 여객기다.

그의 이름은

그래 '탈 것 반야'다.

이르고자到 하는 저彼 언덕岸

깨달음의 저 세계에 이르기 위해

쉽게 고장이 잘 나지 않는

괜찮은 탈 것乘物이 필요하다.

이에 비추어 반야는 매우 훌륭한 탈것이다.

나룻배와 行人

한용운

나는 나룻배
당신은 行人

당신은 흙발로 나를 짓밟습니다
나는 당신을 안고 물을 건너갑니다
나는 당신을 안으면 깊으나 얕으나 급한 여울이나 건너갑니다

만일 당신이 아니 오시면 나는 바람을 쐬고 눈비를 맞으며
밤에서 낮까지 당신을 기다리고 있습니다
당신은 물만 건너면 나를 돌아보지도 않고 가십니다그려
그러나 당신이 언제든지 오실 줄만은 알아요
나는 당신을 기다리면서 날마다 날마다 낡아 갑니다

나는 나룻배
당신은 行人

'탈 것 반야'를 위해 '길 반야'가 반드시 있어야 한다.
이를 한데 묶은 게 방편반야方便般若다.
맞다! 맞다! 그의 이름은 방편반야다.

경제 經題
반야바라밀다심경
般若波羅蜜多心經

관조반야 觀照般若

반야!

네게는 다른 이름이 있다.

관조觀照wisdom of meditation다

네 이름은 관조반야다.

너는 겉으로 마구 나대기보다는

안으로 깊이 파고들어가길 좋아한다.

명상瞑想/暝想/冥想을 즐긴다.

관조는 복합개념complex concept으로

관觀과 조照의 2가지 뜻이 다 들어있다.

내가 관조에게 물었다.

"관조야! 네가 하는 일이 뭐니?"

관조가 답했다.

"으음, 명상에 들어가노라면

내 마음이 반사면反射面에 비춰!

그러면 그에 비친照 내 마음 세계를 보고

하나하나 관찰觀해가는 거야!"
내가 물었다.
"그럼, 관조 너는 목적이 아닌 수단이네?"
관조가 답했다.
"그래 맞아, 나는 수단일 뿐이야!"

난 가끔씩 지구를 생각한다.
지구 표편에는 우선 지표地表가 있고
지표 안쪽에 지각地殼이 있고
지각 안쪽으로는 맨틀mantle이 있다.
맨틀 안쪽에 외핵外核이 있고
외핵 안쪽 그러니까 지구 중심에는
지구의 내핵內核이 떡하니 자리잡고 있다.
나는 이들 내핵과 외핵 사이
외핵과 맨틀 사이
맨틀과 지각 사이
지각과 지표 사이에는
막幕이 있다는 상상을 하곤 한다.
이와 마찬가지로
눈眼 귀耳 코鼻 혀舌 피부身 뜻意이라는
이른바 여섯 가지 감관을
지구 거죽 지표에 견주곤 한다.

지구 안으로 깊숙이 들어가면서

층마다 거기에는 막이 있을 거라고 보듯

여섯 가지 감관 안쪽으로 들어갈수록

생각의 깊이에 따라 막이 있다는 생각이다.

'반사면反射面specular surface'이다

명상冥想은 '어둠冥으로의 여행想'이다.

6六시간(1시간은 120분) 동안

해日가 엄폐물冖에 가려짐이 어둠冥이고

이미지相를 그리워함心이 생각想이다.

이를 한데 묶어 명상meditation이라 한다.

메디medi가 미들middle의 뜻이듯

명상이란 생각想의 중심冥을 향해

끝없이 쉼없이 관조觀照해 들어감이다.

명상을 표기할 때

저물 명暝 자를 머리에 얹어

명상暝想이라 쓰기도 하고

눈 감을 명瞑 자를 얹어

명상瞑想이라 표현하기도 하지만

저문다暝는 것은 해日가 넘어간 어둠冥이고

눈을 감는다瞑는 것은 눈에 관계가 있으니

밤낮 상관없이 눈目 지그시 감고冥 관조함이다.

따라서 명상의 기본은 명상瞑想이다.

그런데 명사가 아니라 동사다.

메디테이트meditate며

컨템플래이트contemplate다.

명상은 어떤 고정된 상태가 아니라

쉼 없는 살핌觀照이고

끊임없는 되비춤返照이다.

명상은 명사에 속하나 실제로는 동사다.

관조의 말이 꽤 어려워보이는데

알고 보면 그렇지 않다.

반야심경 첫머리에서 말하고 있다.

"관자재보살觀自在菩薩이

잘 닦은行 깊은深 반야般若를 바탕으로 하여

이르러到 갈 저彼 언덕岸으로 향한다"고

'바라밀波羅蜜'은 하나의 단어이지만

'저 언덕'이라는 목적 명사가 있고

'이르다'라는 수단 동사가 함께 들어있다.

반야! 관조반야!

오늘처럼

이렇게 네 이름이 소중하게 느껴진 적이 또 있었으랴!

경제 經題
반야바라밀다심경
般若波羅蜜多心經

문자반야 文字般若

내가 이 세상에 태어났을 때
처음 접한 게 소리였다.
한겨울冬至을 지나고 대엿새 뒤
등잔불 아래서 저녁 먹고 한참 지났을 무렵
강원도 횡성군 갑천면 하대리 아홉사리 깡시골
나뭇가지로 외를 엮어
안팎으로 흙을 쳐댄 뒤에
다시 황토 흙물을 풀어 발라 지은 집
그런 오두막에서 태어난 내게
들려온 것은 쑤아쑤아 바람소리였다.

끙~ 하는
어머니의 외마디를 마지막으로
나는 세상에 태어났다.
어머니 소리에 묻힐세라
나는 있는 힘을 다해 첫울음을 울었다.

나는 나의 첫울음 소리를

입으로 내고 귀로 들은 게 아니라

내 심장에서 내고 내 골밀도로 들은 것이다.

엉킬 응仌, 숨 애噯

엉킨仌 숨噯을 토해내면서

나는 응애응애仌噯仌噯 울었다.

나는 사람과 사물을 가릴 줄 알게 되었다.

요렇게 생긴 분은 아버지

조렇게 생긴 분은 어머니

요러요러하게 생긴 이는 큰형

조러조러하게 생긴 이는 작은형

그 밖의 다른 이들은

가족이냐 아니냐로 가리게 되었다.

그때는 그것이 내게는 하나의 식별기호였다.

점차 자라 예닐곱 살이 되면서

한문漢文을 먼저 접했다.

초등학교도 들어가기 전 접한 글이

한글도 숫자도 영어도 아니고

이른바《천자문》이라는 한문 책자였으니

그로부터 다시 60년 가까이 살아오면서

보고 익힌 게 문자라는 기호체계system다.

요즘은 숫자만 알아도

전 세계 어디든지 다닐 수 있다.

공간도 시간도 숫자로 표기되어 있고

건물도 도로도 간판도 숫자로 되어 있다.

사람의 신분도 숫자로 되어있고

들고 다니는 컴퓨터 모바일mobile도

숫자로 인식이 가능하다.

단 한 가지 같은 숫자를 놓고

우리 발음으로 읽느냐

영어 발음 중국어 발음으로 읽느냐 따위이다.

하지만 숫자만으로 살 수는 없다.

문자가 필요하다.

만일 문자가 없었다면

바이블Bible이 없었을 것이고

불경佛經이 없었을 것이고

동서고금東西古今의 역사는 둘째 치고라도

내 개인의 역사를 표현할 수 있을까?

아무리 부처님이 위대하단들

아무리 복음이 소중하단들

문자가 없이 여태껏 전해질 수 있을까?

문자반야 文字般若

나는 반야 아가씨 이름으로

실상實相도 좋고

관조觀照도 좋고

공共도 불공不共도 좋고

세간世間도 출세간出世間도 좋고

권속眷屬도 방편方便도 좋고

경계반야境界般若도 좋고 다 좋지만

문자반야文字般若가 가장 마음에 든다.

하여 난 이상주의자가 못되고

그냥 현실주의자에 안주하는지도 모른다.

문자반야!

나는 평생 너를 사랑하련다.

너를 통해 관조하고

너를 통해 실상을 만나고

너를 통해 세간과 출세간을 만나고

너를 통해 성문과 연각과 보살을 만나고

너를 통해 부처를 만나고

너를 통해 예수를 만나고

너를 통해 공자를 만나고

궁극에는 너를 거쳐

내가 그토록 찾아 헤매는 나를 만날 것이다.

경제 經題
반야바라밀다심경
般若波羅蜜多心經

반야般若 바라밀波羅蜜

반야般若 반야般若 반야般若 반야般若 반야般若 반야般若
반야般若 반야般若 반야般若 반야般若 반야般若 반야般若
반야般若 반야般若 반야般若 반야般若 반야般若 반야般若
반야般若 반야般若 반야般若 반야般若 반야般若 반야般若
반야般若 반야般若 반야般若 반야般若 반야般若 반야般若
반야般若 반야般若 반야般若 반야般若 반야般若 반야般若

반야는 지혜智慧로 번역되고 바라밀은 도피안到彼岸으로 풀이
된다. 미얀마 위무띠 법주法住스님 설에 따르면 '반야바라밀'을
묶어서 옮길 때 '지혜의 완성'으로 표현한다는 것이다. 지금 지혜
의 완성을 향해 닦아 간다거나 앞으로 지혜를 완성시키겠다는 것
이 아니라 반야바라밀이 곧 '지혜의 완성'이라는 것이다. 바라밀에
담긴 뜻이 시간적으로 보아 오지 않은 미래나 흐르고 있는 현재가
아닌 완성이란 과거완료형으로 보는 것이다.

　바라밀이 이른바 '완성'의 뜻이라고 한다면

　보시布施 바라밀은 보시의 완성이고

지계持戒 바라밀은 지계의 완성이고

인욕忍辱 바라밀은 인욕의 완성이고

정진精進 바라밀은 정진의 완성이고

선정禪定 바라밀은 선정의 완성이고

반야般若 바라밀은 반야의 완성이고

방편方便 바라밀은 방편의 완성이고

서원誓願 바라밀은 서원의 완성이고

행력行力 바라밀은 행력의 완성이고

지혜智慧 바라밀은 지혜의 완성이라 할 것이다.

여기에는 닦음과 완성이 동시적同時的이다.

‘싱크로 나이즈드 스위밍’이란 말처럼

‘싱크로 나이즈드 바라밀’이라 해야 할 것이다.

반야심경에서 반야는 설계設計project이고

바라밀은 곧 닦아가는 공정工程process이다.

보시 지계 인욕 정진 선정 반야를 비롯하여

방편 서원 행력 지혜는 이름씨名詞이고

‘저 언덕에 이르다’로 풀이되는 바라밀은

이른바 닦음修과 실행行 과정인 움직씨動詞다.

위무띠 법주 스님 설에 따른다면 ‘바라밀’은 ‘도차안到此岸’이
되어야 한다. 이 바라밀이란 용어가 주관적이 아니고 철저히 객관
적일 때는 이해될 수 있을 것이다. “김서방은 이미 저 언덕에 갔
다네!”라든가 “그 친구 벌써 거기에 도착했지”라 할 수 있다.

그런데 목적지에 이미 도착한 사람이 목적지를 '저 언덕'으로 표현하지는 않는다. 따라서 바라밀을 '도피안到彼岸'이라 풀이하면 자신과는 상관없이 이쪽 언덕에 있는 자가 다른 이의 상황을 표현함에 불과하다.

반야바라밀을 '지혜의 완성'이라고 한다면 어느 쪽 설 하나는 분명 잘못된 것이다. 바라밀을 완성이라 풀이하는 게 잘못이든가 '저 언덕에 이르다到彼岸'란 번역이 잘못이든가. 나는 위무띠 법주스님 설에 호감을 가지면서도 한편으로는 시제時際를 확대시키고 싶다. 소위 '완성'이라는 시제의 완료 획일보다는 그가 이미 도착到한 저彼 언덕岸을 비롯하여 내가 지금 지향到하고 있는 저彼 언덕岸과 앞으로 우리가 갈到 저彼 언덕岸으로 보고 싶다. 시제가 과거 현재 미래에 걸쳐져 있다.

바라밀을 '완성'으로 풀이할 경우 인욕 정진 선정 반야 지혜 서원 행력 따위는 완성으로 표현할 수 있다.

그런데 보시布施에 완성이란 게 있을까?

지계持戒에도 과연 완성이 가능할까?

방편方便에 완성이라는 것이 내재되어 있을까?

보시는 어디서 어디까지를 완성이라 볼까?

한 번 베풀어 놓고 나서 완성이라 생각했는데 베풀어야 할 곳이 계속 나올 수 있지 않은가?

부처님 본생담처럼 두 손과 두 발을 보시하고 한쪽 눈과 간과 콩팥 등을 보시했더라도 만약 한쪽 눈마저 달라는 자가 있으면 아

반야般若 바라밀波羅蜜

낌없이 주어야 보시의 완성이 아니겠는가.

죽음을 맞기 전까지 완벽한 지계가 가능할까?

가령 살생하지 않아야 함에도 불구하고 조심하기 위해 맨발로 길을 걷다가 뜻하지 않게 아주 작은 벌레를 밟을 수 있고, 복숭아를 먹다가 시나브로 벌레를 삼킬 수 있다.

바라밀행을 닦는 이가 출가자만은 아니다. 재가자가 콩나물시루 지하철을 탔을 때 본의 아니게 손이 여인의 몸에 닿을 수 있고, 여자도 남자의 급소를 스칠 수 있을 것이다. 따라서 지계에 완성波羅蜜이란 있을 수 없다.

이는 방편도 마찬가지다.

나는 위에서 인욕 정진 선정 반야 서원 행력과 지혜는 완성을 얘기할 수도 있다 하였으나 곰곰 생각해 보면 이들도 마찬가지다.

죽음을 맞이하기 전까지 '완성'이란 불가능하다.

나는 늘 얘기하지만 '부처님은 진행형'이시다.

액체의 물이 100℃가 되면 기체가 된다. 그러나 열원을 빼버리면 열은 곧 내려가고 기화의 현상은 꺼지며 일어나지 않는다.

부처님은 '완성자完成者'시다.

하지만 부처님은 열원을 뽑지 않으신다.

위없고 올바르며 완벽한 깨달음을 이루셨으나

그 상태를 유지하시고자 끝없이 정진하신다.

부처님의 거룩함과 위대성은 바로 여기에 있다.

영원히 쉼 없는 바라밀의 실천자이시다.

바라밀은 '완성'이라는 완료형 명사가 아니라
지금 열심히 저 언덕으로 건너가고 있고
앞으로도 저 언덕으로 건너갈 것이라고 하는
현재와 미래형을 다 간직한 동사다.
무엇을 이용해서 건널 것인가
반야에서부터 지혜까지 바라밀을 통해서다.

바라밀波羅蜜바라밀波羅蜜바라밀波羅蜜바라밀波羅蜜
바라밀波羅蜜바라밀波羅蜜바라밀波羅蜜바라밀波羅蜜
바라밀波羅蜜바라밀波羅蜜바라밀波羅蜜바라밀波羅蜜
바라밀波羅蜜바라밀波羅蜜바라밀波羅蜜바라밀波羅蜜
바라밀波羅蜜바라밀波羅蜜바라밀波羅蜜바라밀波羅蜜
바라밀波羅蜜바라밀波羅蜜바라밀波羅蜜바라밀波羅蜜

반야般若 바라밀波羅蜜

경제經題
반야바라밀다심경
般若波羅蜜多心經

완벽證한 깨달음悟

돈오점수頓悟漸修

돈오돈수頓悟頓修

점오점수漸悟漸修

점오돈수漸悟頓修

돈수점오頓修漸悟

돈수돈오頓修頓悟

점수점오漸修漸悟

점수돈오漸修頓悟

수오일시修悟一時

이를 '구대돈점설九對頓漸說'이라 한다.

꾸이펑쫑미圭峯宗密guifengzongmi(780~841)가 주창한 칠대돈점설에 2가지를 더 보탠 것이다. 중국의 선승으로서 교선일치敎禪一致를 주창한 쫑미는 화엄종의 제5조 청구안澄觀 chengguan에게서 화엄을 배운 화엄학 조사로도 유명하다. 이 쫑미의 칠대돈점설과 함께 보탠 구대돈점설을 자세히 들여다볼 때 중요한 내용은 돈오점수頓悟漸修와 돈오돈수頓悟頓修 2가지를 들 수 있다.

근대에 이르러 이 2가지 설에 불을 붙인 사람은 가야산 해인사 성철性徹스님과 조계산 송광사 법정法頂스님이다. 두 사람은 세수로 20년 차이를 이루었지만 학문을 놓고는 첨예하게 대립하였다.

먼저 불을 지핀 분은 성철스님으로 그는 보조국사 지눌(1158~1210)이 주창한 돈오점수설과 함께 그의 저서《절요節要》를 해인사 승가대학에서는 읽지 못하게 했다. 왜냐하면 보조국사의 돈오점수설 때문이다. 내가 해인사 승가대학에 적을 두고 있을 때도 이 이유로 대학교재에서 《절요》가 빠졌다.

본디 이 《절요》는 꿰이펑쫑미의 저서다. 책이름은 《법집별행록法集別行錄》이다. 꾸이펑쫑미의 이 《법집별행록》이라는 저서에 보조국사 지눌이 요점要을 간추리節고 개인적인 견해私記를 붙여 주석을 달 때 칠대돈점 가운데서 돈오점수설을 부각시켰다. 이를 《절요병입사기節要竝入私記》라 한다.

성철스님은 평소 돈오돈수설에 관심이 많았고 중국 따후이쫑까오大慧宗杲dahuizonggao(1089~1163)의 간화선看話禪과 돈오돈수설을 종지로 삼았다.

그런 성철이 방장으로 주석하는 해인사에서 지눌의 돈오점수설이 담긴 《절요》(줄임말)를 교재로 인정할 리가 만무萬無하였다.

이러한 성철의 사상에 대하여 반박의 화살을 날린 자가 송광사 법정이다. 그는 동아일보를 비롯하여 여러 곳에서 성철의 돈오돈수설을 반박함과 아울러 지눌의 돈오점수설의 장점을 드러내었다.

여기에 기자가 해인사 백련암을 찾았고 1980년대 초를 돈점頓漸과 오수悟修로 장식했다. 성철과 법정의 논쟁은 더없이 아름다웠다. 이권이나 권력의 다툼이 아니었기 때문이다.

엊그제 미얀마와 한국을 오가며 수행하는 위무띠 법주스님이 우리절을 찾았다. 나는 법주스님과 많은 얘기를 나누었는데 주로 그가 말을 이끌어가는 편이었고 나는 주로 듣는 쪽이었다. 나는 말이 꽤 많은 편인데 듣는 것도 좋아한다. 이야기 주제가 '반야바라밀'로 바뀌었다.

그는 '반야바라밀'을 '지혜의 완성'으로 풀었다. 나는 사실 반대의견 쪽이었으나 그의 이야기에 귀를 기울였다.

위무띠 법주스님을 만난 것은 기쁨이다. 학문적으로 다른 견해를 지니고 있다는 것은 내 정신의 고립을 깨뜨려주기 때문이다. 바라밀은 으레 '완성'의 뜻이 맞고, 따라서 '반야바라밀'은 '지혜의 완성'이 옳다. 다만 반야심경에 쓰인 반야바라밀의 '바라밀'이 '완성'의 뜻이라 했을 때 이는 '해오解悟'의 완성이다.

성철性徹의 돈오頓悟가 증오證悟라면 법정法頂의 돈오頓悟는 해오解悟다. 따후이쫑까오의 돈오가 증오라면 보조국사 지눌의 돈오는 해오다. 증오는 이론과 실제를 모두 깨달은 상태이고 해오는 이론과 논리로서만 깨달은 상태다.

100°C에 이르면 물이 끓는다는 논리는 누구나 다 아는 이론解 깨달음悟이다.

그러나 비록 이론적으로 알고 있다 하더라도 직접 열을 가해 물을 끓이지 않았다고 하면 어떤 경우도 뜨거운 물을 얻을 수는 없다. 99°C에서 물은 결코 기화氣化하지 않는다. 곧 99°C 물은 완전完한 끓음沸이 못 된다. 100°C가 되었을 때 비로소 완비다. 물의 완전한 끓음은 100°C인 까닭이다.

따라서 바라밀을 완성으로 표현한다는 것은 성철의 돈오가 아니라 법정의 돈오다. 이는 실제적 완성이 아닌 이론적 완성일 뿐이다.

어둠 속에 불을 켜면 어둠이 사라진다. 어둠의 사라짐은 곧 밝음이다. 이를 이론解으로 앎悟이 해오에 해당한다. 그러나 정작 어둠 제거와 함께 밝은 세계를 가져오려 한다면 어찌할까. 손수 스위치를 눌러 불을 켜야만 가능하다.

이것이 이른바 완벽證한 깨달음悟이다. 바라밀을 '완성'이라 표현한 논리는 옳다. 그러나 이는 어디까지나 이론으로서의 완성이다.

완벽證한 깨달음悟

경제經題
반야바라밀다심경
般若波羅蜜多心經

바라밀 波羅蜜

《반야바라밀다심경》뿐만 아니라 모든 경전, 모든 어록, 대부분 서책들이 그 이름에 내용을 담고 있다고 본다. 하여 경전經 이름 題에 신경을 쓸 수 밖에 없다. 바라밀에 대한 생각을 더 더듬어야만 한다. 왜냐하면 반야는 여러 가지 바라밀 중에 지혜라는 뜻의 '반야바라밀'을 들고 있으나 바라밀은 반야의 뜻을 고스란히 받아 수행해가는 모든 과정을 담은 까닭이다. 반야바라밀은 '지혜의 완성'으로서 지혜의 완성은 이론과 설계의 완성이라 하겠다.

대한불교진각종 교육원장이신 경정 김무생 정사님 고견에 따르면 바라밀에는 본유本有와 수생修生이 있다.

이를 《기신론해동소起信論海東疏》에서 보면 본각本覺과 시각始覺의 세계로 표현한다. 본각은 본디本 각覺의 가능태만을 지님이고 시각은 바라밀을 통해 바야흐로始 깨침覺이다. 모든衆 생명生은 각覺의 가능태이다. 어떠한 생명체도 당장 부처가 될 수는 없겠으나 끊임없이 윤회를 거치는 과정 속에서 부처가 될 기회를 늘 지니고 있다 하겠다.

'바라밀다'를 줄여 '바라밀'이라 음사하였다. 이 바라밀을 음사가 아닌 뜻 옮김일 경우 도피안到彼岸이란 합목적적 동사 외에 건넘의 뜻을 지닌 '도度'로서 옮기기도 한다. 따라서 '육바라밀'을 '육도六度'라 한다. 도度에 담긴 뜻은 '건넘渡/度'의 의미 말고도 다양한 뜻을 지니고 있는데 이를 다 얘기하려면 책 한 권으로도 모자란다. 왜냐하면 적어도 불교의 대의는 바라밀의 실천을 강조하기 때문이다.

어떤 이는 이렇게 말한다.

"반야바라밀다심경은 경전의 이름처럼 지혜의 완성인 반야바라밀 하나면 충분해 다른 바라밀은 들먹일 필요가 없다고, 경전에도 나오지 않는 나머지 바라밀을 놓고 구태여 왈가왈부할 게 뭐냐고. 안 그래?"

듣고 보면 일리一理가 있는 말이기도 하다. 그러나 깨달음은 생명 유지의 법칙과 같다. 우리가 살아가면서 당장 필요한 공간은 우선 한 채의 집만 있으면 된다. …… 정말?

만일 한 채의 집을 비롯하여 집이 들어서 있는 최소한의 땅과 당장 숨 쉴 수 있는 작은 대기大氣만 있고 나머지 땅과 나머지 대기가 없다면 한 채의 집과 땅이 그 자리에 있을 수 있을까.

대기의 일부만 잘라 따로 머무는 허공이 있을까.

게다가 숨을 쉬든 머물러 있든 생각을 하든

집과 땅 못잖게 중요한 게 시간이고 인간이다.

시각時과 시각 사이間를 시간時間이라 하고

공터空와 공터 사이間를 공간空間이라 하듯

바라밀 波羅蜜

사람人과 사람 사이間를 인간人間이라 한다.

그런데 여타餘他의 바라밀이 없이 달랑 '반야바라밀' 하나만 완전하다고 해서 궁극의 목표 깨달음을 이룰 수 있을까. 시간과 공간과 인간만으로 살아갈 수는 없다. 시간 공간 인간 밖의 다른 모든 게 없다면 역시 인간은 생명을 유지할 수 없다. 물과 공기와 에너지와 입고 먹을 것은 물론 탈것과 유통과 모든 동식물이 있어야 하고, 장만의 소재만 아니라 없앰의 소재도 필요하다. 배설물을 비롯하여 쓰레기 처리 시스템까지 갖추어지지 않은 채 살아갈 수는 없다.

바라밀이라고 예외는 아니다. 반야바라밀 하나가 완전무결하기 위해서는 보시 지계 인욕 정진 선정 방편 원력 등 모든 바라밀이 뒷받침되지 않으면 안 된다. 아무리 잘난 사람도 혼자서는 살 수 없듯이 지혜의 완성을 뜻하는 반야바라밀이라도 반야바라밀이 온전하기 위해서는 다른 바라밀이 완성의 길을 함께 가야만 한다. 다만 '반야바라밀다심경'이란 이름처럼 반야바라밀다심경은 반야바라밀이 주축이다.

그러므로 바라밀에 대한 올바른 이해는 그것이 반야바라밀이든 보시바라밀이든 지계바라밀이든 인욕바라밀이든 정진바라밀이든 선정바라밀이든 방편 서원 행력 지혜바라밀이든 올바르게 이해하고 이들을 함께 닦을 때 반야바라밀은 비로소 완전한 바라밀이 된다.

참고로 '팔일성해탈문'을 싣는다.

팔일성해탈문 八溢聖解脱門

사언절 옮김/동봉

부처님의 크신덕을 공경함이 예불이고
부처님의 너른은혜 감사함이 염불이며
부처님의 행위따라 행하는게 지계이고
부처님의 참된이치 밝혀냄이 간경이라

부처님의 높은경지 도달함이 좌선이고
부처님의 참마음에 계합함이 참선이며
부처님이 얻으신도 증득함이 깨침이고
부처님의 깊은원력 채워감이 설법이라

실제이치 경지에는 한티끌도 안받으나
불사하는 문중에는 어떤법도 안버리네
그러므로 여덟조목 사방팔방 같은지라
하나라도 빠트려선 온전하지 못하도다

옛날성인 요즘성인 그법도가 한가지니
여섯가지 바라밀다 또한겸해 닦아가라

그러기에 육조혜능 대감선사 이르시되
공의세계 집착한자 한구석에 머물러서

자기홀로 불립문자 내세우고 있는지라
제스스로 미혹함은 거론할게 없겠으나
부처님법 비방한죄 깊고또한 무거우니
이를어찌 조심하고 경계하지 않겠는가

아제아제 바라아제 바라승아제 모지사바하
아제아제 바라아제 바라승아제 모지사바하
아제아제 바라아제 바라승아제 모지사바하

마

음마

음마음

마음마음

마음마음마

음마음마음마

음마음마음마음

마음마음마음마음

마음마음마음마음마

음마음마음마음마음마

음마음마음마음마음마음

마음마음마음마음마음마음

마음마음마음마음마음마음마

음마음마음마음마음마음마음마

음마음마음마음마음마음마음마음

마음마음마음마음마음마음마음마음

마음마음마음마음마음마음마음마음마

음마음마음마음마음마음마음마음마음마

음마음마음마음마음마음마음마음마음마음

마음마음마음마음마음마음마음마음마음마음

마음마음마음마음마음마음마음마음마음마음마음

〜〜〜〜〜〜〜〜〜〜〜〜〜〜〜〜〜〜〜〜〜〜

음마음마음마음마음마음마음마음마음마음마

음마음마음마음마음마음마음마음마음마음

마음마음마음마음마음마음마음마음마음

마음마음마음마음마음마음마음마음마

음마음마음마음마음마음마음마음마

음마음마음마음마음마음마음마음

마음마음마음마음마음마음마음

마음마음마음마음마음마음마

음마음마음마음마음마음마

음마음마음마음마음마음

마음마음마음마음마음

마음마음마음마음마

음마음마음마음마

음마음마음마음

마음마음마음

마음마음마

음마음마

음마음

마음

마

음마음마음마음마음마음마음마음마음마음마음

경제 經題
반야바라밀다심경
般若波羅蜜多心經

마음 心

한문 문화권에서 마음心을 표현하는 글자는 어림잡아 770건 가까이에 이른다. 이는 계집 녀女 자가 들어간 글자보다 많다.

계집 녀女 자가 부수로 들어있는 글자도 무릇 632건이나 된다. 성性sex과 관련된 자는 계집녀女가 들어간다. 재미있는 것은 성씨를 표현하는 글자로 성姓given name에 계집 녀女가 들어있다. 이는 고대에는 모계제母系制matriliny가 대세였음을 증명하는 단서端緒라 할 것이다.

아무튼 심방변忄/⺗을 포함하여 마음 심心 자가 든 글자가 770여 자나 됨은 마음의 중요성을 표현한 것이라 하겠다. 이 770여 자의 마음忄/⺗/心 관련 글자는 30여 년 전《캉씨즈디앤康熙字典kangxizidian》에서 내가 한 자 한 자 손으로 꼽아가며 세어 본 결과다. 이《캉씨즈디앤》은 1716년 청淸qing나라 때 캉씨황제皇帝의 명령으로 편찬되고 출판된 당시 중국 역사상 가장 완벽한 대형자전으로 정확하게 300년이란 세월이 흘렀다.

그러나 언어의 역사가 그러하듯 문자의 역사도 끊임없이 바뀌게 마련이다. 제행무상諸行無常의 법칙을 벗어나지 않는다. 지금도 세계적으로 많은 언어가 사라지고 사라지는 언어 못잖게 새로운 언어가 생겨난다.

특히 요즘은 컴퓨터 관련 언어와 문자가, 사실인지는 확인해보지 않았으나 과거 일반 언어의 20%를 웃돈다고 하는데 이게 불과 30년 안쪽 언어의 역사다. 수천 년에 걸친 인류의 언어 역사에 엄청난 언어의 쓰나미가 밀어닥친 것이다.

나는 《캉씨즈디앤》에 실린 한자漢字 수가 자그마치 10만 단어쯤이라 알고 있었다. 그런데 실제는 47,035자字이다. 한자는 한 자 한 자가 그대로 완벽한 단어다.

아무튼 47,035 자의 《캉씨즈디앤》에는 마음·心과 관련된 단어가 770여 자를 차지한다. 전체 단어 중 1.63%가 마음에 관한 것이다. 마음은 눈에 보이지도 귀에 들리지도 않는다. 냄새도 없고 맛도 없으며 촉감도 없다. 그런데 이처럼 많은 단어가 있다는 것은 마음이 그만큼 매우 중요하다는 반증反證이다.

어떤 스님들은 얘기한다.

"부처님 팔만사천 법문이 마음 심心자 하나다."

"중생들에게 마음 하나 제대로 가르치시고자 부처님은 수억겁에 걸쳐 보살행을 닦으셨다."

이 《반야바라밀다심경》의 요要는 마음이다.

줄여서 보통은 《반야심경》이라 하지만 확 줄일 때는 《심경》 2글자로 표기한다. 본이름이나 중간 줄임이나 확 줄임에서도 결코 빠지지 않는 글자가 곧 마음 심心 자다. 바라밀을 생략하고 반야도 생략할 수 있으나 심心자 만큼은 생략할 수 없다.

불교의 최고 경전이라 일컬어지는《화엄경》(본이름《대방광불화엄경》) 대의가 다름 아닌 '통만법명일심通萬法明一心'이다. 온갖 법을 융통하여 한 마음을 밝힘이다. 구역 화엄경 60권이 한마음 밝히기 위함이고, 신역 화엄경 80권이 한마음 밝히기 위함이며, 입법계품 40권이 한마음을 밝히기 위함이다.

마음의 세계는 아침에서 저녁까지 저녁에서 아침까지 매 순간 들먹일지라도 결코 부담스럽지 않은 세계일 것이다.

실제《반야바라밀다심경》에는 마음 심心 자가 몇 번 나오지 않는다. 정확하게 얘기하면 경제經題에 한 번 나오고 경문經文에도 딱 한 번밖에 나오지 않는다. 심무가애心无罣㝵의 심心 따위 정도다. 간접적으로는 오온五蘊 중 수상행식受想行識을 비롯하여 육근의 의意와 무지無智의 지智 정도이다. 그럼에도 불구하고 《반야바라밀다심경》이 이른바《마음의 경전心經》이 될 수 있음은 경전에서 낱낱이 열거되는 여러 가지 상황이 모두 마음을 떠나서는 설명이 불가능한 함수含數의 경전이기 때문이다.

《대방광불화엄경》에서는 말씀하신다.

심불급중생心佛及衆生

시삼무차별是三無差別

"마음과 부처와 중생 이들 셋은 차별이 없다"는 말씀이다.

마음이 곧 부처이고 마음이 곧 중생이며

부처가 곧 중생이고 부처가 곧 마음이며

중생이 곧 부처이고 중생이 곧 마음이다.

따라서 《반야바라밀다심경》을 달리 풀이하면 이렇게 경의 이름이 바뀔 수도 있다.

기존의 반야바라밀다심경心經**이고**

바뀐 반야바라밀다불경佛經**이고**

또 바뀐 반야바라밀다중생경衆生經**이다.**

마음과 부처와 중생이 차별이 없다고 한다.

마음은 번뇌가 있을 수도 없을 수도 있고

중생은 으레 번뇌가 있기에 중생이며

부처는 번뇌가 완전히 사라졌기에 부처다.

그런데도 마음 부처 중생은 동일하단다.

'반야바라밀다심경'을 풀이하면서 화엄경 말씀을 가져옴은 어울리지 않겠지만 '일체유심조一切惟心造'를 빌려오면 《반야바라밀다심경》은 매우 재밌는 경전이다.

결국 '반야바라밀다심경'의 '심心'에서 모든 것은 배태胚胎 pregnancy되고 반야심경 그 '마음心'에서 모든 것은 태어난다.

따라서 《반야바라밀다심경》의 심心은 부처인 동시에 중생이며 또한 마음이기도 하다.

마음을 제대로 이해한다면 하산해도 좋다.

약인욕식불경계若人欲識佛境界

당정기의여허공當淨其意如虛空

원리망상급제취遠離妄想及諸趣

영심소향개무애令心所向皆無㝵

부처님의 높은경계 알고싶어 하는이여,

우선먼저 그마음을 허공처럼 텅비우라.

좋은생각 그른생각 일체모두 털어놓고

그마음의 움직임을 걸림없게 할지니라.

참으로 간결하고 아름다운 시詩다.

마음이 어디로 향하든 걸림없게 하라는 것이다.

경제 經題
반야바라밀다심경
般若波羅蜜多心經

경 經

　　앞의 '반야바라밀다심' 7글자가 부처님 말씀으로 내용물이라고
한다면 여기 '경經' 자 1글자는 이를 담는 그릇이다.

　　경이란 그릇은 자비를 담고

　　경이란 그릇은 지혜를 담고

　　경이란 그릇은 원력을 담고

　　경이란 그릇은 방편바라밀을 담고

　　경이란 그릇은 보시 지계 인욕바라밀을 담고

　　경이란 그릇은 정진 선정 반야바라밀을 담았다.

　　경이란 그릇은 백천 가지 삼매를 담았다.

　　'반야바라밀다심경'이란 경은 이 그릇 안에

　　실상반야를 담았고

　　관조반야를 담았으며

　　문자반야를 담았다.

　　'반야바라밀다심경'이란 그릇에는

　　방편반야를 담았고

　　권속반야를 담았고

공共반야를 담았고

불공不共반야를 담았다.

팔만대장경의 길을 담고 담고 또 담았다.

경이라는 그릇에는 불 보살님만이 아니라 모든 인류, 모든 생명이 담긴 것이다. 그러므로 경은 그릇이다.

경이란 그릇에 이름이 붙여지는 데는 크게 다섯 가지가 있으니

첫째는 그릇의 소재素材를 따르고

둘째는 그릇의 내용물에 따르며

셋째는 그릇을 누가 지녔느냐에 따르고

넷째는 얼마나 인기 있는 그릇이냐에 따른다.

다섯째는 찬 그릇과 빈 그릇을 따른다.

내용물에 상관없이 그릇이 먼저 만들어졌다면 그 그릇에 무엇이 담기느냐에 따라 그 그릇에게 붙는 이름이 달라질 수 있다. 어제는 콩을 담은 까닭에 콩항아리였는데 오늘은 쌀을 담아 쌀항아리이다가 내일 물을 담으면 물항아리로 이름이 바뀐다. 그릇에는 처음부터 쓰임새를 정하고 그 쓰임새에 맞게 그릇을 만들기도 하니 말차잔茶碗이나 커피잔이 이에 해당할 것이다.

그릇은 소재에 따라 이름이 붙기도 한다.

'청동미륵보살반가사유상'은 청동으로 빚었고

'목조아미타여래입상'은 나무로 깎았다.

황금으로 빚은 병은 황금병이고

대나무로 짠 광주리는 분명 대광주리이다.

이와 같이 '반야바라밀다심경'이란 경전에는 반야가 담기고 바라밀과 마음이 담긴 경전이다.

'반야바라밀다심경'의 그릇 소재는 무엇일까.

황금으로 빚었을까.

돌로 깎았을까.

나무로 깎았을까.

아! 흙과 물과 불과 바람이 빚은 도자기일까.

왜 도자기는 사대四大가 다 들어갈까.

도자기는 재료가 흙과 물이고 거기에 불과 바람이 힘을 모아 구어냈으니 흙 물 불 바람이란 자연의 네 가지 요소가 함께 만들어낸 하모니의 그릇이라 할 수밖에……

아무튼 경經은 그릇器이다.

부처님의 가르침을 담은 성스러운 그릇이다.

중생이 걸어갈 길을 담고 있는 그릇이다.

자연의 질서와 이치를 담은 그릇이다.

세상世과 세상 사이間도 하나의 그릇器이다.

세상世과 세상 사이間가 세간世間인데 이 말은 불교용어에서 시작된 말이다. 그런데 이를 물리학계에서는 달리 부르고 있다.

어느 물리학에서일까.

양자물리학量子物理學quantum physics에서다.

평행우주平行宇宙parallel worlds라 하고

다중우주多重宇宙multiverse라 한다.

여기 3가지 타입types의 그릇世間이 있다.

첫째는 기세간器世間이고

둘째는 중생세간衆生世間이며

셋째는 지정각세간智正覺世間이다.

해인삼매에 들어 바라볼 때 나타나는 세간이다.

그릇세간은 지구와 태양계와 우주며

중생세간은 중생들이 살아가는 삶의 모습이며

지정각세간은 깨달은 이의 마음 상태이다.

이 가운데 기세간은 중생을 담고

깨달은 이들도 함께 담고 있는 그릇세간이다.

그릇에는 소재와 쓰임새뿐만 아니라 크기에 따라서도 다르다.

세상에서 가장 작은 그릇은 뭐니 뭐니 해도 마음이란 그릇이고

세상에서 가장 큰 그릇도 마음 그릇이다. 기세간이란 그릇은 그
것이 지구든 태양계든 더 나아가 우주 자체라 할지라도 유형의 그
릇은 크고 작음이 분명하다. 그러나 마음 그릇은 형태를 갖고 있
지 않기에 작을 때는 미세 먼지에 들어가도 흔적이 없고 클 때는
우주를 다 담고도 여백이 있다.

이 마음의 세계를

제대로 이해하는 그릇이 있으니

이는 위대한 각자覺者 부처님의 그릇이다.

부처님의 그릇이 큰 이유는 두 가지다.

첫째는 진공의 마음이기 때문이다.

부처님은 아인중수我人衆壽를 비운 분이다.
아상 인상 중생상 수자상이 빈 마음
이 빈 마음의 그릇은 어떤 것도 담을 수 있다.
둘째는 묘유의 마음이기 때문이다.
번뇌를 완벽히 비운 마음에 묘유妙有가 있다.
부처님 마음 그릇에 담긴 묘유는 어떤 것일까.

묘유妙有란 형태로 표현될 수 없고
소리로 표현할 수 없고
냄새로 드러낼 수 없고
맛으로 드러낼 수 없고
피부로 느낄 수 없는 까닭에 묘유라 한다.
중생을 사랑하는 부처님 마음이며
중생을 바른 길로 이끄는 부처님의 지혜며
중생의 윤회를 정지시키려는 부처님의 원력이다.
부처님만이 지닌 진공묘유의 그릇
이 그릇을 뛰어넘는 그릇은 세상에 다시 없다.

경經sutra에 담긴 뜻이 그릇뿐일까.
그릇 못지않게 경에는 다른 뜻이 들어있다.

경제 經題

날줄經線 씨줄緯線

길이 있다.
세로로 난 길이다.
이를 경經이라 하며
다른 말로는 경도經道다.
우리나라의 홀수번호 도로다.
영어로 애비뉴Avenue다.

길이 있다.
가로로 난 길이다.
이를 위緯라 하며
다른 말로는 위도緯道다.
우리나라의 짝수번호 도로다.
영어로 스트리트street다.

위도緯度는 위선緯線이라고도 한다.
경經이 세로 선인데 비하여

위緯는 가로로 난 선을 가리킨다.

지구의 가로도度에 해당한다.

경도經度는 경선經線이라고도 한다.

위緯가 가로 선인데 비하여

경經은 세로로 난 선을 가리킨다.

경도經道와 경도經度는 완벽할까.

위도緯道와 위도緯度는 완벽할까.

어느 것도 결코 완벽하지 않다.

남북 길 세로도度만으로는 완벽하지 않다.

동서 길 가로도度만으로는 완벽하지 않다.

가로도度 동서東西 길은

남북 길 세로도度가 있기에 완전해지고

세로도度 남북南北 길은

가로도度 동서 길이 있기에 완전해진다.

사건의 전말顚末과 일의 내력來歷을 우리는 보통 경위經緯라고 한다. 경도와 위도를 한데 묶어 경위라 하고 직물의 날經과 씨緯를 경위라 한다. 이들 경經과 위緯는 홀로 존재할 수 없다. 이들이 각기 완벽하기 위해서는 자신을 던져 상대와 하나가 되어야 하고 상대를 받아들여 자신과 하나이어야 한다. 따라서 경위는 떨어질 수 없다.

만약 남북으로 이어진 도로經道만 있고 동서로 이어진 도로緯

道가 없다면 어떻게 목적지까지 갈 수 있을까. 우리나라가 동서로 이어진 도로는 촘촘한데 남북으로 이어진 도로가 없다면 남녘과 북녘에 있는 이들이 만날 수 있을까. 고속도로나 자동차 전용도로가 아니라도 좋다. 두 다리로 걸어다니는 오솔길 골목길에서 세로 길이나 가로 길 중 어느 길이 없다면 어떻게 만나 소통할 수 있으랴.

베틀에는 날줄이 걸려 있다.
날줄經線이 베틀에 정갈하게 걸려 있다.
베를 짠다는 것은 다른 게 아니다.
날줄이 걸려 준비가 된 베틀에 앉아
북 안에 씨줄 실뭉치를 넣고
왼손에서 던져 오른손으로 받으면서
바디를 앞으로 당겨 내리친다.
오른손에 있던 북을 던져 왼손으로 받고
다시 바디를 앞으로 당기며 내리친다.

요즘 누가 집에서 베틀로 피륙을 짜겠는가. 피륙은 직물공장에서 기계로 짠다. 그러나 베틀에 앉아 피륙을 짜든 공장에서 기계로 또는 컴퓨터로 피륙을 짜든 피륙의 구조는 가로실과 세로실의 조합이다. 가로실 세로실의 굵기와 질기기가 같다. 어느 선은 굵고 어느 선은 약하다면 제대로 된 최상품의 피륙이 될 수가 없다.
따라서 이미 설치된 날실經絲과 함께 한 올 한 올 짜여가는 씨실緯絲이 다같이 고르고 같은 힘이어야 한다. 그렇지 않다면 옷을 지었을 때 문제가 생긴다. 여성들의 스타킹 올이 터지듯이 옷이 쉽게 틀어지거나 찢어질 수 있다. 이것이 곧 불량품不良品 inferior goods이다. 날줄 그 자체도 반드시 완전해야겠지만 먹이는 씨줄 입장에서도 완전할 때 비로소 좋은 상품의 피륙이 나올 수가 있다.

습관처럼 운전할 때는 꼭 네비게이션을 켠다. 모르는 길이나 처음 찾는 길은 말할 것도 없고 매일 출퇴근하는 길에서도 네비를 켠다. 이 네비게이션과 인공위성의 기술이 만나 현재 어느 곳 어느 길을 가고 있는지 알려준다. 이른바 위치 추적 시스템이 설치되어 있다. 이 원리의 첫째 구조는 경도와 위도다. 전 세계 어디에 있더라도 경도와 위도로서 그의 위치를 정확하게 알아낼 수가 있다. 이 위치 시스템은 스마트폰의 기본 어플이다.

'반야바라밀다심경'의 '경'은
단언하건대 완벽한 경전이 아니다.
팔만사천 모든 부처님 경전이 다 불완전하다.
이 경전들이 홀로 장경각에 모셔진 채
읽어줄 독자를 만나지 못한다면
이는 그냥 날줄經 가르침典에서 그칠 뿐이다.
몸소 경전을 읽고 경전의 가르침을 통해
참된 길을 걸어가려는 불자, 수행자를 만날 때

불경은 마침내 완전한 경이 된다.

지음자知音者라는 말이 있듯이
음악가는 음악을 알아주는 사람을 만나고
화가는 그림을 알아주는 사람을 만나고
소설가는 작품을 알아주는 사람을 만나
그들의 작품이 비로소 완전해진다.
이처럼 장경각에 갇혀있는 부처님 말씀은
그 자체로는 완전하다고 할 수 없다.
그 경전에서 가르치고자 하는 뜻을
제대로 이해하는 그런 사람을 만났을 때
경전은 바야흐로 완전해진다.

경전經典이 날줄經線이라면 경전을 읽는 이는 씨줄緯線인 동시에 씨줄을 날줄 사이로 밀어넣어 피륙을 짜는 자다. 부처님 말씀의 날줄은 이미 완벽하다. 이처럼 이미 완벽하고 튼실한 날줄을 놓고 튼실하지 않은 씨줄로 짤 수는 없다. 깨끗한 날줄에 오염된 씨줄로 짤 수는 없다. '반야바라밀다심경'이란 날줄은 날줄 그 자체로는 완전하나 피륙은 아니다. 완전한 피륙을 만드는 이는 곧 중생衆生이다.

'반야심경'을 바탕으로 완전한 피륙을 짜자.
이미 베틀에 날줄은 잘 걸려있으니

한 올 한 올 씨줄을 정성껏 집어넣어 보자.

부처님 말씀이 날줄로 걸려있다면 씨줄을 박아 옷감을 짜는 일은 우리 몫이다.

부처님 마음意의 날줄에 맞추어

우리 중생들 마음의 씨줄을 박아넣고

부처님 말씀의 날줄에 어울리도록

우리 중생들 언어의 씨줄을 잘 순화시키자.

부처님 행동身의 날줄에 어울리도록

우리 중생들 행동의 씨줄을 제대로 엮어보자.

그런데 '반야바라밀다심경'은 가로 세로뿐일까.

부처님 말씀은 다만 경위經緯뿐일까.

생명이 단지 경위만으로 표현이 가능할까.

생명체의 정신세계와 미세한 세포 조직이

가로 세로만으로 완벽하게 설명될 수 있을까.

만일 가로 세로뿐이라면 이는 2차원이다.

3차원 세계는 무엇으로 나타낼 수 있을까.

공간은 점선면點線面으로 표현한다 하겠으나

시간은 어떻게 표현해 내면 좋을까.

어즈버! 꽃 한 송이의 불가사의를 어찌할까나.

'반야바라밀다심경'이 바로 그 해답이다.

쉬어가기

용성선사발원문 城禪師發願文

龍城禪師 지음

후학 東峰 옮김

위가없는 부처님의 넓고넓은 깨침바다
밝은광명 비추옵고 태허공을 삼키옵고
인연따라 느껴가고 어디에나 두루하고
깨친마음 어디에든 자비함께 하시오네

진실하온 응화신은 사의하기 어려우나
위가없는 참된진리 말씀으로 드러내고
문수보살 보현보살 거룩하온 스승께서
대자대비 깊은마음 중생들을 살피시네

대희대사 너른마음 함령들을 제도하매
저희모두 발심하여 부처님께 귀의하네
군생제도 서원함에 지침피로 본디없고
다만오직 부처사랑 한몸받길 원할따름

이제저와 다시다못 지성스런 제자들이
부처님의 가피력을 우러르어 원하오니
무명세계 근본미혹 영원토록 끊으옵고
삼계내의 모든열뇌 받지않게 하여지다

이내몸이 건강하기 금강과도 다름없어
사백사병 온갖질병 침노하지 않으오며
여섯감관 청정하고 원만하게 갖추어서
팔만사천 온갖번뇌 한결같이 사라지다

천가지며 만가지의 셀수없는 재앙들은
영원토록 한꺼번에 순식간에 사라지고
가이없는 색상일랑 불가사의 자체로서
군생들을 제도하여 남김없이 하오리다

당상학발 부모님은 천년수를 누리시고
무릎아래 자손들은 만세영화 이으소서
구경에는 살바야를 원만하게 이루어서
마하반야 바라밀로 회향하게 하옵소서

동봉스님 풀이한《평상심이 도라 이르지 말라》

(1993년6월 서울 불광출판부 발행) 450-453쪽 참조

용성진종선사는 서기 1864년 전북 장수에서 태어나 1940년 서울에서 대열반에 드신 근대 한국 불교의 대표적인 선사다. 근대에 있어서 포교운동 역경운동과 함께 민족대표 33인 가운데 한 사람으로서 민족운동의 선구적인 역할을 하셨다.

해인사에서 출가하고 통도사에서 율법을 전수받고 송광사에서 크게 깨치신 분으로 불보종찰 법보종찰 승보종찰이 선사에게는 모두 특별한 인연이다. 선사가 나에게는 직계 노스님이시며 또한 나의 은법사恩法師 고암대종사에게 법을 전하신 스승이기도 하시다.

크신보살 관자재가 깊은반야 실천하여
저언덕에 도달하는 바라밀다 하올때에
오온모두 공한것을 분명하게 비춰보고
이세상의 일체고액 모두벗어 나느니라
觀自在菩薩行深般若波羅蜜多時
照見五蘊皆空度一切苦厄

삼장법사 쉬앤짱玄奘

앞의 경제經題에서 살폈듯이 여기 이《반야심경》(반야바라밀다심경)은 삼장법사 쉬앤짱玄奘의 번역본으로 삼장법사 쿠마라지바羅什 번역본에서처럼 경 이름 앞에 '마하摩訶'가 실려 있지 않다. 그리고 쿠마라지바 번역본에는 없는 마음 심心 자가 놓여있는 까닭에 '반야심경' '심경'이라 약칭할 수 있으나 쿠마라지바 번역본은 '심'자가 없는 까닭에 '반야심경', '심경'이라 표기할 수는 없다.

그렇다면 쉬앤짱 삼장은 어떤 분일까. 어떤 분이기에 이처럼 아름답게 번역했을까.

물론 그렇다고 쿠마라지바 삼장의 번역이 쉬앤짱 삼장의 번역보다 못하다는 게 아니다. 2가지 모두 나름의 독특한 색깔을 지니고 있다. 앞서 경제經題에서 다루었기 때문에 여기서는 긴 얘기를 생략하지만 이 《반야바라밀다심경》 번역자에 대해서는 한 번쯤 짚고 갈 필요가 있다.

두루周 알다知시피 삼장법사 쉬앤짱은 중국 3대 기서 중 하나인 《씨여유지西游记》에 픽션, 논픽션으로 재밌게 등장하는 고승이다. 그는 쑨우콩孫悟空을 최측근으로 하여 주빠지에猪八戒. 샤우징沙悟淨의 보호를 받아 무사히 티엔주天竺, 곧 인도에 이른다. 그는 티엔주에서 인도어를 완벽하게 소화한 뒤 불경을 구해 다시 탕唐나라로 돌아온다. 그때 남긴 기행문은 매우 중요한 자료로서 12권으로 된 《따탕씨위지大唐西域记》이다.

근대 유길준 선생(1856~1914)이 쓴 소중한 기행문 《서유견문록西遊見聞錄》이 책 이름에서 '놀 유遊' 자를 쓰고 있듯이 밍明의 우청은吳承恩wuchengen이 지은 구법소설 《씨여우지西遊记》에서도 어쩌면 한결같이 놀 유遊/游 자를 쓰고 있다.

여행이야 유람遊覽의 뜻이 있으므로 으레 '놀 유遊' 자를 쓴다고 하더라도 구법행각求法行脚에서 '놀 유遊' 자를 쓰다니 언뜻 이해가 가지 않을 수도 있다.

이는 《관음경》(일명〈관세음보살보문품〉)에서 관세음보살의 '제중현신濟衆現身'을 두고 무진의보살無盡意菩薩이 부처님께 여쭙는다.

"관세음보살이 어떻게 이 사바세계서 노시며 어떻게 중생을 위해 설법하시며~"라고.

관세음보살이 중생을 교화하는 스타일은 얼핏보면 스승과 제자도 아니거니와 선생님과 학생의 관계가 아닌 듯 여겨진다. 놀이를 통해 어린이나 유치원생과 함께하듯이 관세음보살은 노는 것으로 방편을 삼는다.

관세음보살과 관자재보살은 같은 분이다. 아버지를 아버님, 아빠라 부르기도 하고 엄마를 어머님 어머니라 부르기도 하는 것처럼 그렇게 약간 달리 부를 수는 있으나 엄마 어머님 어머니가 같은 뜻이고 아버지 아버님 아빠가 다른 뜻이 아니다. 다만 세상世을 관觀함이 자재自在함과 세상世의 소리音를 관觀한다는 뜻에서 보면 세상의 소리를 관함은 자비가 넉넉해 보이고 세상을 관함에 자재하다면 지혜가 있어 보인다.

이 반야심경의 산스크리트어 원본이 관세음보살보다 관자재보살에 가깝다. 이는 쿠마라지바 삼장의 번역 관세음보살보다 쉬앤짱 삼장의 관자재보살이 훨씬 사실적이다. 앞에서도 얘기했지만 경 이름도 마찬가지다. 산스크리트어 원본에는 '마하'가 없는데 쿠마라지바는 없는 '마하'를 앞에 올려놓았고 쉬앤짱은 원본에 없는 대로 마하를 싣지 않았다. 그런데 중국 한국 일본 등 나라에서는 원본에도 없는 마하를 입맛대로 넣어 읽는다.

곧 《마하반야바라밀다심경》이라고__

여기 이 《반야바라밀다심경》은 내용면에서 보아 분명 지혜般若의 경전이지 사랑慈悲의 경전이라 볼 수는 없다.

비우고 비우고 또 비우라고는 가르치는데

채우고 채우고 또 채우라고는 가르치지 않는다.

'서로 마음껏 베풀고 마음껏 나누布施라.

마침내 저彼 언덕岸에 이르到리라'가 아니라

'비우空고 비우고 슬기롭게 비우라.

마침내 저 언덕에 이르리라'고 가르친다.

'반야바라밀다심경'은 자상한 그러나 엄한 아버지의 가르침이지 음식물을 입으로 씹어 아이 입에 넣어주는 어머니의 조건 없는 사랑의 가르침이 아니다. 그러나 관자재보살의 지혜 속에는 어머니의 곡진한 사랑이 듬뿍 담겨 있는데 이는 《관세음보살보문품(관음경)》 속에 어머니의 곡진한 사랑만이 아니라 아버지의 엄함이 가득 담김과 같은 것이다. 그러기에 《반야바라밀다심경》은 참 멋지다.

관자재보살은 위대한 보살이다. 서운하게 들릴 수 있겠지만 한국불교계에서 우바이를 보살이라 부름과는 격이 다르다.

관자재보살은 지혜보살이고 관세음보살은 자비보살이다. 지혜보살은 비움을 바탕으로 하고 자비보살은 채움을 바탕으로 한다. 비움은 '색수상행식色受想行識'을 비움이고 채움은 '아뇩다라삼먁삼보리'로 채움이다.

심경별사 쉬엄쉬엄玄裝

서분 序分

크신보살 관자재가 깊은반야 실천하여
저언덕에 도달하는 바라밀다 하올때에
오온모두 공한것을 분명하게 비춰보고
이세상의 일체고액 모두벗어 나느니라
觀自在菩薩行深般若波羅蜜多時
照見五蘊皆空度一切苦厄

관자재보살 觀自在菩薩

관자재보살은 관세음보살의 원형이다. 관자재보살에서 관세음이 파생한 까닭이다. 이를테면 주민등록상 이름은 '관자재'이고 무엇보다 중생계를 잘 관찰하여 고통으로부터 벗어나도록 구제하는 일이 뛰어나기에 '관세음'이란 별명이 붙은 것이다. 세상 모든 사람들의 소리를 관찰함에 있어 특별한 소질이 있음을 나타내는 이름이 '관세음'이라는 닉네임이라고 한다면 '관자재'는 그 관찰의 폭이 매우 넓은 편이다.

세상世의 소리音를 관찰觀하다.

세상 세世, 인간 세世 자에서 보여주듯 혼자서는 살 수 없는 곳이 세상世이다. 열十은 공간一과 시간丨의 만남이고 스물卄은 시간 공간을 받쳐卄줌이 있고 서른卅은 다시 한 번 더 받쳐世줌이 있다. 열十(십) 스물卄(입) 서른卅(삽)이 함께 어우러질 때 사람

사는 세상世이 된다. 바로 이런 세상을 관하는 이가 관세음보살이고 이 관함에 있어 자재한 이가 관자재보살이다. 그런데 나는 관자재보살이든 관세음보살이든 보살 앞에 놓인 관觀을 생각할 때마다 썸some의 정석定石formula이 떠오르곤 한다. 《관음경》(보문품)에 따르면 관세음보살이 교화할 중생의 부류대로 몸을 나투시는데 '삼십이응신三十二應身'이나 된다. 이 32가지 부류의 몸에는 불 보살 성문 연각이라는 성자들 세계가 있고 하늘의 책임자 천룡팔부들이 있으며 자연계의 온갖 신들이 두루 포함된다.

이들 32응신 중에는 소왕 장자 거사 관료 바라문을 비롯하여 이들의 동반자 안사람들과 비구 비구니 우바새 우바이와 소년 소녀들은 사람이기에 당연하거니와 하늘을 맡은 신들 모습으로도 나타내고 곧 범왕 제석 자재천 대자재천과 천대장군과 비사문 집금강신 몸으로도 나타낸다. 사람의 몸으로만 나타내는 게 아니다. 천룡팔부의 몸으로도 나타낸다.

주지周知하다시피 이들은 중생이다. 아직 성자 부류에 들지 못한 뭇중생들이다. 그런데 중생의 부류가 아닌 이들이 있다. 바로 성문聲聞 벽지불辟支佛과 더 나아가서는 부처님佛과 보살菩薩들이다. 관세음보살이 나툴 교화의 몸 가운데 보살보다 높은 경지 부처님佛이 들어있다. 성문과 벽지불까지도 아직 완전한 게 아니다. 그러나 보살마하살의 경지라든가 부처님 경지는 분명 최상이라고 할 것이다.

그럼에도 불구하고 관세음보살은 부처님 몸으로도 화현하신다.

이러한 교화방편에는 썸some이 있다. 썸이란 '근기根機에 맞춤'
이라는 정석이 있다. 수를 나타내는 매니many와 퓨few 양을 나
타내는 머취much와 리틀little 극단의 전부全部all와 전무全無
no 따위에서 중간쯤을 표현하는 게 썸some이다. 상근기上根機
는 상근기대로 중하근기中下根機는 중하근기대로 알맞게 대응하
여 이끄는 게 '썸의 정석'이다.

불생불멸不生不滅
불구부정不垢不淨
부증불감不增不減을 설하는 《반야심경》은
분명 '썸의 정석'을 가르친다 하겠다.
생겨나? 안 생겨나!
없어져? 안 없어져!
더러워? 안 더러워!
깨끗해? 안 깨끗해!
늘어나? 안 늘어나!
줄어? 안 줄어! 란 말에서 썸의 묘미를 느낀다.
약간, 얼마, 좀, 어떤, 쯤, 가량, 누구
굉장한 따위의 뜻이 들어있는 썸some은
분명 《반야바라밀다심경》의 꽃이다

관觀은 '볼 관觀' 자로 '제대로 봄觀'이다. 제대로 봄은 세심하게

살펴봄이기도 하지만 살필 대상에 따라 알맞게 보는 것이다. 세심하게 세밀하게 보는 것은 현미경이나 망원경으로 족할 것이다. 새는 뭇생명에서 대부분 시력이 좋은 편이다. 볼 관觀 자에서 초두 ⺾ 는 두 개의 눈썹이고 눈썹 아래 2개 입 구㗊 자는 두 눈이며 아래 놓인 새 추隹 자는 황새鸛를 가리킨다. 오른 쪽 볼 견見 자는 부수部首로 살펴봄이다.

관자재보살觀自在菩薩에서 자재는 '자유자재自由自在'의 줄임말이다. 자유自由는 스스로自 말미암음由이니 시간적으로 동기動機motive가 자유로움이고 자재自在는 스스로自 적응在함이니 공간적으로 상황狀況circumstance이 자재함이다. 내가 이 순간 여기 이렇게 있게 된 상황은 반드시 앞선 시간에 그럴 만한 동기가 있었다. 그러므로 먼저 어떠한 까닭自由이 있은 뒤에 이러自한 상황在을 만들어놓게 된 것이다.

아무튼 관자재보살에게는 동기自由와 주어진 상황自在에 적응하는 절묘함이 있다. 자유자재를 자유자재하게 이끌어가는 보살, 이분이 다른 이가 아닌 '관자재'이다. 관자재보살이 자유자재할 수 있는 까닭은 매우 단순한데 그가 마음을 비웠기 때문이다.

마음을 비우다니 마음을 어떻게 비울 것인가?

이를테면 '마음'이라는 어떤 그릇이 있고

그 그릇 안에 담긴 그 무엇을 비움일까?

아니면 내게서 마음을 송두리째 뽑아버릴까?

관자재보살은 마음을 비운 게 아니요.

마음 그릇에 담긴 그 무엇을 비운 게 아니다.

다섯 가지 축적蘊된 관념을 비운 것이다.

눈에 보이는 대상으로 빛깔色을 하나 들었으나

이 빛깔은 바깥경계를 대표로 들었을 뿐

여기에는 소리 냄새 맛 닿음 법을 포함한다.

빛깔 소리 냄새 맛 닿음 법을 초월한 보살이다.

관자재보살은 감관의 대상이 공하다고 느낀다.

느끼려고 해서 있는 실체가 없어짐이 아니라

본디 텅 비어있음을 제대로 관찰하고 있다.

서분序分

크신보살 관자재가 깊은반야 닦고닦아
저언덕에 도달하는 바라밀다 하올때에
오온모두 공한것을 분명하게 비춰보고
이세상의 일체고액 모두벗어 나느니라
觀自在菩薩行深般若波羅蜜多時
照見五蘊皆空度一切苦厄

행심반야바라밀다시 行深般若波羅蜜多時

원문 '행심반야바라밀다시'에서 '반야바라밀다'를 끊어서 풀 것인가 붙여서 하나의 명사로 읽을 것인가에 대해 지금까지 많은 스님네와 학자들은 '반야바라밀다'를 하나로 묶어 풀이하였다.

그런데 나는 이를 나누어 놓았다. '행심반야行深般若'를 하나로 묶은 뒤에 깊은深 반야般若를 닦고 닦아行로 풀고 '바라밀다시'를 동사형 목적어로 풀어놓았다.

바라밀다를 풀이하면 도피안到彼岸이다. 이쪽 언덕에서 건너편 언덕으로 건너감이다. 나는 이를 '중복표현방식'을 이용하였다.

바라밀다가 '저 언덕에 이르다'이기에 저 언덕에 도달하는 바라밀다할 때로 풀었다. 저 언덕에 도달하다와 바라밀다는 같은 말이다. 이와 같이 중복표현방식을 쓰더라도 문법에는 아무런 하자가 없으며 오히려 이해를 돕는 데 더 많은 효과가 있다.

'반야바라밀다'를 하나의 숙어로 묶으면 '깊은 반야바라밀다를 닦을 때에'가 된다. 반야가 명사고 바라밀다가 동사형 목적어인데 이 둘을 한데 묶어도 그다지 나쁘지는 않다.

보시布施바라밀, 지계持戒바라밀, 인욕忍辱바라밀, 정진精進바라밀, 선정禪定바라밀, 반야般若바라밀이라 하듯이 그저 여섯 가지 바라밀의 하나일 따름이다.

반야바라밀을 '지혜의 완성'이라 한다. 곧 반야가 지혜이고 바라밀다가 완성이다.

만일 바라밀다가 완성으로 풀이된다면 보시바라밀다는 보시의 완성이고, 지계바라밀다는 지계의 완성이고, 인욕바라밀다는 인욕의 완성이고, 정진바라밀다는 정진의 완성이고, 선정바라밀다는 선정의 완성이고, 방편바라밀다는 방편의 완성이다. 그런데 앞의 경제經題에서도 언급했듯이 반야바라밀을 제외하고 바라밀에 완성은 없다.

베풀고 나눔에 완성이란 게 있을까.

올곧게 참하게 살아가는 데 완성이 있을까.

아픔을 참고 분노를 참는데 끝이 있을까.

노력하고 정진하는 데 끝이 있을까.

삼매에 들어가는 데 어디가 궁극일까.

방편에 지혜에 원력에 과연 궁극이 있을까 .

이처럼 생각에 생각을 거듭하다가도 '내가 깨닫지 못한 무지렁이니 그렇지' 하고 쉽게 단념하고 마는 자신이 한심하다.

삶生이란 영원한 현재다. 지나간 삶은 지나갔기에 존재하지 않는다. 다가오지 않은 삶은 아직 오지 않았다. 현재의 삶이 곧 삶인데 이 현재라는 말은 도저히 그 갈피를 잡아낼 수가 없다. 왜냐하면 이 순간이 현재라고 단정짓기에는 그 순간이 너무 짧은 까닭이다. 그러므로 삶은 오직 현재일 뿐이지만 생각은 과거 아니면 늘 미래에 미리 가 있다. 그런 면에서 바라볼 때 바라밀은 완성이 아니다.

물질의 세계는 완성이라 여길 때 이미 그 순간부터 무너지壞기 시작한다. 아름다운 하나의 건축물이 준공하자마자 그때부터 낡아가기 시작한다. 아니 어쩌면 완공되기 전부터 무너져갈 것이다. 건축계의 피카소로 유명한 안토니오 가우디, 1883년 그가 처음 설계를 시작하면서 짓기 시작한 가우디 성당의 완공이 언제쯤일까. 앞으로 9년 뒤 2026년에는 마무리가 된다니 자그마치 143년이란 시간이 소요된다.

모든 건축물이 다 마찬가지이지만 이 건축물은 짓기 시작하는 바로 그 순간부터 한 녘에서는 괴壞의 역사가 진행되었다.

바라밀이 완성完成이라 번역된다면 완성이라 느끼는 그 순간부터 바라밀은 괴壞와 공空의 세계를 향해 질주한다. 부처님께서 말씀하신 삼법인三法印 가운데 첫째 법칙이 다름 아닌 제행무상諸行無常이다. 어떤 것도 이 첫째 법칙을 어기는 것은 없다.

바라밀이 완성이라 풀이되는 그 순간 제행무상의 법칙은 철저하게 적용되고 있다.

나는 《반야심경》을 사언절로 번역할 때 바라밀을 완성 차원에서 보지 않고 철저하게 진행형 차원을 염두에 두고 완료형이 아닌 현재 진행형으로 풀어나갔다.

관자재보살은 이미 완전한 성자聖者다. 그는 이미 오온五蘊이다. 공함을 사무쳐 본 완벽한 깨달음의 성취자, 성자임에 틀림이 없다. 그래도 도일체고액度一切苦厄을 풀 때 '일체一切 고액苦厄으로부터 벗어났다'가 아닌 '일체 고액으로부터 벗어나느니라'로 현재진행형을 쓰고 있다.

관자재보살이나 관세음보살은 모든 중생들에게 있어서 영원한 현재형이다.

기독교에서는 하느님을 아버지라 부른다. 기도할 때 누구나 '하느님 아버지'라 부른다. 아버지가 '하느님 아버지'라 칭한다 하여 아들딸이 하느님 할아버지'로 칭하지는 않는다.

이런 상황을 놓고 불교도들은 얘기한다.

"기독교는 촌수도 없는가 봐! 아버지도 하느님 아버지라 부르고 아들도 하느님 아버지 부르는 것을 보면....."

이는 불교에서 관세음보살을 두고 어머니도 '대성자모大聖慈母'라 하고 딸도 대성자모로 부르는 것과 같은 격이다.

관세음보살 관자재보살은 중생의 어머니이다.

위대大하고 거룩聖하고 사랑慈이 가득한

모든 중생의 어머니母가 곧 관세음보살이다.

불교에서 관자재보살이 영원한 현재형이듯

기독교의 하느님도 영원한 현재형이다.

말 한마디를 잘못 알아 오해하는 경우가 많다.

하느님이 완벽하기에 현재형이듯 관자재보살도 완벽하기에 항상 진행형이다. 언제나 현재진행형이라는데 묘미가 있다.

이 현재진행형 속에는 화신의 뜻이 들어있다.

서가모니불을 천백억화신이라 부른다.

관세음보살을 32응신 또는 33응신이라 한다.

기독교 하느님이 온 우주에 충만하기에

역사상 모든 생명이 영원히 의지하는 것이다.

이는 불교에 있어서도 완벽하게 동일하다.

내가 불교를 만나《반야심경》을 읽으며 관자재보살의 '반야바라밀' 뜻을 이해했듯이 내 아버지와 아버지의 아버지는 물론 아버지의 아버지의 아버지도 반야심경을 읽으며 나와 같은 대성자모를 생각하셨을 것이고 내 아들, 내 아들의 아들의 아들의 아들까지도 역시 반야심경을 읽으며 같은 생각을 할 것이다.

내가 아버지와 아들을 낱낱이 예로 들면서 엄마와 딸의 얘기를 들지 않은 것은 그냥 그 속에 포함시켰을 뿐이다.

서분序分

크신보살 관자재가 깊은반야 닦고닦아
저언덕에 도달하는 바라밀다 하올때에
오온모두 공한것을 분명하게 비춰보고
이세상의 일체고액 모두벗어 나느니라
觀自在菩薩行深般若波羅蜜多時
照見五蘊皆空度一切苦厄

조견오온 照見五蘊 - 색 色

오온五蘊은 다섯五 가지 쌓음蘊이다.
'쌓임'이라는 제움직씨自動詞가 아니라
'쌓음'이라는 남움직씨他動詞다.
제움직씨는 스스로自 움직이動는 자연이고
남움직씨는 남他이 꾸미動는 인위人僞다.
오온의 온蘊이 '쌓일 온'이 아닌 '쌓을 온'이다.
솔직히 색수상행식色受想行識에는
'온蘊'이니 '음陰'이니 하는 수식어가 없다.
중생들 집착에 의해 붙은 말일 뿐이다.

쌓을 온蘊 자를 분석破字해 보면 풀숲艸에 버려진 솜糸 이불皿 무더기이다. 하치장에 내던져진 솜이불 쓰레기이다. 그 위로 풀이

무성하게 자라 있어 집착할 게 없는 몰가치沒價値한 것들이다.

아니다.

그렇지 않다.

가치의 있고 없음을 떠나

백골관白骨觀을 하듯 무심하게 보고

부정관不淨觀을 하듯 집착하지 말라는 것이다.

옛 중국인들은 숫자를 표기할 때

하나는 일一

둘은 이二

셋은 삼三

넷은 사三로 표기하였으나

다섯은 우주 만물을 이루는 다섯 가지 원소로, 한 일一자 5개를 가로로 긋기보다는 뭔가 전체를 표현할 방법을 강구하였다. 하늘一과 땅一 곧 우주二 사이 만물을 교차하는 것乂으로 표현하였는데 이것이 다섯 오乂 자였고 나중에 다섯 오五 자로 모습을 바꾸었다.

왜 만물을 다섯 오乂 자로써 표기했을까?

만물은 끊임없이 변화한다는 역易의 법칙 효爻를 담고자 한 것이다.

요즘은 주판籌板/수판數板이 사라졌지만 내 기억으로는 초등학교에서 2학년 때 구구단九九段/九九法을 외고 3학년 때부터는 주판 놓는 법을 배웠다. 주판에는 아래에 주판 알이 4(5)개가 있고 위에는 한 알이 있었는데 5를 의미했다.

아래 주판알 4개가 다 차고 5개가 되면 아래 4개는 털고 위의 하나를 내리는 식이었다. 넷까지는 일一 자를 차례로 포개 표시하고 다섯은 다섯 오乂/五 자로 표시한 게, 어쩌면 주판이 먼저 생기고 이를 글자로 나타낸 게 아닐까 하곤 생각한다.

아무튼 다섯五이란 개념은 총체적이다. 우주와 만물을 오행五行으로 나타내듯이 오온五蘊도 세계를 창조하고 구성하는 요소를 다섯 가지로 나타내었다고 할 수 있다.

오행은 목화토금수木火土金水로 목성 화성 토성 금성 수성이라고도 하지만 우주 사이에서 쉬지 않고 운행運行하는 다섯 가지 원소元素를 가리킴이 맞다고 본다. 이들 다섯 가지 원소는 물질세계일 뿐 정신세계는 포함되어 있지 않다.

이에 비해 오온五蘊은 물질과 정신의 총합이다. 색色은 물질계로서 오행五行을 포함하고 수상행식受想行識은 정신계를 가리키고 있다. 따라서 오온개공五蘊皆空의 이치는 물질과 정신계 모두를 텅 빔空으로 봄이다.

물질色 세계를 우리 동양철학에서는 식물木을 비롯하여 에너지火와 대지土와 쇠붙이金와 물水로 보고 있는데, 에너지 외에는 모두 대지地球에 속해 있다. 풀과 나무 이끼 따위는 대지에서 자라고 쇠붙이도 땅속에서 나오며 물은 땅 위와 땅속으로 흐르며 드넓은 바다도 대지를 벗어나 있는 게 아니다. 알고 보면 지각 아래에 있는 멘틀과 더 들어가 외핵外核과 내핵內核에서는 상상초월의 불덩어리가 쉼 없이 들끓고 있다.

그러나 지구 생명이 직접 영향을 받는 열원은 1AU 떨어진 태양으로부터 온다. 색色은 이처럼 오감으로 느껴지는 가장 대표적이며 가장 일상적인 대상이다. 색을 무시하고 우리는 단 한 순간도 살 수 없다.

풀과 나무 따위木가 없는 삶이 가능할까?

전기를 포함하여 에너지火 없이 살 수 있을까?

땅土 없고 쇠 없고 물 없는 삶이 가능할까?

인간만이 아니라 다른 생명들도 마찬가지다.

오행은 초목, 에너지, 땅, 쇠, 물이 아니란다. 오행은 목화토금수木火土金水라는 우주 간의 다섯 가지 요소 이름만 빌렸을 뿐실제로 나무 불 흙 쇠 물이 아니라 한다. 하지만 오행은 지수화풍地水火風처럼 그냥 물질이다. 아무리 오행을 격상格上시키고자하더라도 나무木 불火 흙土 쇠金 물水이라는 물질계 그 이상도그 이하도 아니다. 그리고 인간을 비롯한 모든 생명들의 삶에서이들보다 더 소중한 것은 찾을 수 없다.

지수화풍에는 초목木이 빠져 있고 목화토금수에는 대기風가 빠져 있기는 하지만 오온五蘊에서 1온蘊이 색온色蘊이고 나머지 4온蘊이 수상행식온受想行識蘊이다.

하나밖에 없는 색온이 왜 그렇게 중요한가.

물질계形 이하而下의 학문學이 물리학이고 물질계形 이상而上의 학문學이 철학이다. 철학은 형체를 초월한 영역에 관한 과학이고 물리학은 유형물有形物에 관한 과학이다. 오온에서 색온 하나는 자연과학에 해당하고 수상행식 네 가지 온은 철학에 해당한다. 이 《반야바라밀다심경》은 시작하자마자 자연과학과 철학에 대한 얘기를 다루고 있다.

내가 물리학에 관심을 갖게 된 동기는 바로 이 《반야바라밀다심경》 서분序分에서다. 수상행식온受想行識蘊은 철학분야이기에 그렇게 어렵다고 생각하지 않았는데 남들이 쉽다고 여기는 색온色蘊은 아니었다. 물리의 세계를 완벽하게 이해하지 못한 채 쉽게 풀 수 있는 그런 분야가 아니었다. 물리의 세계, 자연과학에 관심을 가지면서 나는 색온을 다시 보게 되었다. 색온을 이해하고 나니 수상행식온이 새로웠다.

나는 감히 얘기한다.

색色을 이해하라!

색이 무엇인가를 바르게 보라!

색에 담겨 있는 성질을 파악하라!

바야흐로 그대의 눈이 활짝 열릴 것이다.

반야바라밀다심경을 읽는 그대여!

색의 공空을 함부로 말하지 말라.

색의 불공不空도 함부로 말하지 말라.

색에 담긴 세계를 알지 못한 채

함부로 공을 말하지 말라.

반야바라밀다심경을 읽는 그대여!

색에 담긴 팔만사천 가지 빛깔을 보라.

색에 담긴 팔만사천 가지 소리를 들으라.

색에 담긴 팔만사천 가지 향기를 맡으라.

색이 지닌 팔만사천 가지 맛을 느끼라.

색이 지닌 팔만사천 가지 감촉을 느끼라.

색의 팔만사천 가지 세계를 바르게 이해하라.

그런 뒤 팔만사천 가지 색의 공함을 이야기하라.

부처님은 이러한 모든 과정을 마치셨나니

반야바라밀다심경을 읽는 그대여!

비로소 반야바라밀다심경을 읽는 자가 되리라.

조견오온 照見五蘊 ― 색色

서분序分

크신보살 관자재가 깊은반야 닦고닦아
저언덕에 도달하는 바라밀다 하올때에
오온모두 공한것을 분명하게 비춰보고
이세상의 일체고액 모두벗어 나느니라
觀自在菩薩行深般若波羅蜜多時
照見五蘊皆空度一切苦厄

오음五陰 오온五蘊

오온五蘊이다.

다섯五 가지 쌓음蘊이다.

저절로 쌓인 것이 아니라

한 층 한 층 쌓은 업業의 탑이다.

스스로 쌓아 올린 탑이기에 나름대로 집착이 생겼다.

실체가 있다 여기면 으레 집착이 생길 수밖에 없다.

쿠마라지바 삼장이 오음五陰으로 쌓은 탑이다.

다섯五 가지 그늘陰로 쌓은 탑을

삼장법사 쉬앤짱은

다섯五 가지 쌓음蘊으로 소재를 바꾸었다.

오온五蘊은 오음五陰에서 왔다.

이게 무슨 말일까?

그림자陰가 실체蘊를 만들었다.

다섯 가지 그늘이 뭘까?

쿠마라지바는 왜 그늘이라 했을까?

구름으로 그늘陰을 만들었다.

구름云은 잠시今 태양을 가렸을阝 뿐

태양처럼 영구한 게 못 된다.

쿠마라지바의 그늘陰은 그림자였다.

삶 자체가 아닌 삶의 그림자였다.

그늘은 빛의 다른 모습이다.

그러나 그림자는 실체가 없다.

오음성고五陰盛苦로다.

오음은 다섯五 가지 그늘陰이라

실체 없는 그늘이고 그림자에 불과한데

빛깔에 취하고

소리에 취하고

향기에 취하고

맛에 취하고

부드러움과 까실까실함에 취했다.

빛깔은 있다가 없어진다.
소리도
향기도
맛도
부드럽거나
까실까실하거나
언젠가는 사라진다.
영원하지 않기에 그늘이고
영원하지 않기에 또 그림자다.

받아들임受에 빠지고
그리움想에 빠지고
여기저기 쑤시고 다님行에 빠지고
제 것이라는 착각識에 빠져온 세월이
아! 그 얼마이련가.

그늘은 빛의 다른 모습이다.
애당초 빛이 없었다면
그늘은 정체를 드러내지 않았다.
빛이 있고 나서 그림자가 따라붙었다.
실체에 따른 그림자이듯
빛은 한시도 그늘을 떼놓지 않았다.

그늘에 선과 악은 없다.

그림자에 좋고 나쁨은 없다.

밝고 아름다운 빛에 집착하면서

그늘은 매우 조악粗惡한 것

그림자는 실체가 없는 것으로 치부했다.

없는 조악의 개념을 만들어 붙였고

없는 느낌을 억지로 만들었다.

그리하여 느끼愛고

미워想하고

집적거리行고

제 것이 아닌양 착각識했다.

쿠마라지바의 '다섯 가지 그늘陰'이

쉬앤짱의 '다섯 가지 쌓음蘊'보다 아름답다.

쌓음은 실체를 인정할 수밖에 없지만

그늘은 아예 정체를 두지 않는다.

마음 비우면 그대로 공空이다.

쿠마라지바는 깔끔하고

쉬앤짱은 너저분하다.

깔끔하기에 그늘陰일 뿐이고

너저분하기에 없는 솜이불을

쓰레기장蘊에 끊임없이 버리고 쌓는다.

잠이 밀려온다.

오음성고五陰盛苦고

오온성고五蘊盛苦로다.

오음五陰이 치성盛한 고통苦일까.

오온五蘊을 담고盛있는 고통苦일까.

치성하나 실체가 없고

담아두나 집착할 게 없다.

오음五陰의 슬기보다.

오온五蘊의 사랑이다.

서분序分

크신보살 관자재가 깊은반야 닦고닦아
저언덕에 도달하는 바라밀다 하올때에
오온모두 공한것을 분명하게 비춰보고
이세상의 일체고액 모두벗어 나느니라

觀自在菩薩行深般若波羅蜜多時
照見五蘊皆空度一切苦厄

오온모두 공한것을 분명하게 비춰보고

세상에는 몰가치한 것이 있을까?

색온色蘊이 몰가치할까?

수상행식온受想行識蘊이 몰가치할까?

이들은 아무짝에도 쓸모가 없어

그래서 공空하다 하시고

모두가 텅 비었다고 하셨을까?

부처님께서 오온이 공하다 말씀하심은 오온이 몰가치하기에 하신 말씀이 아니다. 정확하게 물리학의 입장에서 오온의 실상實相을 꿰뚫으신 것이다.

색성향미촉법色聲香味觸法에서는 색色이 여섯六 경계境 가운데 하나이지만 색수상행식色受想行識에서는 색色이 성향미촉聲香味觸을 포함한다. 그러므로 오온五蘊의 색色과 육경六境의 색

色은 함수含數가 다르다. 따라서 오온五蘊 중의 색온色蘊은 생물과 무생물을 모두 포함하여 정신세계를 제외한 모든 생명, 모든 것이다.

우주에는 생명의 세계보다 무생물의 세계가 훨씬 더 많고 크다. 으레 무생물을 제외한 생명의 세계에서도 질량으로 계산할 수 없는 것은 정신이고 질량으로 계산할 수 있는 것은 모두 육체다. 이러한 육신 세계를 가만히 들여다보니 결국에는 이렇다 할 게 전혀 없다. 물질을 분석해 들어가면 분자分子이고 분자를 분석해 보면 원자原子다.

원자를 다시 분석해 들어가면 뭐가 있을까?

거기에는 원자 알갱이 하나하나마다 양성자陽性子 중성자中性子가 원자 한가운데 놓여 있고 이 양성자 중성자를 중심으로 바깥으로 전자電子가 쉼 없이 돌고 있다. 전자는 음성陰性이고 양성자는 양성陽性인데 중성자는 음도 양도 아닌 중성中性이다. 아니, 음성과 양성을 똑같이 지닌 중성이다. 아무튼 이들 양성자 중성자를 다시 쪼개면 거기에는 쿼크quark가 6개씩이나 들어 있다.

원자 크기가 얼마나 될까 ?

가령 머그잔 하나 가득 바닷물을 담았을 때 그 머그잔 안에 든 원자의 숫자가 지구상 모든 바닷물을 머그잔으로 계량한 그 머그잔 숫자보다 더 많다고 한다. 그러니 원자가 눈에 보이겠느냐는 것이다. 하물며 원자 안에 든 양성자 중성자는 원자 껍질에 비교하면 한없이 작다. 종합경기장 크기가 원자 크기라고 했을 때 양성자, 중성자는 골프공 크기이다.

부처님은 물질을 알아차리신 것이다.

자그마치 2600여 년 전 그 옛날

물질을 분석해 들어가면 텅 비었을 뿐

그 속에 이렇다 할 게 없음을 아신 것이다.

여기서 색온色蘊은 육경六境의 색이 아니다. 빛깔과 소리와 향기와 맛과 촉감을 포함한다. 원자로 된 물질의 세계만이 아니라 파동으로 된 소리의 세계도 그러하고 분자로 된 냄새와 향기도 그러하며 세포로 된 맛과 촉감의 세계도 텅 비었다.

솔직히 비어서 빈 게 아니다. 인식의 단계를 넘어선 까닭이다. 불교에서는 물질계의 가장 작은 단위를 미진微塵atom이라 표현하는데 이것이 원자原子의 뜻이다. 그리고 더 작은 세계를 극미진이라 하는데, 소립자小粒子elementary particle 미립자微粒子 particle를 가리키는 말이다.

색온色蘊이 공空함을 제대로 알고자 한다면 빛깔과 소리와 향기와 맛과 촉감을 제대로 긍정한 뒤 새롭게 인식해야 한다.

2017년 3월부터 매월 넷째 토요일 오후 2시~5시 (사)한국불교학회(회장 삼천사 성운스님)에서는 〈불교와 4차산업〉이라는 독특한 주제로 다섯 번에 걸쳐 꽤 괜찮은 포럼을 진행했다.

1. 인공지능 기술의 현황과 미래
2. 사물인터넷 기술의 현황과 미래

3. 로봇 기술의 현황과 미래

4. 스마트시티 기술의 현황과 미래

5. 가상현실 기술의 현황과 미래

특히 국제회의장을 가득 메운 가운데 열린 가상현실/증강현실 기술의 현황과 미래에서 원광연 KAIST원로교수의 주제 발표와 강의는 나로 하여금 《반야바라밀다심경》에서 오온의 세계를 다시 한 번 생각하게 하였다.

인간과 가상세계에서 오가는 기술의 매개는 인간에게서 가상세계로 의지를 주었을 때 가상세계에서는 인간에게 지각으로 되돌아온다. 이 의지와 지각 사이에는 사고와 감정이 있다.

감정感情이 수온受蘊이라면 사고思考는 상온想蘊에 해당할 것이다. 의지意志가 행온行蘊이라면 지각知覺은 식온識蘊에 해당할 것이다.

이들 감정 사고 의지 지각의 세계는 물질 세계가 아니면서 또한 물질 세계다.

이게 도대체 무슨 뜬딴지 같은 말일까?

얼핏 보기에 감정과 사고 의지와 지각이 물질계가 아닌 완벽한 정신세계인 듯싶으나 이들은 늘 물질계에 한쪽 발을 담그고 있다.

물질계는 정신계와 완벽한 독립이 가능하나 정신계는 완전한 독립이 불가능하다. 생명 없는 육신은 분명 가능하지만 육신 없는 정신계는 홀로獨 설立 수 없다.

그러므로 색온色蘊은 홀로 설 수 있으나 수온受蘊 상온想蘊 행온行蘊 식온識蘊은 색온色蘊이 함께하지 않는 한 어떤 경우든 각기 홀로 존재할 수는 없다.

감정과 사고 의지와 지각이 없는 순수 물질계라면 이를 무엇이라 이름할까?

가령 스마트폰smart phone을 예를 들었을 때 모든 데이타와 온갖 구동 프로그램이 삭제되고 전화번호와 전원까지 모두 끊어진 상태, 이를 '스마트폰'이라 부를 수 있을까?

굳이 부품들이 해체되지 않았다 해도 기능도 번호도 배터리도 완전히 끊겨버리고 등록증까지 말소된 자동차라고 할 때 그때도 우리는 이를 자동차로 인정할 수 있을까?

모습은 비록 스마트폰이고 자동차라 해도 좀체로 인정하기가 쉽지는 않을 것이다.

또한 수상행식受想行識이 사라진 색色이 물질 자체로는 인정이 가능하겠지만 색온色蘊으로서의 가치를 인정받을 수 있을까?

색色 그 자체로는 얼마든 인정할 수 있다. 그러나 색온色蘊으로는 불가능하다. 색수상행식色受想行識에서 온蘊이 없다면 이들을 이어주는 연결고리가 없다. 온蘊이란 물질과 정신계를 잇는 연결고리다. 물론 오음五陰의 '음陰'도 마찬가지다.

쌓음蘊이나 그늘陰이라는 연결고리 없이 낱낱 색수상행식色受想行識은 의미가 없다.

2017년 12월 1~2일 이틀에 걸쳐 〈불교와 4차산업〉이라는 주제로 국제학술대회를 하는 (사)한국불교학회, 회장 성운 큰스님께 깊이 감사드린다.

불교계에서는 쉽게 마음을 열지 않을 듯한 인공지능 사물인터넷 로봇 스마트시티와 가상현실 등 4차산업혁명을 불러들여 불교계와 접목시키려는 큰스님의 혜안慧眼에 과학을 사랑하는 한 사람의 수행자로서 그리고 후학으로서 높은 존경의 념을 표한다.

텅 빈 공空!
텅 빈 온蘊!
텅 빈 나我!
텅 빈 너彼!
텅 빈 그他!
텅 빈 우리!

서분序分

크신보살 관자재가 깊은반야 닦고닦아
저언덕에 도달하는 바라밀다 하올때에
오온모두 공한것을 분명하게 비춰보고
이세상의 일체고액 모두벗어 나느니라
觀自在菩薩行深般若波羅蜜多時
照見五蘊皆空度一切苦厄

쌓아蘊온 빛色이여!
빛色의 쌓임蘊이여!

빛色 쌓음蘊의 기본 모델model이여!

빛light으로 오고 빛깔color로 오라.

빛light과 빛깔color이여

한꺼번에 한데 섞여서 마음껏 오라.

그대여. 와서 내게 머무르라.

너의 찬란한 빛을 받아들이고

너의 아름다운 빛깔을 다 품으리라.

하얀 백조로 오라.

빨간 장미로 오라.

보랏빛 제비꽃으로 오라.

노란 꾀꼬리로 오라! 다 품으리라.

빨강으로 오면 빨강을 사랑하고

주황으로 오면 주황을 사랑하고

노랑으로 오면 노랑을 사랑하고

초록으로 오면 초록을 사랑하고

파랑으로 오면 파랑을 사랑하고

쪽빛으로 오면 쪽빛을 사랑하고

보라로 오면 보랏빛을 사랑하리라.

쌓아蘊온 빛色이여!

빛色의 쌓임蘊이여!

오라! 빛色 쌓임蘊의 아름다운 선율이여!

어떤 소리도 거부하지 않으리라.

굵고 가는 파장으로 오고

길고 짧은 파장으로 오고

높고 낮은 파장으로 오고

빠르고 느린 파장으로 오고

강하고 여린 파장으로 내게 오라.

내 너의 모든 소리를 다 받아 사랑하리라.

쌓아蘊온 빛色이여!

빛色의 쌓임蘊이여!

빛色 쌓임蘊의 진한 향기를 지닌 채

분자分子로 다가오는 그대여!
그대, 향기를 갖고 오는가?
어서 오라,
사람의 향기여!
자연의 향기여!
자연 향기도 사람 향기도 다 사랑하리라.
향기여, 내가 너를 거부하고
어찌 감히 너의 공함을 말할 수 있으랴.
너의 향기를 뼛속까지 사랑한 뒤에
색온色蘊으로서의 향공香空을 논하리라.

쌓아蘊온 빛色이여!
빛色의 쌓임蘊이여!
빛色 쌓임蘊의 가장 아름다운蓋 맛味이여!
생명은 먹이를 거부하지 않나니.
어떤 맛으로 내게 오려는가.
단맛이면 단맛으로 오라.
짠맛이면 짠맛으로 오라.
신맛이면 신맛으로 오라.
쓴맛이면 쓴맛으로 오라.
그대여, 매운맛이면 매운맛 그대로 오라.
너를 온전히 알고 난 뒤 미공味空을 느끼리라.

쌓아蘊온 빛色이여!

빛色의 쌓임蘊이여!

빛 쌓임의 절정絶頂climax인 감촉이여!

매끄럽고 보드랍고

까실까실하고 둔탁함이여!

내 너에게서 촉감을 다 알기 전에

촉공觸空을 논하지 않으리라.

오온五蘊이 모두 공空한 것을 느끼려는가.

오온이 무엇인가를 먼저 알리라.

쌓아蘊온 느낌受이여!

느낌受의 쌓임蘊이여!

나는 너를 감정感情이라 불렀어라.

너는 경계境와 가장 가까운 친구일러니

내가 너를 완전히 알기 전에

네受 쌓음蘊의 공空을 표현하지 않으리라.

너는 아름다움을 가장 먼저 접하고

너는 추함을 가장 먼저 접하고

너는 사랑을 가장 먼저 느끼고

너는 미움도 가장 먼저 느끼는 친구이리니

대관절 너의 존재를 깡그리 무시한 채

느낌受의 그림자陰를 어찌 얘기할 수 있으랴.

쌓아蘊온 생각想이여!
생각想의 쌓임蘊이여!

너는 분석과 선택의 최고 전문가라
아름다움은 아름다운 쪽으로 뽑아놓고
추함은 추한 쪽으로 가려놓나니
사랑과 미움도 너의 선택에 따르나니
맛있는 음식과 맛없는 음식
상한 음식과 독이 든 음식을 가림이여
내 너를 한 번도 사랑하지 않고는
네想 쌓음蘊의 빔空을 얘기하지 않으리라.

쌓아蘊온 전달行이여!
전달行의 쌓임蘊이여!
너는 전달자傳達者면서 욕구欲求이나니
나는 너를 하이브리드hybrid라 하리라.
아름답다고 영원한 아름다움이 아니요.
추하다고 영원한 추함이 아니듯이
사랑도 미움도 상황時空을 따르리라.
나는 너의 욕구와 전달을 사랑하지 않으나
너의 전달과 욕구를 저버리지 않나니
네 전달의 역할을 중시重視하리라.

내가 너를 온전히 믿지 않은 채

네行 쌓음蘊이 비어空 있음을 논치 않으리라.

쌓아蘊온 의식識이여!

의식識의 쌓임蘊이여!

너는 앎이면서 마음이고

마음이면서 또한 재치 있는 앎이거니와

나는 너의 올바른 판단을 기대하지 않으리라.

네 판단과 네 의식이 본디 공하거니

어떻게 너를 완벽하게 믿을 수 있겠는가.

그러나 너를 사랑하지 않은 채

너의 빔空을 나는 주장하지 않으리라.

의식이여, 판단이여!

완벽히 믿을 수 없는 너이기에

나는 너를 더욱 깊이 더욱 가까이 하리라.

하나밖에 없는 색온色蘊이여!

네 자매姉妹가 똘똘 뭉친

한통속의 수상행식온受想行識蘊이여!

너희가 과연 누구이더냐.

지금 너희가 누구냐고 묻는

바로 이 나를 떠나 너희를 찾을 수 없나니

오온五蘊이 곧 나요.
내가 온통 오온五蘊이어라.
부처님의 '너희가 비어 있다'는 말씀은
이 자리의 내가 그대로 텅 빈 공空일러라.

나는 《반야바라밀다심경》을 읽으며
오온五蘊이 모두 공空하다고 하시는 말씀을
내가 포함되지 않은 남의 세계로 여겼나니
아! 어찌 남들 속에서 나를 배제할 수 있으랴.
대한민국 5천만 국민을 벗어나서
나를 특별한 존재로 여겼더냐!
세계 70억 인구 속의 나를 생각해본 적 있는가.
항상 나는 그들과 다른 존재가 아니었던가.

그러나 보라!
괄목상대刮目相對여!
눈을 비비고 다시금 상대를 바라보라.
어느 누구도 나와 다르지 않나니
여기에는 나와 중생만이 공한 게 아니라
성문聲聞도 벽지불辟支佛도 보살도
모든 부처도 다 텅텅 빈 가상假想이어라.
불 보살 연각 성문을 버려두고

어찌 중생의 오온만이 공할 것이랴.

부처도 보살도 연각 성문도 다 공하고
온갖 중생 온갖 사물
정신세계마저 공함을 비춰照볼見 때,
바야흐로 집착의 안경을 훌쩍 벗어던지고
생명과 사물의 참眞된 모습面目을 바라보리니.
그리하여 집착이라는 허울 속에서
쉼 없이 허덕이던 고통을 벗어나리니,
아! 참으로 멋진 《반야바라밀다심경》이여!
실로 아름다운 《반야바라밀다심경》이여!
어찌 당신에게 의지하지 않으랴.

정종분正宗分(1) 온공론蘊空論

사리자여 색이공과 별다르지 아니하고
그와같이 공이색과 별다르지 아니하여
색그대로 공이듯이 공그대로 색이니라
수상행식 나머지도 또한다시 이와같네
舍利子色不異空空不異色色即是空空即是
色受想行識亦復如是

색불이공공불이색 色不異空空不異色

이 《반야바라밀다심경》에는 두 사람이 등장하는데 앞의 서분序
分에서는 관자재보살이고 여기 정종분正宗分에서는 사리자舍利
子다. 오온개공五蘊皆空을 조견照見하고 일체 고액苦厄으로부
터 벗어남은 관자재보살이 좋은 모델이다. 심오한 반야를 닦고 닦
아 바라밀다到彼岸하는 관자재보살이 모델이다.

관자재보살은 역사적 인물이 아닌데 사리자는 부처님 제자로 역
사적 인물이다. 관자재보살은 보신報身이며 화신化身이다. 서가
모니 부처님은 이른바 천백억 화신이지만 역사 속에 사람의 몸으
로 오셨다가 사람의 몸으로 가신 분이기에 육체적인 모습으로 다
시 오실 수는 없다. 그러나 관자재보살은 보신이기에 결코 생물학

적인 몸을 지닌 분이 아니다. 그러므로 오감顯隱에 걸림이 없다.

오감에 걸림이 없는 보신의 부처로서 관자재보살을 '들어감序分'에 올려놓은 것은 마치 우리가 어떤 이야기를 나눌 때 유명한 사람을 예로 들듯이 보신의 관자재보살을 예로 든 것이다.

그리고 그런 얘기를 누구에게 하시는가 당신의 제자 사리자에게 말씀하신다.

예로부터《반야바라밀다심경》의 설주說主를 서가모니 부처님으로 하느냐, 관자재보살로 하느냐 하는 논쟁이 있어왔다. 으레《반야바라밀다심경》의 설주는 관자재보살이 아니라 서가모니 부처님이다. 그리고 대고중對告衆은 사리자다. 반야바라밀다심경은 경제經題에서 보듯, 반야般若요 공空이며 지혜의 경전이다. 따라서 '지혜제일'이었던 사리자가 등장한다. 예로 든 보살도 관세음이 아니라 관자재다. 관세음보살은 자비慈悲보살이고 관자재보살은 지혜智慧보살이다. 짧은 경전이지만《반야바라밀다심경》은 이처럼 매우 완벽한 짜임새로 이루어져 있다.

그렇다면 온蘊과 공空의 관계는 어떠할까?

알다시피 온蘊에는 2가지가 있다. 첫째는 물질온物質蘊이고 둘째는 정신온精神蘊이다. 물질온은 정신세계의 상대적 개념이기에 육신온肉身蘊으로 불러도 좋다. 육신온은 뭉뚱그려 비록 1가지이나 색성향미촉色聲香味觸 5가지가 들어있고 정신온은 수상행식온受想行識蘊 4가지다.

이 단원을 색공론色空論으로 표현하고 있지만 색공론보다는 온

蘊과 공空의 관계이기에 온공론蘊空論 또는 음공론陰空論이 맞다.

빛깔 소리 냄새 맛과 닿음이라는, 이 육신이 존재하느냐 마느냐의 문제는 삶과 죽음이라는 두 세계를 놓고 함이 아니다.

몸을 이루고構 있던成 각 요소要素들은 죽음을 맞은 뒤에는 모두 온 곳으로 돌아간다. 어르신의 죽음을 '돌아가시다'로 표현함은 곧 '반본환원返本還源'의 의미를 담고 있다.

온공론에서 우선 색공론色空論을 보자.

모습 색色이든 소리든 향기든 맛이든 닿음이든 이들의 본질을 분석해 들어갔을 때 이렇다고 내세울만한 게 아무것도 없다.

변계소집성遍計所執性과 의타기성依他起性과 원성실성圓成實性을 소재로 하지 않더라도 보이는 모습과 들리는 소리와 맡아지는 냄새와 혀에 닿는 맛과 피부에 닿는 감촉이 하나하나 파헤쳐 들어가면 원자요 파동이고 분자分子며 세포細胞며 그런 것들의 집합체다. 따라서 모든 색은 공空이다.

모든 빛깔 모든 소리 모든 냄새 모든 맛 모든 촉감은 다 본질적으로 원자의 집합이다. 원자는 육안으로는 결코 볼 수가 없다. 그러나 알고 보면 없는 게 아니기에 빔空이다.

빔空이란 여러 가지 뜻이 있으나 첫째는 물질이 지닌 공성空性이다. 공空은 비어있음일 뿐 없음無이 아니다.

미시微視micro 세계가 발견되기 전에는 사물의 본질이 본디 텅 빈 것은 알고 있었지만 텅 빈 세계가 곧 물질 세계임은 몰랐다.

그런데 우리 서가모니 부처님은 거시토視macro세계와 미시세
계가

눈으로 보기에 크고 작고

귀로 듣기에 높고 낮고

코로 맡기에 향기롭고 썩고

혀로 맛보기에 맛깔나고 맛이 없고

피부로 느끼기에 부드럽고 거칠 뿐이다.

그러나 본디 같은 짜임새構造임을 아셨다.

그러므로 색온과 공이 같은 구조이다.

부처님께서 사리자에게 말씀하신다.

"색이 공과 다르지 않고 공이 색과 다르지 않아 색이 곧 공이고
공이 곧 색이다."라고.....

색色이 한국어에서는 빛, 빛깔, 색, 색깔이며

한자나 일본어에서는 다 같이 色이다.

중국어로는 顔色, 色彩이고

영어로는 colour, color다.

**그런데 불교에서는 색을 루파Rupa라 하여 빛깔의 뜻과 함께 물
질의 뜻으로 쓴다.**

바로 이 점이 불교가 지닌 깊은 맛이다.

물질은 눈에 보인다. 물질은 직진성의 빛이 가다 걸리는 그 무
엇이다. 빛이 걸리면서 사물의 모습을 드러내고 그 사물이 지닌

빛깔을 드러낸다. 만의 하나 빛色light이 없다면 사물이 어떤 빛깔色color인지 알 수가 없다.

불교에서 사물을 색色으로 표현한 것은 당시에도 물리학에 뛰어났다고 볼 수 있다. 물리학에 깊은 지식이 없고서야 어떻게 물질을 색色이라 표현했겠느냐 싶다.

느낌/받아들임受을 비롯하여 생각想과 전달行과 인식識 정도야 물질이 아니니까 공空과 연결하기가 쉽겠지만 색色Rupa은 다름아닌 물질이기 때문에 텅 빔을 뜻하는 공空과는 분명 대척점에 있다.

그럼에도 부처님은 사리자에게 말씀하신다.

"색이 공과 다르지 않고 공이 색과 다르지 않아 색이 곧 공이고 공이 곧 색"이라고⋯⋯

한자 빛 색色 자에 담긴 뜻은 다양하다.

빛, 빛깔, 색채, 낯, 얼굴 빛, 기색, 모양, 상태, 미색, 색정, 여색, 정욕, 갈래, 종류, 화장하다, 꾸미다, 색칠하다, 물이들다, 생기가 돌다, 꿰메다, 깁다, 떨어지거나 헤어진 곳을 꿰메다 그리고 평온하다의 뜻도 담겨 있다.

게다가 불교의 설說인 물질과 육체로 볼 때 색에 담긴 뜻은 참으로 다양하다.

정종분正宗分(1) 온공론蘊空論

사리자여 색이공과 별다르지 아니하고
그와같이 공이색과 별다르지 아니하여
색그대로 공이듯이 공그대로 색이니라
수상행식 나머지도 또한다시 이와같네
舍利子色不異空空不異色色即是空空即是
色受想行識亦復如是

어떻게 색이 공과 다르지 않으며
어떻게 공이 색과 다르지 않은가

색色을 물질物質로 볼 때 물질에 대한 정의가 있을 것이다.

물질의 고전적 정의는 물체를 이루는 존재다. 질량과 부피를 갖는 존재가 물질이다. 그렇다면 사람도 무게가 있고 부피가 있어 공간을 차지하므로 물질이다. 어디 사람뿐이겠는가. 관찰 가능한 것은 으레 물질이다. 아무리 작은 미물이라 할지라도 무게가 있고 공간을 점유한다면 다 물질이다.

빛이 달려가다 걸리는 것은 다 물질이다. 태양의 빛을 받는 쪽은 낮이 되고 빛이 걸려 비추지 못하는 쪽은 밤이 되는데, 바로 우리가 사는 지구도 물질이다. 해와 달과 별도 모두 물질이고 우주 내에 있는 것은 다 물질이다.

우주에 담긴 것Universe content으로는 관측가능 물질visible

matter이 5%고 암흑 물질dark matter이 27%며 암흑 에너지 dark energy가 68%다.

그렇다면 관측 가능한 것만이 아니라 관측이 불가능한 것도 다 물질이다. 암흑暗黑dark은 어둡기 때문이기도 하지만 관측이 안 된다는 뜻을 담고 있다. 태양처럼 스스로 빛을 발하는 별이 있고 스스로 빛을 내지는 못하지만 햇빛을 받아 자신을 드러내는 행성 과 달처럼 행성을 보좌하는 위성들도 있다. 아무튼 이들은 모두 관측이 가능한 별들이다.

그러므로 이런 별들 외에 아직까지 발견되지 않은 별들이 27% 나 된다고 한다. 암흑 물질이야 이름 그대로 물질이기에 으레 물 질에 그 이름을 올린다 쳐도 암흑 에너지는 이름 그대로 그냥 에 너지다. 질량이 없는 에너지를 물질로 보느냐, 에너지니까 물질이 아닌 것 아니냐 하는데 물리의 세계에서는 물질로 보고 있다. 암 흑 에너지의 양이 68%나 되므로 관측 가능한 물질의 14배에 가까 운 양이다.

물질의 상평형도相平衡圖에 따르면

가로축이 온도temperature이고 세로축이 압력pressure이다.

이 두 축 사이에 삼중점triple point이 있고 이 삼중점三重點에 서 기체氣體gas와 액체液體liquid와 고체固體solid가 벌어진다. 대부분의 물질은 고유의 삼중점을 지녔으며 저온 고압일 때 고체 가 되면서 가능하다.

임계점critical point 이상의 영역에서 물질은 초유체超流體가

된다. 초유체는 물리학에서는 점성粘性이 전혀 없는 유체流體를 말한다. 유체fluid는 기체 액체의 총칭으로 유동체流動體/유동물流動物이라고도 한다. 초유체는 수퍼 플루이드super fluid로 마찰 없이 영구히 회전할 수 있는 물질이다.

그런데 고전물리학에서와 달리 양자역학quantum mechanics의 도입으로 물질에 대한 이러한 개념은 수정되었다. 양자역학量子力學에서 발견한 물질은 질량을 갖거나 공간을 차지함이 물질을 정의하는 개념이 될 수 없다는 것이다. 가령 양자역학 입장에서 보면 물질 고유의 속성은 질량과 부피가 아니고 상호 작용에 의해 변화된다는 점이다. 이를 물질의 상관 이론이라고 한다.

양자역학의 설이 멋있지 않은가.

제행무상諸行無常이야말로 온전한 진리다.

이 온공론蘊空論에서 온蘊이 물질이라면 공空은 비어있음이다.

수상행식온受想行識蘊은 정신세계이지만 뒤에 따라붙는 '온蘊' 때문에 앞의 색온色蘊과 도거리都巨로 공空과 대척점對蹠點에 놓이게 되었다. 양자역학에서 주장하는 물질의 정의가 무게質와 부피量에 국한되지 않는다는 게 어쩌면 이 수상행식온에서 기인했을 것이다.

이에 비해 공의 세계는 어떠한가?

공空은 빌 공空 자로서 비어 있음을 뜻하는 순야타शून्यता, śūnyatā의 번역어이다 공사상空思想은 대승불교가 흥기하면서 소위《반야경般若經》계통의 뿌리가 되었다. 공사상은 부파불교部派佛教 시대 상좌부上座部 계통의 경전이라 할 수 있는 설일체유부說一切有部를 중심으로 끊임없이 제기된 법유法有의 세계를 비판하는 데서 기인했다고 볼 수 있다.

설일체유부說一切有部라는 말은 모든 것一切은 존재有한다고 설說하는 부파로 반야사상의 중심인 중관학파에서 보면 전혀 진리가 될 수 없다는 것이다. 모두를 공空이라 보는 공사상空思想 입장과 모든 것을 존재有로 보는 설일체유부說一切有部가 대립할 수밖에 없었음은 너무나 당연하다. 브레너의 빗자루를 주장한 유有의 학파를 오컴의 면도날을 내세운 공空의 학파가 예리한 면도날로 사정없이 베어낸 것이다.

따라서《반야바라밀다심경》을 비롯하여 반야부 계통 대부분의 경전에서 "모든 것은 다 비어있다"고 한 공사상은 이처럼《설일체유부說一切有部》에 의해 생겨난 것이다. 반야부에서 보면 공空이 진리인데, 설일체유부 입장에서 보면 유有가 진리다. 이 둘이 하나는 빔空이고 하나는 있음有인데 이 둘을 부드럽게 조화시키는 경이 바로《반야바라밀다심경》이라 할 것이다.

《반야심경》온공론에서 부처님은 설하신다.

"색이 공과 다르지 않고 공이 색과 다르지 않아 색이 곧 공이요 공이 곧 색이라."라고......

다른 말로 얘기하면 설일체유부說一切有部의 유有가 반야의 공空과 다르지 않고, 반야부 경전의 공空이 설일체유부說一切有部의 유有와 다르지 않다.

그러나 논쟁에서는 상대의 단점을 드러내고 자기 장점만 내세우는 게 상수常數다.

《반야바라밀다심경》의 참된眞 골수髓다.
색이 공과 다르지 않고
공이 색과 다르지 않다.
색 그대로가 곧 공이고
공 그대로가 곧 색이다.
이 얼마나 멋진 말인가.
이 얼마나 아름다운 생각인가 말이다.

이내 몸이 공과 다르지 않고
공이 이내 몸과 다르지 않아
공 그대로가 곧 이내 몸이요.
이내 몸 그대로가 곧 공이다.

우주가 텅 비어있음과 다르지 않고
텅 비어있음이 우주와 다르지 않아
텅 비어있음 그대로가 곧 우주이고

우주 그대로가 온통 비어있음이다.

해와 달과 별들이 공과 다르지 않고
공이 해와 달과 별들과 다르지 않아
공이 공 해와 달과 별들의 세계이고
해와 달과 별들의 세계가 곧 공이다.

항공기 버스 배가 공과 다르지 않고
공이 항공기 버스 배와 다르지 않아
공 그대로가 항공기 버스 선박이고
선박 버스 항공기가 그대로 공이다.

정종분正宗分(1) 온공론蘊空論

사리자여 색이공과 별다르지 아니하고
그와같이 공이색과 별다르지 아니하여
색그대로 공이듯이 공그대로 색이니라
수상행식 나머지도 또한다시 이와같네
舍利子色不異空空不異色色即是空空即是色
受想行識亦復如是

수온 受蘊

받음受의 끄나풀蘊이다.

받음受이란 외계의 대상으로 인하여 느끼는 기쁨과 슬픔, 괴로움과 즐거움 따위이다. 모든 인상印象이며 모든 감각感覺이다. 여기에는 눈 귀 코 혀 피부 마음이라는 감관이 빛 소리 냄새 맛 닿음 법이라는 대상을 만나 눈의 앎 귀의 앎 코의 앎 혀의 앎 피부의 앎 그리고 마음의 앎을 내게 되는데 바로 인상과 감각을 일컫는 말이라 할 수 있다.

받을 수受 자는 아래 또 우又 자가 부수다. 한자에서 또 우又 자는 오른손이며 '또다시'라고 하는 '거듭'의 뜻도 들어있다. 위의 조爪 자는 손톱과 아울러 왼손을 뜻한다. 민갓머리冖는 한자의 덮을 멱冖 자인데, 이름씨 '덮개'의 뜻이고 움직씨 '덮다'의 뜻이다. 손에서 손으로 물건을 주고 받는 모습을 왼손爪과 오른손又으로 표현하였으며 물건을 주고받는 데는 예의가 필요하다는 것을 간접적으로 잘 드러낸 글자라 하겠다.

덮개 ⌐를 표현함은 물건의 포장을 뜻한다. 옛날에는 받을 수受 자 한 자 속에 주는 행위와 받는 행위를 모두 담았으나 나중에 줄 수授 자를 따로 두면서 받을 수受 자는 받음의 뜻만 지니게 되었다. 받을 수受 자에 비해 줄 수授 자는 손이 셋이다. 재방변扌이 또 하나의 손인데 무슨 손일까. 또 우又가 오른손이고 손톱 조爪가 왼손이라면 재방변扌은 정성의 손이고 마음의 손이다.

남에게 무엇인가를 받을 때보다 남에게 줄 때 정성과 예절의 손이 필요하고 자연으로부터 혜택을 받을 때보다 자연에게 되돌려 줄 때 마음의 손이 필요하다. 우리는 무엇인가를 주고받는 관계에서 주는 쪽이 갑甲이 되고 받는 쪽이 을乙이 된다. 따라서 주는 쪽은 어깨가 으쓱 올라가고 받는 쪽은 허리를 더 굽힌다고 하겠다. 줄 수授 자가 손이 하나 더 붙어 있다는 것은 주는 사람일수록 더욱 공손하라는 뜻이다.

이 《반야심경》 강의는 한자 강의가 아니기에 가능하다면 글자풀이는 하지 않으려 한다. 왜냐하면 적어도 《반야바라밀다심경》은 문자반야文字般若 이전의 세계인 까닭이다.

경정 김무생 정사님의 글 〈반야심경을 읽는 묘미〉에서 "심心을 과연 어떻게 읽을 것인가에 따라 반야심경에 담긴 맛이 다르다."는 데 이르러 솔직히 많은 것을 생각하게 되었다.

그러나 내가 강의하는 경전은 산스크리트語 본도 빠알리語 본

상
응
實
譜

도 아니며 영역본이나 일역본도 아닌 한역본漢譯本이다. 그것도 해인사 팔만대장경각에 봉안된 고려대장경 본本으로 쉬앤짱의 번역본이기에 한자라는 특수 문자를 간과看過할 수가 없다. 만일 우리 한글본이라면 한글의 문법과 우리말이 지닌 우리 고유의 맛을 피할 수 없듯 한역 경전에서 한자를 외면할 수는 없다. 비록 문자반야 이전의 반야라 하더라도 말이다.

한자 받을 수受 자에 담긴 뜻은 다양한 편이다. 받다, 거두어들이다, 회수回收하다, 받아들이다, 받아들여 쓰다, 배우다, 얻다, 이익을 누리다 따위가 있고 주다, 내려 주다, 들어주다, 수여授與하다 따위가 있으며 담보擔保하다, 응應하다, 이루다, 잇다, 이어받다 따위와 등용登用/登庸하다 따위가 있고 쓰임씨로는 12인연의 하나, 5온의 하나다.

물질온物質蘊과 정신온精神蘊에서 물질온色蘊이 아닌 정신온은 4개가 차례대로 이어진 끄나풀蘊이다. 앞서 색온을 얘기할 때는 '쌓음'이라 옮겼으나 자해字解가 '쌓을 온蘊' 자인 까닭에 무더기의 뜻 '쌓음'으로 표현하였다. 수상행식온受想行識蘊에서 온蘊을 끄나풀로 옮긴 것은 물질온과 달리 정신온은 4가지가 이어진 까닭이다.

받음의 끄나풀인 '수온受蘊'은 경계境와 가장 가까운 거리에 있고 어떤 경우에도 항상 맨 앞장先鋒에 선다. 이를테면 자동차를 운전해 갈 때 시야施野에 들어오는 것은 도로와 신호등이다. 초록 신호등이 들어오면 멈추지 않고 달리고 빨간 신호등이 시야에 들어오면 멈춘다.

빨간 신호동 초록 신호등 점멸등 따위가 시야에 들어오면 받아들임이 수온受蘊이다.

방금 빨간 신호등에서 초록 신호등으로 바뀌기는 했는데 어디선가 구급차의 사이렌 신호가 들린다. 도플러 효과Doppler effect가 있다. 아무튼 구급차 소리가 귀에 들어오는 데 이때 받아들이는 기관은 귀요, 청각이지만 받아들이는 끄나풀은 수온受蘊이다. 이때 어디선가 석유 냄새가 난다거나 하면 냄새를 받아들이는 기관은 후각이다. 역시 첫 접촉은 코의 냄새를 맡는 세포인데 접촉 자체는 수온受蘊이다.

긴장한 상태에서 차에 비치된 껌을 꺼내 입에 문다. 껌이 지닌 특유의 향긋한 맛이 혀에 느껴진다. 이때 맛을 받아들이는 상황이 수온이다. 껌의 향기를 생각하고 전달하고 마침내 향긋하다고 인식하게 된 결과는 받음受의 끄나풀蘊에서 생각想의 끄나풀蘊을 지나고 생각한 것을 앎識의 세계로 전달行한 뒤다. 이 인식의 결과 앞에는 반드시 전달이 있었고 전달에 앞서 생각이 있었으며 생각 앞에 받아들임이라는 수온受蘊이 있었다.

이처럼 수온受蘊은 매우 중요하다. 대상이 다가와 인식이 되기까지의 과정에서 가장 앞서 하는 일이 받음受의 끄나풀蘊이다. 색온色蘊의 세계가 공空과 다르지 않고 공空의 세계가 색온色蘊과 더불어 다르지 않듯 수온受蘊의 세계가 공空과 다르지 않고 공의 세계가 수온과 다르지 않다. 그래서 수온이 곧 공이고 공이

143

반야심경

곧 수온이다.

　색온에서와 마찬가지로 수온에서도 공과 대척점에 있으면서 결국 동질성이다.

　색공론色空論을 수공론受空論으로 바꾸면 나의 사언절 번역은 아래와 같을 것이고 쉬앤짱의 한역본도 글자 놓임새가 바뀐다. 그 대신 색色을 수受의 자리에 놓아 수상행식 역부여시受想行識亦復如是가 색상행식 역부여시色想行識亦復如是가 된다.

　　사리자여 수가공과 별다르지 아니하고
　　그와같이 공이수와 별다르지 아니하여
　　수그대로 공이듯이 공그대로 수이니라.
　　색상행식 나머지도 또한다시 이와같네.

　　사리자 수불이공 공불이수 수즉시공 공즉시수
　　색상행식 역부여시
　　舍利子受不異空空不異受受即是空空即是受
　　色想行識亦復如是

144

【04】 정종분正宗分(1) 오온론蘊空論

정종분正宗分(1) 온공론蘊空論

사리자여 색이공과 별다르지 아니하고
그와같이 공이색과 별다르지 아니하여
색그대로 공이듯이 공그대로 색이니라
수상행식 나머지도 또한다시 이와같네
舍利子色不異空空不異色色即是空空即是色
受想行識亦復如是

상온 想蘊

생각想의 끄나풀蘊이다.

'생각'과 관련된 한자가 꽤 있는 편인데 왜 오온五蘊에 '생각 상想' 자를 놓았을까? 생각 상想 자는 마음 심心자가 부수部首다. 담긴 뜻으로는 생각, 생각컨대, 생각하다, 사색하다, 그리워하다, 상상하다, 원하다, 바라다, 닮다, 비슷하다 따위다.

작가, 예술가, 설계사들이 하는 구상構想과 대상對象을 두고 꼼꼼히 파고들어가는 명상瞑想meditation도 포함되는 개념이다.

참고로 '생각'과 관련된 한자를 우선 보자.

念 : 생각 념/생각 염

思 : 생각 사/수염이 많을 새/息

想 : 생각 상

考 : 생각할 고/살필 고/攷

145

慮 : 생각할 려/여/사실할 록/녹/慮

憶 : 생각할 억/忆

惟 : 생각날 유

侖 : 생각할 륜/윤/둥글 륜/윤/仑

恁 : 생각할 임/너 임/님/恁

惀 : 생각할 론/논

등 많이 쓰는 한자가 있고

恦 : 생각할 상

俖 : 생각할 고

恴 : 생각할 부

憽 : 생각할 종/이지러울 조

翆 : 생각할 목

忇 : 생각할 륵/늑/근심할 도

恛 : 생각할 경

懚 : 생각할 언/그칠 은

誰 : 생각할 임

媋 : 아무 생각이 없는 것 숙/축 자

등 평소 그다지 잘 쓰지 않는 한자들이 있다.

소릿값을 나타내는 서로 상相 자와 마음 심心으로 상대를 그리
워함이 만나 이른바 '생각'이라는 과정을 만들어내고 있다.

오온 과정에 왜 '생각 상想' 자를 넣었을까?

이 상온想蘊 바로 앞이 수온受蘊이다. 물질온이 아닌 정신온으로 수온을 놓았으나 수受가 하는 일은 받아들이는 것뿐이다. 사물의 빛깔과 형태를 받아들이고 소리가 지닌 파장과 냄새가 지닌 분자와 맛과 닿음이 지닌 세포를 받아들일 뿐 그 이상도 그 이하도 아니다.

백합을 보고 하얗다,

독사를 보고 무섭다,

우렛소리를 들으며 소리가 크다,

아버지 음성에 노여움이 담겼다,

향기롭다,

구리다,

맛있다,

상했다,

따스하다,

차갑다 하고 느끼는 것은 상온想蘊이다.

수온受蘊에서는 다만 꼴相을 받아들일 뿐 판단心하는 행위는 '생각想'의 몫이다. 따라서 '따스하다' '차갑다'는 느낌의 체계는 상온想蘊의 몫이지 수온受蘊의 몫이 아니다. 다시 말해서 수온受蘊이 하는 일은 바깥 대상相과 판단하는 생각心 사이에서 대상을 받아들이는 일만을 담당한다. 바로 이 수온을 통해 받아들인 여러 대상을 낱낱이 판단하는 일을 생각想이 맡고 있기에 다른 글자가

상온 想蘊

아닌 '생각 상想' 자를 놓은 것이다.

아울러 '생각 상想' 자를 바라보면서 시나브로 《금강경》 말씀이 한마디 떠오른다. 아상我相과 인상人相과 중생상衆生相과 수자상壽者相이라는 매우 독특한 개념이다. 이를 옮기는 과정에서 많은 석학들은 '나我'라는 생각相, '남人'이라는 생각相, 중생이란 생각相, 수자라는 생각相이라 한다.

왜 꼴 상相 자를 '생각想'이라고 번역할까? 차라리 처음부터 아상我想 인상人想 중생상衆生想 수자상壽者想으로 할 것이지…

한역漢譯은 '꼴 상相' 자로 해놓고 우리말 풀이는 '생각想'으로 풀이를 한다는 게 아무리 되씹어 보더라도 이해가 가지 않는다.

여기에는 실제 재미난 상황이 숨겨져 있다. 쉬앤짱 삼장법사나 쿠마라지바 삼장법사가 잘못 한역한 것이 전혀 아니라는 것이다. 부처님이나 대승보살에게 사상四相은 없다. 사상은 번뇌로 들끓는 중생들에게만 있다. 따라서 중생들이 마음에 사상을 지니고 있다면 밖으로 표출될 때 꼴相로 나타난다는 것이다.

다시 말해서 '나我'라는 생각想이 표정相으로 언어相로 몸짓相으로 드러난다. '남人'이라는 생각想이 얼굴相로 말相로 행동相으로 하나하나 다 드러나게 끔 되어 있다. 쿠마라지바와 쉬앤짱 삼장법사 같은 분들은 생각想의 세계가 꼴相로 드러날 것을 이미 일찌감치 내다보고 상相으로 옮겼다. 그런 뜻에서 쉬앤짱과 쿠마라지바는 후학들에게 깊은 존경을 받아 마땅하다고 본다.

이럴 때 우리 모두 존경의 박수를 쳐야 하리라.

생각想의 끄나풀蘊은 이렇다. 수온受蘊을 매개로 하여 받아들인 경계를 최초로 판단하는 관념의 과정이다. 흑장미를 검은 장미로 받아들이고 블랙스완을 검은 백조로 받아들이는 것은 단지 받아들이는受 끄나풀蘊의 역할일 뿐이고 검은 장미와 검은 백조로서 판단하는 것은 생각想의 끄나풀蘊이 담당하고 있다. 그러나이 생각의 끄나풀도 관념의 과정이다. 최종 결론은 결국 인식識이 하기 때문이다.

생각은 생김새뿐만 아니라 언어言語 기호記號와도 늘 관련이 있다. 이는 사람을 비롯하여 크고 작은 동물들과 아주 작은 생물에 이르기까지 매우 다양하다. 목마른 사람에게 매실 이야기를 하면 '매실'이라는 말 한마디에 입 안에 침이 고인다. 이는 이미 같은 언어를 쓰는 사람들끼리 매실은 침이 괴게 하는 신맛을 지닌 까닭이다.

또는 식사할 때 가령 똥 얘기를 하거나 똥 그림이나 똥 사진을 보여주었다면 입맛이 떨어지고 구토를 느낄 것이다. '똥'이라는 배설물과 '똥'이라는 이야기가 같은 생각을 갖게 기호화된 까닭이다. 가령 같은 매실이라도 영어권에 있는 이에게 '매실'이란 우리말 용어는 의미가 없다. 영어를 전혀 모르는 우리나라 사람들에게 씨이트shit나 엑스크레멘트excrement는 똥으로서의 어떤 혐오감도 주지 않는다. 이는 '똥'을 표현하는 기호가 다르기 때문이다.

똥이란 말에서 '똥'을 떠올릴 수 없는 까닭이다 . 따라서 언어가 생각을 만들어내기도 하지만 사람의 생각은 그 말에 스스로 갇힌다.

얇은 想讀

동물이나 곤충들 세계에서도 마찬가지다. 이를테면 개가 어떻게 짖느냐에 따라서 주인인지 또는 낯선 사람인지를 구분하며 삼복더위와 함께 매미 소리가 기승을 부릴 때 어떤 곤충들은 매미 소리를 이용해 열심히 2세를 위한 짝짓기에 들어간다.

얼핏 들으면 고양이 울음이 다 같은 것 같아도 구애의 소리가 다르고 굶주림의 소리가 다르다. 사람은 못 알아듣더라도 저들끼리는 안다. 오온五蘊에서 수온受蘊의 역할도 크지만 판단의 책임자 상온想蘊은 더더욱 중요하다.

색공론色空論을 수공론受空論으로 바꾼 뒤 수공론受空論의 변신은 앞서 살펴보았지만 만일 이를 상공론想空論으로 바꾼다면 나의 사언절 번역은 어떻게 달라질까 미루어 짐작하겠지만 노파심으로 실어본다.

사리자여 상이공과 별다르지 아니하고
그와같이 공이상과 별다르지 아니하여
상그대로 공이듯이 공그대로 상이니라.
색수행식 나머지도 또한다시 이와같네.

사리자 상불이공 공불이상 상즉시공 공즉시상
색수행식 역부여시
舍利子想不異空空不異想想即是空空即是想
色受行識亦復如是

정종분正宗分⑴ 온공론蘊空論

사리자여 색이공과 별다르지 아니하고
그와같이 공이색과 별다르지 아니하여
색그대로 공이듯이 공그대로 색이니라
수상행식 나머지도 또한다시 이와같네
舍利子色不異空空不異色色即是空空即是色
受想行識亦復如是

행온 行蘊

전달行의 끄나풀蘊이다.

일반적으로 풀이한 오온五蘊에 따르면 행온行蘊을 욕구慾求/
의지意志라 하고 있다. 그러나 나는 행行을 한자 그대로 보려 한
다. 왜냐하면 역장譯匠들이 오온을 번역할 때 의지/욕구에 다닐
행/행할 행行 자를 놓았다면 거기에는 의지와 욕구의 뜻도 물론
있겠지만 다닐 행行 자로 표현될 수 있었기 때문에 다닐 행行 자
1글자를 놓았을 것이다.

행온行蘊을 전달의 끄나풀로 풀이한 이유다.

우선 다닐 행/행할 행行 자를 보자.

다닐 행/행할 행行 자는 글자 자체가 부수다. 다닐 행行 자에
담긴 다양한 뜻을 제대로 알면 오온五蘊 중에서 행온行蘊에 대한
개념이 생각보다 빠르게 이해될 수 있을 것이다.

다닐 행/행할 행行 자에 담긴 뜻은 이러하다.

다니다, 가다, 행行하다, 하다, 행行해지다, 쓰이다, 보다, 관찰하다, 유행하다, 돌다, 순시하다, 늘다, 뻗다, 장사지내다, 시집가다 따위가 있고,

도로, 통로, 고행, 계행, 행실, 행위, 여행, 도로를 맡은 신, 여장, 여행할 때의 차림새, 높은 품계 낮은 직위의 벼슬을 뜻하는 행직, 서체의 하나인 행서, 시체詩體의 이름 , 장차, 바야흐로, 먼저 따위가 있다.

줄 항行 자로 새길 경우에는 항렬, 항, 줄, 대열, 열위, 제위諸位, 항오行伍, 군대의 대열, 순서, 차례, 같은 또래, 직업, 점포, 가게, 깃촉, 의지가 굳센 모양, 늘어서다, 조잡하다 따위가 있다.

다닐 행行 자는 뜻모음會意문자인데 오히려 그림象形문자로 보는 견해가 강하다.

왼쪽의 두인변彳은 조심스레 걸을 척彳으로 왼발의 걷는 모양을 표현하였으며 두인변彳을 반대로 놓은 천천히 걸을 촉亍은 오른발의 걷는 모양을 본뜬 글자로써 2자를 합하여 그림문자로 보는 경향이 짙다.

왼발과 오른발을 차례로 옮겨 딛으며 조심스레 걷는다는 뜻을 나타내고 있다. 요즘은 도로의 표지판으로 표현되고 있는데 네거리十字路를 나타내는 사인몰 표시다.

나는 행할 행行 자를 보면서 길드를 생각한다.

길드guild란 같은 업종의 동업자들이 모여 이룬 조합이라든가

협회를 뜻하는 말이다. 은행도 금융을 중심으로 한 조합원들이 모여 조직한 금융계의 거대한 세계이다. 옛날 중국 탕唐tang나라 때 동업 상점들이 한데 모여 조합을 열었는데 그것이 행行이다. 소매업자들도 마찬가지이지만 특히 도매상이나 중간 업자들이 한데 모여 조합을 열곤 하였는데 그것 또한 행行이다.

행온行蘊을 전달의 끄나풀이라 했는데 상온想蘊과 식온識蘊이 명사형名詞形이라면 수온受蘊과 행온行蘊은 동사형動詞形이다. 생각想蘊과 앎識蘊은 명사형에 가깝고 받아들임受蘊과 전달行蘊은 동사형에 가깝다. 예를 들어 보면 아무래도 이해가 빠를 것이다.

사과 농장에 들러 괜찮은 사과를 살펴본다. 빛깔도 매우 곱고 보기에도 탐스럽다. 이렇게 육안으로 받아들임은 곧 수온受蘊이다. 받아들임受의 끄나풀蘊에 해당하는 수온이 자신이 본 사과를 아무런 판단 없이 생각想의 끄나풀蘊에게 고스란히 전달한다.

받음의 끄나풀에게서 전해 받은 상온想蘊이 뉴런에 저장된 정보와 견주어 보니 사과다. 상온想蘊, 곧 생각의 끄나풀이 판단한 것을 전달行의 끄나풀蘊인 식온識蘊으로 보낸다.

스스로 판단한 사과의 장단점을 기록하여 앎의 세계 식온識蘊으로 그대로 보낸다. 사건을 최초 판단의 단계인 상온想蘊으로 그대로 보냄이 수온受蘊의 세계라고 한다면 행온行蘊은 상온이 판단한 사건을 가감 없이 그대로 앎識蘊의 세계로 전달하는 게 이른바 오온五蘊 중 행온行蘊의 할 일이다.

정신세계는 물질계와 달리 매우 복잡하다. 하긴 물질계, 물리학 세계는 더 복잡하다. 오히려 정신세계는 쉽고 간단하다. 사과 하나를 놓고 인식識蘊에 이르기까지는 자그마치 4단계를 거치곤 한다. 정리하면 다음과 같다.

1. 수온受蘊은 사물을 있는 그대로 받아들인다.
2. 상온想蘊은 받은 정보를 1차 판단한다.
3. 행온行蘊은 판단한 정보를 전달한다.
4. 식온識蘊은 전달 받은 정보를 확정짓는다.

앞의 수온이 받아들이기만 하고 판단은 오롯하게 상온의 몫으로 넘기듯 행온도 상온의 판단을 식온에게 전할 뿐이다.

끝으로 정보를 사인sign하는 것은 식온이다. 하나의 사건이 인식에 이르기까지는 이처럼 4번의 단계를 거치는 데 중요한 것은 식온의 최종 결정이라는 것이다. 식온에는 이미 기존의 정보가 들어있다. 앞서 사과를 하나의 예로 들었듯이 사과에 대한 정보가 식온에 이미 들어있다가 상온이 판단한 사과가 맞는가를 확정 짓는다.

나는 이 행온行蘊을 떠올릴 때마다, 수행修行이란 용어를 되새김질하곤 한다. 수행이 본디 수심행신修心行身의 준말이지만 그냥 수행이라는 단어만을 놓고 볼 때는 전달行의 역할을 올곧게 닦는 것이라 본다. 이를테면 일선一線에서 들어온 사건을 사건 담당자가 정확하게 판단하고 정확하게 판단한 사건을 가감加減 없이 최종책임자에게 전달하는 몫은 매우 중요하다. 따라서 수행이란 전달의 몫을 닦는 것이다.

　행할 행/닦을 행行 자가

　조심스레 걸을 척彳 자를 왼쪽에 두고

　천천히 걸을 촉亍 자를 오른쪽에 두어

　행할 행/닦을 행行이란 글자를 만들어 내듯이

제멋대로 정보를 더하거나 빼서는 안 된다.

　식온에 저장된 기존의 앎知識의 정보와 새로 들어온 정보를 비교하며 확정지을 때 뭔가 잘 맞지 않거나 완벽하게 새로운 것이라면 신경세포神經細胞neuron는 고개를 갸웃하며 사전이나 인터넷을 뒤적여 정보를 심을 것이다.

　색공론色空論을 행공론行空論으로 바꾸면 나의 사언절 번역은 아래와 같을 것이며 쉬앤짱 삼장의 한역도 좀 다르게 놓일 것이다.

　사리자여 행이공과 별다르지 아니하고

　그와같이 공이행과 별다르지 아니하여

　행그대로 공이듯이 공그대로 행이니라.

　색수상식 나머지도 또한다시 이와같네.

　사리자 행불이공 공불이행 행즉시공 공즉시행

　색수상식 역부여시

　舍利子行不異空空不異行行卽是空空卽是行色

　受想識亦復如是

정종분正宗分(1) 온공론蘊空論

사리자여 색이공과 별다르지 아니하고
그와같이 공이색과 별다르지 아니하여
색그대로 공이듯이 공그대로 색이니라
수상행식 나머지도 또한다시 이와같네
舍利子色不異空空不異色色即是空空即是色
受想行識亦復如是

식온 識蘊

앎識의 끄나풀蘊이다.

앎識의 끄나풀蘊이라고 한다면 앎의 앞뒤 위아래가 끄나풀로 되어 있을까. '초超끈이론' 물리학이 새롭게 등장한 것일까. 세상이 끈string으로 이루어져 있다는데 그 설이 오온의 마지막 식온識蘊에서 온 걸까. 끈이론을 들고 나오면 파동을 이야기하고 더 나아가 막幕brane 이론과 더불어 다중우주多重宇宙many multiverses를 떠올리게 되니 생각보다 일이 점점 복잡해진다.

알 식識 자는 적을 지識, 깃발 치識로도 새긴다. 말씀 언슬이 부수며 찰흙 시䇡가 소릿값이다.

여기에 담겨있는 다양한 뜻으로는 알다, 지식, 식견, 친분의 식識을 비롯하여 표지標識/표시 특징으로 다른 것과 구분하고 적다, 기록하다, 표시하다 따위가 있으며 깃발을 얘기할 때는 보통 깃발 치識라 한다.

사물의 옳고 그름을 판단하는 작용과 색수상행식이라는 오온五蘊의 하나이며 안이비설신의식이라는 육식六識의 하나로서 사물을 인식하고 이해하는 마음의 작용이다.

알 식識 자는 꼴形소리聲 문자로 분류되고 있다. 말글로 듣고 알게 되는 까닭에 '알다'이다. 원래 말씀 언글이 빠지고 찰흙 시戠 자만 써서 여러 가지 뜻을 나타내곤 하였으나 나중에 말뚝은 말뚝 직樴 자를 쓰고 안표眼標가 되는 깃발은 깃 치幟 자로 썼다.

그 밖에 일 직職, 섬유 직織 따위의 다양한 글자들이 마구 생겨 났으며 안표眼標, '알다'란 뜻의 경우에는 말씀언변言을 붙여 알 식識이라 쓰게 되었다.

오온五蘊의 마지막 단계 앎이다.

일상적으로 '안다'는 앎이란 게 무엇일까? 안다면 무엇을 얼마나 제대로 알고 있는가. 우리가 안다는 것은 겉모습에 지나지 않을 까? 많이 알고 있다고 자부하는 이도 아는 것이 무엇이냐고 물으면 막상 답하기가 쉽지는 않을 것이다.

가장 가까운 자기 자신이 누군지 모른다. 그래서 많은 선지자들이 되묻곤 한다. "아! 나는 누구인가?" 하고...

자신이 아닌 다른 이에 관한 상식은 풍부하다.

아마 한 5년 전쯤이나 되었을까. 법당 부전으로 우리절에 방부를 들이고 오래 있기로 작정했던 젊은 스님이 있었다. 그러나 딱 한 달 뒤 걸망을 짊어지고 구름처럼 바람처럼 훌쩍 떠나고 말았지만 이 젊은 수좌는 연예인들에 대해 빠삭이었다. 당시는 물론 나이 드신 연예인들에서 아주 한참 뜨고 있는 젊은 연예인들까지 그냥 한 두름에 쫘악 꿰었다.

1975년 가을, 해인사 용탑선원, 스승이신 고암 큰스님께 절을 올리고 난 뒤 마주 보는 자리가 아닌 대각선으로 앉았다. 큰스님께서 손짓으로 가까이 오라 하시기에 쭈빗거리며 무릎 걸음으로 다가갔다. 큰스님께서 내 귀에 가까이 대고 물으셨다.

"그래 자네는 무엇을 알고 있지?"

느닷없는 큰스님 물음에

"네~? 네~!"만 할뿐이었다.

"무엇을 얼마나 아느냐도 중요하지만 무엇을 모르느냐가 더욱 더 중요한 것이다."

내 나이 열네 살이 되던 때다. 아홉 살에 초등학교에 들어가 12살까지 4학년을 끝으로 학교 공부를 멈추어야 했다. 그리하여 열세 살 되던 해부터 화전火田을 일구고 농사를 짓기 시작하여 2년째 접어들던 해에 한문을 익혔다. 농사일 틈틈이 한 주에 하루씩 서당에 나갔다. 그해 여름 《명심보감》을 다 외우고 났더니 이재훈 훈장님이 옥은玉隱이란 호를 주시며 "앞으로 이 글자들을 잊지 말거라!" 하고는 내게 한자 석 자를 써주셨다.

1) 歑 : 알 수 없을 곤
2) 殞 : 사람을 알지 못할 오

3) 嬿 : 알기 어려울 암/아름다울 엄

여기에 친절하게 파자破字풀이까지 해주셨다.

홀아비鰥가 입을 벌리고欠 있으면 꿍꿍이를 알 수 없으니 조심
해야 한다. 이는 여자들에게 해당하는 말이다.

죽은歹 이가 두려운畏 것은 사람을 알아보지 못하니 늘 경외敬
畏해야 하고

술酉 파는 여인女과 부딪치게今 되면 속을 알기 어려우니 늘 조
심하라 말씀하셨다.

그런데 우리 (고암)큰스님께서 "무엇을 얼마나 아느냐도 중요하
지만 무엇을 모르느냐가 더 중요하다." 하시니 무엇을 뜻하는 말
씀이셨는지 아직 잘 모른다. 그만큼 나는 속에 든 게 없고 아는 게
없다.

2015년 첫날부터 하루도 거르지 않고 기포의 새벽 편지 글을 쓰
면서도 남은 고사하고 내가 누구인지도 모르는 모자라고 게으른
아이들idle 비구 수행자다. 불교와 불자님들에게 고맙고 미안하
다.

자, 그렇다면 안다는 것은 무엇일까?

단순히 무엇인가를 알고 있는 상태가 아니다. 당시까지 몰랐던
사실을 제대로 알게 되고 이를 불교에서는 깨달음으로 연결한다.
어느 날 문득 중생이 본디 부처임을 알았다거나 행복이 가장 가까
이에 있음을 깨달았거나 고귀한 생명의 실상을 깨달았다면 그리

하여 윤회를 벗어나는 길을 터득하였다면 이를 제대로 알고 깨달았다고 할 수 있다. 이 앎은 어디로 연결되는가. 으레 해탈解脫의 기쁨으로 이어진다.

아는知 사람은 스스로가 알고 있기에 아는 상태에 관해서는 절대로 버벅대지 않는다. 마치 화살矢이 시위를 떠나자마자 빠른 속도로 나아가는 것처럼 아는 사람의 말口은 빠르게 나아간다.

이로부터 이루어진 한자가 알 지知 자이고 아는識 자의 말言은 맹장猛將이 던진 창戈이 소리音를 내면서 날아간다고 풀이하고 있다. 따라서 알 지知 자는 날으는 화살이 비유이고 알 식識 자는 소리를 내며 나르는 창이 비유다.

이제 온공론蘊空論을 마무리짓는다. 앞서 물질온色蘊이 공空과 다르지 않듯 공이 물질온과 다르지 않아 물질이 곧 그대로 공이고 공이 곧 그대로 물질이라 하였다. 눈에 보이고 귀에 들리는 세계가 공이듯 텅 빈 공의 세계에서 눈에 보이고 귀에 들리는 물질의 세계가 등장한다는 가르침이다. 물질의 본바탕이 비어있음은 얘기하면서도 비어있음 속에 물질이 있다는 데는 인색하다.

따라서 색이 공과 다르지 않고 색이 곧 공이라는 데는 열을 올리면서도 공이 색과 다르지 않고 공이 곧 색이라는 데는 입을 닫는다.

화엄의 사종법계를 반야심경에서도 볼 수 있고 금강경의 제1 사구게가 심경에도 있는데 우리는 유有에서 무無를 찾기는 하나 무에서 유를 찾는 데는 등한시한다.

범소유상 개시허망 약견제상비상 즉견여래

凡所有相皆是虛妄若見諸相非相卽見如來

에서 제상에서 비상을 보면 여래를 본다며

일방적으로 해설하고 가르치고 있다.

그러나《금강경》제1 사구게는 비상空에서도 제상色을 볼 수 있
어야 한다. 그래서 나는 지금까지 늘 부르짖어 왔다.

제상諸相과 비상非相을 같이若 본다見면 여래는 그 자리에서
모습을 드러낸다고

즉견여래는 곧 여래를 보리라는 타동사보다 여래가 저절로 모습
을 드러낸다는 자동사다. 아! 이 얼마나 아름다운 해석인가.

여기《반야심경》에서는 말씀하신다.

오온이 곧 공空이듯이 공이 곧 오온五蘊이다.

오온五蘊이 공空과 다르지 아니하듯이

공空이 오온五蘊과 다르지 않다.

깊이 음미할 대목이다.

색공론色空論을 식공론識空論으로 바꾸면 나의 사언절 번역은
아래와 같을 것이며 쉬앤짱 삼장의 한역도 좀 다르게 놓일 것이
다.

사리자여 식이공과 별다르지 아니하고
그와같이 공이식과 별다르지 아니하여
식그대로 공이듯이 공그대로 식이니라.
색수상행 나머지도 또한다시 이와같네.
사리자 식불이공 공불이식 식즉시공 공즉시식
색수상행 역부여시
舍利子識不異空空不異識識即是空空即是識
色受想行亦復如是

쉬어가기

휴휴암주좌선문 休休庵主坐禪文

무릇좌선 이라함은 한마디로 얘기하면
행주좌와 위의중에 앉는방법 일컫지만
바야흐로 모름지기 지고지선 통달하여
언제든지 그스스로 깨어있게 함이니라

끊임없이 일어나는 생각들을 모두끊고
혼침세계 떨어지지 아니함이 좌가되고
욕심속에 있으면서 무욕으로 일관하고
티끌세계 있으면서 티끌떠남 선이되며

바깥경계 흔들지만 흔들리지 아니하고
내면세계 고요하고 동요없음 좌가되고
회광반조 언제든지 내면세계 돌아보고
법의근원 사무침이 이것이곧 선이되며

역경계와 순경계에 번거롭지 아니하며
성색따라 굴러가지 아니함이 좌가되고

어두운곳 촛불켜면 해달보다 더욱밝고
중생교화 건곤보다 뛰어남이 선이되며

차별있는 경계에서 차별없는 선정계에
자유롭게 들어감이 이것이곧 좌가되고
차별없는 경계에서 차별있는 지혜세계
명백하게 보여줌이 이것이곧 선이되니

뭉뚱그려 말하건대 쓰임새는 치연하나
언제든지 바른본체 여여함을 좌라하고
종으로서 횡으로서 신통묘용 경계얻어
현상계와 현상계가 걸림없음 선이니라

간략하게 얘기하면 비록이와 같거니와
자세하게 열거하면 수미로써 붓을삼고
바다로써 먹물삼아 좌선의뜻 쓰더라도
결코능히 모든것을 표현할수 없으리라

부처님의 선정이란 정과동이 본디없어
진여묘체 들어가면 불멸이고 불생이라
보되보지 아니하고 듣되듣지 아니하며
비되비지 아니하고 있되있지 아니하여

크기로는 밖이없는 태허계를 둘러싸고
작기로는 안이없는 밀밀계에 들어가니
신통지혜 광명수량 큰기틀과 큰작용이
무진하고 무궁하여 헤아릴수 없느니라

뜻이있는 구도자는 마땅히잘 참구하여
다만오직 대오로써 구경목적 삼는다면
우와하는 한마디에 하고많은 신통묘용
남김없이 빠짐없이 모두구족 하리로다

사마들과 외도들이 그들만의 방식으로
전해주고 받음으로 스승되고 제자되며
다만오직 소득으로 구경목적 삼는것과
어찌하여 같을거며 같다할수 있겠는가

休休庵主坐禪文

夫坐禪者는 須達乎至善하야 當自惺惺이니 截斷思想하고 不落昏沈을 謂之坐요 在欲無欲하고 居塵離塵을 謂之禪이며 外撼不動하며 中寂不搖가 謂之坐요 廻光返照하야 徹法根源이 謂之禪이며 不爲逆順惱하고 不爲聲色轉이 謂之坐요 燭幽則明愈日月하고 化物則德勝乾坤이 謂之禪이며 於有差別境에 入無差別定이 謂之坐요 於無差別境에 示有差別智가 謂之禪이니 合而言之컨댄 熾然作用이나 正體如如가 謂之坐요 縱橫得妙하야 事事無礙가 謂之禪이라 略言如是나 詳擧댄 非紙墨能窮이니 那伽大定은 無靜無動하며 眞如妙體는 不滅不生이라 視之不見하며 聽之不聞하며 空而不空이며 有而非有라 大包無外하고 細入無內하며 神通智慧와 光明壽量과 大機大用이 無盡無窮이라 有志之士는 宜善叅究하야 以大悟로 爲則하면 呀地一聲後에 許多靈妙가 皆自具足하리라 豈同邪魔外道의 以傳受로 爲師佐하며 以有所得으로 爲究竟者哉아

【05】
정종분正宗分(2) 육부중도六不中道

사리자여 모든법은 공이면서 상인지라
생하지도 아니하고 멸하지도 아니하며
더럽지도 아니하고 깨끗하지 아니하며
늘어나지 아니하고 줄어들지 않느니라
舍利子是諸法空相不生不滅不垢不淨不增不減

사리자여 모든법은 공이면서 상인지라

앞의 온공론蘊空論에서도 사리자는 대고중對告衆이었는데 여기 육부중도六不中道에서도 대고중이다.

사언절 번역은 넉 자씩 맞추다 보니 '애드리브ad-lib'를 집어넣은 경우가 있고 때로는 원고에 있더라도 빼기도 한다. 나는 원문에는 없는 '애드리브'를 잘 넣는다. 나는 '애드리브'보다 좋아하는 말이 있다. 담긴 뜻은 비슷한데 발음이 멋있어서~, 이른바 '임프로바이즈improvise'를 쓴다.

'사리자여 모든법은 공이면서 상인지라.'

20여 년 전부터 사언절로 번역하여 우리절에서 독송하는《반야심경》에서는 '사리자여 이와같이 모든법의 공한모습'이라고 쭈욱 내려오다가 3년 전에 1글자를 바꾸었다.

'사리자여 이와같이 모든법은 공한모습'으로서 원래 달았던 토씨 '의'를 '은'으로 바꾸었는데 제법공상諸法空相을 바라보는 눈 때문이었다. 예전에는 제법에 속한 공상으로 보았는데 이는 공상空相이 제법諸法에 속한 것이 아니라 제법과 공상이 이퀄equal임을 안 까닭이다.

그럼에도 불구하고 우리절 법요집에는 아직도 '모든법의 공한 모습'으로 되어있다. 컴퓨터 한글 파일에는 내용이 고쳐져 있는데 한두 자 때문에 수정본을 낼 수 없는 까닭이다. 그런데 작년 이맘때 《반야심경》을 독송하다가 문득 이 '모든 법은 공한 모습'이란 풀이도 완벽하지 않다는 것을 깨닫게 되었다.

나는 1년 동안 이 문제를 안고 고민했다. 그리고 마침내 나는 결론을 내렸다. 육부중도의 첫 줄은 이렇게 바뀌어야 한다.

"사리자여 모든법은 공이면서 상인지라"라고...

'모든 법'의 '법法'이란 어떤 것일까.

설일체유부說一切有部에서 말한 유有다. '설일체유부'란 부파불교시대의 한 갈래派다. 이른바 '설일체유부라'는 부파 이름 속에 부파의 성격이 고스란히 들어있는데 곧 '모두一切가 유有라 설說하는 부파部派'다.

모든 법을 공空으로 보는 반야에서는 설일체유부의 주장이 잘못되어 있을 수 있다. 그렇다고 하여 모든 유有를 부정한 채 오직 텅 빈 공空 만을 주장할 수가 없었다.

실제로 완벽하眞게 텅 빈空 세계에는 뭐라 콕 집어 표현할 수 없는 묘妙가 있有다. 이것이 이른 바 진공묘유眞空妙有다.

반야사상의 아름다움이란 진공이 아니지만 반야사상의 아름다움이란 묘유도 아니다. 진공과 묘유가 공존하기에 아름다운 것이다. 그렇다고 해서 억지로 진공을 만들거나 또한 강제로 묘유를 만든다고 하여 진공이 생기고 묘유가 생기는 게 아니다.

진공묘유는 매우 자연스런 현상이다.

이是 모든諸 법法은 빈空 모습相이다. 모든 법과 빈 모습은 같은 꼴 다른 이름이다. 이름만 법이니 공이니 할 뿐 같은 꼴 실제로 둘은 이퀄의 세계다. 모든 법은 공空과 상相이 공존하는 상태다.

이《반야바라밀다심경》은 매우 짧은 경전이다. 이 짧은 경전 안에 부처님의 평생 가르침이 다 들어있기에 방정식方程式 경전이라 하겠다. 그러므로 이 대목은 이렇게 풀이되어야 한다.

"사리자여 모든법은 공이면서 상이니라"라고...

이제까지 한국 불교계에서는 공상空相을 '공한 모습'이라 풀었으며 조계종 공인 《(마하)반야바라밀다심경》에서는 '~사리자여 모든 법은 공하여~'라고 하여 상相 자에 대한 해석은 아예 생략해버렸다.

원문에 없는 글을 애드리브로 넣는 것은 있으나 대체적으로 원문에 있는 글을 빼지는 않는다.

경제經題《반야바라밀다심경》에는 없는 마하를 올려《마하반야바라밀다심경》이라 짜집기 경전 이름을 만들기는 하면서 경전에 들어있는 '모양 상相' 자를 생략하였다.

공상空相을 공空과 상相으로 나누어 풀면 시제법공상是諸法空相이 비로소 이해가 된다. 곧 "이 모든 법은 공空이면서 상相이다"이다. 그렇게 되었을 때 앞의 온공론蘊空論과 뒤의 육부중도六不中道가 서로 연결이 된다.

다시 말해서 공空은 글자 그대로 공空이고 상相은 색수상행식色受想行識 오온五蘊이다.

공空은 불생不生, 불구不垢, 부증不增이고

상相은 불멸不滅, 부정不淨, 불감不減이다.

부처님 가르침은 한 자도 더 보탤 게 없듯이 한 글자도 빼놓을 게 없는 최상의 가르침이다.

그런데 다른 종단도 아니고 한국의 대표적 종단 대한불교조계종에서 공적公으로 인정認한 《반야바라밀다심경》에 삼장법사 쉬앤짱의 번역본에는 없는 경제經題 '마하摩訶maha'를 놓지 않나 이 짧은 경전 중 빌 공空 자는 잘 풀이하면서 모양 상相 자 1자를 빼먹는 우를 범하고 있다.

그분이 종정이시든 총무원장이든 학자든 간에 개인의 강설과 풀이는 문제 삼지 않는다. '마하'를 얹거나 말거나 그는 그의 자유다. 그만큼 불교는 관점이 누구에게나 열려있다.

그런데 종단의 공인公認은 전혀 다른 문제다.

원문 경전에는 없는 '마하'를 올려놓고 조계종 공인으로 공포公布할 수 있느냐이다.

조계종 공인본 《반야심경》은 오역 투성이다. 한국불교계에 불교

학자가 그리도 없단 말인가. 잘못된 번역을 제대로 지적해주는 이가 없다.

일본이나 중국의 한국 역사 왜곡을 우리는 매우 심각한 눈으로 바라보고 있다. 그런데 그들의 왜곡은 잘 지적하면서 우리가 우리의 역사를 잘못 가르친다고 할 때 그 책임을 과연 누구에게 물을 것인가.

기독교 등 불교 이외의 다른 종교단체가 불교의 종지를 다르게 해석하는 것은 불교에서는 얼마든 이해하고 대처할 수 있다. 그런데 우리 스스로 부처님의 가르침을 잘못 전해간다면 그때는 문제가 보통이 아니다. 그 엄청난 업보를 어찌 감당할 것인가.

요즘 조계종단의 적폐를 곧잘 얘기하지만 진정 중요한 것은 불교를 바르게 해석함이다. 그런 뜻에서 '시제법공상'의 '공상空相'은 그렇게 슬그머니 넘어갈 수 있는 것이 아니다.

전 조계종정 성철대종사 종정취임법어 중 '원각보조적멸무이圓覺普照寂滅無二'를 두고 '圓覺이 普照하니 寂滅이 無二라'로 토를 달아, 본디 《원각경》〈보안보살장〉에 담긴 뜻을 제대로 전달하지 않았다고 나는 지적하였으나 오늘날 《반야바라밀다심경》의 공인처럼 길길이 뛴 적은 아직까지 단 한 번도 없었다.

한문에 토를 달아 읽는 게 도움은 될 수 있으나 한문 문헌이 지닌 고유의 맛은 즐길 수 없다. 원각보조적멸무이圓覺普照寂滅無二를 놓고 토가 없으면 비단錦 위上에 놓은添 꽃花처럼 더 말할 나위 없이 좋은 일이겠지만 그래도 이왕 토를 달 생각이 있었다면

'圓覺에는 普照와 寂滅이 無二라'로 달았으면 적어도 《원각경》의 뜻은 살릴 수 있었다.

그러나 일반적으로 주지周知하다시피 대통령 담화문을 대통령 비서실에서 쓰듯 종정 법어를 종정 스님이 직접 쓰지는 않는다.

그리고 성철 종정 법어 역시 대독代讀되었다.

성철 종정법어는 《圓覺經》《法華經》과 선어록 등에서 발췌하였기 때문에 본뜻과 좀 다르더라도 크게 문제될 게 없다.

그러나 대승불교를 표방하면서 선불교를 지향하는 조계종 종단 차원에서 소의경전인 《금강반야바라밀경》을 비롯하여 《반야바라밀다심경》을 잘못 풀 수는 없다. 이들 경전은 결코 잘못 해석해서는 안 된다. 적어도 개인이 아닌 조계종단 공인 경전에서는.....

정종분正宗分⑵ 육부중도六不中道

사리자여 모든법은 공이면서 상인지라
생하지도 아니하고 멸하지도 아니하며
더럽지도 아니하고 깨끗하지 아니하며
늘어나지 아니하고 줄어들지 않느니라
舍利子是諸法空相不生不滅不垢不淨不增不減

진공묘유 眞空妙有

법정 큰스님 책 중에《텅 빈 충만》이 있다.

2001년에 처음으로 출판된 책인데 당시 책 이름을 보면서 '참 재밌다!'고 했다. 그런데 이 책 이름이 다름 아닌 '공상空相'이다. 여기《반야심경》시제법공상是諸法空相에서 표현하고 있는 진공空과 묘유相의 공상이다.

세상의 모든 법은 진공眞空이며 묘유妙有다. 어떤 법도 진공과 묘유 아닌 것이 없다. 진공空과 묘유相로 이루어진 모든諸 법法은 어떤 것도 극단을 떠난 중도의 세계다.

모든諸 법法은 공眞空이면서 상妙有이다. 진공묘유眞空妙有에는 몇 가지 특성이 있다. 진공이란 텅 비어있는 상태를 얘기한다. 그렇다고 아무 것도 없는 게 아니다.

이를테면 지구상에서 가장 큰 물질은 지구다. 지구 지름은 12,756km이며 지구 둘레는 약40,000km에 이른다. 이를 톤으로 환산하면 약6해톤이지만 세계공인도량형은 kg이 기준이 되는 까닭에 숫자로 표기하면 5.9742×10^{24}kg이다. 이는 곧 5,974해 2천경 킬로그램에 해당한다. 우리가 살아가는 지구를 kg수준이 아닌 그램 수준으로 표기하면 5.9742×10^{27}g이다. 이를 다시 마이크로그램으로 표기하면 5.9742×10^{33} 마이크로 그램이 된다.

100만분의 1그램에 해당하는 마이크로 그램을 인간의 육안으로 과연 볼 수 있을까? 사람이 아무리 밝은 눈을 지녔다 하더라도 100만분의 1그램인 극미세極微細 먼지를 현미경이라면 모를까 볼 수 없을 것이다. 아무튼 이 지구도 결국 미세 먼지에 불과하다. 100만분의 1그램은 나노 킬로그램이다.

쪼개分析고 쪼개고 또 쪼개다 보면 결국 뭐라 표현할 수 없는 단계에 이른다. 이렇게 극미세 중 극미세 먼지를 두고 그때 가서도 어떤 실체를 주장할 수 있을까. 천체물리학자들은 이렇게 얘기한다. 우리의 우주宇宙universe가 우주 시간으로 0초일 때 우주 크기 -10^{30}승cm 미립자微粒子에서 빅뱅Big-bang 사건과 함께 생겨났다고 한다. 마이너스 10의 30승cm라고 하면 마이크로 극미세먼지보다 더 작은 크기다. 거기에서 지구도 아닌 우주가 생긴 것이다.

지구와 우주의 크기를 비교한다면 먼지와 지구의 크기로 견주어야 할 것이다. 그런데 그토록 아주 작은 미립자에서 거대한 우주가 순식간瞬息間에 생겨난 것이다. 그런데 믿기 어렵지만 더욱 재미있는 것은 그토록 작은 미립자 속에 우주가 들어있었다. 우주의 질량이 완벽하게 응축된 상태였다. 빅뱅 사건 이후로 137억 년 동안 팽창했고 지금도 팽창하며 앞으로 팽창은 계속될 것이다.

이를 우리는 진공묘유眞空妙有라 한다. 우주 전체가 육안으로는 볼 수 없는 아주 작고 작은 미립자 속에서 생겨난 것이다. 눈에 보이지 않는다면 이는 진공眞空이다. 이 진공 속에 지금 우리가 느끼는 상상을 초월한 거대한 우주가 들어 있었다. 그러니 이를 진공묘유라 하지 않겠는가?

우주와 태양계와 지구의 생성 과정에서 볼 때 진공이 먼저였고 묘유는 늘 나중이었다. 어떤 것도 이렇다 할 수 없는 상황에서 우주가 생기고 태양계가 생기고 지구가 생겼다.

《반야심경》'시제법공상是諸法空相'의 진공空과 묘유相를 정당화하기 위한 게 아니다. 이를테면 연기설緣起說 입장에서는 꼭 진공이 우선이고 묘유가 나중이라든가 묘유가 먼저고 진공이 나중이라고 하는 그런 어떤 순서는 애초부터 없다.

이미 차 있는 상태에서 비우는 것은 식사 후 화장실에 가서 비우는 격이고 한참 배가 고플 때 음식물을 섭취하는 것은 비워진 상태에서 채워지는 격이라 할 것이다.

그러나 일반적으로는 차면 비워지는 것보다 비워지면 채워지는 진공청소기 원리가 대체적으로 설득력이 높을 수밖에 없다. 물론 《반야바라밀다심경》의 공상空相 문제는 이와는 전혀 다른 별개 논리로 풀어야 한다.

육부중도六不中道에서 중요한 것은

(1)불생不生 생하지도 아니하고

(2)불멸不滅 멸하지도 아니하며

(3)불구不垢 더럽지도 아니하고

(4)부정不淨 깨끗하지 아니하며

(5)부증不增 늘어나지 아니하고

(6)불감不減 줄어들지 않느니라.

라는 것보다 '모든 법이 진공묘유'란 말씀이다.

모든 법이 진공이면서 묘유인 까닭에

색色이 공空과 다르지 않고

공이 색과 다르지 않으며

색이 곧 공이듯이 공이 곧 색이다.

수상행식온受想行識蘊이 공과 다르지 않고

공이 수상행식온과 다르지 않으며

수상행식온이 곧 공이듯이

공이 곧 수상행식온이다.

　이와 같이 진공묘유의 세계에서 바라볼 때 공空과 오온五蘊 세계는 공空과 상相이다.

　용수보살龍樹菩薩은 《중론中論》에서 '팔부중도八不中道'를 얘기하고 있다.

　(1)불생不生 생하지도 아니하고

(2)불멸不滅 멸하지도 아니하며

(3)불일不一 일치하지 아니하고

(4)불이不異 다르지도 아니하며

(5)불상不常 항상하지 아니하고

(6)부단不斷 끊어지지 아니하며

(7)불거不去 가버림도 아니지만

(8)불래不來 오는것도 아니니라.

이를《반야심경》의 육부중도와 견주어 볼 때 첫째와 둘째 '불생불멸不生不滅'을 제외한 여섯 가지는《반야심경》에는 없다. 그러나 팔부중도에서나 육부중도에서나 소중한 것은 불생不生 불멸不滅의 가르침이다.

불구不垢 부정不淨의 세계와

부증不增 불감不減의 세계가 부차적이듯

불일不一 불이不異

불상不常 부단不斷

불거不去 불래不來도 부차적이다.

불생불멸不生不滅이 VIP라면

나머지는 옵서버observer일 따름이다.

그렇다면 '불생불멸不生不滅'은 과연 어떤 뜻을 담고 있을까?

정종분正宗分⑵ 육부중도六不中道

사리자여 모든법은 공이면서 상인지라
생하지도 아니하고 멸하지도 아니하며
더럽지도 아니하고 깨끗하지 아니하며
늘어나지 아니하고 줄어들지 않느니라
舍利子是諸法空相不生不滅不垢不淨不增不減

생하지도 아니하고 멸하지도 아니하며 不生不滅

생멸生滅이란 생김과 사라짐이다.

영어의 뜻을 빌리면 태어남과 죽음이다.

birth and death

appearance and disappearance.

그렇다면 단지 이 두 가지뿐일까?

여기 태어남과 죽음 사이를 연결시키는 머무름住과 변화異가 깃들어 있다. 이를 한데 묶어 '생주이멸生住異滅'이라 한다. 생명 있는 것들은 생주이멸하고 생명 없는 것들은 성주괴공成住壞空한다.

중생세간은 생로병사生老病死하고 생명들 세계는 생주이멸生住異滅하며 환경器世間은 성주괴공을 반복한다. 생멸生滅은 생기진멸生起盡滅의 준말이며 생기고 머물다 변화하여 소멸하는 이른바 생주이멸生住異滅의 줄임말이다. 사실 생겨나고 소멸함은 잠시일 수 있다. 생겨난 뒤로부터 소멸하기까지 그 사이의 주재住在와 변이變異가 더 큰 관건이다.

날 생生 자는 '나다'라는 자동사와 '낳다' '출산하다' 라는 타동사가 있지만 날 생生 이외에 더 많이 쓰임이 삶 생生 자다. 삶이란 사실 생명이 수태된 순간에서부터 탯줄을 끊고 태어나 죽음에 이르기까지 삶의 모든 것을 총체적으로 표현한 단어다. 그러기에 생生은 인연에 의해 시작된 생명이 인연에 의해 죽음을 맞이하기까지이기에 생주이生住異 3가지가 다 생生 안에 들어있다. 멸은 죽음을 뜻하기에 잠깐으로 끝난다.

그럼에도 불구하고 인간의 삶에서 죽음이 차지하는 정신적 범위는 대단하다. 사람이 82년 남짓을 산다고 가정했을 때 날짜로 따져보면 30,000일이고 시간으로 환산하면 720,000시간이다. 분으로 계산하면 4천 3백 20만 분이다. 왜 초 단위가 아니라 분으로 계산하느냐 하면 숨이 멎는 시간을 분으로 보고 싶기 때문이다. 4천 3백 20만 분이 생生의 시간이라면 죽음滅은 겨우 1분에 지나지 않는다. 이 1분이 차지하는 정신적 중압감은 4천 3백 20만 분보다 훨씬 크다는 것이다. 여기에는 두 가지 뜻이 들어있다.

첫째는 죽음 그 자체가 두려운 까닭이고

둘째는 죽음 이후의 세계가 미지인 까닭이다.

죽은 뒤에 어떻게 될 것인가를 알고 있다면 죽음을 담담하게 받아들일 수 있다. 그런데 그게 생각처럼 쉬운 게 아니다. 그러므로 사후의 세계가 궁금할 수밖에 없고 죽음 자체에 대한 두려움은 커진다.

생하지도 아니하고 멸하지도 아니하며 不生不滅

죽음을 맞이할 때 상황이 다양하기에 건강하던 사람이 갑자기 쓰러지게 된다면 마魔의 5분 안에 심폐소생술로 살릴 수 있다. 이는 생각보다 매우 중요한 얘기다. 왜냐하면 인간의 생명은 고귀한 까닭이다. 아무튼 이런 특수한 예를 제외하고는 많은 생명이 숨이 멎는 것은 대개 1분 이내다. 종교가 힘이 되는 것은 삶을 위해서가 아니라 죽음과 죽은 뒤를 위해서라는 말은 그래서 더욱 설득력이 높아진다 할 것이다.

날 생生 자는 그림象形문자로서 풀과 나무가 싹트는 데서 생김을 생각하고 '태어나다' '만들어지다'라는 뜻을 도출시켰다. 종래從來의 파자법破字法에 따르지 않고 오늘날의 날 생生 자를 놓고 본다면 삶生이란 소牛가 외나무다리一를 건넘이다. 원숭이 청설모 다람쥐 따위의 경우 외나무다리를 건넘은 매우 쉬운 것이지만 소나 말 돼지처럼 굽으로 이루어진 발은 외나무다리를 건너기 불편하게 되어 있다. 사람人의 삶生이 그만큼 어렵다는 뜻일 게다.

머물 주住 자는 꼴形소리聲 문자로서 뜻을 나타내는 사람인변亻에 소릿값인 주인 주主가 합하여 이루어졌다. 머물 주住 자는 사람의 머무름을 뜻하고 사람이 머무는 곳을 주소住所라 하며 머물며 생활하는 공간을 주택住宅이라 한다.

그렇다면 생명이 머무는 곳은 어디일까?

대답은 거창한 게 아닌 바로 이 육신肉身이다. 육신이 거창하지 않다고 누가 말하던가. 정신 못지않게 고귀한 게 육신이다. 주거지住의 주인主은 바로 사람亻이다.

내친김에 생주이멸 한자를 모두 살펴보자.

다를 이異 자는 밭 전田 자가 부수다. 그림象形 문자로서 옛 글자의 형태는 양손을 활짝 벌리고 있는 사람 모양이다. 머리 모습 頭部은 귀신의 탈을 쓴 모양이거나 바구니를 올려놓은 모양이라 생각된다. 나중에 밭 전田 자와 한가지 공共 자가 만나 지금의 다를 이異 자 자형字形으로 만들어졌다. 양손으로 물건을 나누어줌의 뜻이며 그러다 한 자리 건너뛰어 '다름'의 뜻이 되었다.

멸할 멸滅 자는 꺼질 멸로 새기기도 한다. 유형으로 보아 꼴形소리聲 문자다. 삼수변氵 이 뜻을 담은 의미소意味素이고 없앰과 꺼짐의 뜻 멸할 멸威이 소릿값이다. 물氵 이 다하여 없어지다威의 뜻이다. 이는 예로부터 전해 내려오는 파자법이다. 이 파자법 하나만으로도 멸滅의 뜻이 온전하다. 그런데 나의 파자법은 매우 구체적인 편이다.

우선 멸할 멸滅 자는 물 수氵 와 더불어 없앨 멸, 꺼질 멸威 자로 이루어져 있다. 꺼질 멸威 자는 다시 천간 무戊 자와 없앨 멸灭 자로 되어 있고 멸灭 자는 한 일一 자와 불 화火 자로 되어 있다. 다른 뜻으로는 개 술戌 자와 불 화火 자다.

물氵 에 떠내려가고

개戌가 먹어치우고

불火에 타버리고

옆丿 으로 새나가고

창戈으로 무찔러 버린다.

한一마디로 잿火더미가 된 것이다.

사실 육부중도六不中道 중 불생불멸의 뜻과 '생주이멸生住異滅' 문자에 담긴 파자법은 단지 간접적일 뿐 직접적 연관은 없다. 그러나 이왕 한역漢譯 경전을 놓고 볼 경우 한역漢譯 경전에 담긴 뜻을 간과할 수는 없다. 본 주제로 돌아가 육부중도를 살펴볼 때 불생不生은 생하지 않으니 진공眞空이요, 불멸不滅은 멸하지 않으니 묘유妙有다.

나는 앞의 '시제법공상是諸法空相'에서 '이是 모든諸 법法은 진공空이요 묘유相라'고 직접적이면서 과감하게 풀이하고 싶었다. 그러나 '모든법은 공이면서 상인지라'로 좌우앞뒤를 돌아보며 한 발짝 물러서서 풀었다. 앞서 살펴본 온공론蘊空論에서 색불이공色不異空 공불이색空不異色과 색즉시공色卽是空 공즉시색空卽是色에서 진공色不異空 色卽是空을 말씀하시고 묘유空不異色 空卽是色를 말씀하신 까닭이다.

수상행식온受想行識蘊과 공空 사이에도 색공론色空論처럼 진공묘유가 적용되었다. 역부여시亦復如是란 4글자 속에 동일 패턴 문장에 같은 의미가 들어있음을 매우 정연하면서도 함축적으로 보여주고 있다.

나는 《반야바라밀다심경》을 일컬어 방정식方程式equation 경전이라 하지만 이 《반야바라밀다심경》에는 함축된 뜻이 많아 나는 이를 '함수경전函數經典'이라고도 한다.

정종분正宗分(2) 육부중도六不中道

사리자여 모든법은 공이면서 상인지라
생하지도 아니하고 멸하지도 아니하며
더럽지도 아니하고 깨끗하지 아니하며
늘어나지 아니하고 줄어들지 않느니라
舍利子是諸法空相不生不滅不垢不淨不增不減

더럽지도 아니하고 깨끗하지 아니하며 不垢不淨

더럽다垢dirty와 아울러 깨끗하다淨clean는 게 무엇일까?

《천수경》을 강의할 때 '더럽다'와 '깨끗하다'의 차이를 정리정돈이 잘 되어있느냐로 구분하였다. 대기권 내에 있는 물질과 에너지는 어떤 경우도 늘어나거나 줄어들지 않는다. 다만 겉으로 드러난 모습을 달리할 따름이다. 이미 완전한 지저분함이 따로 있거나

완전한 깨끗함이 따로 있는 게 아니라면...

이 《반야심경》 육부중도六不中道에서 셋째는 불구不垢고 넷째는 부정不淨이다.

셋째 불구不垢의 구垢는 때 구垢 자이다. 때 구垢 자는 의미소 흙토변土에 소릿값으로 뒤 후/왕후 후后 자를 놓고 있다. 이는 소릿값일 뿐 특별한 뜻은 없고 간단하지만 의미소인 흙 토土 부가 중요하다.

농경사회에서는 흙이 때가 아니다. 물론 산업사회에서 정보화사

회를 거쳐 4차 산업사회로 나아가는 요즘에 이르러서도 흙은 더럽게 여겨지는 때垢가 아니다. 다만 그 흙이 어디에 있느냐이다.

흙이 있어야 할 자리는 어디든 해당한다. 산에도 들에도 바닷가 바다 밑에도 강 언덕 강 바닥에도 흙은 있다. 논과 밭, 길과 건축물에도 반드시 흙은 있다. 집을 지을 때 흙을 다진 뒤 주춧돌을 놓고 외를 엮은 뒤 안팎으로 흙을 바르고 침실에도 거실에도 바닥은 온통 흙이다. 심지어 기와도 흙으로 굽고 기와를 올리기 위해 진흙을 개서 깐다.

어디 그뿐인가.

석기 목기 청동기보다 오래된 게 토기이고 질그릇 오지그릇 사기그릇이 다 흙이며 도자기ceramic ware의 주원료도 흙이다. 이처럼 인간은 흙에서 와서 흙과 살다가 흙의 세계로 흙이 되어 되돌아간다. 물론 인연법에 따라 흙 한 가지 요소만이 아닌 물과 바람과 에너지가 늘 함께하곤 한다.

하여 《무상계無常戒》에서는 말씀하신다.

흙 물 불 바람이 인연을 만나 사람이 되었다가

인연따라 흙 물 불 바람으로 되돌아간다고.

그런데 이 흙이 있을 자리가 있고 있어서는 안 될 자리가 있다. 흙을 구어 만든 도자기에 밥을 담아 먹지만 행여라도 음식에 흙이 들어가면 안 되고 온돌 위에 흙으로 방바닥을 발랐지만 장판, 카페트, 자리, 담요 따위 위에 진흙이 묻은 신발을 신고 들어갈 수는 없다. 하물며 진흙土 발로 왕궁后에 들어가면 으레 왕궁을 더럽힌 죄를 묻게 될 것이다. 흙토변土에 왕후 후后 자가 더러움垢의 뜻이다.

때 구垢 자에 담긴 또 다른 뜻은 왕후 후后 자를 뒤 후后 자로 새길 경우다. 때垢는 먼지土가 모여后서 된 것이다. 요즘은 때가 죽은 세포의 하나라고 하지만 반드시 100% 죽은 세포는 아니다. 일부 죽은 세포와 먼지의 합작품이 때垢다.

며칠 전 목욕탕에서 세신사에게 몸을 맡겼다.

나는 세신사(목욕관리사)에게 물었다.

"나는 때가 많은 편에 속하는 것 같은데 날씨가 덥고 먼지가 쌓여서 된 것이겠지요?"

세신사가 답했다.

"때도 일종의 세포입니다. 죽은 세포요."

아무튼 때垢는 흙먼지土에서 왔고 이 흙먼지가 피부에 조금씩 쌓이는 과정에서 죽은 세포와 자연스레 합하게 되고 거기에 땀이 곁들여 피부에 달라붙어 우리가 보통 얘기하는 그 때垢가 된 것이다. 따라서 흙토변土에 뒤 후后 자를 씀은 지극히 당연한 파자破字의 스토리텔링이다.

그렇다면 이 때가 정말 더러운 것일까?

삼복더위 때에 땀과 함께 밀리는 마른 때가 생각처럼 매우 혐오스러운 것일까?

더러움垢의 상대는 깨끗함淨이다. 깨끗함은 더러움처럼 고유형용사가 아니다. 다시 말해서 더러움은 언제 어디에 있든 영원히 더러운 것이 될 수가 없듯 깨끗함도 언제 어디 어떤 상황에서도 영원히 모든 생명들에게 깨끗한 것은 아니다. 만약 항구불변恒久不變의 더러움이 있고 항구불변의 깨끗함이 있다고 한다면 그 자체가 있을 수도 없거니와 진리도 아니다.

삼법인三法印 가운데
제1법칙이 제행무상諸行無常이고
제2법칙이 제법무아諸法無我이며
제3법칙은 열반적정涅槃寂靜이다.
제행무상이라는 제1법칙과 제법무아라는 제2법칙이 건재하기에 《반야심경》의 진공묘유 법칙이 받아들여진다. 불생불멸不生不滅에서와 마찬가지로 이 불구부정不垢不淨의 법칙에서도 더럽지 않음不垢이 진공空의 세계라면 깨끗하지 않음不淨은 곧 묘유相의 세계이다.

깨끗할 정淨 자를 파자破字하면 흐르는氵물에 왼손爪과 오른손尹을 담그고 열심히 문지르면 깨끗해淨진다는 뜻이다. 깨끗할 정淨 자의 뜻은 손씻기다. 한 손으로는 깨끗하게 손씻기가 어렵다. 왼손과 오른손이 함께함으로써 수월해진다. 외출했다가 집에 돌아오면 손을 씻는다. 문병을 갔을 때도, 남의 집을 방문했을 때도, 기본적으로 정갈해야 하는 곳이 손이다.

사람은 밖에 나오면 많은 사람과 접촉한다. 서로서로 손을 잡고 인사를 나누고, 가게에 들어가면 이것 저것 만지기도 하고, 운전할 때는 오염된 핸들을 잡고, 스마트폰을 만지면서 오염은 극에 달한다. 그러기에 손爪+⺕ 씻는氵 일淨이 기본이다.

손은 한 번 씻음으로 완전히 깨끗해질까?

앞서 얘기했듯이 고유형용사는 없다. 물론 고유형용사란 가름씨 品詞가 없지만 특히 더럽다와 깨끗하다, 크다와 작다, 아름답다 밉다/추하다 따위는 영원하지 않다.

그러므로 《반야심경》에서는 말씀하신다. "더럽지도 아니하고 깨끗하지 아니하다"라고...

모든 것이 있을 자리에 놓였을 때 우리는 이를 '정리정돈이 잘 되었다.' 하고 정리정돈이 잘 되면 깔끔해보인다. 가재도구家財道具만이 아니다. 거실 방바닥에 흙이 여기저기 묻어있다면 흙이 있을 자리가 아니므로 치워야 하고 테이블에 물이 엎질러져 있다면 물이 있을 곳으로 돌려보내는 것이 정돈이다.

우리나라에서는 미스코리아를 뽑고 중국에서는 미스차이나를 뽑는다. 미스USA를 뽑고 미스인디아를 뽑는다. 나아가 세계 미녀선발대회를 열어 세계적인 미녀 진선미眞善美를 뽑곤 한다. 요즘은 미스선발대회에서 겉 미모만이 아니라 봉사활동 등 삶의 궤적을 두루 살피고 평소 남에게 끼친 마음의 씀씀이까지 살펴 미녀를 뽑는다고 하니 그나마 마음이 놓인다.

어떻게 "얼굴만 예쁘다고 여자냐?"

아차! 그리고 보니 유행가 가사인가 보네?

인간 외모의 아름다움이 영원할까?

사람의 마음 씀씀이가 영원히 곱고 멋있을까?

어떤 상황에서도 마음이 한결같을까?

외모만이 아니라 마음 씀씀이도 마찬가지다.

불보살님도 마음 씀씀이가 때로 난폭하다.

본래 지닌 마음과 달리 방편을 쓰는 까닭이다.

화火를 잘 내기로는 신을 능가하는 이가 없다.

구약성서에서 하느님은 화신火神이다.

변화신의 화신化神이 아닌 화火의 화신이다.

생명들이 고집이 세고 바른 길로 가지 않기에

난폭한 모습으로 화를 내곤 하는데

하느님도 방편을 쓰는 까닭이다.

정종분正宗分⑵ 육부중도六不中道

사리자여 모든법은 공이면서 상인지라
생하지도 아니하고 멸하지도 아니하며
더럽지도 아니하고 깨끗하지 아니하며
늘어나지 아니하고 줄어들지 않느니라
舍利子是諸法空相不生不滅不垢不淨不增不減

늘어나지 아니하고 줄어들지 않느니라 不增不減

첫째와 둘째 불생불멸不生不滅이 생명에 대한 철학哲學 방정식
이었다면 셋째와 넷째 불구부정不垢不淨은 예술과 감성에 대한
방정식이며 드디어 오늘 다섯째와 여섯째 부증불감不增不減 중
도中道 법문은 과학과 물리 방정식方程式이라 할 것이다.

불생불멸에 생명의 이치가 들어있고
불구부정에 예술과 감성이 들어있으며
부증불감에 과학과 물리가 통째로 들어있는
이 《반야심경》이야말로 으뜸 함수경전이다.

지구상에 있는 개미의 총질량이 지구상에 살고 있는 코끼리 총
질량보다 훨씬 더 크다는 얘기가 있다. 만일 지구상 개미가 모두
사라진다면 그만큼 지구 질량은 가벼워질까?

지구상에는 물곰watering, tardigrade이 사람의 질량보다 많

189

늘어나지 아니하고 줄어들지 않느니라 不增不減

이 나간다고 한다. 물곰을 완보동물緩步動物이라고도 하는데 몸 크기가 0.1mm에서 1mm사이로 작다. 그런데 이들 물곰의 숫자가 워낙 많아 70억 인구 총질량보다 더 나간다고 한다. 이들은 바퀴벌레보다 생명력이 질기다. 지금으로부터 5억 3천만 년 전인 캄브리아기에 출현한 것으로 알려져 있다. 지구상에는 1,000여종 물곰이 서식하는데 해발 6,000m를 넘는 고봉 히말라야에서도, 수심 4,000m 이하 심해에서도 살아가고 있다. 영하 270℃라는 절대영도치에서도 살아남고 150℃가 넘는 고열에서도 견뎌내며 영하 20℃에서 30년 동안 꽁꽁 얼어있다가 깨어나 알을 낳는다고도 한다.

내가 부증불감不增不減을 강설하면서 왜 하필 완보동물 타디그레이드를 들먹일까?

바로 이들의 질긴 생명력 때문이다. 내가 알기로는 완보동물 물곰은 고압으로는 기압의 6,000배를 견디며 저압으로는 진공상태에서 오랫동안 살고 체중의 85%가 수분이지만 0.05%까지 줄여도 죽지 않고 살아있을 수 있는 탈수증의 왕이다. 방사능은 사람 치사량의 1,000배에 해당하는 500그레이Gy 감마선에서도 죽지 않는다.

어디 그뿐인가?

독성물질로는 알콜 등 유기용매나 각종 화학물질에 강한 내성을 지니고 있다. 대사율을 1만 분의 1까지 저하시켜 수분 소비를 평소 1%까지 줄일 수 있고 냉동상태나 무산소상태에서도 살아남는다. 밀라노 자연사 박물관에서는 120년 전에 만든 표본 속 물곰이 느닷없이 부활한 사례도 있다. 느림보, 타디 그레이드라는 물곰은 이처럼 우주 내에서 가장 생명이 질기다. 그런데 이들 느림보 물곰의 총질량이 지구 인구 총질량보다도 더 크다고 한다.

70억 인구를 평균 60kg으로 환산했을 때 인구 총질량은 4천200억 kg이 된다. 실제로는 그럴 일이 전혀 없겠지만 만일 이들 물곰water bear이 동시에 죽는다면 지구 질량이 5억 톤쯤 줄어들지 않을까?

누가 내게 지구 인구가 다 죽으면 그만큼 지구가 좀 더 가벼워지지 않겠느냐고 완전 뚱딴지같은 질문을 해 왔기에 사람 생명을 놓고 얘기할 수는 없는 일, 대신 물곰 얘기가 어떠냐고 해서 꺼낸 예이다.

이러한 물음에 대한 답을 한마디로 잘라斷 말흘 하면 '부증불감'이다. '늘어나지도 않고 줄어들지도 않는다.'

어떤 경우도 지구가 지닌 근본 질량質量은 줄어들지도 않고 늘어나지도 않는다. 물곰이 모두 죽어 흔적없이 사라진다 해도 지구 질량이 결코 줄어들지 않고 물곰이 어느 날 동시에 다시 부활하더라도 지구 질량이 더 늘어나지도 않는다.

따라서 부증불감不增不減의 원칙, 이 '육부중도' 법칙은 결코 무너지지 않는다.

증감增減은 늘어남이고 줄어듦이다.

변화/변동variation은 대개 2가지 형태다.

인크리스 앤 디크리스

increase and decrease

애디션 앤 리덕션

addition and reduction

라이즈 앤 폴

rise and fall

늘어나느냐 줄어드느냐,

오르느냐 떨어지느냐...

그러나 '에너지 보존의 법칙'이 아니더라도 우리 《반야바라밀다
심경》은 토로한다. 이미 2,600여 년이 지난 먼 옛날에서부터 "늘
어나지 아니하고 줄어들지 아니한다."라고.....

더할 증增은 겹칠 층增 자로 새기기도 한다. 흙토변土에 일찍
증曾/曽 자를 두었다. 더한다는 말은 용기를 북돋움이다. 그런데
그냥 북돋는 게 아니라 포상이 따른다. 농경사회에서는 봉토封土
가 기본이었다. 공이 있는 사람에게 봉토를 하사하면서 거기에 벼
슬자리를 더하곤 하였다.

소릿값 일찍 증曾 자는 시루를 뜻하는 자다. 시루는 밑에 물을
붓고 끓이는 솥이 있고 그 솥 위에 시루를 얹고 시루 안에 떡을 앉
힌다. 아궁이에서 불을 지피면 솥曰의 물이 끓는다. 물이 끓으면
서 생겨난 뜨거운 수증기가 솥曰 위에 올려 놓은 시루田를 통과하
면서 시루 위로 뽀얀 김ˇ 이 솟구친다.

따라서 일찍 증曾/曽 자는 솥曰과 시루田와 피어오르는 김ˇ 을

그림象形으로 표현한 상형문자라 하겠다. 흙토변土을 붙여 더할 증增 자로 나타냄은 솥曰 위에 시루田와 김丷을 더한 데서 가져온 글자로 보면 좋을 것이다.

위공이산愚公移山yugongyishan이 있다. 기원전 4세기경 중국의 도가 사상가 리에즈列子liezi 어록《리에즈列子》의 탕웬피앤汤问篇tangwenpian에 따르면 위공愚公이란 사람이 산을 옮긴 얘기가 있다.

고사성어故事成語는 우선 접어두고라도 위공이 산을 옮겨 다른 곳에 쌓았다면 한쪽에서는 산이 없어졌고 다른 한쪽에서는 산이 새로 생긴 편이다. 이때 없어진 쪽과 생겨난 쪽을 합산한다면 결코 줄어들지도 늘어나지도 않는다.

더할 증增 자에 비해 덜 감減 자는 물氵이 줄어咸들고 있음을 표현한 글자다. 덜 감減 자는 이수변氵 덜 감減 자로도 쓴다.

삼수변氵 덜 감減 자는 물氵이 줄어듦이고

이수변氵 덜 감減 자는 얼음氵이 줄어듦이다.

물이 줆은 액체의 물이 기화汽化함이고 얼음이 줆은 고체의 얼음이 액화液化함이다. 얼음이 녹으면 고체는 줄어들게 마련이고 물이 끓으면 액체는 줄어들게 마련이나 총체적 질량은 결코 대기권을 벗어나지 않는다. 그야말로 늘어나지도 줄어들지도 않는다.

육부중도六不中道 본 주제로 돌아간다.

생겨나고 소멸함은 있는 것인가?

더럽고 깨끗함이란 과연 존재하는가?

늘어나고 줄어듦이 실제로 실측이 가능한가?

삶을 중심으로 한 철학적 입장에서 볼 때 생겨나고 사멸死滅함은 관념일 뿐이다.

예술과 감성을 중심으로 바라볼 때 어느 것을 아름답다 할 것이며 또한 어떤 것을 일컬어 추하다 할 것인가.

물리학 입장에서 무엇이 늘어나고 줄어드는가.

이처럼 육부중도 뿌리 밑바닥根底에는 중관철학中觀哲學이 함께하고 있고 부처님의 반야교설般若敎說이 기원 직후 용수龍樹보살에 의해 펼쳐진다.

반야부 경전에서 또는 중관학파에서 끈질기게 주창한 진공眞空 묘유妙有의 법칙은 앞으로 4차 산업 세계에서는 물론이려니와 5차 6차 7차 8차 산업으로 이어질수록 더욱 아름답고 영롱한 빛을 발할 것이라고 나는 분명 확신하고, 확신確信하며 또 확신 confidence한다.

아! 아름다워라!

참으로 아름다워라!

모든諸 법法의 공空과 상相이여!

아으! 텅 빈眞空 충만妙有의 법칙이여!

【06】

정종분正宗分(3) 온근진蘊根塵의 실체

그러므로 공가운데 물질세계 색이없고
정신세계 구성하는 수상행식 마저없고
육근으로 눈귀코혀 몸과뜻이 일체없고
빛깔소리 냄새맛과 촉과법의 육진없고
是故空中無色 无受想行識
無眼耳鼻舌身意 无色聲香味觸法

함 含

공空 속에 색온色蘊이 들어있을까?

이《반야심경》에서는 말씀하신다.

"공 속에는 색온이 없다"고…

공 속에 수상행식온受想行識蘊이 있을까?

역시《반야심경》에서는 말씀하신다.

"공 속에는 수상행식온이 없다"고…

부처님 말씀에 은현문隱顯門이 있다. 때時間와 장소空間 따라 드러내고 숨기는 문이다. 상황 따라 숨기기도 하고 드러내기도 한다. 부처님 말씀은 행간行間도 잘 읽어야 하지만 때로는 뒷면裏面도 잘 살필 줄 알아야 한다.

공空은 빌 공空 자다.

우주宇가 옆八으로 확장되어 가는데 그 우주 안宀에는 별느들이 가득하다. 별들은 대부분이 물질로 이루어져 있다. 지구처럼 암석으로 된 별들이 있고 태양이나 목성처럼 가스로 된 별들이 있다. 이들 별들이 모여 태양계를 형성하고 이런 태양계들이 수백 수천도 수만도 아니고 수십만 수백만 수천만 수억도 아니다. 수천 억에 이르는 별들이 한 은하를 이룬다.

이런 은하들이 수천억 개가 모여 은하단銀河團을 이루고 이런 은하단이 다시 수천억 개가 모여 국부局部 은하단을 이루고 수천 억 개 국부 은하단이 다시 모여 초超은하단을 형성하며 이런 초은하단들이 그룹을 지어 초초超超 은하단이라는 세계를 이루고 있다.

우주는 온통 별들의 세계로 꾸며져 있다. 하지만 이들이 우주 전체의 모습은 아니다. 이들은 어디까지나 가시적인 별들이다.

우주에는 보이지 않는 별들이 있다.

보이지 않는 별들이라니!

별이라면 보이는 게 별이지!

보이지 않는 게 어떻게 별에 속할 것인가?

그러나 보이지 않는 별이 훨씬 더 많다. 암흑물질暗黑物質dark matter에 암흑에너지dark energy로 그들먹하게 차 있다. 우주에서 별들stars이 차지하는 부분은 겨우 0.4%에 지나지 않고 은하계 사이에 차지하는 가스가 3.6%다. 나머지 96%는 눈에 보이지 않는 암흑 세계다.

지금까지 알려진 바에 따르면, 학자들마다 약간씩 다른 수치가 나오지만 우주 내에서 별들을 제외한 96% 중 암흑에너지가 74%로 가장 많은 부분이고 암흑물질이 22%로 그 다음인데 이도 가시적인 별들의 세계에 비하면 무려 5.5배나 자리를 차지한다고 볼 수 있다. 보이지 않는 물질과 보이지 않는 에너지가 보이는 별들 세계의 24배나 된다는 게 언뜻 이해가 되지 않겠지만 사실은 사실이다.

오온五蘊 가운데 물질에 해당하는 색온色蘊의 세계가 공空 속에는 있을까?

우선 텅 빔空의 정의를 어떻게 내릴 것인가.

불교의 삼법인 가운데 제2의 법칙이다.

제2의 법칙은 제법무아諸法無我다.

모든諸 법法은 진공空이며 묘유相라 했는데 삼법인에서 모든諸 법法은 무아無我다. 이렇다고 단정 지을 자성我이 없다無는 말이다. 자성이 없기 때문에 변화가 가능하다. 만일 변할 수 없는 확고한 자성我이 있다면 제행무상의 제1법칙은 적용되지 않는다.

식물植物을 플랜트plant라 하고 동물動物을 애니멀animal이라 한다. 한곳에 뿌리를 내리고 움직이지 않는 것을 플랜트, 또는 플랜트 라이프life라 하듯이 애니멀이란 단어에는 움직임이 내포되어 있다. 한자로도 움직動이는 물체物가 된다.

모든 법이 이렇다 할 자성이 없기 때문에 때時間와 장소空間와 상황에 따라 달리한다. 그러므로 모든諸 법法이 공空한 상태에서

다시 말해서 모든 법이 진공空인 상태에서는 오온은 공空을 따라서 함께 자취를 감춘다. 그러나 모든諸 법法이 상相인 상태에서 다시 말해 모든 법이 묘유相인 상태에서는 오온은 상相을 따라 함께 자취를 드러낸다.

이 말은 생각보다 매우 중요한 얘기다.

아직까지 어느 누구도 강설한 적이 없기에 당연히 조심스러울 수밖에 없다. 강설을 할 수 없었던 이유는 경문 때문이다.

《반야바라밀다심경》에는 언급되지 않았다. 언급되지 않은 얘기를 강설할 수 없겠거니와 생각조차도 전혀 낼 수 없었을 것이다.

경문에 직접적으로 실려있지는 않으나 앞에서 이미 은유적으로 표현한 말씀이다.

두루 알다시피 《반야바라밀다심경》은 끊임없이 이어지는 부정無의 경전經典이다. 무색無色 무수상행식无受想行識으로부터 무지無智 역무득亦无得에 이르기까지 13번에 걸쳐 명사 형용사 동사 앞에 없을 무無 자가 끊임없이 놓이고 있다.

나는 이 없을 무無 자와 함께 반드시 있어야 할 글자가 한 자 있다고 본다. 이는 사라진 게 아니고 생략된 것이다. 부처님의 《반야바라밀다심경》 말씀에서 처음부터 생략된 글자가 무엇일까?

머금을 함含 자 아니면 함 함函 자다.

이를테면 '시고공중무색是故空中無色'에서 '무색無色'이 한 번 지나가고 나면 바로 표현되어야 할 게 함색含色/函色이다. 그러므로 공 속에는 색이 없지無色만 공 속에는 색色이 은근히 담겨

函 있거나 색色을 은근히 머금含고 있다는 뜻이다.

일설에 따르면 공空은 텅 빔이고 공성空性은 충만充滿이라 한다지만 13회씩이나 나열되는 없을 무无/無 자에서 머금을 함含 자나 함 함函 자가 꼭 있어야 한다.

무수상행식無受想行識이란 대목에서도 함수상행식含受想行識의 뜻이 깃들어 있다. 경전에 직접적인 언급이 없다고 하여 의미소마저 사라진 것은 아니라는 얘기다. 무안이비설신의無眼耳鼻舌身意에는 함含/函안이비설신의가 놓여야 하고 무색성향미촉법无色聲香味觸法에서는 함含/函색성향미촉법이 놓여야 한다.

부처님께서는 앞의 온공론蘊空論과 육부중도六不中道에서 간곡히 말씀하셨다.

"색이 공과 다르지 않고 공이 색과 다르지 않아 색이 곧 공이고 공이 곧 색이다. 수상행식도 또한 다시 이와 같다."

이是들 모든諸 법法은 진공空 묘유有이기에

"생하지도 아니하고 멸하지도 아니하며

더럽지도 아니하고 깨끗하지 아니하며

늘어나지 아니하고 줄어들지 않는다." 하였다.

공 속에 고집멸도苦集滅道가 없다無고 했듯이 공 속에 고집멸도가 담겨 있다고도 해야 한다. 따라서 '무고집멸도無苦集滅道'에는 '함고집멸도含/函苦集滅道'가 성립된다.

공 속에는 고집멸도가 없거니와 고집멸도를 담函고 있고 머금含고 있다. 그랬을 때 앞에서 내세운 명제가 성립된다. 앞에서는 색에서 공을 보고 공에서 색을 보며 나머지 수상행식에서 공을 보듯이 공에서도 나머지 수상행식을 볼 수 있다. 그리고 뒤에 와서 머금을 함含 자와 또는 함 함/담길 함函 자를 생각하게 한다.

경문에 없는 것을 함부로 넣을 수는 없다. 설령 오타誤植라 여겨지더라도 남의 글을 저자 허락 없이 바꿀 수는 없다. 하물며 부처님의 말씀이 담긴 경전을 단 한 자 한 구절도 맘대로 고칠 수는 없다. 다만 주석을 달아 제 의견을 개진할 수는 있다. 그러므로 경전 속에 숨겨진 함含/函의 뜻을 이처럼 풀이로서 표현할 수는 있다. 명사 앞에 무無만 놓으면 단견空에 빠지지만 함含/函 자가 놓일 때 묘유相를 드러낸다.

자! 다시 한 번 생각해 보자.

공空 속에 내 몸色이 있는가 없는가?

공 속에 내 마음受想行識이 있는가 없는가?

내 몸 내 마음의 있고 없고를 살피는 이 주체는 과연 무엇인가?

좀 더 자신에 대해 솔직해 보자.

몸도 마음도 없는 나와 당신 우리가 이 문제를 놓고 진지하게 고민해 보자.

내일이 선가을立秋인데
새털구름이 하마 아름답다.
저 하늘 저 구름은 공空일까 상相일까.
저 하늘 저 구름을 아름답다 느끼는
수상행식이라는 나의 느낌체계가
텅 비어眞空 있을까 꽉 차妙有 있을까.

정종분正宗分⑶ 온근진蘊根塵의 실체

그러므로 공가운데 물질세계 색이없고
정신세계 구성하는 수상행식 마저없고
육근으로 눈귀코혀 몸과뜻이 일체없고
빛깔소리 냄새맛과 촉과법의 육진없고
是故空中無色 无受想行識
無眼耳鼻舌身意 无色聲香味觸法

육근으로 눈귀코혀 몸과뜻이 일체없고 無眼耳鼻舌身意

눈眼 귀耳 코鼻 혀舌 몸身 뜻意을 여섯六 가지 뿌리根라 한다.
이들을 '뿌리'라 하는 데는 이유가 있다. 여섯六 가지 앎識을 탄생
하기 때문이다.

눈에서 눈眼의 앎識이 나오고

귀에서 귀耳의 앎識이 나오고

코에서 코鼻의 앎識이 나오고

혀에서 혀舌의 앎識이 나오고

몸에서 몸身의 앎識이 나오고

뜻에서 뜻意의 앎識이 나오는 까닭이다.

이를 여섯六 가지 감관感官이라 하는데 여섯 감각기관感覺器官
의 준말이다. 몸 안팎에서 느끼는 세계를 그대로 신경에 전달하여
인식하게 되는데 뜻意을 제하고는 모두 몸 밖에 있는 기관이다.

'손뼉도 마주쳐야 소리가 난다'는 말이 있다. 사자성어로는 '고장불명孤掌不鳴'이다. 풀면 '외 손바닥은 울지 않는다'가 될 것이다. 따라서 눈 귀 코 혀 몸 뜻이 있더라도 기능적으로 어떤 하자瑕疵도 없어야 한다.

비록 건강한 눈을 갖고 있으나 눈에 들어오는 빛이 없다면 느낌이 없다. 가령 칠흑漆黑pitch-black 같은 어둠에서는 어떤 사물도 식별이 불가능하다.

이럴 때 우리가 쉽게 쓰는 말이 있다.

"칠흑의 어둠에서는 칠흑이 보인다"라고 제법 그럴싸한 답을 내놓고는 있지만 이는 실제로 올바른 답이 아니다. 감관이 대상을 받아들일 때 꼭 해야 할 일은 대상을 식별할 수 있도록 받아들임이다. 그런데 칠흑 같은 어둠 속에서는 어떤 사물도 식별이 안 된다. 그렇다면 이는 분명 눈의 잘못도 아니거니와 대상의 잘못이라고도 할 수가 없다.

고양이 시력은 깜깜한 밤에도 대낮처럼 본다. 사람이 대낮에 사물을 인식하는 것보다 6배나 뛰어난 투시력을 갖고 있다고 한다. 그러나 비록 고양이의 야간 투시력이 대낮 사람 시력의 6배라 하더라도 이는 지구 반대편에 햇빛이 비추기 때문이다.

아침부터 저녁까지 해가 하늘에 떠 있을 시간이라면 비가 내리거나 안개나 구름이 끼더라도 우리는 사물과 사물의 빛을 식별할 수 있다. 태양이 구름에 가리고 안개에 가렸는데 어떻게 사람을 알아볼 수 있고 온갖 사물을 모습으로 분간할 수 있고 사물이 지

육근으로 눈귀코혀 몸과뜻이 일체없고 無眼耳鼻舌身意

닌 나름의 빛깔을 구분할 수 있을까.

정확한 표현은 아닌 듯 싶은데 아마 빛의 그림자 효과 때문일 것이다.

칠흑 같은 어둠이라 하더라도 밤하늘을 수놓아 반짝이는 별들이 있다. 밤하늘을 수놓은 숱한 별들 가운데는 스스로 빛을 발하는 항성恒星star도 있고 햇빛을 받아 되비추는 행성行星이 있으며 지구와 가까운 거리에 있는 관계로 밝게 비추는 위성衛星으로서 달도 있다.

만일 태양 자체가 없다고 가정한다면 물론 밤낮이 있을 수 없겠지만 칠흑 같은 어둠이란 표현도 불가능하다. 그야말로 아무 것도 구별이 안 될 것이다. 고양이나 올빼미 시력이 뛰어난 것은 밤일망정 태양이 있기 때문에 가능하다. 하물며 인간의 약한 시력으로 구분이 되겠는가?

빛이 사물의 인식에 끼치는 영향은 아무리 강조해도 지나치지 않다. 일단 태양계 내에서 살아가는 생명에게는 꼭 추위와 더위라는 에너지 때문만이 아니요 낮과 밤이라는 바이오리듬만이 아니다. 푸른 식물의 잎을 통해 산소를 만들어 내고 온갖 영양분을 생산해내는 것만도 아니다. 밝은 태양빛 그 자체로도 빛은 너무나 소중하다.

귀로는 소리를 듣는다. 가령 귀에 아무 결함이 없다면 가청권 내의 소리는 어떤 소리라 하더라도 분명 충분히 듣고 분간할 수 있을 것이다. 그런데 아무 소리도 없다면 어떻게 될까?

그때 어떤 사람은 이렇게 답할 수 있을 것이다.

"그야 당연히 무음無音의 소리를 듣지."

어찌 생각해 보면 맞는 말인 것 같은데 이 또한 절반은 맞고 절반은 틀린 답이다. 완벽한 무음이란 있을 수 없다.

저주파低周波는 인간이 들을 수는 없으나 그렇다고 소리가 없는 것은 아니다. 그런데 분명 소리가 완벽하고 듣는 귀의 기능에 문제가 없다 하더라도 공기가 전혀 없는 진공vacuum 상태에서는 어떤 소리도 전달되지 않는다. 이 진공은 진공묘유의 진공이 아니다. 진공묘유에서 표현하는 '진공'은 발음상으로 또는 한자 표기로는 같은데 담겨 있는 의미는 전혀 다른 문제다. 소리는 공기의 파동 매질을 통해서 전달된다.

코로는 냄새를 맡는다. 개는 후각 세포가 사람에 비해 500배 정도 많은 2억 2천 만 개라 한다. 분자를 끌어당기는 능력이 뛰어나 사람에 비해 많게는 1억 배나 높다고 한다. 이처럼 발달된 개의 후각이라 하더라도 후각세포나 코에 문제가 있다면 으레 어떤 냄새도 맡지 못할 수 있다.

그러나 빛이나 파동이라는 매질이 없이 사물을 볼 수 없고 소리를 들을 수 없듯 공기가 없다면 분자가 이동할 수 없기 때문에 어떤 냄새도 맡을 수 없다.

맛을 느끼는 혀의 기능과 피부가 느끼는 느낌 체계도 예외가 아니다. 가령 감기에 걸렸다거나 치과에서 한 마취가 덜 풀렸다면 음식 맛을 제대로 느끼지 못할 수 있다. 반드시 혀에 마취한 게 아니고 볼이나 잇몸에 마취를 했다 하더라도 그런 인연 때문에 혀가 맛을 느끼지 못한다. 감기와 호흡 기관은 서로 연결이 되어 있지만 감기와 혀가 대관절 무슨 관련이 있기에 음식 맛을 느끼지 못하는 것일까?

몸身이라기 보다는 피부가 어울리고 피부보다는 손手이 더 잘 어울릴 듯 싶은 여섯六가지 감각기관根 가운데 몸身 뿌리根다. 가전제품 가게에 가서 TV를 고르거나 에어컨air conditioner 하나를 고르면서도 꼭 손으로 만져보고 느낀 뒤 결정한다. 그만큼 손으로 만져서 느끼는 감촉은 중요하다. 요즘 가전제품은 설치하고 난 뒤에는 리모컨remote control으로 조정하기에 애써 만질 것도 없는데 반드시 만져보고 산다. 가령 사랑하는 사람을 만나는 것이라면 접촉이 주는 느낌이 예사롭지 않은 게 맞다.

다시 보자.

어차피 텅 비어있는 공空에는

몸色 받음受 생각想 전달行 앎識도 없고

눈眼 귀耳 코鼻 혀舌 몸身 뜻意도 없고

빛色 소리聲 냄새香 맛味 닿음觸 법法도 없고

그 밖의 다른 어떤 것도 다 없는 상태다.

그런데 어찌하여 느낄 수 없는 몸을 위해 아예 찾아볼 수 없는 정신세계를 위해 받아들이고 생각하고 전달하여 인식할 것이며 본디 없는 눈 귀 코 혀 몸 뜻을 설정하는가?

어찌 처음부터 완벽하게 비어 있는 빛 소리 냄새 맛 닿음 법을 설정하는가?

《반야바라밀다심경》에서는 말씀하신다.

"텅 빈 공空의 세계에는 어떤 것도 없다"고,

"어떤 것도 이것이라 내세울 게 없다"고,

텅 빔空은 텅 빔으로 끝나지 않기에

이를 첫째 법칙 '제행무상諸行無常'이라 한다.

제행무상이기 때문에 끊임없이 변화한다.

그래서 공空이 공空의 자리를 지키지 않는다.

공空의 자리에서 있음有의 자리로 나아간다.

이것이 이른바 '묘妙한 있음有'이다.

왜? 어찌하여 '묘한 있음'일까?

묘유妙有는 진공眞空을 잉태한 까닭이다.

밝은으로 눈귀코와 몸과뜻이 일체없고 無眼耳鼻舌身意

정종분正宗分(3) 온근진蘊根塵의 실체

그러므로 공가운데 물질세계 색이없고
정신세계 구성하는 수상행식 마저없고
육근으로 눈귀코혀 몸과뜻이 일체없고
빛깔소리 냄새맛과 촉과법의 육진없고
是故空中無色 无受想行識
無眼耳鼻舌身意 无色聲香味觸法

눈이여!

눈이여!

고마운 눈이여!

봄 여름 가을 겨울 그리고 봄…

김기덕 감독의 영화 제목이다.

계절의 윤회를 한 스크린에서 보여준 명작

담긴 영상이 너무나 아름다워 나는 아프리카에 나갈 때 다운을
받아갔다. 천혜의 자연을 자랑하는 탄자니아지만 이 영화에 담긴
아름다운 영상에 취해 며칠이 아니라 몇 달간 영화관이었다.

내 머물던 숙소가…

눈이여!

사랑스런 눈이여!

이토록 아름다운 실제 자연을

언제나 볼 수 있는 건 바로 네 덕이다.

아름다운 꽃을 볼 수 있음이여

카메라 렌즈에 찍힌 영상도 더없이 고운데

다시 컬러를 입히고 사진을 꾸미는 것도

빛깔을 사랑하는 너의 덕분이다.

나는 색맹色盲이 아니거니

원추세포圓錐細胞가 온전한 까닭이다.

나는 야맹증夜盲症이 아니거니

간상세포杆狀細胞에 이상이 없기 때문이다.

눈이여!

소중한 눈이여!

근시近視shortsight는

수정체와 망막의 길이가 멀어

망막 앞에 상이 맺히는 까닭에

오목 렌즈를 끼어야 하는 불편이 있지만

나는 원시遠視long sight이기에

오목 렌즈를 끼지 않더라도

멀리 있는 사물을 또렷하게 볼 수 있다.

눈이여!

소중한 눈이여!
나는 근시가 아니어라.
수정체와 망막의 거리가 짧아
망막 뒤에 상이 맺히는 까닭에
볼록 렌즈를 끼어야 하는 불편이 있지만
어려서부터 안경 쓴 사람이 부러웠다.
나는 멀리 있는 물체를 보는 데 불편함이 없고
가까이 있는 것은 도수 있는 안경 덕으로
한껏 멋을 부릴 수 있으니
그래 참 좋다.

눈이여!
자랑스런 눈이여!
명암明暗 조절에 있어서
세상에 너보다 더 뛰어난 게 있으랴.
밝을 때는 홍채가 스스로 넓어지고
눈동자는 저절로 작아지며
어두울 때는 홍채가 스스로 좁아지고
눈동자는 저절로 커진다.

눈이여!
자랑스런 눈이여!

원근遠近 조절에 있어서
세상에 너보다 더 뛰어난 게 있으랴.
먼 곳을 볼 때는 수정체가 얇아지고
가까운 곳을 볼 때는 수정체가 두꺼워진다.
자동 제어시스템이 갖추어진 게
아! 눈이여! 너만 한 게 또 있으랴.

눈이여!
잰 눈이여!
너는 밝거나 어둡거나
아름답거나 추하거나
일단 너의 기능으로 받아들이愛면
모습과 빛깔을 규정想하고
신경세포 뇌識에 전달行하기까지
0.02초에 지나지 않나니
이는 자그마치 시속 500킬로미터라.
네가 사물을 식별하고
네가 명암과 원근을 식별하고
네가 아름다움과 추함을 가리지 않고
시속 500킬로미터로 전달하는 신속함이여
눈이여! 나는 너를 신뢰한다.

눈이여!

눈이여, 너 그거 아니?

눈썹이 네게 얼마나 소중한지를

만일 눈썹이 없었다면

이마에서 흘러내리는 땀이나 물기로부터

어떻게 눈을 보호할 수가 있으랴.

눈물이 눈동자에 고루 퍼지게 하고

강한 빛이나 먼지 벌레 따위가

눈으로 들어가지 못하게 하는 눈꺼풀이여!

아 네가 있어주어 참 고맙다.

눈이여!

눈물샘이여!

눈동자를 부드럽게 움직이도록 하고

눈을 깨끗하게 하는 눈물샘이여

눈물샘에서 나온 눈물이 한데 모이는 곳

눈물주머니 네가 없었다면

내 고운 옷 네 눈물로 얼룩지고 말았을 거다.

눈에게 눈물샘은 참으로 고마운 벗이다.

눈이여!

숨은 보배 속눈썹이여!

너야말로 내 눈 가장 가까이에서

먼지로부터 이물질로부터

내 눈을 보호해 주는 보석이어라.

겉으로 스스로를 드러내지 않으면서도

눈썹이 늘 제자리를 지킴과 달리

남녀 평균수명 83세

그 동안 참 많이도 깜빡이겠지.

1분에 18번 정도 눈을 깜빡인다면

7억 8,525만 번이나 되겠구나.

아! 잰 눈꺼풀과 속눈썹이여!

관상학에서 빠뜨릴 수 없는 게

무릇 네 가지가 있나니.

첫째는 홍채虹彩iris요

둘째는 정맥靜脈vein이며

셋째는 목소리voice요

넷째는 걸음걸이manner of walking다.

이들 4가지에 그 사람의 운명이 들어있기에

관상학에서는 필수必需 불가결인데

그 가운데서 홍채가 넘버원number 1이다.

이토록 소중한 눈이

213

마음의 요술

공空 속에는 들어있지 않다.

우리《반야바라밀다심경》은 말씀하신다.

'공중무안空中無眼'이다. 라고

그런데 나는 참으로 무례無禮하다.

경전의 없을 무無 자 자리에

머금을 함含 자를 슬며시 놓으려 한다.

'공중함안空中含眼'이라고

공 속에는 눈이 없지만 눈을 머금고 있다.

왜냐하면 '공즉시색空卽是色'이니까.

왜냐하면 '공불이색空不異色'이니까.

공空에는

눈귀코혀몸뜻이 없거無니와

또한 공空은

눈귀코혀몸뜻을 머금含고 있다.

아! 눈이여!

보석처럼 소중한 눈이여!

내 마음 다 기울여 사랑할 눈이여!

나는 너를 부처님께 간곡히 부탁드려

반야심경 안에 꼭 넣고 싶구나.

중생의 눈肉眼이여!
하늘의 눈天眼이여!
지혜의 눈慧眼이여!
진리의 눈法眼이여!
부처의 눈佛眼이여!
이들 다섯 가지 눈五眼은 공 속에 있을까?

정종분正宗分(3) 온근진蘊根塵의 실체

그러므로 공가운데 물질세계 색이없고
정신세계 구성하는 수상행식 마저없고
육근으로 눈귀코혀 몸과뜻이 일체없고
빛깔소리 냄새맛과 촉과법의 육진없고
是故空中無色 无受想行識
無眼耳鼻舌身意 无色聲香味觸法

귀여, 귀여!

귀여, 귀여!
너는 여섯 가지 감각기관 중
가장 욕심이 많은 녀석 중 하나지.
너는 평생을 받아들이기는 하면서도
결코 제 생각을 밖으로 드러내지 않거든.
아니야
아니야
그게 아닐거야.
귀, 너는 무심도인無心道人이어서
어떤 것도 표현할 줄 잘 모르는 것일 뿐
아름다움에 미소를 짓는 게 눈이고
썩은 내에는 손을 가로젓는 게 코며

맛에 따라 다양하게 반응하는 게 혀지.

귀여, 귀여!
그런데 네게는 자율신경은 있는데
아무리 뜯어봐도 타율이라는 것이 없어.
아름다운 음악이 고막을 자극하고
사랑하는 사람의 목소리가 들려오더라도
스스로 반가움을 표현할 줄 모르지.
그럼에도 너를 통해 성인聖人이 되고
너耳를 따를順 때를 '예순'이라고 하더라.
예순의 '예'는 예닐곱의 '예'로서 여섯이고
예순의 '순'은 열의 뜻 '순旬'에서 가져와
따름順의 뜻으로 바꾼 것이라며?
정말 이 말이 맞기는 맞아?

귀여, 귀여!
그래도 난 너를 존중해.
눈은 대상이 마음에 들지 않으면
스스로 눈을 감을 수도 있고
코는 커피 향기에도 콧구멍을 잘 벌름거리지.
혀는 또 얼마나 순수한지
맛있는 음식을 보면 가만히 있질 못하지.

그런데 너는 너무나도 점잖아서
내가 다 무색할 정도라니까.
그래도 난 너를 존중해.
표현할 줄 모르는
귀여, 귀여!

귀여, 귀여!
《수능엄경》에서는
너를 '마른 잎사귀와 같다' 하셨지.
귓바퀴가 돌돌 말린 잎사귀와 비슷하긴 하지.
네 모습을 귓바퀴로만 표현하기는
너의 모습이 꽤나 복잡하더라.
소리를 모으는 귓바퀴가 양볼에 붙어있고
귓구멍 안으로 들어가면서
소리의 통로 외이도外耳道가 있지.
외이도를 타고 안으로 들어가면
청소골聽小骨로 소리를 전하는 고막鼓膜이야.
고막drum membrane은 많이 들어봤지?

귀여, 귀여!
밖에서 들어온 소리 파동이 고막을 울리면
고막의 진동을 전해 받은 청소골이

달팽이관 속에 있는 청세포聽細胞에 전해
달팽이관이 왜 달팽이관이냐고?
달팽이 껍질처럼 생겼기에 붙여진 이름이지.
청세포의 느낌이 청신경聽神經에 의해
대뇌에 전달되면서 소리를 듣게 되지.
그러니까 대뇌大腦에 이르기까지
소리는 그냥 파동이라는 물리 현상일 뿐이야.

귀여, 귀여!
소리의 전달은 매질媒質로 전해지는데
다른 게 아니라 공기의 파동이 곧 매질이야.
공기의 파동을 어떻게 알 수 있느냐고
틴들현상Tyndall effect으로 확인할 수가 있어.
그러므로 진공에서는 소리 전달이 전혀 안 돼.
틴들현상으로 파악할 수 있을지 모르나
아무튼 진공에는 고막을 흔들 공기가 없다고
골전도로 전해지는 소리는 어디서나 가능하지.
이는 제 목소리를 제 뼈로 듣는 것이니까
그리고 보면 귀, 너는 참 귀족인가 봐.

귀여, 귀여!
귀 이耳 자와 눈 목目 자가 비슷한데

두 감각기관에 무슨 관계라도 있는 것일까.
귀耳와 코鼻는 직접 관계가 있으나
귀와 눈은 글쎄 잘 모르겠어.
유스타키오관이 콧구멍과 이어져 있으니
귀와 코는 관련이 있을 듯 싶은데
어쩌다 코를 세게 풀면 귀가 먹먹해지지.
코 비鼻 자의 통자通字가 스스로 자自 자잖아.
스스로 자自 자와 귀 이耳 자가
어느 모로 보나 비슷하게 생긴 건 맞아.

귀여, 귀여!
귀는 소리를 듣는 데만 필요한 줄 아는데
소리 외에도 귀의 역할이 많다더라.
그 말이 정말 맞기는 맞는 거야?
아무렴, 맞는 말이고 말고
(세)반고리관은 평형감각에 속하는데
회전 운동을 감각하는 기관이고
전정기관前庭器官도 평형감각 기관인데
위치와 자세 이동을 느끼는 기관이지.
몸이 기울어지고 멀미를 느끼고 하는
아주 중요한 현상이 여기에서 나와.
여기라면 으레 세반고리관과 전정기관이지.

귀여, 귀여!

그런데 왜 귀가 둘이나 될까.

안경 다리 걸 것을 생각해서 둘일까.

눈 하나로는 원근遠近을 구분하기 어렵듯이

귀 하나로는 소리의 방향을 잡을 수 없어.

그래서 귀가 두 개인 거라고.

그런데 그거 알아?

눈으로 보는 공덕은 800공덕인데

귀로 듣는 공덕은 1,200공덕이라는 말을.

그게 어디 나오는 말인데?

《수능엄경》에서 하신 부처님 말씀이지.

그럼 부처님께서도 빛의 직진성直進性과

소리의 회절성回折性을 알고 계셨네.

귀여, 귀여!

그야 당연한 말씀이지.

우리 서가모니 부처님이 누구신데!

그런데 이 귀와 귀의 역할도

《반야심경》에서는 말씀하시길

'텅 빈 공空 속에는 있지 않다'고 설하셨지.

다섯五 가지 끄나풀蘊도 없다 하셨고

육신色과 정신受想行識이 모두 없다 하셨는데

육신身의 한 부분인 귀耳根가 없다심이야.
더 말해 무엇하겠어.
오, 귀여, 귀여!

귀여, 귀여!
그러면 이렇게 반박할 수 있겠지.
그럼 지금 이렇게 글을 읽을 수 있는 눈과
반야심경 말씀을 혼자 중얼거리면서
중얼거리는 내 목소리를 듣는 너의 이 귀는
공 속에서 과연 있는 것일까 없는 것일까?
철학을 하고 불교를 하는 수행자라면
자신을 속여서는 절대로 안 돼.
왜냐?
부처님 말씀이니까.
그러나 믿지 못하면서
부처님 말씀이라 무조건 받아들인다면
이는 불교를 하는 사람이 아니야.
내가 한마디 하지.
"이해될 때까지 궁구窮究하라!"

귀여, 귀여!
귀耳 눈目 입口 코鼻 가운데

귀가 지닌 또 다른 특징이 있는데 뭔지 알아?

이침耳鍼을 놓을 수 있는 건강혈이야.

그러니까 겉에 붙은 귓바퀴에

내분비를 비롯하여

발 자궁 무릎 대장 척추 심장 뇌 얼굴 눈과

소화계 호흡계 간담계 비뇨계 두뇌계

척추계 견비계 생식계 안계 호르몬계 등

다양하고 중요한 이침 혈자리가 있어.

눈이나 코 입 따위에는 없는 게

귀에는 몸 안팎의 건강과 연결되어 있지.

귀는 몸의 리모트컨트롤이야.

귀여, 귀여!

너는 부처님이 버리지 않으셨나니

어제 새벽 편지의 '눈'과 마찬가지로

'공불이색空不異色'이라

'공즉시색空卽是色'이라

'공空 속中에 귀가 없다無耳'시면서도

'공중함이空中舍耳'라 할 것이다.

공 속에 귀가 내재되어 있기에

꼭 생물학적 귀가 아닐지라도 듣고 있나니

귀여, 귀여!

나는 엊그제 《산상수훈》을 관람했지.

대혜 유영의 비구니 스님이 만든 영화인데

예수님의 말씀 '산상수훈山上垂訓'이야

서울 롯데시네마 월드타워에서

장장 7,200초 동안 눈으로 보고 귀로 들었단다.

7,200초 동안 내 눈은 고정되었고

내 귀, 너는 배우들 목소리에 열려 있었어.

나는 때로 무심이었지.

내가 배우의 목소리를 듣는가.

내가 배우의 모습을 보는가.

나는 보는 내내 내 눈을 의식하지 않았고

미안하지만 듣는 내내

나는 너를 의식하지 않았단다.

귀여, 귀여!

공空 속에 귀耳根가

아주 없는 게 아니었는지

의식할 때면 이처럼 공 속에 귀가 있더라고.

공空 속에 눈眼根이

아주 없는 게 아니었는지

의식할 때면 이처럼 공 속에 눈이 있더라고.

무안이비설신의無眼耳鼻舌身意가

때로 함안이비설신의含眼耳鼻舌身意로

묘妙한 있음有 세계를 살며시 드러내고 있구면.

정종분正宗分(3) 온근진蘊根塵의 실체

그러므로 공가운데 물질세계 색이없고
정신세계 구성하는 수상행식 마저없고
육근으로 눈귀코혀 몸과뜻이 일체없고
빛깔소리 냄새맛과 촉과법의 육진없고
是故空中無色 无受想行識
無眼耳鼻舌身意 无色聲香味觸法

코여, 주인공이여!

코여, 주인공이여!
코는 자신을 가리키는 말이니
오른손 집게손가락으로 오똑한 자신의 코끝을 가리키면
이는 코보다 자아自我를 가리킴이라.
스스로 자自 자가 본디 사람 코를 가리켰는데
나중에 코 비鼻 자가 등장하면서
자自 자는 자연自然, 자기自己 따위가 되었다.
스스로 자自 자는 가로로 난 2개 콧구멍을
세워서 표기한 것으로 이러나 저러나 자기다.

코여, 주인공이여!
어떤 이들은 스스로 자自 자를

활짝 열린 눈 목目 자 위에
점丿하나 얹은 것으로 표현하는데
거듭 말하지만 이는 눈 목目 자가 아니라
콧구멍을 세로로 세워놓은 그림象形문자다.
코鼻는 두뇌田 만큼이나 소중하기에
밑에 책상丌을 놓고 그 위에 올려놓은 것이다.
코는 자기 자신을 가리키는 말로서
모든 생명에게 있어서 가장 중요한 기관이다.

코여, 주인공이여!
다른 말로는 '자아自我'다.
그런데 이 주인공이 텅 비어 있다.
단지 사람만이 아니라 모두 다 비어 있다.
따라서 '모든諸 법法은 무아無我'라 한다.
이 세상 어떤 존재도 어떤 사물도
'이게 나'라고 내세울만한 '자아'가 없다.
이는《반야바라밀다심경》에서도 마찬가지다.
'무안이비설신의無眼耳鼻舌身意'라 하여
분명 자아를 나타내는 '코가 없다' 하셨다.
그것은 자아가 아니라 '코'를 뜻하기에
자아와는 아무런 상관이 없다고?

코여, 주인공이여!
코의 첫째 기능은 숨 쉬는 것이고
코의 둘째 기능은 냄새를 맡는 것이다.
첫째 숨 쉬는 기능으로서
쉴 식息 자를 보면 코自는 곧 심장心이다.
호흡을 통해 산소를 들이마신 뒤
폐로 보내면 폐는 산소를 걸러
심장으로 보내 건강한 피를 만들게 한다.
심장은 펌프질에 의해 온 몸으로 피를 보내고
생명은 건강한 삶을 유지한다.
그 첫 단계가 산소酸素를 받아들이고
탄소炭素를 내놓는 활동으로서 곧 호흡이다.

코여, 주인공이여!
만일 사람이 숨을 쉴 수 없다면
몇 분 내에 저승길을 택하게 될 것이다.
냄새를 구분하는 것은 호흡 다음이다.
왜냐하면 숨은 쉬어야 하니까
꼭 코가 아니더라도 입으로 숨 쉴 수는 있다.
그러나 이는 코에 이상이 있을 때
입이 잠시 코의 권한대행을 맡을 수는 있으나
평소에 코는 숨 쉬는 것이 기본基本 역할이다.

나는 어렸을 때 숨 오래 참기를 많이 했다.
또래들과 코를 막고 숨을 참는 것이었는데
끝내는 입으로 '푸아~'하며 숨을 내뱉곤 했다.

코여, 주인공이여!
코의 둘째 기능은 냄새 맡기라 했다.
사람이 맡을 수 있는 냄새는 대략 4천 가지다.
남자보다는 여자가 예민하고
어른보다는 어린이가 더 예민하다.
물론 개는 사람의 10만 배 정도 민감하다.
그건 그렇고 사람의 예를 보자.
임신부의 후각은 상상을 초월할 정도이다.
평소에도 남성에 비해 서너 배 높은데
임신 중에는 열 배 이상 후각이 발달된다.
여성 호르몬 에스트로겐의 활성화 때문이다.
임산부에 대한 배려가 필요한 부분이다.

코여, 주인공이여!
임산부 이야기가 나온 김에 더 살펴 볼까.
임산부의 자궁은 아기를 키우기 위해
출산 직전에는 평소의 500배까지 커지며
생각 외로 임산부의 발이 늘어나

아기의 체중까지 지탱하도록 조절이 된다.
혈액을 평소의 45% 더 생산하여
임산부로서의 신장을 더욱 튼튼하게 하고
아기만을 위한 장기가 하나 더 만들어지는데
이 장기가 바로 산모에게만 있는 태반이다.

코여, 주인공이여!
아기의 순조로운 출산을 돕기 위해
최대 9mm까지 골반뼈가 벌어진다고 한다.
벌어진 골반으로 심한 통증이 있는데
지속적인 통증 케어를 받아야 한다.
사람이라면 아들딸을 떠나 자신을 낳아주신
어머니의 은혜를 새롭게 느껴야 하지 않을까?
글로우glow라는 말이 있는데
이는 임신 기간 중에 있는 임산부를 가리킨다.
여성 호르몬의 증가로 임산부는 빛난다.
힘든 몸을 움직이면서도 아이를 가졌다는
그 기쁨과 행복만으로도 빛이 난다.

코여, 주인공이여!
다시 오늘의 주제主題 '코'로 돌아간다.
뜻하지 않게 고약한 냄새를 맡으면

코는 자율적으로 숨을 멈추는 기능이 있고
만약에 좋아하는 냄새를 맡으면
콧구멍이 저절로 커지는 현상이 있다.
냄새를 맡는 후세포는 점액으로 되어있고
냄새를 느끼는 후신경은 대뇌로 이어져 있다.
후세포와 후신경은 역할이 약간 다르다.

코여, 주인공이여!
차향茶香이 콧구멍으로 들어오면
콧구멍 초입에 있는 콧털을 통과한 다음
점액으로 된 후세포를 거치고 후신경에 전달하면
후신경은 냄새를 대뇌로 보내어
차향기를 알아차리게 한다.
대뇌가 향기를 알아차리고 나서
그걸로 끝나는 것이라면 역할이 짧은 편이다.
또한 뇌는 냄새와 향기를 구분하여
입과 위에게 그대로 전해주고
차를 마시고 음식을 먹게끔 자극을 준다.

코여, 주인공이여!
입에는 침이 고이고 위에는 어느새 위액이 생긴다.
《수능엄경》에서 부처님은 말씀하신다.

"코는 밀가루 반죽에 두 손가락으로 찔러놓은 현상이다."
부처님의 표현이 퍽이나 재미있으신데
이는 '마른 잎사귀와 같다'는 귀와
'흰죽 사발에 검은 콩 2개 떨군 것 같다'는
눈과 더불어 집착을 떨쳐버리려는 방편이다.
눈귀코혀몸 따위를 아름답게 표현하면
그렇지 않아도 집착으로 뭉친 중생들인데
얼마나 더 집착하겠느냐는 것이다.

코여, 주인공이여!
너는 어찌 콧구멍이 땅을 향했느냐.
입이나 돼지 코처럼 정면을 향한다거나
소의 코처럼 양쪽으로 향할 수도 있고
또는 하늘을 향할 수도 있는데
왜 아래를 향했느냐고?
위로 향하면 땀과 빗물을 감당할 수 없고
앞으로 향하면 콧속이 다 드러나고
양쪽으로 뚫리면 양 옆 사람이 엿볼 것이기에
콧구멍이 땅을 향해 아래로 난 것이라고
딴은 그렇기도 할 듯싶구면.
코여! 주인공이여!
코의 구조 중에 중요한 게 있더라.

첫째는 코털이고, 둘째는 점막이지.
코털은 먼지와 세균 따위가
곧바로 폐로 들어가는 것을 막아주고
점막에 있는 혈관은 코로 들어온 찬 공기를
따뜻하게 하고 적당한 습도를 유지한 뒤
마침내 폐로 들어가게 하지.
코털은 방충망 역할을 톡톡히 하고
점막은 페어글라스pair glass라고나 할까.

코여! 주인공이여!
이 코가 《반야심경》에서는 부정되지.
'공중무안이비설신의空中無眼耳鼻舌身意'라고
공空 속에는 눈귀코혀몸뜻이 죄다 없다고.
그러니 '죄다'에서 코만 뺄 수는 없겠지.
그런데 코여!
나는 너를 공空 속에 넣고 싶어.
부처님은 겉이 아닌 속裏面으로 너를 인정하시지.
공불이색空不異色이라는 말씀과
공즉시색空卽是色이라는 말씀을 통해
'함안이비설신의含眼耳鼻舌身意'의 뜻을
은근히 비추고 계신 거라고.
알겠어?

정종분正宗分(3) 온근진蘊根塵의 실체

그러므로 공가운데 물질세계 색이없고
정신세계 구성하는 수상행식 마저없고
육근으로 눈귀코혀 몸과뜻이 일체없고
빛깔소리 냄새맛과 촉과법의 육진없고
是故空中無色 无受想行識
無眼耳鼻舌身意 无色聲香味觸法

혀 舌

혀舌와 관련된 한자를 한번 볼까나.

舌 : 혀 설

舍 : 집 사

舎 : 집 사

甜 : 달 첨

舒 : 펼 서

舚 : 혀 빼물 담

談 : 혀 빼물 담

舚 : 혀 빼문 모양 첨

舑 : 혀를 내민 모양 담

舕 : 짐승이 혀를 빼문 모양 담

舘 : 집 관

舔 : 핥을 첨

舓 : 핥을 지

舐 : 핥을 지

䶑 : 핥을 구

䑛 : 마실 탑

譶 : 말씀 화

胂 : 혀 이, 혀 리

舖 : 펼 포, 가게 포

舗 : 펼 포, 가게 포

肣 : 혀 함, 거둘 금

혀 설舌 자를 정면으로 놓고 보았을 때 입口이 아래/앞에 크게 자리잡고 그 위/뒤에 살그머니 올려져 있는 모습이다. 따라서 아래에 놓인 입 구口 자는 입이고 방패 간干 자는 혀를 표현한 그림 문자다. 방패 간干 자 대신 일천 천千 자를 놓기도 한다. 그러나 실은 일천 천千 자를 많이 쓴다. 소릿값으로 치면 '간干'이나 '천千'이나 'ㄹ' 받침 대신 'ㄴ' 받침으로 되어 있는 까닭에 혀 설舌의 '설' 자와는 거리가 있는 편이다.

한자와 관계없이 혀에는 크게 4가지 기능이 있다.

첫째는 맛보는 기능이고

둘째는 소화 기능이고

셋째는 말하는 기능이고

넷째는 사랑의 기능이다.

혀는 크게 다섯 가지 맛을 감별할 수 있다.

다섯 가지 맛은 혀의 안쪽으로부터

매운맛辛味(신미)

쓴맛苦味(고미)

신맛酸味(산미)

짠맛鹽味(염미)

단맛甘味(감미)이며

여기에 감칠맛鮮味(선미)과

떫은 맛澁味(삽미)을 더하고

톡 쏘는 맛을 올리기도 하였다.

매운맛辛味은 맛이라기보다는 통증痛症이다.

나는 어려서 검정고시를 준비할 때 다섯 가지 맛을 외우며 '신고산 영감'을 만들어냈다. 신고산은 '신고산 타령'에서 뽑고 영감은 신고산에 사는 영감님을 설정했다. 어려서부터 한문에 조예가 있었기에 신辛 고苦 산酸 염鹽 감甘으로 외웠다. 짠맛의 한자 표기는 함미鹹味이지만 글자가 아니라 뜻만을 가져왔을 때 염미鹽味도 짠맛이기에 염미를 뽑았으며 염을 '영'으로 발음하여 뒤의 '감'과 함께 영감으로 외운 것이다.

나는 지금도 '다섯 가지 맛' 하면 입에서 '신고산 영감'이 곧바로 튀어나온다. 나처럼 독학獨學을 즐기는 사람들은 스스로 터득하고 마련하는 공부법이 있다. 이들 다섯 가지 맛을 기준으로 하여 아주 세심하게 들어간다면 수천 가지 다양한 음식 맛을 감별할 수 있다.

혀의 둘째 기능은 소화를 돕는 것이다. 좋아하는 음식물을 생각하거나 이름을 떠올리게 되면 자연스레 입 안에 침이 고인다. 이 침이 소화를 도와주는 효소액인데 음식에 대한 생각과 이름만 올려도 분비되지만 막상 음식이 입 안으로 들어왔을 때 위 못지 않은 소화액이 입 안에 가득해진다.

그리고 혀의 셋째 기능은 언어다.

'엄마 혀mommy tongue'라는 말이 있다. 아기는 처음 엄마의 혀를 따른다. 엄마가 '엄마' 하면 '엄마'라 발음하고 엄마가 '아빠' 하면 '아빠'하고 따라한다. 아기는 배움이라는 개념을 알지 못한 채 엄마의 혀를 따라서 엄마 아빠를 익히고 '하미'(할머니)와 '하비'(할아버지)를 배운다. 아기들에게 배움이란 개념이라든가 공부란 개념을 미리 주입시켰다면 어쩌면 쉽게 말을 배우지 못할지도 모른다.

우리는 모국어母國語란 말을 쓰는데 정확하게 얘기하면 '마미텅'이다. 엄마의 혀를 통한 언어다. 엄마가 거친 말을 하면 아기 말이 거칠어지고 엄마 말이 행복어라면 아기도 행복어다. 엄마가 고스톱Go-Stop을 즐기면서 아기가 예쁜 언어 배우기를 기대할 수는 없다. 혀의 역할은 먹고 말하는 것만 아니라 어떻게 먹고 어떻게 말할 것인지도 가름한다. 마미텅mommy tongue은 중요하다.

말은 혀 혼자 결정짓는 게 아니다. 혀와 목구멍과 이와 잇몸과 입술과 입천장이 서로 기능을 합하여 내는 예술의 언어다. 따라서 혀에게만 언어의 책임을 돌릴 수는 없다. 그러나 혀의 역할은 다른 것과 동등하다. 혀와 목구멍 이 잇몸 입술 입천장이 모두 완벽하다 하더라도 마취 한 방에 말더듬이가 되고 음식맛을 모르는 자가 된다.

혀 없이 맛과 함께 냄새를 맡을 수 있을까?

혀 없이 위로 음식을 소화할 수 있을까?

혀 없이 사랑을 나누고 속삭일 수 있을까?

내가 즐겨 외웠던 고사성어가 있다.

1)사불급설駟不及舌

네 마리 말이 끄는 빠른 수레도

빠르기가 사람의 혀에는 미치지 못한다.

소문은 엄청난 속도로 퍼진다.

2)치망설존齒亡舌存

이는 빠져도 혀는 남아 있다.

강하기만 한 사람은 망하기 쉽고

부드러운 자는 오래 산다.

3)적설소성赤舌燒城

붉은 혀는 성곽이라도 태워버릴 만하다.

참소하는 말만큼 무서움도 드물다.

4)오설상재吾舌尚在

내 혀는 아직 살아 있다.

몸은 늙었어도 혀가 살아 있으니

천하를 움질일 수 있는 힘이 내게는 있다.

5)주입설출酒入舌出

술이 들어가자 혀가 나온다.

술 마시면 수다스러워지게 마련이다.

6)설참신도舌斬身刀

혀는 몸을 베는 칼이다.

언제 어디서나 세 치 혓바닥을 조심하라.

구업口業을 어업語業이라 하고

어업을 설업舌業이라 하는 뜻을 알겠다.

입口 하나로 천千 사람을 죽이고

혀舌 하나로 모든 중생을 깨달음으로 이끈다.

혀 설舌 자가 일천 천千 자 아래에

입 구口 자를 놓은 뜻을 알겠다.

설업舌業의 힘이 천 사람을 죽이기도 하지만

혀공덕舌功德으로 억조 창생을 이끈다.

어떠한가? 혀가 멋지지 않은가?

어즈버! 공불이색空不異色과

공즉시색空卽是色도 혀가 있어야 읽지.

무안이비설신의無眼耳鼻舌身意든

함안이비설신의含眼耳鼻舌身意든

혀 없이 읽을 수 있을 것이며

혀 없이 생각할 수 있을 것인가.

혀도 부처님께 말씀드려 공空 속에 넣으리라.

그리하여 《반야바라밀다심경》을 봉독할 때

'함안이비설신의含眼耳鼻舌身意'를 읽으리라.

정종분正宗分(3) 온근진蘊根塵의 실체

그러므로 공가운데 물질세계 색이없고
정신세계 구성하는 수상행식 마저없고
육근으로 눈귀코혀 몸과뜻이 일체없고
빛깔소리 냄새맛과 촉과법의 육진없고
是故空中無色 无受想行識
無眼耳鼻舌身意 无色聲香味觸法

몸아, 몸아

몸아, 몸아,

사랑스런 내 몸아!

네가 여섯 가지 감관六根 중

다섯째에 해당하는 '몸 뿌리身根'렷다.

몸 뿌리는 '몸의 뿌리'가 아니라

'몸뚱이 자체가 뿌리'라는 뜻이겠지.

앞서 눈 귀 코 혀가 작은 개념이라면

오늘 몸뚱이는 큰 개념이다.

몸뚱이 안에 눈도 있고 귀도 있고 코도 있고

그리고 으레 입과 혀가 있고

더 중요한 것으로 생각意이 담겨 있지.

몸아, 몸아,

사랑스런 내 몸아!
그런데 다른 건 다 네 속에 있다고 하더라도
생각이 정말 네 속에 있을까?
몸뚱이 너는 여기저기 그렇게 있고
생각은 때로 네 속에도 있을런지 모르나
암만 봐도 네 밖에서 너를 조정하는 것 같아.
그러니 여섯 감관 중 생각뿌리意根는
반드시 몸뚱이 안에 있다고 할 수는 없어.
몸아, 사랑스런 몸아!
이를테면 말이야
생각이 몸 안에 있다면 보호는 받겠지만
좀 답답하거나 그러지 않을까?

몸아, 몸아,
사랑스런 내 몸아!
우리 속담에 그런 말이 있지.
"몸 가는 데 마음도 간다"고 말이야.
그런데 바꿔서 얘기할 수도 있지 않겠어?
"마음 가는 데 몸도 간다"고 말이지.
이렇게 놓고 볼 때 어느쪽에서든
몸과 생각은 따로따로 노는 게 맞는 것 같애.
만약에 몸에 병이 있거나 아플 때는

으레 몸과 함께 마음이 통증을 느끼지.
그때 그 아픈 통증을 느끼는 주체가 누굴까?
몸일까? 아니면 마음일까?

몸아, 몸아,
소중한 내 몸아!
사랑하는 사람을 만나면 손잡고 싶지?
얼굴 가까이 다가가 숨결을 느끼고 싶지?
몸이 비록 서로 닿지 않는다 하더라도
벌써 보기만 해도 느낌이 오지 않아?
그러니까 감각기관인 몸身 뿌리根는
직접 서로 부딪히기 전부터
대상과 닿음觸을 뿌리根로 하고 있다고
사람들은 곧잘 이렇게들 얘기하지
"아직 손도 안 잡아 보았다" 라고
몸아, 몸아! 너는 어때?

몸아, 몸아,
소중한 내 몸아!
닿음을 대상으로 하는 몸은 닿음 이전부터
이미 닿음의 느낌을 느끼고 있어.
가령 사나운 독사가 가까이 있다고 쳐.

임계 거리Critical Distance라고 해도 좋고
싸움 거리Fight Distance라고 해도 좋아
도주 거리Flight Distance면 또 어때
아무튼 비슷비슷한 뜻을 지닌 용어들이니까.
독사와 가까와질수록 두렵지 않을까?
아직 독사와 닿지도 않았는데 말이야.
어린 아기가 처음 보는 사람을 보면
으앙하고 울어버리는데 "낯을 가린다"고 하지.
어린 아기가 무엇 때문에 낯을 가리겠어?

몸아, 몸아,
소중한 내 몸아!
한 번 깊이 생각해 보자고
그건 그렇고 몸아!
내가 지금 네게 '몸'이라고 하면
눈 귀 코 혀 라는 감각기관을 비롯하여
코와 기관지와 폐 등 호흡 기관이 있고
소화 기관으로 입과 식도, 위와 이자가 있고
십이지장, 작은창자, 큰창자, 간이 있어.
기관 중에서 가장 복잡한 생식 기관도 있지.
게다가 배설 기관으로 콩팥과 땀샘과
요도와 항문이 있는데 다 중요해.

어디 이뿐인 줄 알아?

쓸개, 맹장, 충수, 곧은창자
심장, 가로막, 방광 따위도 너무 소중해.
이齒牙와 신경, 뇌, 림프를 비롯하여
내분비 기관으로 호르몬이란 게 있잖아.
이들이 아무리 소중하다 하더라도
이를 지탱하는 뼈와 근육이 있어야 하지.
윗머리뼈, 앞머리뼈, 뒷머리뼈
코뼈, 위턱뼈, 아래턱뼈, 광대뼈, 목뼈
어깨뼈, 빗장뼈, 갈비뼈, 가슴뼈
위팔뼈, 아래팔뼈, 손목뼈, 손가락뼈가 있어.
보석 같은 내 몸아!
몸아, 몸아!

뼈가 더 있는데 한 번 들어 볼래?
엉덩뼈, 엉치뼈, 꼬리뼈, 넓적다리뼈, 무릎뼈
정강이뼈, 발뼈, 발뒤꿈치뼈, 발가락뼈가 있어.
아기 때는 뼈 개수가 270개나 되던 것이
이른이 되면 206개로 개수가 줄어들지
왜 더 늘어나지 않고 되려 줄어드느냐고?
그거야 내 몸뚱이인 네가 더 잘 알지 않겠어?

뼈 겉으로 감싸고 있는 것이 살이고
이 살을 튼튼하게 하는 게 근육이야.
보석 같은 내 몸아!
몸아, 몸아!

머리가 아프겠지만 근육 얘기도 들어 둬.
앞머리근, 눈둘레근, 입둘레근, 턱끝근
등세모근, 삼각근, 위팔두갈래근, 위팔세갈래근
큰가슴근, 배바깥빗근, 배곧은근, 활배근
엉덩이근, 다리빗근, 넓적다리곧은근
가쪽넓은근, 안쪽넓은근, 장딴지근 따위와
아킬레스건근 따위가 있어서 건강을 유지하지.
보석 같은 내 몸아!
몸아, 몸아!

내장과 호흡 기관, 소화 기관, 배설 기관
생식 기관, 심장과 혈액과 호르몬 따위와
눈 귀 코 혀 등 감관과 뼈와 근육이
더 없이 소중하다 하더라도 말이야.
만약 피부가 없으면 어찌될 것 같아?
불교에서 말하는 다섯 번째 기관이 피부잖아.
몸 뿌리身根라고 하지만 실은 피부를 가리켜.

피부에는 겉으로부터 표피, 진피가 있고
지방조직과 감각점이 있고
손톱, 발톱, 지문과 입술이 있지.
보석 같은 내 몸아!
몸아, 몸아!

몸이라고 하면 앞서 열거한 것 말고도
함께 몸으로서 예우해주어야 하는 게 있지.
이를테면 위에서 소화되고 있는
갖가지 음식물과 함께 가스도 포함돼.
소화관에는 200ml 정도의 가스가 있는데
65%가 장 속에 있고 이들 장 속 가스 중
70%는 들이마신 공기이고
20%는 혈액에서 나왔으며
10%는 장에서 나왔는데 이게 매우 중요하다고
보석 같은 내 몸아!
몸아, 몸아!

장에는 대장균, 장구균, 살모넬라균 등이 살아.
이들의 작용으로 당분이 발효되어 만들어졌어.
이들이 바로 누구나 뀌게 되는 방귀야.
그거 알아?

이들 방귀뿐만 아니라
소변과 대변으로 나올 소화물 찌꺼기까지
몸속에 아주 없어서는 안 된다니까.
그러니까 우리가 '몸身根'이라고 할 때는
이 모든 장내 소화물과 찌꺼기도 포함된다고
보석 같은 내 몸아!
몸아, 몸아!

'몸'은 초성ㅁ 중성ㅗ 종성ㅁ으로
초성과 종성에 해당하는 자음子音은 ㅁ이고
중성에 해당하는 모음은 ㅗ로서
모음이 갖고 있는 의미는 전체적이야.
이에 비해 마음의 준말 '맘'은
초성ㅁ 중성ㅏ종성ㅁ으로 '몸'과 비슷하나
중성인 모음이 ㅏ로써 밖으로 표출되고 있어.
그리고 '말'도 초성ㅁ 중성ㅏ 종성ㄹ로서
초성과 중성은 '맘'과 지극히 같으나
종성이 ㄹ로서 굴절문화를 나타내고 있지.
보석 같은 내 몸아!
몸아, 몸아!

'몸'과 '맘'과 '말' 이들 3가지가

결국 '몸'이 바탕이 된다는 게 중요하다고

우리는 몸과 말은 아예 접어두고

마음이 중심이 된다는 말을 많이 쓰고 있어.

그런데 순수 우리말을 놓고 살펴보면

맘이나 말보다는 몸뚱이가 중심인 게 맞아.

그런데 《반야심경》에서는 아예 부정하고 있지.

'공중무 ~신~ 空中無~身~'이라고

공 속에 몸이란 존재하지 않는다고 말씀이야.

그런데 앞서 얘기했듯이

함안이비설신의 含眼耳鼻舌身意가

말씀 속에는 내재되어 있어.

그러니 힘내!

보석 같은 내 몸아!

몸아, 몸아!

정종분正宗分(3) 온근진蘊根塵의 실체

그러므로 공가운데 물질세계 색이없고
정신세계 구성하는 수상행식 마저없고
육근으로 눈귀코혀 몸과뜻이 일체없고
빛깔소리 냄새맛과 촉과법의 육진없고
是故空中無色 无受想行識
無眼耳鼻舌身意 无色聲香味觸法

뜻 뿌리 意根

　반야심경 서분序分에서 관자재보살이 깊은 반야를 실천하여 저
언덕에 도달하는 바라밀다를 닦을 때 오온五蘊이 모두 공한 것을
분명히 비춰보고 온갖 고액으로부터 벗어난다고 하셨다. 다섯五
가지 끄나풀蘊이 공한 줄 알면 어떤 집착이라도 내려놓을 수 있는
까닭이다.

　《반야심경》은 오온의 실체를 파악함이다.

　육근六根, 육진六塵, 육식六識의 세계도

　십이인연十二因緣도 사제四諦도

　따지고 보면 오온五蘊의 다른 모습일 뿐이다.

　육근六根 중 앞의 다섯五 가지 근根이 색온色蘊이었다면 의근
意根은 수상행식온受想行識蘊이다. 앞의 오온에서는 색온色蘊
이 하나였고 여기 육근에서는 색온이 다섯 가지다. 앞의 오온에서

는 수상행식 네 가지 온이 육근에서는 의근意根 하나로 대신하여 말만 다를 뿐 오온五蘊을 벗어나지 않는다. 앞서 수상행식온受想行識蘊을 설명하면서 받아들임受의 끄나풀蘊, 생각想의 끄나풀 전달行의 끄나풀, 앎識의 끄나풀을 들었으나 여기 뜻 뿌리意根에서 다시 한 번 살핀다.

뜻 뿌리를 감각기관感覺器官으로 친다면 감각기관은 몸속에 있는 게 아니라 눈에 띄게 몸 밖에 있어야 하고 몸 밖에서 느낀 뒤 안으로 들어가야 한다. 눈 귀 코 몸(피부)은 얼핏 보아 몸 밖에 있고 혀와 뜻은 몸 안에 있는 것으로 생각하고 있다.

그런데 정말 눈 귀 코 피부가 몸 밖에 있을까?

그리고 정말 혀와 뜻이 몸 안에 있을까?

앞에서도 살펴본 바와 같이 얼굴 표면에 다타난 눈이 실은 깊이 박혀 있고 두 볼에 붙은 귀도 안으로 깊이 들어간다.

코와 혀도 마찬가지다.

몸은 겉으로 보이는 몸만 몸이 아니라 소화 기관, 생식 기관, 호흡 기관, 배설 기관과 뼈, 근육, 내장, 심장, 혈액, 이, 호르몬과 나아가서는 폐, 신경, 뇌, 림프 따위와 똥 오줌과 방귀도 모두 몸속에 있다. 비록 겉으로 보이는 피부도 표피일 뿐 진피니 지방조직이니 하는 것들은 다 안에 있다. 이들 눈 귀 코 혀 몸이 모두 안에 박혀 있지만 낱낱 생김새가 밖으로 나타나 있기에 감각기관은 밖에 있다고 단정지어버린다.

같은 감관 중에 뜻意根은 안에 있을까?

정녕 뜻은 몸 안에 있는 게 맞다.

자, 이제 '뜻 뿌리意根'를 보자.

뜻意은 크게 2개 파트part로 나눈다.

첫째는 신경세포神經細胞neuron이고

둘째는 뇌腦brain다.

사람의 신경세포는 거미줄처럼 분포되어 있다. 그 가운데 뇌에 있는 뉴런만 하더라도 약 1천억 개를 훌쩍 뛰어넘는데 1뉴런의 길이는 보통 10마이크론이라 1천억 개를 한 줄로 이어놓으면 자그마치 1조 마이크론으로 킬로미터로 환산하면 1,000km에 이른다.

우리 몸에는 대뇌 소뇌를 비롯하여 늑간신경肋間神經interc-ostal nerve 12쌍과 등골신경, 요골橈骨신경, 엉치등뼈신경, 꼬리뼈신경, 넓적다리신경, 좌골坐骨신경, 정강이뼈신경, 종아리뼈신경 따위가 있다. 신경세포가 뇌에 전달되는 속도는 놀라지 마시라 초속 100미터에 이른다. 시속으로 환산하면 360km로서 우리나라 고속철 KTX보다 훨씬 빠른 속도다. 가령 손이 뜨거운 것을 만졌을 때 손의 뜨거움과 뇌의 인지가 동시에 이루어진다.

신경세포, 곧 뉴런neuron은 신경세포체와 신경돌기로 되어 있다. 신경세포체에는 신경섬유가 퍼져 있는데 신경섬유와 신경세포가 이어진 곳을 시냅스synapse, 곧 연접連接이라 한다. 시냅스가 없으면 감각이 전달되지 않는다. 그만큼 감각 신경 시냅스의 역할은 중요하다.

피부에 햇살이 와 닿으면 온각溫覺을 느끼고

사랑하는 사람이 만지면 촉각觸覺을 느끼며

누르면 압각壓覺이 느껴지고

얼음에 닿으면 냉각冷覺이 느껴진다.

그리고 못에 찔리면 통각痛覺이 느껴진다.

신경돌기에는 2가지가 있는데 짧은 것을 수상돌기樹狀突起라 하고 긴 것을 축삭돌기軸索突起라 한다. 수상돌기는 모양새가 나뭇가지樹 모양狀이고 느닷없이 돌출되었기에 돌기突起라 한다. 영어로는 dendrites projection이라 하는데 한글로 표기한 것보다 훨씬 이해가 빠르다. 축삭돌기는 '축색돌기'라고도 읽는데 영어 axis cylinder projection처럼 굴대軸를 중심으로 꼬여 있는索 모습이다. 그리고 돌출되었으므로 축삭돌기라 한다.

신경에 대한 것을 이해하려면 조건반사條件反射conditioned reflex와 무조건반사無條件反射를 염두에 두라. 무조건반사는 뇌를 거치지 않고 반응함이고 조건반사는 학습에 의해 반사함이다.

조건반사에 대해서는 러시아 과학자였던 이반 페트로비치 파블로프(1849~1936)가 고양이와 개의 실험을 통해 밝혀낸 현상이다. 그는 1904년에 노벨 생리의학상을 받았으며 나중에는 수면과 본능에 대해서도 연구하였다.

여섯 가지 감관 중에서 눈 귀 코 혀 몸이라는 색온色蘊과 뜻에 수상행식온受想行識蘊을 담았으니 뜻이 중요하기는 꽤나 중요하다.

뜻 의意 자에는 2가지 뜻이 담겨있다.

뜻 뿌리 意根

신경神經nerve과 뇌腦brain다. 신경세포가 비록 중요하다 하더라도 만일 뇌가 없으면 장수 없는 병사들과 같고 뇌는 있는데 만약 신경세포가 없다면 병사 없는 장수와 같을 것이다.

뜻 의意 자는 기억할 억意 자로도 새긴다.

뜻 의意 자는 뜻모음會意문자다.

옛 파자법에 따르면 매우 단순하다.

소릿값 소리 음音과 부수 마음 심心의 합자다.

이를테면 마음속에 생각하는 일들은

결국 음성이 되어 밖으로 나타난다는 뜻이다.

그런데 나의 파자법은 약간 다르다.

마음心이 소리音로 표현됨은 물론 비슷하다.

문제는 소릿값 소리 음音 자인데

옛날 사람들은 '소리'라 하면 창唱을 가리켰다.

창唱은 입口에서 나온 소리로서

세로소리日와 가로소리日의 만남이다.

세로소리日는 시간時間의 길이이고

가로소리日는 공간空間의 확장이다.

국어책을 읽듯이 일자로 진행하는 게 아니라

빠르고 더딤과 셈과 여림이 있다.

빠르고 더딤이 시간의 길이라고 한다면

셈과 여림은 공간의 확장과 축소를 뜻한다.
이들 세로소리日와 가로소리曰가
입口에서 나오기에 부를 창唱 자가 된 것이다.

소리音는 3D효 언어曰이다.
3D는 3차원으로서 점선면點線面과 함께
높이와 넓이를 고스란히 담고 있음을 뜻한다.
점선면 3차원으로 이루어진 언어가
소리 음音 자에는 잘 담겨있다.
이 소리音에 마음心이 실린 게 곧 뜻意이다.
따라서 마음心이 본바탕本質이라면
뜻意은 마음心이 예술音로 승화된 것이다.
눈眼 귀耳 코鼻 혀舌 몸身이 유위有爲라면
뜻意은 무위無爲를 바탕으로 한 유위다.
이 뜻意의 대상이 무엇인가?
그렇다.
법法이다.

공空 속에 의근意根은 존재하는가?
《반야바라밀다심경》은 철저히 부정한다.
"공 속에는 눈 귀 코 혀 몸 뜻이 다 없다" 라고
철저한 부정 속에는 긍정이 담겨있다.

공 속에 뜻意根이 숨은 상태로 들어있다.

만일 그게 없다면 공불이색空不異色과

공즉시색空卽是色은 분명 허구虛構fiction다.

부처님은 같은 말을 하는 분如語者이시고

다르지 않은 말을 하는 분不異語者이시다.

부처님께서 거짓말을 하실 리가 없다.

아니라면 내 특별히 부탁드려야지.

공空 속에 뜻意根을 살며시 넣어 달라고 말이다.

사사오송 무상계

一圓東峰 옮김

끊임없는 변화원리 덧없는세계
한마디로 설하옵신 무상계법문
열반세계 들어가는 관문이되고
고통바다 건네주는 자비의배라

그러기에 예로부터 모든부처님
무상계를 말미암아 열반하시고
시방삼세 한량없는 많은중생들
무상계를 말미암아 고해건너네

선망조상 영가시여 고혼이시여
여섯가지 감각기관 벗어버리고
여섯가지 바깥대상 훌쩍뛰어나
신령스런 알음알이 드러내신이

오늘이제 부처님을 모신자리서
위가없고 깨끗하온 삼귀의계를

열려있는 마음으로 받게되오니
이얼마나 다행스런 일이오리까

선망조상 영가시여 고혼이시여
겁의불길 온세상을 태우게되면
삼천대천 너른세계 함께무너져
어느것도 건질것이 하나없으며

수미산과 철위산등 아홉산들도
완전하게 마멸되어 남음이없고
향수해등 여덟바다 모두말라서
먼지만이 온천하에 흩날리오리

그렇거늘 인연따라 이뤄진육신
나고늙고 병이들고 죽어감이며
근심이며 슬픔이며 온갖고뇌를
어찌능히 멀리멀리 벗어나리까

가신이여 가신이여 조상이시여
머리카락 솜털이며 수염과눈썹
손톱이며 발톱이며 윗니아랫니
살과살갗 근육이며 굵고가는뼈

골수뇌수 때와먼지 피부색들은
본래온곳 흙의세계 되돌아가고
침과눈물 고름이며 붉고붉은피
진액가래 땀과콧물 남녀정기와

똥과오줌 거품이며 온갖수분은
본래온곳 물의세계 되돌아가고
몸뚱이를 덥혀주던 따스한체온
본래온곳 불의세계 되돌아가며

호흡하고 움직이던 바람의기운
본래온곳 바람으로 되돌아가서
사대요소 제뿔뿔이 흩어져가면
가신이의 오늘몸은 어디계시오

가신이여 가신이여 조상이시여
지수화풍 사대요소 자성이없고
허망하고 거짓되온 인연의모임
애착하고 슬퍼할게 전혀없어라

적멸세계 드신이여 당신께옵선
그시작을 알수없는 옛날로부터

오늘바로 이자리에 이르기까지
열두가지 연기법을 의하셨나니

무명으로 말미암아 움직임있고
움직임은 앎의체계 반연하오며
앎의세계 이름모양 만들어내고
이름모양 여섯가지 감관을내며

여섯가지 감관에서 접촉이있고
접촉에서 느낌체계 생기게되며
느낌에서 사랑하는 마음을내고
사랑하는 마음에서 취착하오며

취착하는 마음에서 존재케되고
존재함을 인연하여 태어났으며
태어남에 늙고죽음 근심과슬픔
일체고통 온갖번뇌 생겼나이다

그러므로 그원인을 되짚어보면
열두가지 연기법은 무명이뿌리
무명만일 사라지면 움직임없고
움직임이 사라지면 앎이없어라

앎의세계 사라지면 이름모습도
이름모습 사라지면 여섯감관도
여섯감관 사라지면 접촉도없고
접촉만일 사라지면 느낌없으며

느낌만일 사라지면 사랑도없고
사랑만일 사라지면 취착없으며
취착함이 사라지면 존재도없고
존재만일 사라지면 태어남없네

태어남이 사라지면 늙고죽음과
온갖근심 온갖슬픔 다사라지고
사고팔고 일체고통 다사라지며
팔만사천 온갖번뇌 사라지리다

그러므로 모든법은 본래로부터
언제든지 그스스로 고요한모습
불자로서 이와같이 체득해가면
오는세상 얻으리다 부처이룸을

이세상의 온갖행은 영원치않아
생겨나고 사라지는 그러하온법

생겨나고 사라짐이 모두다하면
평화로운 기쁨이리 적멸의세계

적멸세계 드신이여 당신께옵선
거룩하신 불타계에 귀의하옵고
거룩하신 달마계에 귀의하오며
거룩하신 승가계에 귀의하소서

한량없는 지난세상 보승부처님
여래시며 응공이며 정변지시며
명행족에 선서시며 세간해시며
무상사며 조어장부 천인사이신

부처로서 세상에서 가장높은분
이와같이 아름답고 장엄한덕호
열가지를 모두갖춘 부처님전에
마음모아 지성으로 귀의하소서

가신이여 영가시여 조상이시여
육신으로 이루어진 껍질을벗고
수상행식 생각들을 벗어던지고
신령스런 알음알이 홀로드러나

부처님의 위가없고 깨끗한계를
육신떠난 그몸으로 받으셨으니
그야말로 즐거운일 아닐것이며
또한어찌 즐거운일 아니오리까

천당이든 극락이든 불국토이든
생각대로 마음대로 가서나리니
기쁘고도 기쁘오며 상쾌하온일
부처님의 명훈가피 힘이오이다

당당하고 분명하신 조사서래의
그마음이 깨끗하면 성품의고향
묘한본체 담연하여 처소없으매
산하대지 참된광명 나타내도다

無常戒

夫無常戒者 入涅槃之要門 越苦海之慈航 是故 一切諸仏 因此
戒故 而入涅槃 一切衆生 因此戒故 而度苦海 某靈 汝今日 迴脱
根塵 靈識独露 受仏無上浄戒 何幸如也 某靈 劫火洞燃 大千俱
壊 須弥巨海 磨滅無余 何況此身 生老病死 憂悲苦悩 能与遠違
某靈 髪毛爪歯 皮肉筋骨 髄脳垢色 皆帰於地 唾涕膿血 津液涎
沫 痰涙精気 大小便利 皆帰於水 煖気帰火 動転帰風 四大各離
今日亡身 当在何処 某靈 四大虚仮 非可愛惜 汝従無始以来 至
于今日 無明縁行 行縁識 識縁名色 名色縁六入 六入縁触 触縁
受 受縁愛 愛縁取 取縁有 有縁生 生縁老死 憂悲苦悩 無明滅則
行滅 行滅則識滅 識滅則名色滅 名色滅則六入滅 六入滅則触滅
触滅則受滅 受滅則愛滅 愛滅則取滅 取滅則有滅 有滅則生滅
生滅則老死憂悲苦悩滅 諸法従本来 常自寂滅相 仏子行道已 来
世得作仏 諸行無常 是生滅法 生滅滅已 寂滅為楽 帰依仏陀戒
帰依達磨戒 帰依僧伽戒 南無過去宝勝如来 応供 正遍知 明行
足 善逝 世間解 無上士 調御丈夫 天人師 仏世尊 某靈 脱却五
陰殻漏子 靈識独露 受仏無上浄戒 豈不快哉 豈不快哉 天堂仏
刹 随念往生 快活快活 西来祖意最堂堂 自浄其心性本郷 妙体
湛然無処所 山河大地現真光

정종분正宗分(3) 온근진蘊根塵의 실체

그러므로 공가운데 물질세계 색이없고
정신세계 구성하는 수상행식 마저없고
육근으로 눈귀코혀 몸과뜻이 일체없고
빛깔소리 냄새맛과 촉과법의 육진없고
是故空中無色 无受想行識
無眼耳鼻舌身意 无色聲香味觸法

색 色

무색성향미촉법 无色聲香味觸法

함색성향미촉법 含色聲香味觸法

공空에는 빛, 소리, 향기, 맛, 닿음, 법이 없지만

빛, 소리, 향기, 맛, 닿음, 법을 머금고도 있다.

앞서도 쭈욱 언급해 온 이야기지만 공空에는 육근六根 육진六
육식六識이 없다. 반야부 가르침은 초기대승初期大乘으로서 초
기불교에서 대승불교로 가는 징검다리다.

공관空觀은 유부有部에 대한 반발로 생겨난다.

앞서 언급했듯이 설일체유부說一切有部는 일체一切를 유有라
고 설說하는 학파部다.

따라서 너 나 없이 유有에 집착하기에 그 반동으로 텅 빔空을

주장하게 되었으며 자연스레 중도 공관空觀을 불러오게 된 것이다. 그러나 《금강경》이나 《반야심경》에서는 완벽한 텅 빔眞空을 주장함과 동시에 그 속에 아름다운妙 충만有을 간직하고 있다.

누차 얘기지만 《금강경》 사구게四句偈에서는 말씀하신다.

"만약若 제상諸相과 비상非相을

함께若 볼見수 있다면 여래를 보리라"라고.....

지금까지 《금강경》 주석서들을 보면 "만약 제상諸相을 비상非相으로 보면"으로 풀이하고 있는데 단견斷見에 빠질 우려가 있다. 산스크리트어본 《금강경》과 비교하면서 지금까지의 많은 주석서들을 옹호하고 있지만 쿠마라지바 삼장의 생각이 중요하다고 본다. 우리가 밑본으로 삼고 있는 《금강경》은 쿠마라지바 삼장의 한역본漢譯本이지 산스크리트어본語本이 아니라는 것이다. 쿠마라지바가 《금강경》을 한역할 때 역자의 생각이 반영되었음을 고려해야 한다.

그리고 쿠마라지바의 한역본 《금강경》이 자그만치 1600여 년이라는 장구한 시간 동안 중국 한국 일본 등지에서 애송되어 왔다. 그러면서도 그의 풀이에 이의를 달지 않았다. 그러나 나는 감히 단언斷言한다. 앞의 선지식들의 주석이 잘못이라기보다 "내 해석은 이러하다"는 것이다. 앞에 제시한 풀이를 다시 가져와 펼친다면

"만약若 제상諸相과 비상非相을

함께若 볼見수 있다면 여래는 드러나리라"

제상諸相(色)에서 비상非相(空)을 보듯 비상空에서 제상色을 볼 수 있을 때 색즉시공色卽是空이 가능하고 공즉시색空卽是色이 가능하다고 본다. 삼장법사 쉬앤짱의 《반야바라밀다심경》과 쿠마라지바 삼장의 《금강반야바라밀경》은 상견常見과 단견斷見을 모두 벗어나 한결같이 중도中道를 지향하고 있다.

선현들의 이러한 가르침이 있는데 "제상을 비상으로 보면 여래를 보리라"로 풀어 단견에 빠질 우려를 가져올 수는 없다는 것이다.

바로 이와 같은 이유로 인하여 나는 《반야심경》의 없을 무無 자 잔치에 머금을 함含 자가 살며시 깃들어 있다고 본다.

이 끝없이 이어지는 없을 무無 자 잔치에는 앞서 살펴본 여섯 감관六根만이 아니라 빛色, 소리聲, 향기香, 맛味, 닿음觸, 법法도 화려하게 그 이름을 올리고 있다.

공空에는 여섯六 가지 티끌塵이 없다.

정말 공空 속에 어떤 것도 있을 수 없다면 눈 귀 코 혀 몸 뜻이라는 이름씨도 필요 없고 빛 소리 향기 맛 닿음 법이란 이름도 필요 없다.

나는 《반야심경》을 반박하는 게 아니다. 부처님 말씀의 장점은 오류가 없다는 것이다.

논리학 입장에서도 오류가 없고

철학이나 논리 인문학에서도 오류가 없다.

윤리나 종교로서도 전혀 손색이 없지만

정치와 경제의 논리에서도 뒤떨어지지 않는다.

하물며 과학 생물학 물리학 입장에서는

그냥 깜짝깜짝 놀랄 때가 한두 번이 아니다.

이렇게 완벽하고 아름다운 부처님 말씀에

색色을 중심으로 한 상견常見도 문제이지만

공空만을 따르는 단견斷見도 있을 수 없다.

무색성향미촉법无色聲香味觸法에서 색色은 다섯五 끄나풀蘊의 색色과 다르다. 다섯 끄나풀의 색은 법法을 제외한 색성향미촉色聲香味觸이 포함된 것이지만 여기 여섯六 가지 티끌塵에서의 색色은 사람을 포함한 눈에 띄는 사물과 빛깔이다. 따라서 색色의 감각기관은 눈이다. 어떤 이들은 귀로도 사물을 보고 귀로 향기를 맡고 맛 보고 느낀다고 하는데 오감이 서로 소통할 수 있음을 허용한다 해도 빛과 사물의 일차적 감관은 눈이다.

여기서 빛色은 크게 3가지로 나뉜다.

첫째는 눈에 띄는 사물의 모습form이다.

둘째는 사물에 깃든 빛깔color이다.

셋째는 이를 확인시켜 주는 빛light이다.

눈에 띄는 사물은 반드시 질량mass이 있다. 질량이란 무게와 부피를 뜻한다. 무게와 부피를 갖고 있다면 생김새가 있다. 매우 큰 것은 우주宇宙cosmos고 아주 작은 것은 원자原子atom다. 우주를 육안으로는 한눈에 볼 수 없듯 원자도 육안으로는 도저히 식별이 불가능하다.

적어도 눈에 띄는 모습은 반드시 생김새와 함께 빛깔color이 있다. 빨간 원피스를 입은 소녀가 있고 파란 청바지를 입은 젊은이가 있다. 포도는 (청포도도 있지만)까만색이고 백합은 하얀색이며 꾀꼬리는 노란색이다. 그렇다면 이들 색은 고정되어 있을까?

전혀 그렇지가 않다.

사물에는 고정된 빛깔도 모습도 없다. 스펙트럼을 통해 빛깔을 알고 있겠지만 태양빛에 담긴 빛깔 때문에 식별이 가능하다.

이를테면 칠흑 같은 어둠 속에서는 빨간 원피스, 파란 청바지, 까만 포도, 하얀 백합, 노란 꾀꼬리는 보이지 않는다. 모양도 보이지 않지만 빛깔도 보이지 않는다. 빨갛고 파랗고 까맣고 하얗고 노란 것은 오로지 빛 때문에 식별이 가능한 것일 뿐, 빛이 없다면 모습도 빛깔도 눈에 띄지 않는다. 그렇다면 모습과 빛깔에 색色이 있을까?

그것이 모습form으로서 색色이든 빛깔color로서의 색色이든 빛light으로서의 색色이든 없는 게 맞다.

그러므로 《반야심경》에서는 말씀하신다.

"공空 속에는 빛色이 없다"라고

경전에서 공空이란 빛light이 없음이다.

공空이란 빛깔color이 없음이다.

그리고 공空이란 모습form이 없음이다.

따라서 《반야심경》 말씀은 전혀 하자가 없다.

사물에 자아自我가 있다고 한다면 빛이 전혀 없는 칠흑 같은 어둠 속에서도 모습이 있어야 하고 빛깔과 빛이 있어야 한다. 그러나 빛이 없다면 빛 속에 담긴 빛깔이 없고 사물이 지닌 생김새도 찾아볼 수 없다. 그렇다면 단지 눈에 띄지 않는다 하여 빨간 원피스, 파란 청바지, 까만 포도, 하얀 백합, 노란 꾀꼬리가 전혀 없는 것일까?

그렇지가 않다.

빛이 없어 눈에 보이지는 않지만 원피스, 청바지, 포도, 백합 등과 꾀꼬리가 전혀 없는 것은 아니다. 이것이라고 내세울 만한 자아는 없지만 변화하는 물체matter마저 없는 것은 아니다. 그러기에 《반야심경》에서는 말씀하신다.

"공이 색과 다르지 않아 공이 곧 색이다"라고......

따라서 《반야심경》의 없을 무無 자에는 반드시 숨은 뜻이 깃들어 있다. 앞서 주장해 온 머금을 함含 자다. 육안은 물론 최첨단 과학을 이용해서 전혀 빛이 들어오지 않는 곳을 볼 수 있을까?

우주에 널리 분포되어 있는 암흑물질 22%와 암흑에너지 74%가 빛이란 게 없으면 어떤 것도 보이지 않는다.

눈에 보이지 않는다 해서 과연 없는 것일까?

눈에 보이지 않는다 해서 질량이 없을까?

다시 강조하지만 무無에는 필히 유有가 있고

공空에는 필히 색色과 수상행식이 숨겨져 있다.

【06】정종분正宗分(3) 모근진廬根塵의 실제

정종분正宗分(3) 온근진蘊根塵의 실체

그러므로 공가운데 물질세계 색이없고
정신세계 구성하는 수상행식 마저없고
육근으로 눈귀코혀 몸과뜻이 일체없고
빛깔소리 냄새맛과 촉과법의 육진없고
是故空中無色 无受想行識
無眼耳鼻舌身意 无色聲香味觸法

성 聲

만약에 소리가 없다면!

생각만 해도 여간 끔찍한 게 아니다.

소리가 없다는 것은 빛이 없다는 것과 같다.

아무리 가정이라 해도 '소리가 없다'니?

사실 소리가 없는 것이 아니라

소리의 전달이 이루어지지 않음이다.

왜 소리가 전달되지 않을까?

이유는 간단하다.

진공이라서 허공에 매질이 없기 때문이다.

본디 우주는 고요하다.

소리의 전달에는 공기가 필요하다. 그런데 이 광활한 우주 대부

분에 공기가 없다. 공기가 없으므로 소리를 전달할 수 없다. 만약

에 소리가 전달되지 않는다면 답답한 것은 뒤로 미루더라도, 우선 공기가 없으니 숨을 쉴 수가 없다. 산소가 없어 숨을 쉴 수 없다면 으레 죽음이다. 단 1분도 견디지 못하고 삶을 마감한다.

산소가 없다면 어떻게 될까?

전기를 이용하여 음식을 만드는 게 아니라면 가스나 숯불로 조리를 할 수는 없을 것이다.

고요 중에 으뜸은 대적大寂이지만 적광寂光이 있기에 비로소 숨통이 트인다. 적寂이 진공의 세계라면 광光은 묘유의 세계다. 따라서 청정법신 비로자나불이 머무시는 곳이 꽃華으로 장엄嚴한 대적광토大寂光土이고, 모신 곳을 '대적광전大寂光殿'이라 한다.

비로자나불의 국토가 대적광토이니만치 화엄의 세계가 대적광이며 깨달음이다. 부처님의 열반은 고요寂하면서 빛光을 발한다.

한편, 깨달음涅槃 세계가 적멸寂滅이다. 부처님께서 열반에 드심을 입멸入滅이라 하고 고승들의 죽음을 입적入寂이라 한다. 적멸의 세계, 곧 열반에 들었다는 뜻이다.

그런데 적멸, 죽음의 세계는 고요할까?

살아있는 동안 이미 깨달음을 얻었다면 죽음 뒤 번뇌가 들끓지 않는 고요이겠지만 전도된 생각으로 삶을 살았다고 했을 때 죽음 뒤라고 해서 어떻게 고요할 수 있겠는가. 적멸寂滅은 보조普照가 생략된 표현이다.

소리의 세기를 데시벨dB로 표기하는데 알렉산더 그레이엄 벨 (1847.3~1922.8)의 이름을 따서 dB 단위를 나타낸다. 그는 스코틀랜드에서 태어난 미국 과학자다. 소리 세기의 단위는 10dB 이 증가할 때마다 자그만치 10배씩이나 커진다. 이를테면 30dB 은 20dB의 10배며 10dB의 100배인 셈이다. 보통 작은 숨소리가 10dB이라면 속삭임은 무릇 20dB이나 된다.

일반적인 대화가 60dB이고, 혼잡한 도로는 70dB이고, 기차 소리는 100dB이고, 귀에 통증을 느끼는 소리는 120dB이고, 제트 엔진 소리는 130dB이고, 귓전에서 쏜 총소리는 160dB이고, 로켓 발사 때 소리 크기는 180dB이다. 소리의 세기가 80dB을 넘어서면 고막에 자극이 심해 불쾌감을 느끼기 쉽다. 밤에 개 짖는 소리는 더 크게 들리는데 이런 일로 이웃 간에 분쟁거리가 되기도 한다.

나는 앞서 관상학을 짚으면서 홍채, 목소리, 정맥, 걸음걸이를 거론하였다. 이들 4가지는 모든 사람이 다르다. 전세계 70억 인구가 각기 고유성을 지닌다. 가령 일란성 쌍둥이라 하더라도 홍채, 정맥, 목소리, 걸음걸이는 다르다. 하물며 쌍둥이가 아닌 경우 말할 나위도 없다.

여기서는 소리聲를 얘기하고 있으니까 성문聲紋에 대해서만 짚고 지나갈 생각이다. 성문은 주파수 장치를 이용하여 음성을 줄무늬 모양으로 나타낸 것으로 지문처럼 범죄수사에도 활용되고 있다.

목탁에 맞춰《반야바라밀다심경》을 독송한다.

법회에 참석한 100여 명 불자님들의 장엄스런 화음이 관음전 법당을 쨍쨍 울린다.

반야바라밀다심경~

그러므로 공가운데 물질세계 색이없고

정신세계 구성하는 수상행식 마저없고

육근으로 눈귀코혀 몸과뜻이 일체없고

빛깔소리 냄새맛과 촉과법의 육진없고

등...

'빛깔 소리 냄새 ~없고'라면서 100여 명 불자님들의 모습은 물론 이들이 내는 독경소리는 70평 법당을 울린다.

법당 천장에는 1200여 개 연등이 걸려있고 사십이 수 십일면 관세음보살을 모신 수미단을 비롯하여 삼존불단 지장단 신중단과 산신단 영단이 있어 소리를 흡수하기 때문에 소리 반사율은 그다지 높지 않은 편이다. 따라서 특별히 흡음장치를 하지 않았더라도 불자님들의 독경소리가 매우 또렷하다. 이게 모순이 아니고 무엇일까?

공 속에는 모습도 소리도 없다고 했으나 많은 불자들 모습과 그들 목소리가 진동하고 향로의 향 연기와 함께 신심의 법향이 진동한다.

음파 간격이 좁게 밀집되면 원래 소리보다 높은 소리로 들리고 음파 간격이 넓고 성글면 원래 소리보다 낮은 소리로 들리는 것을 이른바 '도플러 효과Doppler effect'라 한다.

사람이 많이 모이면 많이 모일수록
이들이 화음으로 내는 소리가 점점 높아지고
사람이 적게 모이면 적게 모일수록
이들이 내는 화음은 점점 낮아짐의 법칙이다.
법당에서 열심히 기도하는 사람이
많으면 많을수록 더욱 더 신심이 나고
적으면 적을수록 신심이 안 나는 게 도플러 효과다.

도플러 효과는 여러 곳에서 쓰이는데 속도 측정기speed gun로 과속을 단속할 때 또는 야구공의 속도를 측정할 때 쓰이고 구급차나 소방차 전철이 다가올 때 쓰인다. 소리가 점점 높아지면 옆으로 비켜나고 소리가 점점 낮아지면 정상 운행으로 돌아간다. 차를 운전하여 앞으로 나아가고 있을 때 뒤에서 다가오는 구급차는 소리로써 느낀다. 어떤 특별한 소리가 없는데도 불구하고 매분 매초마다 룸밀러로 뒤를 살피지는 않는다. 이때 필요한 것이 소리고 도플러 효과다.

한편 도플러 효과에는 소리만이 아니라 빛의 도플러 효과가 있는데, 이는 우주가 팽창한다는 사실을 뒷받침한다.

'적색편이赤色偏移redshift'란 용어가 있다. 다른 말로는 적색이동赤色移動이다. 1929년 미국 천문학자 허블(1889~1953)은 은하의 적색이동을 관찰한 뒤 관찰자 입장에서 멀리 있는 은하일수록 적색이동 정도가 크게 나타난다는 사실을 통해 우리로부터 더 빨리 멀어짐을 발견하였다. 지구로부터 멀어져 가는 별빛 파장은 고유의 파장보다 길어져 빛의 스펙트럼이 원래보다 붉은색 쪽으로 치우쳐 나타난다. 이것이 빛의 '도플러 효과'다.

이 밖에도 소리가 삶에 미치는 영향은 상상을 초월할 정도로 크고 다양하고 소중하다.

초음파超音波ultrasonic waves가 있는데 초음파는 초당 진동수가 2만 번 이상으로 초저주파와 같이 사람이 귀로 들을 수가 없다. 사람이 들을 수 있는 소리를 가청음파라 하는데 20헤르츠Hz에서 2만Hz까지이다. 20Hz이하는 초저주파라 들을 수 없고 2만Hz이상은 초음파이기에 들을 수가 없다. 초음파는 의학에도 많은 영향을 끼치고 있다.

그런데 《반야바라밀다심경》은 말씀하신다.

"공空 속에는 빛깔도 소리도 없다"고.

공空 속에 소리가 없다면 소리는 어디 있을까?

색수상행식色受想行識이 텅 비어 있고

눈 귀 코 혀 몸 뜻이 텅 비어 있고

빛깔 소리 향기 맛 닿음 법이 텅 비어 있고

으레 안식에서 의식까지도 존재하지 않는다.

공 속에 소리는 정말 존재하지 않을까?

소리의 자성이 빈 게 아니라 본디부터 없다고?

앞서 내가 여러 차례 얘기하였지만

공중무성空中無聲은 공중함성空中含聲이다.

소리가 없다면 생각을 나눌 수 없다.

부처님이 이 땅에 오시더라도

고귀한 부처님의 말씀을 들을 수 없다.

소리가 없다면 대화가 단절되고

소리가 전달되지 않으면 엄청난 공포가 깃든다.

소리가 없으면 《반야바라밀다심경》이 없고

소리가 없으면 사랑도 우정도 없다.

온 우주가 완벽한 암흑천지가 되고 말 것이다.

생각만 해도 참으로 끔찍한 일이다.

그러나 염려할 게 없다.

이어지는 없을 무無 자 잔치에

머금을 함含 자가 뜻으로 들어있으니까.

정종분正宗分⑶ 온근진蘊根塵의 실체

그러므로 공가운데 물질세계 색이없고
정신세계 구성하는 수상행식 마저없고
육근으로 눈귀코혀 몸과뜻이 일체없고
빛깔소리 냄새맛과 촉과법의 육진없고
是故空中無色 无受想行識
無眼耳鼻舌身意 无色聲香味觸法

향 香

공중무향空中无香이라
공空 속에는 향기香가 없느니라

프랑스의 소설가 수필가 비평가로 유명한 마르셀 프루스트 Marcel Proust(1871~1922) 그가 세운 프루스트의 가설 ~ Hypothesis은 냄새학/후각을 연구하는 이들이라면 한 번쯤은 반드시 거쳐야 하는 현상학이다. 향기를 포함한 냄새는 기억에 감정을 덧입히고 더 나아가 그러한 기억의 감정을 이용하여 브랜드 마케팅에 활용하기도 한다.

《잃어버린 시간을 찾아서》가 그의 대표작이다.

향기香氣와 냄새는 다르다.

향기는 좋은 느낌으로 다가오는 분자分子고 냄새는 안 좋은 느낌까지 포함한 분자로 후각嗅覺에 와 닿는 화학요소化學要素다.

　향기 향香 자는 독립된 부수가 있다. 한자 향기 향香 자에서 보듯이 지구상에서 가장 으뜸가는 향기香는 일조량日을 충분히 받아 영근 곡물禾이다.

　우리나라 속담에 이런 말이 있다

　'자식 입에 밥 들어가는 것보다 향기로우랴'

　'내 논에 물 들어가는 것보다 향기로우랴' 라고......

　향기 향香 자에 담긴 뜻으로는 향기, 향, 향기로움, 향료香料를 비롯하여 향기롭다, 감미롭다 따위가 있다.

　향기 향香 자가 들어간 한자들을 찾아보면

　변으로 들어가고

　머리로 들어가고

　발로 들어간 것을 합하면 50여 자에 가깝다.

　냄새에 관한 한자도 20여 자가 넘지만

　27자와 12자 정도로 간추려

　향기와 음식

　음식과 냄새

　냄새와 조리

　조리와 화학에 대해 생각할 여백을 마련한다.

　馥향기 복, 馫향기 흥, 馩향기 분, 馪향기 분

　馫향기 향, 馤향기 애, 馥향기 복, 香향 향

馫향 향, 馫향 향, 蕃나물국 향, 馣진한 향기 니

馦향기 성할 봉, 馤짙지 않은 향기 별

馧향기로울 온, 馞향기로울 도, 馪향기로울 의

馜향기로울 발, 馛향기로울 발, 椿계수나무 향

麝사향사슴 향, 麿사람 이름 논, 馦향긋할 혐

馨향기 형/꽃다울 형, 馣좋은 향내가 날 필

馥향내 물큰 날 빈 자 등이 있다.

臭냄새 취/맡을 후

담긴 뜻으로는 냄새, 구린내, 몹시, 심하게, 지독하게, 썩다, 더럽다, 사이가 나빠지다, 맡다, 더럽히다, 추악하다, 평판이 나쁘다, 무가치하다, 냄새 맡다 따위가 있다.

냄새 취臭 자가 코 자自 아래에 개 견犬이다.

한 마디로 축약하면 '개犬코自'다.

앞서 육근六根 가운데 코鼻를 설명하면서 잠깐 예를 들었지만 개는 후각이 뛰어나다. 얼마나 대단하냐 하면 사람 후각의 500배에서 나아가 1억 배에 이른다고도 한다.

그러니 냄새 취臭 자가 '개犬코自'일 수 밖에.....

齅냄새 취/맡을 후 자를 비롯하여

齁냄새 맡을 후

殠썩은 냄새 추

餀음식 냄새 필

餛고약한 냄새가 날 읍

饐더러운 냄새 해

餲더러운 냄새 해

餲더러운 냄새 훼

訹냄새를 맡는 모양 훅

嘶타는 냄새 사

苘곡식 냄새 향 자 따위다.

맨 아래 곡식 냄새 향苘 자에는 시골 향鄕 위에 초두머리⁺⁺가 올라앉아 있듯 곡식 냄새, 곡식 향기, 참깨 따위 뜻이 들어있다.

냄새는 향기와 달리 주로 썩었거나 상한 데서 나는 것이다. 그러므로 냄새 취/맡을 후臭 자에는 죽을 사死 자가 붙어 있다. 이런 냄새를 즐겨 맡는 동물이 개犬이기에 코/스스로 자自 자에 개犬와 죽음死을 붙였다.

이 2가지 뜻을 한데 갖고 있는 글자가 다름 아닌 '썩은 냄새 추殠' 자다. 사체死體가 부식되어 가면서 시간에 따라 많은 미생물이 달려드는데 연결 고리가 사체의 모양도 아니고 부패하는 소리도 아닌 썩어가는 냄새다.

밥 식食 자는 밥을 가리키기도 하지만 먹을 식食, 먹이 식食으로도 새기며 일반적으로 '먹다'라는 동사 외에 '먹이다'라는 사동사使動詞로 쓰이기도 한다. 사동사로 새길 경우 소릿값은 '사'가 된

다. 《금강경》첫머리 〈법회인유분 제1〉에 '반사흘飯食訖 법칙'이
나오는데 이는 같은 글자食를 어떻게 풀이하느냐에 따라 '먹을 식
食'이 되고 '먹일 사食'가 되기도 한다.

스스로 먹느냐 먹이느냐는 뜻이 다르다.

'먹다'는 스스로 먹기 때문에 동사가 되지만 먹이는 일은 음식물
을 들여보냄으로써 어떤 생명에게 그 생명이 유지되게끔 함이다.
반사의 법칙은 내 몸을 이루고 있는 숱한 세포 생명을 고스란히
살리는 일이며 부처님의 혜명을 잇기 위해 육신을 살림이다. 따라
서 스님네는 식사食事를 하는 게 아니라 이른바 이바지함供이고
기름養이다.

무엇을 이바지하고 무엇을 기른다는 것일까?

진공眞空의 색신色身을 이바지하고

묘유妙有의 지혜慧 생명命을 기르는 것이다.

아니 어떻게 색신이 진공眞空이고

혜명이 묘유妙有냐며 항변할 수 있겠으나

육체色의 몸身을 완벽하眞게 비울空 때

지혜慧 생명命은 아름답妙게 자라난有다.

육신은 있는 듯하나 실체가 없으니 진공이고

혜명은 없는 듯하나 성덕이 있으니 묘유다.

성덕은 법신 반야 해탈의 덕으로서

그 거룩하기는 이루 말로 다 표현할 수 없다.

따라서 공양供養이란 식사를 뛰어넘어

육신의 건강을 도와 지혜 목숨을 이어감이다.

음식 썩는 냄새는 고약하다.
동물 사체에서 나는 냄새도 고약하다.
그러나 정말 고약한 냄새는 어떤 것일까?
사체나 부패하는 음식물에서 나는 냄새보다
더 고약한 것이 있기는 있는 것일까?
앞서 《반야심경》 육부중도에서 말씀하셨듯
더럽지도 않고 깨끗하지도 않은 것이 있을까.
썩어가는 고기를 찾는 생명들에게
부패한 음식물을 즐기는 미생물들에게는
인간의 생각과는 전혀 다른 반응이 나타난다.
우리는 더럽다지만 그들은 좋다고 여긴다.

세상에는 실로 고약한 냄새가 있다.
부처님 말씀에 따르면
첫째 게으름이다
둘째 집착이다
셋째 거짓이다
넷째 교만이다
다섯째 사치다
여섯째 오염된 몸과 말과 마음이다.

세상에는 향기로움이 있다.

첫째 역사의 향기

둘째 문화의 향기

셋째 생활의 향기

넷째 진리의 향기

다섯째 깔끔함의 향기고

여섯째 마음 비움의 향기며

일곱째 나눔과 함께 사랑의 향기다.

《반야바라밀다심경》에서는 말씀하신다.

"공空 속에는 향기/냄새가 없다."

향기 없고 냄새 없는 삶을 상상想像하는가?

경전을 읽을 때 말만 따라가지 않는가?

아이들에게도 따라하기만을 권하는 경전

무안이비설신의無眼耳鼻舌身意

무색성향미촉법无色聲香味觸法

어린이들은 으레 말할 것도 없거니와

어른들은 모두 이해하면서 독송하는가 몰라!

눈眼 귀耳 코鼻 혀舌 몸身 뜻意이 없고

빛깔 소리 냄새 맛 닿음 법이 없다는 말씀을

앵무새처럼 쓰인 대로 그냥 읽고만 있지는 않는지…

정종분正宗分(3) 온근진蘊根塵의 실체

그러므로 공가운데 물질세계 색이없고
정신세계 구성하는 수상행식 마저없고
육근으로 눈귀코혀 몸과뜻이 일체없고
빛깔소리 냄새맛과 촉과법의 육진없고
是故空中無色 无受想行識
無眼耳鼻舌身意 无色聲香味觸法

미 味

공중무미空中无味라
공空 속에는 맛味이 없느니라.

맛 미味 자는 입구변口에 아닐 미未 자다.

맛 미味 자에 담긴 뜻으로는 맛 외에 기분, 취향, 뜻, 의의, 육진六塵의 하나, 부족의 음악, 맛보다, 맛들이다 따위다.

영어는 테이스트taste로서 맛보다, 시식하다, 시음하다, 먹다, 마시다, 맛을 알다, 느끼다, 분간하다, 향수享受하다, 경험하다, 풍미가 있다, 알다, 감지하다, 좋아하다, 맛있다, 기미가 있다 따위다.

맛 미味 자는 꼴소리形聲문자로서 뜻을 나타내는 입 구口 자와 소리값을 나타내는 아닐 미未 자가 합하여 음식 따위가 혀에 와 닿는 뜻을 표현한다.

입 구口 자는 입과 먹다, 말하다를 나타내고 소리값에 해당하는 아닐 미未 자는 나무 끝 가느다란 작은 가지를 표현한 글자로 잘고 희미하다의 뜻을 지니고 있다. 나뭇가지 끝에 여는 과일도 조금씩 다른 데가 있고 미묘한 맛이 난다. 그리하여 아닐 미未 자로 맛을 드러내고 있다.

처음에는 미未 자로 맛이란 뜻을 삼았으나 나중에 미未 자의 다른 쓰임새가 생기면서 먹는 것에 관계가 있음을 분명히 하기 위하여 입 구口 자를 붙여 맛 미味 자로 썼다. 아닐 미未 자는 굵은 나뭇가지 끝에 돋아난 '작은 가지'를 표현하느라 길이가 짧고 가지가 아직 어리다는 뜻으로 짧게 표현하였다. 또한 '아직'이라는 뜻을 이어받아 시간적으로 이루어지지 않음을 뜻한다. 미래未來, 미흡未洽, 미만未滿 따위가 있다.

사람이 다른 동물과 다르다는 것이 주택, 의상, 언어, 직립보행 따위만이 아니다. 사람은 음식에서도 맛을 창조할 줄 안다. 생명의 세계는 종에 따라 거처를 달리한다. 제비는 전세계 어디를 가더라도 그들이 짓는 집의 양식이 대동소이하고 개미귀신ant lion의 경우는 특이하겠지만 개미성ant castle은 어딜 가나 비슷한 형태다. 하긴 아프리카 탄자니아에서 본 개미성은 크기에서부터 우리나라 개미집과는 달랐다.

사람이 사는 집은 모양도 크기도 다양하다. 흙으로만 지은 집이 있고 오로지 나무로 지은 집이 있는가 하면 돌집, 철골집, 띠집,

단독주택, 다가구주택. 아파트형, 오피스텔형, 한옥형이 있고 건축물의 쓰임새에 따라 컬러도 다양하다.

어떤 집은 물 위에 짓고

어떤 집은 땅 위에 짓고

어떤 집은 공중에 짓고

어떤 집은 절벽 위에 지으며 디자인도 다르다.

옷도 마찬가지다. 어떤 생명체도 태어나면서 죽을 때까지 동일한 패션fashion을 지닌 채 살아간다. 다시 말해 사람을 제외하면 어떤 생명체도 옷을 지어 입지는 않는다.

사람은 옷을 통해 문화를 창조하는 존재다. 우선 사람은 피부가 매우 연약하다. 동물처럼 털가죽毛皮이 있는 것도 아니고 거북이처럼 단단한 껍질로 되어있지 않으며 뱀이나 악어, 물고기처럼 비늘도 없고 거칠거나 미끄럽지도 못하다. 그러므로 몸을 보호하는 옷이 등장할 수밖에…

사람의 의상만큼 아름다운 게 있으랴. 문명文明civilization이나 문화文化culture의 '글월 문文' 자 모양이 정장한 어깨뽕이다. 문文 자의 돼지해머리亠는 갓을 쓴 모습이고 깎을 예乂자는 다리를 꼬고 앉은 모습이다. 다리를 꼬고 앉으려면 의자가 필요하다.

좌복 위 결과부좌나 책상다리 모습은 아니다.

의자에 앉는다는 것은 품격을 나타내고 거기에는 문명과 문화가 깃들어 있다. 이는 옷이 문화/문명의 척도라는 방증이다.

앞서 얘기했듯 사람의 특징은 언어다. 어떤 생명체도 그들만의 의사소통이 있다. 천적天敵natural enermy과 맞닥뜨렸을 때 그들이 동종同種에게 전하는 소통체계는 완전한 언어며 완벽한 암호라고 할 수 있다. 같은 종種의 동물들은 체계가 동일하다. 한국에 사는 말티즈나 미국에 사는 말티즈나 같은 종의 세계에서는 언어도 동일하다.

그런데 사람은 나라에 따라 다르다.

언어보다 중요한 것이 있다. 다름 아닌 언어와 의사의 표기인 문자다.

언어가 다르다는 것은 문화의 다양성을 뜻함이고 나아가 의식구조의 다양성을 뜻함이다.

주택 문화의 다양성

의복 문화의 다양성

언어와 문자의 다양성은 독특함이다.

이 지구상에서 사람만큼 다양한 존재는 없다.

이처럼 다양한 존재인 사람이 획일적인 음식에 머무를 수 있겠느냐다.

라면 한 가지로도 100여 가지 맛을 낼 수 있다.

그만큼 사람은 맛을 창조하는 존재다.

음식 문화, 맛의 창조는 민족과 국가와 시대에 따라 다양하고 기후와 경제와 기술과 문화의 영향을 받는다. 대륙마다 독특한 음식 문화가 생기고 나라마다 지방마다 부족마다 음식이 다르다. 온

【06】 정종보正宗分(3) 문그치牐褪鏖의 실체

대에서는 음식의 종류와 조리법이 다양하며 주로 곡류와 채소를 많이 이용하는데 소금과 향신료를 적당하게 사용하고 있다. 이에 비해 열대에서는 기름을 많이 쓰고 과일을 음식재료로 쓰고 있다.

한편 냉대에서는 음식 종류가 적고 소금을 적게 쓰며 싱겁고 담백한 편이다. 유제품이 발달하여 치즈와 요구르트가 많고 날씨가 춥기 때문에 식품 가공은 하지 않으며 순록과 생선을 많이 먹는 편이다.

인간은 음식을 배부름 보다는 맛으로 즐긴다. 무엇보다 맛과 함께 건강을 생각한다. 오래 두고 먹을 수 있는 음식으로 장아찌, 절인 음식, 발효식품 등을 생각했고 회膾slices와 쌈 과일 따위 자연 그대로 즐겨 먹는 음식을 생각했다.

음식飮食은 마실 거리飮와 씹을 거리食다.

어떤 이는 추위 때문에 불을 발견하였다 하는데 나는 음식 때문에 불을 발견했다고 본다. 인간은 생식生食에서 화식火食으로 바꾸면서 뇌의 크기가 생각보다 많이 커졌으나 다른 한편, 맛을 개발할 수 있게 된 것이다.

끓여먹는 음식으로 국과 찌게가 생기고 수프와 탕湯 종류가 발달하게 되었다. 밥과 빵 만두와 국수도 바베큐도 군감자 군고구마 따위도 모두 화식 문화다.

맛味이란 영원히 미완성未 음식ㅁ이다.

지구상에 인류가 살아가는 이상 맛의 완성이란 있을 수가 없다.

음식은 끊임없이 다시 새롭게 만들어지고 새로운 맛을 추구하는 인간의 욕구는 지속된다.

맛 미味 자가 입구변口에 아닐 미未 자다.

사람의 입맛口은 만족이란 게 없未다.

끊임없이 더 새로운 맛을 찾아 헤맬 것이다.

이는 결코 나쁜 것이 아니다.

인간이 지닌 고유固有 문화며 독특한 세계다.

부처님께서는《반야심경》에서 말씀하신다.

'공空 속에는 맛이 없노라'고.....

그러나 반드시 추구해야 할 맛이 있다.

죽을 맛이 아닌 이른바 살맛이다.

살맛 나는 세상을 만드는 게 사람 몫이다.

세상에는 쓴맛苦味만 있는 게 아니다.

세상에는 신맛酸味만 있지 않고

떫은맛澁만 있지 않고

매운맛辣만 있지 않고

삭힌 맛酵味만 있지 않고

짠맛鹹味만 있는 것도 아니다.

그렇다고 단맛甘味만 있는 것도 아니다.

공空 중에 맛味은 없으나

살맛 나는 세상 한 번 만들어 보자.

정종분正宗分(3) 온근진蘊根塵의 실체

그러므로 공가운데 물질세계 색이없고

정신세계 구성하는 수상행식 마저없고

육근으로 눈귀코혀 몸과뜻이 일체없고

빛깔소리 냄새맛과 촉과법의 육진없고

是故空中無色 无受想行識

無眼耳鼻舌身意 无色聲香味觸法

촉 觸

공중무촉空中无觸이라.

공空에는 닿음觸이 없느니라.

몸身의 대상이 되는 닿음觸의 세계!

눈眼 귀耳 코鼻 혀舌 뜻意이 몸의 개별이라면

몸身은 눈 귀 코 혀 뜻 따위의 총체總體다.

따라서 닿음觸까지도 대상의 총체다.

여기에는 과연 어떤 것들이 있을까?

첫째는 빔空의 사이間고

둘째는 때時의 사이間고

셋째는 세상世 사이間고

넷째는 빛色의 사이間다

사이間의 세계

인터inter~의 세계

비트윈between 세계는 중요하다.

허나 뭐니뭐니해도 사람人 사이間보다

더 중요한 것은 다시 찾을 수 없을 것이다.

우선 닿을 촉觸 자에 담긴 뜻을 보고 싶다.

의미소意味素가 담긴 뿔각角 부수에 소릿값으로 나라 이름 촉蜀 자를 곁들였다. 촉蜀 자는 벌레虫가 잎罒에 붙은勹 모습으로 들러붙다, 닿다, 느끼다, 받다, 범犯하다, 더럽히다 따위의 뜻을 지니고 있으며 물고기 이름으로 불리기도 한다.

이는 물고기도 벌레虫의 다른 모습인 까닭이다. 게다가 '뿔로 받다, 찌르다'의 뜻을 갖고 있다.

뿔 각角 자 부수에 벌레 충虫 자를 붙인 것도 닿을 촉触 자가 되는데 촉觸의 간체자며 촉觸의 속자俗字로 간주하기도 한다.

그 밖에 닿을 저舐 자도 있는데 벌레 충虫 자 대신 근본 저氐 자를 옆에 놓았다.

뿔 각角 대신 소 우牛 자를 붙인 게 있는데 역시 닿을 저牴 자로 쓰고 새기며 부딪힐 저/숫양 저牴 자로 풀이하기도 한다.

또 닿을 쟁摬, 닿을 창抢 자가 있는데 닿을 창抢 자는 곧 닿을 창搶 자의 간체자다.

일반적인 상식으로 '닿음接觸'이라 할 때는 반드시 질량을 가진 어떤 물체가 있다. 아무런 접촉接觸의 느낌이 없다면 이를 닿음이라 할 수 없고 접촉도 아니다. 앞서 닿을 촉觸 자 파자破字에서 '나라 이름 촉蜀'은 소릿값인 동시에 벌레가 잎새에 달라붙은 모습이라고 하였다.

나름대로 생각할 바가 크다고 본다.

게다가 왼쪽의 의미소 뿔 각角 자는 좀 특별한 의미를 지니고 있다는 생각이다.

뿔 각角 자는 동물이 지닌 뿔의 의미와 함께 곤충의 촉각, 모, 모진 데, 구석, 모퉁이, 각도. 장가 든 남자가 머리카락을 끌어 올려 정수리에 감아 맨 것으로 상투를 가리키며 술잔盞, 짐승, 금수禽獸, 콩깍지, 뿔피리, 별 이름, 뿔을 잡다, 겨루다, 경쟁하다, 다투다, 견주다, 비교하다, 시험하다, 닿다, 접촉하다, 뛰다 등 꽤 다양한 뜻이 담겨 있는데 특히 각도角度 얘기가 중요하다.

각도는 꺾여진 지점의 안쪽을 뜻하는데 그 바깥 쪽으론 반드시 각의 꼭짓점이 있다.

각角angle이란 한 점에서 시작하여 한쪽 방향으로 끊임없이 뻗어 나간 2개 반직선半直線half line이 이루는 도형이며 여기에는 직각直角right angle을 비롯하여 예각銳角과 둔각鈍角 따위가 있다. 직선이나 또는 반직선이나 선을 이루고 각을 이루었다면 반드시 밖으로 튀어나온 꼭짓점이 있거나 우묵 들어간 각도角度가 있을 것이다.

우리 눈에는 보이지 않지만 점點 선線 면面이 바탕이 된 각의 세계, 세상은 온통 각角의 세계로 이루어져 있다.

어쩌면 닿을 촉觸 자에 뿔 각/각도 각角 자가 함께 들어있음은 닿는 느낌, 찌르는 느낌을 생각했을 것이다. 빛과 사물의 모양새가 눈에 꽂히고 아름다운 컬러가 눈에 다가오고 멋진 세계가 인간의 눈에 와 닿을 때 우리는 꽂힌다는 표현을 아낌없이 쓸 수 있다.

아름다운 선율이 귀에 와 꽂히고 사랑하는 사람의 음성이 살포시 다가오고 거룩한 부처님의 참다운 가르침이 심금을 울릴 때 기쁨과 환희를 느끼게 된다.

세상에는 얼마나 많은 향기가 있고 또 얼마나 많은 냄새가 있을까?

이들 향기가 날아와 민감한 코를 찌를 때 당장이라도 달려가고 픈 느낌을 참고 참고 참아온 게 어디 하루고 이틀일까. 때로는 메슥메슥한 역逆한 냄새 때문에 손으로 코를 움켜쥐고 고개를 돌리기도 하였다. 좋아하고 맛있는 음식을 맛보고는 그 맛을 못 잊어 다시 찾기도 하였을 것이고 맛은 나름대로 꽤 괜찮은 편인데도 불친절로 다시 찾지 않은 곳도 있었을 것이다.

사람은 눈에 들어오는 것에는 언제나 새로운 것을 요구하는 까닭에 같은 드라마나 영화를 반복해서 보지 않는다.

귀는 반복과 회귀回歸를 좋아하는 특성 때문에 즐겨 듣던 음악을 계속해서 즐기고 코도 혀도 회귀성으로 인하여 앞서 사랑하는 사람의 향기를 기억하고 좋아하는 음식의 향기를 찾아가듯이 혀의 회귀본능은 귀나 코보다 훨씬 앞선다.

사람의 이런 본능을 제대로 이해하면 음식점을 운영하는 이들은 말아먹을 일이 없다.

그렇다면 접촉의 본능은 어떨까?

접촉 구조와 함께 접촉 형식을 연구하는 미분 기하학微分幾何學의 한 분야로서 접촉 기하학接觸幾何學을 굳이 들지 않더라도 생명에 대한 접촉은 옛을 사랑하고 사물에 대한 접촉은 좀 더 새로운 것을 쫓는다. 따라서 누구보다 자기 가족을 사랑하고 오래된 벗을 늘 곁에 두고 싶어 한다. 자동차나 스마트폰 등 사물에 대해서는 새롭고 기능이 추가된 것을 더욱 좋아한다.

빔空의 사이間에서는 새로운 공간을 보고 싶어 하되 정든 공간에 안주安住하기를 바라고 때時의 사이間에서는 지나過 간去 시간을 그리워하지만 언제나 새로운 시간을 살아갈 수밖에 없다. 기대 반 두려움 반으로 다가올 시간을 기다린다.

세상世 사이間에서는 언제나 앞서 가기를 희망하지만 선뜻 앞에 나서기를 꺼리는 경향이 있다.

빛色의 사이間에서는 새롭고 화려하며 아름답길 바라면서 물질色은 부드러운 것과 접촉하길 좋아한다.

닿음接觸이란 언제 어디서나 이루어진다.

질량을 지닌 사물과의 접촉을 비롯하여 생명과의 접촉은 물론이려니와 눈에 보이지 않는 텅 빈 공간에서도 우리는 끊임없이 무엇인가와 접촉하면서 산다.

몸의 대상이 되는 닿음觸의 세계는 손에 만져지지 않고 발길에

채이지 않더라도 여름이면 후텁지근한 공기와 접촉하고 겨울이면 살을 에는 듯한 기후와 만나며 봄에는 따스한 햇살을 온몸으로 즐기고 가을이면 산뜻하고 건조한 금기金氣를 즐긴다.

그러나 아무리 헤아려보지만 사람人 사이間보다 더 소중한 게 없다. 사람人이 소중한 것은 바로 사이間에 있다. 이 세상 어떤 생명도 '홀로'란 있을 수가 없다. 사자도 코끼리도 돼지와 개와 고양이도 세상에 달랑 혼자서는 살 수 없듯이 사람도 지구상에서 혼자서만은 살 수가 없다. 같은 종의 생명체끼리에 사이間가 있고 같은 식물끼리에도 이어지는 고리가 있듯이 사람과 사람 사이에 생각의 고리가 없다면 사람은 그냥 사람일 수는 있으나 잘라斷 말을 하건대 '사람들人間'일 수는 없다.

이러한 사이間의 세계
이러한 인터inter~의 세계
이러한 비트윈between~의 세계는
이른바 몸의 닿음接觸이라는 티끌塵界을 떠나
그 소중한 가치를 인정할 수 없을 것이다.
그럼에도 불구하고 부처님은 말씀하신다.
"공空 속中에는 닿음觸이 없노라無"고...

공空은 분명 텅眞 비어空 있는 세계이지만 이 공空에는 아름다운妙 있음有이 있다. 따라서 나는 누차累次 얘기하거니와 없을 무無 자에는 머금을 함含 자가 깃들어 있다.

정종분正宗分(3) 온근진蘊根塵의 실체

그러므로 공가운데 물질세계 색이없고
정신세계 구성하는 수상행식 마저없고
육근으로 눈귀코혀 몸과뜻이 일체없고
빛깔소리 냄새맛과 촉과법의 육진없고
是故空中無色 无受想行識
無眼耳鼻舌身意 无色聲香味觸法

법 法

공중무법空中无法이라.
공空 속에는 법法이 없느니라.

이是 모든諸 법法은 빈空 모습相이라 이 속에는 다섯五가지 끄
나풀蘊이 없고 여섯六 가지 감각기관根이 없다. 아울러 여섯六
가지 티끌塵이 없는데 이들 여섯 가지 티끌 세상에 빛깔, 소리,
냄새, 맛, 접촉과 함께 법法이 없다. 그렇다면 이들 여섯 가지 티
끌에서 공空 속에 없다는 법法은 어떤 법法일까?

어떤 이들은 이렇게 얘기한다.

"부처님의 가르침을 뜻하는 법法은 아니지. 다시 말해 다르마
Dharma는 아니야."

그 뒤를 따라 많은 불교학자들은 말한다.

"당연히 성스러운 부처님의 법이겠어?

'제법무아諸法無我'의 그 법法일 거야!"

삼보의 하나인 법보法寶의 법은 아니란 뜻으로 '자종위배自宗違背'는 아니란 의미다. 스스로 내세운 종지宗旨를 위배하는 그런 누를 《반야심경》에서 범하겠느냐는 것이다. 듣고 보면 지극히 정당한 얘기로 들린다. 왜냐하면 부정되어야 할 부처님 말씀法으로 부처님의 또 다른 다르마法을 부정해야 하니까.

이 《반야심경》과 궤軌를 같이 하는 조계종 소의경전인 《금강경》 내용에 따르면 "보살은 으레 법法에 머무는 바 없이 나눔布施을 행할 것이니~"라 하시며 뜬금없이 법法을 말씀하고 계신다. 한편으로는 '공空 속中에는 법이 없다'시며 다른 한편 '없는 법法에 머물러 나누라'하시니, 반야심경의 '공중무법空中无法'의 법法과 금강경 제4장 〈묘행무주분妙行無住分〉의 '어법 응무소주於法應無所住'의 법法이 과연 어디가 같고 어디가 다르냐는 것이다.

다 같은 반야부般若部 경전에서 한쪽에서는 공중무법空中无法을 얘기하고 다른 쪽에서는 어법於法~을 얘기한다는 것이 소위 '자종위배'가 아니고 무엇이냐는 것이다.

같은 《금강경》 〈제4 묘행무주분〉에서도 앞에서는 '으레 법法에 머무르지 않고'라 하고 뒤에서는 '색성향미촉법에 머무르지 않은 채'로 얘기함으로써 머무르는 대상을 달리한다. 물론 앞에서는 제법諸法의 법法일 것이고 뒤에서는 육진六塵 가운데 법法을 가리키지만 제법의 법과 육진의 법은 같은 것이 아닐까?

《금강경》〈정신희유분正信希有分〉끝에서 우리 서가모니 부처님께서는 말씀하신다.

"여래는 늘 얘기했지. '너희 비구들은 내가 설한 법을 뗏목의 비유처럼 여기라'고. 법法도 버려야 하는데 하물며 비법非法이랴."

부처님께서는 법과 비법을 얘기하셨다.

그렇다면 어떤 게 법이고 어떤 게 비법일까?

어찌하여 《반야심경》을 강의하면서 《금강경》 말씀을 예로 들고 있느냐고 한다면 같은 반야부 경전이고 둘 다 가장 많이 읽히는 한국불교의 소의경전이기 때문이다.

빛깔色 소리聲 냄새香 맛味 닿음觸과 법法이라는 여섯六 가지 티끌塵에서 여섯 번째 해당하는 '법法'은 어떤 것일까?

부처님 법法Dharma인가 부처님 법이 아닌가?

부처님 법이든 부처님 법이 아니든 텅眞 빔空 속에는 어느 것도 없는 게 맞다. 부처님 법Dharma은 잘 들어있는데 그 밖의 법은 들어있지 않다면 공空이 아니다. 부처님께서는 설사 자종위배가 될지언정 공空의 세계를 놓고 두 말씀을 하실 리는 없다.

299

법法

한자 법 법法 자에는

법法 자 외에도

법 법琺

법 법珐

법 법㳒

법 법疢

법 법㳒

법 법㽆

법 법㳶

법 법砝 자가 있다.

어찌하여 다른 글자와 달리 중국의 한자는 같은 법 법法 자를 9자 씩이나 갖고 있을까?

법에 담긴 뜻이 그만큼 다양한 까닭이다.

법法은 물이 높은 곳에서 낮은 곳으로 흐르는 이른바 중력重力 gravity의 법칙을 따르고 있다. 지구상에서 자연계의 네 가지 힘 중에 중력을 거스르는 물질은 찾아 볼 수가 없다.

중력重力 2글자를 한데 모으면

놀라지 마시라!

움직일 동動 자가 된다.

이른바 '운동 에너지kinetic energy'에서 바탕이 되는 원리는 중력重力이다. 중력이 없다면 운동 에너지는 말할 것도 없이 위치 에너지potential energy조차 없다. 중력重力의 법칙에는 움직임 動이 함께한다. 물질 자체가 지닌 물질의 질량質量에 지구 질량이 함께하여 기본 중력이 있고 거기에 움직임activity의 속도가 곱해졌을 때 우리는 비로소 중력을 이해할 수 있다.

법 법灋 자는 법 법法 자와 같이 삼수변氵에 해태 태/치廌 자와 갈 거去 자를 썼는데 시비와 선악을 판단하여 안다는 상상의 동물

해태의 자취를 글자로 표현함으로써 법灋이란 시비와 선악을 가린다는 뜻이다.

그리고 법 법法 자는 삼수변氵에 갈 거厺 자로 통용되고 있는 법 법法 자와 같은 뜻이다.

법 법鍅 자는 프랑슘francium법 자로서 프랑슘은 알칼리 금속 원소를 가리키는 말이다.

또한 법 법疌 자는 삼합 집亼과 바를 정正이다. 세 가지가 잘 어울려 딱 들어맞으亼면서 올바르고 반듯正한 법을 가리킨다고 하겠다.

그렇다면 '올바름正'이란 무엇일까?

이는 하나一에 머무름止이다. 오로지 한마음一에 몰입止함이 정正이다.

법 법珐/琺 자는 달리 '법랑 법'으로도 새기는데 법랑은 불투명한 유리질 물질로써 광물을 원료로 하여 만든 유약이며 에나멜enamel을 가리키는 말이기도 하다.

법 법砝 자는 '단단할 겁' 자로도 새기는데 돌石의 움직임去을 표현하고 있다. 암석권 지구石의 자전과 공전을 뜻하는 글자다.

법 법疺 자는 파리할 법/핍으로도 새기는데 병질엄疒에 모자랄 핍乏 자를 둠으로써 건강과 관련된 법칙으로 볼 수 있다.

이들은 결국 인간 삶의 다양한 모습이고 시간時間 공간空間 인간人間이라는 생명의 역사에 있어서 가장 소중한 세 가지, 이들 셋이 잘 어울려 딱 들어亼맞는 올바른正 세계法, 올바른正 길道

을 가리킨다.

법 법法/灋 자에서 갈 거去/厺 자는 같은 자로 땅土 아래로 자연스레厶 흐르는氵 물길이다. 물은 앞서 얘기했듯 중력의 법칙을 따른다.

그렇다면 '공중무법空中无法'의 '법法'은 삼보의 하나인 다르마法가 아니라 세간의 갖가지 이치를 두루 가리키는 것일까?

'법도 버려야 하거늘 하물며 비법이랴!'에서 법法이 아닌 비법非法의 법法일까?

대체로 불교 학자들은 비법의 법이라 한다.

제법무아諸法無我의 유위법有爲法이고

제법실상諸法實相의 유루법有漏法이다.

그렇다면 공空 속에 유루/유위법은 없는데

무위법無爲法 무루법無漏法은 내재하는가?

《금강경》〈의법출생분依法出生分〉 끝에서 우리 부처님께서는 말씀하신다.

"소위 불법佛法이란 곧 비불법非佛法이다"

'비불법'은 '불법이 아니다'가 아니라

그냥 '비불법非佛法'으로 풀이하는 게 좋다.

'불법이 아니라'가 아닌 '비불非佛의 법法'이

바로 이《금강경》의 핵심 가르침이다.

불佛은 깨달은 분이기에 깨달은 법이고

비불非佛은 곧 중생衆生이기에 중생의 법이다.

부처님 법이 다름 아닌 중생의 법이다.

세간 모든 생명들의 삶의 법칙이다.

역시 《금강경》〈무득무설분無得無說分〉에서 수보리 존자는 부처님의 물음에 답한다.

"무유정법無有定法이 아뇩다라삼먁삼보리이고

또한 무유정법이기에 여래께서 설하실 수 있나이다."

무유정법無有定法은 어떤 법인가?

어떤 고정된 틀에 결코 묶이지 않는 법이다.

그렇다면 '공중무법空中无法'의 내용은

유위법有爲法 무위법無爲法을 떠나고

유루법有漏法 무루법無漏法을 초월하여

아뇩다라삼먁삼보리 경지와 함께

부처님의 고귀한 가르침Dhrma을 포함한다.

쉬어가기
사언절무상계 四言節無常戒

사바세계 훌쩍떠나 저승으로 가신이여
무상계라 하는법문 한마디로 말하자면
부처님의 열반세계 들어가는 관문이요
고통바다 건네주는 반야용선 자비배라

그러기에 예로부터 일체모든 부처님이
무상계를 말미암아 열반세계 드시옵고
일체모든 중생들도 무상계를 말미암아
고통바다 건너시니 선망조상 영가시여

당신께서 이제오늘 여섯가지 감관이며
여섯가지 대상들을 훌훌털어 버리시고
신령스런 알음알이 뚜렷하게 드러내어
위가없고 깨끗하온 부처님계 받으시니

이얼마나 다행하고 다행스런 일이리까
사바세계 훌쩍떠나 저승으로 가신이여
겁의불길 타오르면 대천세계 무너지고
수미산과 너른바다 마멸되어 남음없소

그렇거늘 인연따라 이루어진 이내몸이
태어나고 늙어가고 병이들고 죽음이며
근심이며 슬픔이며 가지가지 고뇌들을
어찌능히 멀리하고 벗어날수 있으리까

저승으로 가신이여 선망조상 영가시여
머리카락 솜털수염 손톱발톱 위아랫니
살과살갓 뼈와힘줄 골수뇌수 때와먼지
필경에는 본래온곳 흙의세계 돌아가고

침과눈물 피와고름 진액가래 땀방울과
남녀정기 똥오줌은 물의세계 돌아가고
덥혀주던 그체온은 불의세계 돌아가며
움직이던 그기운은 바람으로 돌아가서

지수화풍 사대요소 제뿔뿔이 흩어지면
가신님의 오늘몸은 어느곳에 계시온지
사대요소 알고보면 인연으로 이뤄진것
애착할게 못되옵고 슬퍼할게 없나이다

사바세계 훌쩍떠나 저승으로 가신이여
그시작을 알수없는 아득하온 예로부터

사언절구송계 四言節句頌戒

오늘여기 이자리에 이상황에 이르도록
열두가지 연기법을 의지하여 오셨나니

무명으로 말미암아 움직임이 있게되고
움직임은 인식에로 인식에서 이름모양
이름모양 여섯감관 여섯감관 접촉으로
접촉에서 느낌으로 느낌에서 사랑으로

사랑에서 취착으로 취착에서 있음에로
있음에서 태어나고 태어남에 늙고죽음
근심이며 슬픔이며 질병이며 미움이며
여러가지 온갖고통 번뇌들이 생긴다오

그러므로 그원인을 되짚어서 생각하면
열두가지 연기법은 무명그게 뿌리여서
무명만일 사라지면 움직임이 사라지고
움직임이 사라지면 인식또한 사라지며

인식만일 사라지면 이름모습 사라지고
이름모습 사라지면 여섯감관 사라지며
여섯감관 사라지면 접촉마져 사라지고
접촉만일 사라지면 느낌마져 사라지오

느낌만일 사라지면 사랑역시 사라지고
사랑만일 사라지면 취착또한 사라지며
취착함이 사라지면 있음마져 사라지고
있음만일 사라지면 태어남도 사라지며

태어남이 사라지면 늙음이며 죽음이며
모든근심 온갖슬픔 질병이며 미움이며
사고팔고 일체고통 한결같이 사라지고
팔만사천 온갖번뇌 모두모두 사라지오

이세상의 모든법은 근본자리 그로부터
언제든지 그스스로 고요하온 모습이니
불자로서 이와같이 올바르게 체득하면
오는세상 얻으리다 언젠가는 부처됨을

이세상의 온갖행은 영원하지 아니하여
인연따라 생겨나고 사라지는 법이라오
생겨나고 사라짐이 죄다모두 사라지면
평화롭고 고요하여 최고가는 낙이리다

사바세계 훌쩍떠나 저승으로 가신이여
거룩하신 불타계율 지성으로 받으시고

거룩하신 달마계율 지성으로 받으시며
거룩하신 승가계율 지성으로 받으소서

과거보승 여래시며 응공이며 정변지며
명행족에 선서시며 세간해며 무상사며
조어장부 천인사며 부처이며 세존이신
거룩하신 성자에게 지성귀의 하나이다

선망조상 영가시여 저승으로 가신이여
육신껍질 벗어놓고 생각마저 던져두고
신령스런 알음알이 뚜렷하게 드러나서
부처님의 무상정계 그몸으로 받으시니

어찌아니 즐거우며 어찌아니 즐거우리
천당이든 극락이든 생각대로 가옵시며
극락이든 불국토든 마음대로 가옵소서
너무나도 상쾌하여 덩실덩실 춤을추리

서쪽에서 오신조사 그의뜻이 당당하여
그마음을 밝힌다면 본성품의 고향이리
아름다운 본체성은 담담하고 두루하여
산하대지 삼라만상 참된광명 나타내네

無常戒

夫無常戒者 入涅槃之要門 越苦海之慈航 是故 一切諸仏 因此戒故 而入涅槃 一切衆生 因此戒故 而度苦海 某靈 汝今日 迴脱根塵 靈識独露 受仏無上浄戒 何幸如也 某靈 劫火洞燃 大千俱壊 須弥巨海 磨滅無余 何況此身 生老病死 憂悲苦悩 能与遠違 某靈 髪毛爪歯 皮肉筋骨 髄脳垢色 皆帰於地 唾涕膿血 津液涎沫 痰涙精気 大小便利 皆帰於水 煖気帰火 動転帰風 四大各離 今日亡身 当在何処 某靈 四大虚仮 非可愛惜 汝従無始以来 至于今日 無明縁行 行縁識 識縁名色 名色縁六入 六入縁触 触縁受 受縁愛 愛縁取 取縁有 有縁生 生縁老死 憂悲苦悩 無明滅則行滅 行滅則識滅 識滅則名色滅 名色滅則六入滅 六入滅則触滅 触滅則受滅 受滅則愛滅 愛滅則取滅 取滅則有滅 有滅則生滅 生滅則老死憂悲苦悩滅 諸法従本来 常自寂滅相 仏子行道已来世得作仏 諸行無常 是生滅法 生滅滅已 寂滅為樂 帰依仏陀戒 帰依達磨戒 帰依僧伽戒 南無過去宝勝如来 応供 正遍知 明行足 善逝 世間解 無上士 調御丈夫 天人師 仏世尊 某靈 脱却五陰殻漏子 靈識独露 受仏無上浄戒 豈不快哉 豈不快哉 天堂仏刹 随念往生 快活快活 西来祖意最堂堂 自浄其心性本郷 妙体湛然無処所 山河大地現真光

발일체업장근본득생정토다라니

나무 아미다바야 다타아다야 다지야타 아미리 도바비 아미리다

싣담바비 아미리다 비가란제 아미리다 비가란다 가미니 가가나

기다가례 사바하

정종분正宗分⑷ 계연제界緣諦의 자리

눈의세계 없거니와 의식계도 마저없고
무명또한 없거니와 무명다함 마저없고
노사또한 없거니와 노사다함 마저없고
고집멸도 사성제도 공속에는 하나없네

无眼界乃至無意識界无無明亦无無明盡

乃至无老死亦無老死盡無苦集滅道

공空 속中에는 이들이 없다.

십팔계十八界는

여섯六 가지 감각기관根과

여섯六 가지 티끌경계塵와

여섯六 가지 알음알이識니

안계眼界 색계色界 안식계眼識界와

이계耳界 청계聽界 이식계耳識界와

비계鼻界 향계香界 비식계鼻識界와

설계舌界 미계味界 설식계舌識界와

신계身界 촉계觸界 신식계身識界와

의계意界 법계法界 의식계意識界다.

십이인연十二因緣은

(01)무명無明

(02)행行

(03)식識

(04)명색名色

(05)육입六入

(06)촉觸

(07)수受

(08)애愛

(09)취取

(10)유有

(11)생生

(12)노사老死다.

사성제四聖諦는

(1) 고성제苦聖諦

(2) 집성제集聖諦

(3) 멸성제滅聖諦

(4) 도성제道聖體다.

공空 속中에는 이들이 없다.

다섯五 가지 끄나풀蘊이 없고

여섯六 가지 감각기관根이 없고

여섯六 가지 티끌경계塵가 없고
여섯六 가지 알음알이識가 없다.
열두十二 가지 인연因緣에는
순류順流 법칙이 없고
환원還源 법칙도 없으며
사성제四聖諦 팔정도八正道도 다 없다.

왜 없다고 하실까.
버젓이
눈에 띄고
귀에 들리고
코에 맡아지고
혀에 느껴지고
피부에 와 닿고
생각을 일으키게 하는데
부처님께서는 왜 없다고 하실까.
부처님 말씀은
참眞 되고
실實답고
같如고
거짓佛誑 없고
다르지 않음不異이 특성이다.

정종분正宗分(4) 계연제界緣諦의 자리

눈의세계 없거니와 의식계도 마저없고
무명또한 없거니와 무명다함 마저없고
노사또한 없거니와 노사다함 마저없고
고집멸도 사성제도 공속에는 하나없네
无眼界乃至無意識界无無明亦无無明盡
乃至无老死亦無老死盡無苦集滅道

눈의세계 없거니와 无眼界

    폭우가 쏟아진 지 며칠이나 되었다고 하마 가을 햇살이 마냥 곱
다. 철 이른 고추잠자리가 오늘이 '곳處더위룜'인 줄 아는지 어제
오후에는 제법 도량을 배회했다.
    나는 '웬 무인기無人機drone지?' 했다.
    가을이면 나타나는 고추잠자리를
    원, 세상에! 무인기로 오인誤認하다니
    그래, 이제 점점 그럴 나이가 되어가나 보다.

    '나이'라고 하니 문득 '나잇살'이란 말이 떠오른다.
    남자 나이 50대에 오르면 잘 나오지 않던 뱃살이 나오기 시작한
다.
    "여자는?" 하고 물으면 대답이 막힌다.

"내가 여자가 아니어서"라고…..

궁색한 답변이나 늘어놓을 수 밖에

담배를 끊는 남자 나이가 50대 초반이라더니…..

담배 끊으면 뱃살이 나온다지 아마!

아무튼 50대부터 뱃살이 나온다.

눈에 띄게 아랫배만 나온다.

아랫배가 나오면 멋있을까?

내 어렸을 적 가난이 대물림되던 때 강원도 사람들은 곧잘 그랬다.

"배가 나와야 면장이라도 하지 않겠어?"

여긴 어떤 뜻이 담겨 있을까? 면장이라면 적어도 과장급이니까. 50고개를 전후해야 하지 않겠느냐는 것과 배가 나온 사람은 가난한 사람은 아니고 배울 만큼은 배운 사람일 것이니 면장 자격이 있지 않겠느냐는 뜻도 있을 터…

그래도 그렇지, 날씬한 게 좋지 않을까.

나이가 들면 나잇살이 나온다.

이때 '살'은 나이를 뜻하는 '살age'이 아니라 인간 동물의 살을 뜻하는 '살flesh'이다. 그러니까 나잇살이란 말 속에는 에이지age 와 플레쉬flesh가 함께 들어있다. 나이 한 살 더 먹는 것도 부담이 가는데 뱃살까지 나오고 보니 건강이 염려될 수밖에 우선 건강을 위해서도 살을 빼야 하겠지만 시각적으로 보기 흉하니 빼긴 빼야 겠지…..

눈의세계 없거나와 无眼界

겉모습이 뭐 그리 중요하냐고 하지만 보는 것, 보여지는 것, 보여주는 것, 모두 중요할 수 밖에 없다.

부처님께서는 상호相好를 갖추셨다.

서른두 가지 대인상大人相과 여든 가지 수형호隨形好를 지닌 분이다. 이 32상相과 80종호種好를 부처님은 언제부터 언제까지 지니셨을까?

10대나 20대, 아니면 30대이셨을까?

40대 50대까지 이어지셨을까?

어쩜 부처님께서는 운동에 관심이 많으셨기에 50대를 넘어 80대 열반하시기까지 늘 32상 80종호를 갖추고 계셨을 것이다.

그럼에도 불구하고 우리가 부처님 모습을 접하는 것은 그게 비록 불상佛像Buddha statue이지만 한결같은 부처님의 젊은 모습 뿐이다. 열반상涅槃像인 와불臥佛에서도 언제나 팽팽한 30~40대 모습일 따름이다. 부처님 겉모습은 팔십이 되신 뒤에도 젊을 때 모습 그대로라 하겠지만 가령 음마장상陰馬藏相의 경우에 있어서 늘 같은 남자 성기의 모습을 지니고 계실까?

전재성 박사 저서《불교와 섹슈얼리티》에서 '부처님은 남성과 여성을 초월하였기에 언제나 음마장상 모습을 지닐 수 있다.' 했듯이 부처님 성기를 그런 쪽에서 보아야 할까?

일반적으로 사람은 겉모습이 늙듯이 성기도 함께 늙어감이 정상일 텐데 부처님의 80대 열반상 모습이 여전히 젊듯 부처님 성기는 여전히 음마장상이실까?

비록 내가 불공죄不恭罪를 받을지언정 남이 받을 죄를 모두 다 받을 각오가 되어 있다.

하나의 예를 든 것이지만 나는 불상을 뵐 때마다 느끼는 데 이는 제행무상諸行無常의 법칙을 어김이다.

삼법인 중 제1 법칙이 '제행무상'이다.

어떤諸 것도 움직이는 것行은 결국은 모습을 달리할無常 수 밖에 없다. 한데 중생들은 부처님 가르침을 따르지 않는다. 오히려 30대 중반의 부처님 고행상이 80대 부처님의 열반상보다 더 늙어 보인다. 왜 이런 현상이 이어지는 것일까?

중생들 눈眼의 세계界가 없다면 눈에 비치는 빛깔色 세계界도 없어야 한다. 이들 근진根塵 두 가지 세계가 없다고 한다면 이를 통해 얻어진 시각視覺의 판단, 곧 눈眼의 알음알이識 세계界도 없는 게 맞다.

그러기에 《반야심경》에서는 말씀하신다.

"공空 속中에는
눈眼의 세계界도 없거니와
빛깔色 세계界도 없고
눈眼의 알음알이識 세계界도 없노라"고.

고운 가을 햇살
철 이른 고추잠자리
잘못 본 무인기drone

불룩 튀어나온 나잇살과 함께

부처님 32대인상大人相과 80수형호隨形好

나아가 30대 중반 고행상과 80대 열반상

특히 성적 특질 곧 섹슈얼리티sexuality로서

부처님 음마장상陰馬藏相을 생각하며

과연 제행무상의 법칙이 제대로 느껴질까?

눈眼으로 본 알음알이識 세계界가

대관절 어떻게 자리할 것인가.

눈眼의 알음알이識 세계界가 존재하기는 할까?

눈에 들어오는 크고大 작은小 것

많고多 적은少 것

길고長 짧은短 것

모方나고 둥근圓 것

높고高 낮은低 것

아름답美고 추한醜 것

붉은丹 빛깔과 푸른靑 빛깔

부처님의 모습과 중생들의 모습

이처럼 다양한 모습들을 바라보면서

이들 세계를 부정할 것인가 긍정할 것인가?

부정한다고 있는 것이 사라지고

긍정한다고 없는 것이 나타날 것인가?

서울 아산병원을 찾았다.

아는 후배 스님이

뇌 손상으로 입원해 있었다.

다가가 손을 잡았으나 느끼지 못했다.

동공瞳孔pupil이 풀린 채 '먼산바라기'다.

그는 무엇을 보고 있을까?

그는 나를 알아보지 못했다.

손가락을 펼쳐 눈 앞에 움직여 보았으나

아무래도 느낌이 없는 듯 싶었다.

그런데 웬걸! 눈 가까이 가자 깜빡였다.

간호사에게 상황을 물었더니

본능本能적instinctive일 뿐이란다.

본능은 공空과 무관할까?

공空의 세계에서도 본능은 존재하나 보다.

어디서 어디까지를 빔空이라 하고

어디서 어디까지를 있음相이라 할까?

눈眼의 세계界는 있을까? 없을까?

빛깔色 세계界는 있을까? 없을까?

눈眼의 알음알이識 세계界는 있을까? 없을까?

며칠 전 후배의 모습이 계속 아른거린다.

어디서?

내 눈 앞에서!

눈을 뜨나 감으나 그가 아른거린다.

늘 여쭈어 본다 하면서도

아직 부처님께는 말도 붙여 보지 못했다.

오늘 낮에 법당에 오르면

지장단 지장보살님께 여쭈어야겠다.

만일 답이 없으시면 어쩌지?

관음단 사십이수 십일면 관세음보살님께

아주 마음 터 놓고 여쭈어 보아야지.

관세음보살께서도 답이 없으시면 어쩐다지?

비로자나불은 법신이시니 그렇고

노사나불은 보신이니 역시 접어두고

천백억화신 서가모니 부처님께 여쭈어야겠다.

그래도 답이 없으시면 어쩌지?

그야 간단하지.

내 물음에 내가 답하면 되지 뭐!

정종분正宗分⑷ 계연제界緣諦의 자리

눈의세계 없거니와 의식계도 마저없고
무명또한 없거니와 무명다함 마저없고
노사또한 없거니와 노사다함 마저없고
고집멸도 사성제도 공속에는 하나없네
无眼界乃至無意識界无無明亦无無明盡
乃至无老死亦無老死盡無苦集滅道

의식계도 마저없고 無意識界

어느새 귀뚜라미가 자지러지는 매미 울음 사이로 아름다운 독주
獨奏recital를 쏟아낸다. 가느다랗게 한 줄로 뿜어올리는 하얀 물
줄기인 양 쏘옥쏘옥 뽑아 올린다. 게으른 수행자를 깨우려는가?
새벽 5시 '귀똘귀똘'이가 아니라 쓰르르 쓰르르 가느다란 실 소리
로 뽑아낸다.

자연이 내는 소리가 좋아 시어골에 산문을 연 지 스물두 해인데
상기도 벌레 울음이 질리지 않음은 정토장엄의 법칙이 아닐까 싶
다. 얼핏 기억나는 《금강경》의 부처님 물음에 대한 수보리 존자의
답이다.

"수보리야, 보살이 불토佛土를 장엄하느냐?"

"아닙니다, 세존이시여! 왜냐하오면 불토 장엄이란 '비장엄非莊
嚴'이 곧 장엄이나이다."

장엄하지 않은 장엄이야말로 진짜 장엄이라는 수보리존자의 명답이다.

'좌지우감左知右感'이란 말이 있다.

사람의 대뇌大腦는 두 파트part로서 좌뇌左腦와 우뇌右腦가 있는데 좌뇌는 언어를 비롯하여 논리적 사고와 수학과 분석 능력이 뛰어나고 우뇌는 창조성 예술성 상상력이 뛰어나다. 따라서 오른손잡이는 좌뇌가 발달하고 왼손잡이는 우뇌가 발달한다고 한다. 왼손잡이는 모르나 오른손잡이는 학습에 의해 결정되는 경우도 대부분이다.

일반적으로 좌뇌를 다친 사람은 귀뚜라미 소리에 나름대로 느낌이 있지만 그것이 귀뚜라미라는 곤충과 귀뚜라미 울음이라고 하는 것을 모른다. 한편 오른쪽 뇌를 다친 사람은 어떨까? 귀뚜라미 이름과 생김새는 알지만 울음을 듣고 감상에 젖어들지 못한다. 좌뇌 오른손과 우뇌 왼손의 연결 원리는 두뇌와 몸을 잇는 신경다발들이 목 부위에서 X자 형으로 꺾이는 까닭이다.

나는 귀뚜라미 뿐만 아니라 가을 하늘에 흐르는 구름도 좋아한다.

뇌에는 심장을 뛰게 하고 폐에 숨을 쉬도록 지시하는 생명의 도우미 숨골延髓bulbar이 있고 대뇌가 할 일을 척척 알아서 도와주는 대뇌의 비서秘書secretary 간뇌間腦dicncephalon가 있으며 운동신경運動神經을 담당한 소뇌小腦cerebellum가 있다.

이들 숨골로부터 대뇌에 이르기까지 하나라도 문제가 있다면 여간 큰일이 아니다.

아무리 눈이 건강하고 눈에 들어오는 빛깔이 아름다우며 누구보다 귀가 잘 들리고 귀에 들어오는 소리가 감미롭다 해도 뇌 구성의 기본인 신경세포에 문제가 있고 더 나아가 뇌에 이상이 있다고 한다면 소리는 들리되 판단할 수 없고 아름다움을 보되 느낌이란 것이 없다. 어디 다만 눈과 귀뿐이겠는가. 코와 향기 혀와 맛 피부와 감촉도 그렇고 뜻意과 이치法도 뇌 없이는 아무 의미가 없다.

사람의 뇌는 몸에 비해 큰 편이다. 1.2kg에서 1.5kg정도니까, 뇌는 들이마시는 산소의 1/5을 사용하고 섭취하는 포도당의 1/4을 가져가는데, 이는 뇌가 그만큼 중요한 일을 처리하고 많은 일을 담당하고 있는 까닭이다. 특히 간뇌는 성장호르몬을 만들어내는데 만일 성장호르몬이 나오지 않는다면 인간의 키와 몸은 갓난아기에서 멈출 것이다.

간뇌만 중요하고 다른 것은 안 중요하냐고?

몸을 이루고 있는 모든 뼈, 모든 근육이 각기 할 일이 있고 모든 기관이 각기 맡은 바가 있기에 어느 하나 소중하지 않음이 없다. 하물며 대뇌, 간뇌, 연수, 소뇌, 척수이겠는가.

어제는 '곳處 더위暑'임에도 불구하고 종일토록 비가 오락가락하면서 짓궂었다. 이따금 활짝 개인 하늘 사이로 풀벌레 소리에 맞춰 흰구름이 춤을 추었고 구름을 바라보며 먼 나라를 동경했다. 어디 그냥 훌쩍 떠나고 싶은 마음이었다. 나는 앞서 매미울음과 귀뚜라미 소리를 자연이 들려주는 소리라고 하였다.

의식계도 마저없고 無意識界

정말 이들이 내는 소리는 자연적이고 사람이 부르는 노래는 인위적일까?

늑대의 울음과 멧돼지 울음이 인위가 아닌 자연음이라 고집한다면 아기가 보채는 울음을 인위라 할 수 있을까?

비발디의 바이올린 연주가 인위일까?

인위이기에 예술의 가치가 적은 것일까?

인위는 유위법이기에 구름 같고 그림자 같을까?

여섯六 가지 알음알이識 세계界에서 알 식識 자를 놓은 데 대해 나는 꽤나 오랫동안 의심을 품어왔다. '알음알이'가 어찌하여 마음심변忄 이 아니고 말씀언변言에 찰흙 시戠 자를 쓰느냐다. 알 식識 자는 말씀언변言에 쓰기도 하지만 부수는 창과戈 자로 되어 있는 곳도 있다. 의미소를 어디서 찾아야 할지 난감할 때가 있다. 알 식識 자는 적을 지, 깃발 치로도 새긴다.

알 식識 자는 뜻을 나타내는 말씀언변言에 소릿값인 찰흙 시戠로 이루어진 글자다. 이는 말言로 듣고 알게 된다는 뜻이다. 본디 찰흙 시戠 자로만 써서 여러 가지 뜻을 나타내었으나 나중에 말뚝은 말뚝 직樴 자를 쓰고 안표眼標가 되는 깃발은 깃발 치幟 자를 쓰며 그 밖에 직분 직職과 짤 직織 자가 생겼다.

안표眼標, '알다'란 뜻의 경우는 말씀언변言을 붙여 식識 자로 쓰게 되었다.

알 식識 자에 담긴 뜻을 제대로만 알면 알음알이에 대한 뜻도 분명히 이해될 것이다.

'앎知識'이란 언어言를 그 매개로 한다. 언어言가 소리音를 통해 귀에 깊이戈 박히면 비로소 앎의 세계가 이루어진다는 것이다. 언어를 쓰는 사람과 어울린 적이 없다면 비록 사람이라 하더라도 언어를 모를 수밖에 갓난아기 때 늑대와 함께 살게 된 어떤 사람은 영원히 두 발로 일어서 걷지 못했고 늑대의 울음 밖에는 내지 못하였다고 한다.

알 식識 자에는 알다, 지식, 식견, 친분 외에 적다, 기록하다, 표시하다, 표지標識, 깃발 따위의 뜻이 들어있으며 사물의 시비를 판단하는 작용과 색수상행식色受想行識 오온五蘊의 하나, 사물을 인식하고 이해하는 마음 작용이 있다.

여기에 육근六根의 뿌리 근根 자와 육진六塵의 티끌 진塵 자에 담긴 뜻이 무엇인지 한 번쯤 살펴볼 필요가 있다.

공중空中에는

무이계無耳界하고

무청계無聽界하고

무이식계無耳識界이다.

공空 속中에는

귀耳의 세계界가 없고

들리聽는 세계界가 없고

귀耳의 알음알이識 세계界가 없다.

실제 있는가 없는가 하는 문제는 뒤로 미룬다.

정종분正宗分(4) 계연제界緣諦의 자리

눈의세계 없거니와 의식계도 마저없고
무명또한 없거니와 무명다함 마저없고
노사또한 없거니와 노사다함 마저없고
고집멸도 사성제도 공속에는 하나없네
无眼界乃至無意識界无無明亦无無明盡
乃至无老死亦無老死盡無苦集滅道

다반향초 茶半香初

벌써 30년은 족히 된 듯.....
서울 종로 봉익동 대각사大覺寺에
석장錫杖을 세우고 있을 무렵이었으니까?
게다가 '곳더위' 때니 이맘때가 맞다.
붓으로 '다반향초茶半香初'를 써 내려가는데
찾아온 거사님이 질문을 던진다.
"다반향초라!
스님께선 한문을 잘 쓰십니다.
묻겠는데요.
처서處暑가 무슨 뜻입니까?"
향긋한 녹차 한 잔을 건네며 답했다.
"곳 처處에 더울 서暑이니

곳에 따라 덥다 '곳더위'입니다."

'다반향초茶半香初'에 대해 묻는 줄 알았지

너무나도 잘 알려진 '곳더위'를 묻다니...

"차는 반인데 향기는 처음이라."라는 글은

정좌처 다반향초静坐處 茶半香初

묘용시 수류화개妙用時 水流花開

라는 시에서 완당 김정희金正喜(1786~1856) 선생이 '다반향초茶半香初'만을 뽑아 쓴 데에서 두루 널리 알려진 글이다. 이 시는 중국 후기 베이쏭北宋beisong시대 산구山谷shangu라는 호로 더 잘 알려진 황팅지앤黃庭坚huangtingjian의 시다. 시인인 산구 황팅지앤(1045~1105)은 쏭宋의 대문호였던 쑤시苏轼SuShi의 제자로 자재농염自在濃艶한 시풍을 즐겼으며 매우 파격적이고 기이한 용법으로써 사학가 우양씨우欧阳修OuyangXiu 이래 쏭시宋诗를 새롭게 수립한 사람이기도 하다. 지앙씨파이江西派jiangxipai의 원조이며 서예가로서도 쏭대宋代 사대가의 한 사람이다. 한국불교 전통강원 교재인 《치문緇門》에도 산구山谷거사 황타이시 〈발원문〉이 실려 있다.

차茶는 초두머리艹 아래 사람 인人 자를 놓고 다시 아래 나무 목木을 세웠다. 따라서 차茶는 초목艹木이라는 자연과 사람人을 하나로 이어주는 매개체다. 그러니 차에서 향긋함香이 날 수밖에 없다.

차향茶香이 오래 기억되는 때가 내게는 두 번이나 있었다. 첫째는 1976년 해인사 보현암에서였고 둘째는 1996년 김해 태광실업 회장실에서였다. 태광실업 박연차 회장은 차를 아는 분이셨다.

특히 박회장님 녹차 우리는 솜씨는 내가 지금까지 마셔 본 차의 향기 중에서 가장 으뜸이었다고 본다.

입에 들어가기 전 코 끝에 와 닿는 차향은 마치 커피를 볶을 때 나는 향기처럼 혀에 닿기 이미 이전의 세계다. 나는 그 후 여러 번 태광실업을 방문했는데 그분의 차향은 처음이나 다름이 없었다. 다반향초, 차는 반이나 마셨지만 차향은 늘 처음처럼이었다.

어쩌면 내 소뇌가 발달해서일까? 아니면 기억 훈련을 통해 내 소뇌가 더욱 건강해진 것일까? 사실 소뇌는 대뇌에서 많이 떨어져 있다. 대뇌가 머리 앞쪽 이마 안쪽에 자리했다면 소뇌는 뒷머리 아래에 자리잡고 있다. 어려서 한 번 배운 자전거 타기는 나이가 들어서도 잊어버리지 않고 잘 탄다. 우리가 매일같이 걸음을 걸을 때 왼발과 오른발의 교차가 자연스러움은 소뇌의 운동신경에 대한 기억력 때문이다.

만일 소뇌가 없다면 40년 전 보현암에서의 차향은 물론 20년 전 태광실업 박연차 회장실에서의 차향도 으레 전혀 기억하지 못할 것이고 40년이 넘도록 매일 몇 번씩 봉독하는 바로 이《반야심경》조차도 외우지 못할 것이다.

아! 그거는 이른바 정신의 기억력이지 몸에 밴 운동 기억력이 아니라고? 소뇌 역할은 운동 기억력 담당이다 이거지? 소뇌든 좌뇌든 우뇌든 뇌는 뇌니까.

이왕 꺼낸 이야기니까!
황팅지앤의 선시禪詩를 살짝 감상해볼까?
선시는 선사禪師들이 읊는 것이지.
일반 시인이나 재가자가 읊는 게 아니라고?
선사는 외모로 판단하는 게 아닌데
가령 머리를 깎았다고 선사 자격이 있고
머리를 길렀다고 선사 자격이 없다면
대승불교를 제대로 이해한 것이 못되고
조계종 소의경전《금강경》도 이해 못한 것이지.
대승大乘이 왜 대승이겠어?
겉모습으로 사람을 판단하지 않고
목소리나 걸음걸이로 판단하지 않기 때문이지.

아무튼 베이쏭 산구 거사 황타이시黃太史의
정좌처 다반향초靜坐處茶半香初
묘용시 수류화개妙用時水流花開
라는 시를 한 번쯤 감상하고 넘어갔으면 싶다.
그런데 음역이지만 한글은 띄어쓰고
한자는 띄어쓰기를 안 하는 이유가 뭐냐고?
종전부터 한자에는 띄어쓰기가 없었고

한글은 띄어쓰기가 있으니까 그리 쓴 것이다.

그런데 《춘향전》《심청전》 등 옛소설은

우리말인데도 띄어쓰기가 없었다고?

맞아, 예전에는 내려쓰기에 띄어쓰기가 없었지.

조용히靜 앉아坐 있는 곳處

차茶는 반半인데 향香은 처음初대로고

묘妙한 쓰임用이 있을 때時

물水은 흐르流고 꽃花은 흐드러開진다.

한마디로 진공眞空 묘유妙有를 노래한 것이다.

무슨 뜻인지 모르겠다면 모르는 대로 그대로 내버려두고 생각 나고 시간 날 때 가끔씩 꺼내 곱씹어 보자. 반추동물이 반추反芻을 하듯이 구태여 억지로 풀려 애쓰지 말자. 어려서 씹던 껌 붙여두 었다 다시 씹듯이 그냥 무심코 다시 곱씹어 보자.

향기를 맡는다.

녹차 향이 지닌 차분한 향은

코로 맡는 후각嗅覺smell 향이 아니고

혀로 맛보는 미각味覺taste 향이다.

냄새를 맡는 기관인 코가 없고

후각을 자극하는 냄새와 향기도 없다.

코도 없고 냄새 향기도 없으니

냄새와 향기를 받아들여 느끼는 알음알이

코鼻의 알음알이識 세계界가 있을까?

냄새와 냄새를 맡는 기관인 코는 있을까?

부처님께서 없다시니 없는 것일까?

어떤 이들은 이렇게 말한다.

"부처님의 말씀 '공중무색空中無色'은 유루有漏 세계를 설하신 것이요, 유위有爲를 두고 하시는 말씀일 뿐 무루법無漏法과 무위법無爲法이 아니다. 자연이 내는 무위 향기를 가리킴이 아니다."

앞에서도 얘기했지만 자연과 비자연은 뭘까?

사람이 하는 것은 모두 유루이고 사람이 하는 행위는 모두 유위란 말인가? 비록 무심無心이 아니라 유심有心일지라도 사람이 마음 먹고 하는 짓은 모두 그릇될까?

자신이 하는 일에 최선을 다한다. 멋있고 아름답고 효율적이기를 생각하며 무심이 아닌 유심으로 일한다. 집중하지 않고 무심코 하는 일은 가치가 있고 제대로 신경 써서 하는 일은 가치가 없을까?

마음 내서 향기를 기억하려는 것과 무심코 향기를 흘려버리는 것이 어느 게 더 공중무비계空中無鼻界며 공중무향계空中無香界며 공중무비식계空中無鼻識界일까?

없을 무無 자에 머금을 함含 자를 연결해 보자.

정종분正宗分(4) 계연제界緣諦의 자리

눈의세계 없거니와 의식계도 마저없고
무명또한 없거니와 무명다함 마저없고
노사또한 없거니와 노사다함 마저없고
고집멸도 사성제도 공속에는 하나없네
无眼界乃至無意識界无無明亦无無明盡
乃至无老死亦無老死盡無苦集滅道

부정에 부정을 거듭하는 경전

공중무설계空中无舌界

공중무미계空中无味界

공중무언계空中无言界

공중무묵계空中无默界

공중무설식계空中無舌識界

공空 속中에는 혀舌의 세계界가 없고

공 속에는 맛味의 세계가 없고

공 속에는 말言의 세계가 없고

공 속에는 침묵默의 세계가 없고

공 속에는 혀의 알음알이識 세계가 없다.

이는 진공眞空의 세계다.

만일 묘유妙有에서 보면 이럴 것이다.

공중함설계空中含舌界

공중함미계空中含味界

공중함언계空中含言界

공중함묵계空中含默界

공중함설식계空中含舌識界

공空 속中에는 혀舌의 세계를 머금었舍고

공 속에는 맛味의 세계를 머금었고

공 속에는 말言의 세계를 머금었고

공 속에는 침묵默의 세계를 머금었고

공 속에는 혀의 알음알이識 세계를 머금었다.

  뚝배기에 강된장이 끓는다. 보글보글~ 소리에서 이미 맛이 느껴진다. 강된장에서 나는 향기를 코가 맡기 전 이미 입 안에는 침이 고인다. 눈으로 끓는 모습을 보고 귀로 끓는 소리를 듣고 솟는 분자가 코에 다가와 향기를 맡는데 아직 입 안에 들어가지도 않은 강된장 맛을 어찌하여 혀가 먼저 꿈틀대는가.

  여섯 가지 감각기관六根과 여섯 가지 티끌대상六塵에 대해서는 앞서 이미 갖가지로 살펴보았다. 문제는 여섯 가지 감각기관 가운데 혀가 여섯 가지 티끌대상 중 맛을 만나 어떻게 이를 뇌에 전달하여 뇌로 하여금 맵다辛 쓰다苦, 시다酸와 짜다鹽, 달다甘, 떫다澁 따위를 느끼게 하느냐다. 느끼면서 동시에 마음에 드는 맛은 챙기고 마음에 들지 않은 맛은 뱉어내며 거부하려 하는가를 생각해 볼 필요가 있다.

그런데 이 《반야심경》에서는 맛과 맛을 접하는 기관으로서의 혀는 물론 이를 전달하는 신경세포와 함께 맛을 인식하는 알음알이 세계까지 부정한다. 비록 부정할 때는 부정한다고 하더라도 철학하고 학문하는 자의 입장에서는 하나하나 짚고 넘어가야 할 필요가 있다. 최첨단 과학이 발달한 요즘도 아니고 2,600여 년이란 긴 시간을 거슬러 올라가 부처님께서 왜 이들을 부정하셨는지 깊이 파고들어야 할 의무가 우리에겐 있다.

불교는 '무조건 믿으라'가 아니다. 불교가 다른 종교와 다른 점이 이것이다. 어떤 주제가 내게 주어졌을 때 부처님께서 '믿으라'고 하셨다 해서 내용도 알지 못한 채 믿는 게 불교는 아니다. 나는 43년이 꽉 차도록 불교를 하면서 어떤 가르침이나 어떤 주제도 무턱대고 믿으라 하심을 접하지 못했다. 당연히 불교 수행자가 할 수 있는 말이지만 나는 그래서 불교를 아주 좋아한다.

혀舌의 대상이 맛味이겠지만 어디 맛뿐이냐는 것이다.
눈도 2개
귀도 2개
콧구멍도 2개다.
다리도 2개
손도 팔도 2개.

그런데 입과 혀는 하나밖에 없으면서 역할은 서너 가지를 훌쩍 넘는다.

첫째 맛보고 먹는 일

둘째 말로 생각을 표현하는 일

셋째 조용히 침묵하는 일이다.

"침묵도 일이냐?" 묻는다면 답은, "그렇다"이다.

따라서 《반야심경》의 여섯 티끌 대상에

'색성향미촉법色聲香味觸法'을

'색성향언촉법色聲香言觸法'으로

바꾸더라도 경전에 어긋나지 않는다는 게 내 생각이다.

그렇다고 경전을 함부로 손댈 수는 없다. 중요한 것은 언어를 만들어내는 기능이 혀에 있는 게 아니라 대뇌에 있다는 것이다. 혀는 대뇌의 언어중추가 지시하는 대로 그냥 움직일 뿐이라며 발뺌할 수도 있다. 따지고 보면 '구업口業'은 곧 '뇌업腦業'이다.

그럼 구업이 뇌업이라면 다른 업은?

으레 신업身業도 뇌업이고 나아가서는 의업意業도 뇌업이다. 모두一切가 오직唯 마음心의 장난造이라면 신구의身口意 삼업三業이란 본디 없다. 오직 뇌腦의 업業이고 마음 세계일 뿐이다. 이렇게 놓고 보면 더 할 말이 없다. 그런데 뇌가 아무리 소중하다 하더라도 행동身과 언어語와 생각意이 없다면 뇌 혼자서는 아무것도 이루어낼 수가 없다.

뇌는 무엇으로 이루어져 있을까?

뇌를 구성하는 기초 단위는 신경세포다. 신경세포는 세포체細胞體라 불리는 둥근 것에 나뭇가지樹처럼狀 돌기突起dendrite가 여러 개 삐죽삐죽 아무렇게나 나와 있고 다른 한쪽으로는 긴꼬리처럼 불쑥 튀어나온 축색돌기軸索突起가 있다.

이를테면 눈이 청국장을 보고 코가 청국장이 끓는 냄새를 맡자 수상돌기가 청국장 정보를 받아들여 세포체에게 건네고 세포체는 다시 정보를 처리하여 축색돌기에게 건넨다. 이때 축색('축삭'으로도 읽음)돌기는 세포체로부터 받은 청국장의 자세한 정보를 세포와 함께 뇌에 있는 뇌 신경세포로 보낸다. 이때 뇌 신경세포는 운동신경에게 명령한다.

"맛있는 청국장이니 숟가락을 집으라!"

운동신경이 뇌로부터 전달을 받고는 다시 수상돌기에서 세포체로 세포체에서 축색돌기로 축색돌기에서 손의 운동신경으로 차례로 전하여 손을 움직이게 만들고 숟가락으로 청국장을 떠 입으로 가져가게 한다.

청국장 한 숟가락을 먹는데도 이처럼 매우 복잡한 협동이 있어야 한다.

한마디 말을 하는 데도 마찬가지다. 언어중추는 태어날 때부터 뇌에 지니고 있다. 하지만 아직 어떤 언어도 입력되지 않은 완벽한 포맷format상태 그대로이다. 언어의 법칙은 들음과 학습의 양에 따른다. 사실 언어가 아니라 언어중추의 뇌로 엄마의 혀

mommy tongue 역할이 중요하다. 경험과 학습을 통해 배운 내용들을 기억하는 인간의 뇌를 없는 것으로 봄이 과연 옳을까?

알음알이識 세계界까지 부정하면 신경세포와 뇌까지 부정하는 논리로서 지금《반야바라밀다심경》에서 말씀하고 있는

공空 속中에는 혀舌의 세계界가 없고

공 속에는 맛味의 세계가 없고

공 속에는 혀舌의 알음알이識 세계도 없다는

부정의 용어 자체가 무슨 말인지 모른다.

왜냐하면 모든 앎의 중추에 해당하는 뇌 자체를 부정하고 있기 때문이다. 유심唯心의 주장마저도 전혀 몰가치하다.

유심의 주장마저 가치 없도록 만드는 경전.

그럼에도 불구하고《반야심경》을 나는 모든 경전의 방정식 경전으로 꼽는다.

여섯 가지 감각기관

여섯 가지 티끌대상

여섯 가지 알음알이는 물론

신경세포와 두뇌까지 부정하는

그야말로 부정에 부정을 거듭하는 경전.

완벽한 부정에서 완벽한 긍정을 이끌어내는

참으로 멋진 역전 홈런을 기대해도 좋을 것이다.

정종분正宗分(4) 계연제界緣諦의 자리

눈의세계 없거니와 의식계도 마저없고

무명또한 없거니와 무명다함 마저없고

노사또한 없거니와 노사다함 마저없고

고집멸도 사성제도 공속에는 하나없네

无眼界乃至無意識界无無明亦无無明盡

乃至无老死亦無老死盡無苦集滅道

공空 속中에는 어느 것도 존재하지 않는다

공空 속中에는 몸身의 세계界가 없고

공 속에는 접촉觸의 세계가 없으며

공 속에는 몸身의 알음알이識 세계界가 없다.

몸의 세계가 없고 접촉의 세계가 없음은 이미 앞서 설명한 적이 있었으나 몸의 알음알이 세계가 없다는 말은 처음이다. 아무튼 몸과 몸에 와 닿는 모든 느낌과 그 느낌을 인식하는 알음알이까지 공 속에서는 있을 수 없다시는 말씀에 다시 한 번 놀라지 않을 수 없다.

18계界란 두루 알다시피 여섯 가지 감각기관과 여섯 가지 티끌 대상이 만나 거기서 도출導出되는 여섯 가지 인식으로 육근六根 육진六塵 육식六識이다.

반야심경에서는 간단하게 처리하신다.

‘안계眼界 내지乃至 의식계意識界’라 하여 18계 중 첫째와 마지막을 앞뒤에 두고 가운데는 ‘내지’ 용법을 이끌어와서 쓰고 있다. 18계 항목 낱낱 앞에 없을 무無/无가 놓인다.

해인사에 소장된《고려대장경》은 하마 근近 800년 전 만들어진 작품인데 없을 무無 자와 함께 없을 무无 자를《반야심경》에서는 적당하게 번갈아 넣는다.

경전 번역사는 600년이나 더 거슬러 오른다. 쉬앤짱 삼장이《반야심경》을 번역한 게 7세기 중엽으로 본다면 그런 셈이다. 같은 뜻 다른 글자를 번갈아 넣은 것은 읽는 이로 하여금 지루하지 않게 배려함이다.

이는 마치 200자 원고지에 글을 쓸 때 같은 원고지에 같은 문장이 중복되는 것을 가급적이면 피하려는 것과 같다. 따라서 삼장법사 쉬앤짱의 뛰어난 문학성을 번역된 경전 속에서도 찾을 수 있다. 쉬앤짱 삼장의 번역은 매우 간결하다. 이른바 군더더기란 게 없다. 오히려 어떤 경우 너무 간결하게 옮겨 읽는 이로 하여금 한참 생각하게 하는 편이다. 없을 무無와 없을 무无가 같은 뜻이고 ‘쓰임의 예用例’가 같다 하여 멋대로 무无를 무無로 치환置換할 수는 없다.

몸身이 어떤 무엇인가를 만나觸 얻어지는 알음알이가 신식계身識界다. 앞서 감각기관이 몸身의 세계界와 닿음觸의 세계界는 벌써 상고詳考하였으나 몸身의 알음알이識 세계界는 아직이다.

며칠 전 어느 대중목욕탕에 갔다. 내가 목욕탕에 가는 까닭은 딱 한 가지뿐이다. 혼자서는 어려우니까 때를 밀기 위해서다. 세신사洗身士에게 몸을 맡기며 말했다.

"세신사님, 만일 마사지까지 하면 비싸겠지요?"

세신사가 웃으며 답했다.

"왜요? 세신 외에 마사지도 받으시게요?"

"글쎄, 몸이 좀 굳어있지 않나 싶어서."

"그렇지 않아도 몸이 많이 굳어 있으시네요.

받으세요, 돈 생각하지 마시고~"

대중목욕탕에서는 처음 받는 마사지였다.

아! 그런데 어찌하면 좋을까. 목 주위와 함께 온몸이 부서지는 듯 싶었다. 하도 아프기에 내가 한마디 던졌다.

"세신사님, 저승 갈 때는 이보다 덜 아플까요?"

그가 얼른 말을 받았다.

"지금 몸을 풀어놓으면 당연히 덜 아프시지요."

우문현답愚問賢答이다. 질문은 어리석은데 답이 현명하다.

몸에 와 닿는 시원함과 함께 압력의 통증!

이 몸이 느끼는 통증이란 게 있는 것일까?

부처님 말씀대로 없는 것일까?

공 속에 몸의 세계가 없는 게 아니라

몸에 대한 마음을 비우면 없어지지 않을까?

몸에 와 닿는 압력이 없는 게 아니라

마음을 비우면 통증마저 없어지지 않을까?

공 속에 몸의 느낌이 없는 게 아니라

마음을 비움으로 몸의 느낌이 없어지겠지?

세신과 마사지massage만 꼬박 50분이다. 그런데 웬걸 세신과 마사지가 끝나고 난 뒤 온몸에 비누 타올을 문지르는데 압력 통증 때문에 너무 용을 썼는지 그리 차가운 것도 아닌데 몸이 얼어붙었다. 비누칠을 하고 난 뒤 비누 마사지를 하는 그 짧은 시간을 나는 도저히 견딜 수 없었다.

"세신사님, 몸이 바짝 오그라들었습니다. 얼른 끝내주시면 좀 안 될까요? 너무 추워서!"

"어? 그리 차가운 게 아닌데요. 아 알겠습니다."

그가 조심스레 다그쳤다.

"얼른 가셔서 샤워부터 하시고 사우나에 들어가 몸 좀 녹이고 가세요."

마사지 통증과 함께 찾아온 차가운 기운寒氣...

게다가 따뜻한 물로 샤워를 하고 다시 사우나에 들어가 몸을 녹이고 난 뒤 옷을 갈아 입고서야 안온감이 들었다.

그간 안 만지던 몸에 압력을 가하면서 놀란 몸...

인간의 몸은 생각보다 민감하고 섬세하다. 사람은 항온동물恒蘊動物이어서일까?

목욕탕 문을 열고 나오려는데 세신사가 아주 친절하게 인사를

양팔 속에는 어느 것도 존재하지 않는다

건넨다.

"다음 주에 또 오셔서 마사지 많이 받으세요."

내가 "예, 알겠습니다. 고맙습니다."

"나중에 저승길은 아프지 않게 가실 거예요."

그의 덧붙이는 인사를 뒤로 들으며 문을 나왔다.

그처럼 아픈 통증은 우선 몸이 굳어서다. 몸이 보들보들하게 풀리고 나면 세신사가 더 강한 압력을 가하더라도 몸은 통증을 쾌감으로 받아들인다는 것이다.

몸이 접촉하는 대상은 다양하다. 어디 통증을 비롯하여 추위 더위뿐이랴. 눈에 와 닿는 순백의 아름다운 백합 한 송이 이를 눈의 대상으로만 볼 수 있을까? 코 끝에 와 닿는 향기로운 분자로만 치부할까? 빛깔과 향기가 피부에 와 닿지는 않을까?

하얀 애완견 말티즈가 반가움을 못 이겨 짖고 안길 때 눈의 대상인 색色일까? 귀의 대상인 짖는 소리일까? 안길 때 느껴지는 피부/몸의 대상일까?

보글보글 끓는 청국장은 오직 눈의 대상일까? 보글보글 ~ 귀를 즐겁게 하니 귀의 대상인 소리일까? 구수한 향기가 날아와 코 끝에 닿으니 후각을 느끼게 하는 코의 대상일까? 청국장을 먹으며 혀끝으로 느끼니 혀의 대상?

눈도 귀도 코도 혀도 몸의 일부이니 따지고 보면 청국장은 결국 몸의 대상인가? 청국장이 입 안에서 목을 통해 위胃로 전달되고 오장육부를 기쁘게 하니 몸의 대상이겠지?

그러니 뜻意, 법法, 의식意識을 제하면 18계 가운데 15계가 몸의 계열이다.

만일 그렇다고 한다면 몸身의 알음알이識 세계界는 무안계無眼界로부터 내지乃至는 무신식계无身識界의 총체일 수밖에 없다.

나는 묻는다.

공空 속中에 눈, 빛, 눈의 알음알이는 없는가?

귀는, 소리는, 귀의 알음알이는 없는가?

코는, 향기는, 코의 알음알이는 없는가?

혀는, 맛은, 혀의 알음알이는 없는가?

몸은, 닿음은, 몸의 알음알이는 있는가?

나는 답한다.

공空 속中에는 어느 것도 존재하지 않는다.

경전 말씀을 따르기 때문이 아니다.

《반야바라밀다심경》 말씀 때문이 아니다.

역대조사歷代祖師를 비롯하여 천하종사天下宗師에 이르기까지 어느 누구도 이견異見을 달지 않아서도 아니다. 절대원리absolute principle인 까닭이며 절대치/절대값absolute value인 까닭이며 절대확실infallibility이기 때문이다.

어즈버! 《반야바라밀다심경》이여!

정종분正宗分(4) 계연제界緣諦의 자리

눈의세계 없거니와 의식계도 마저없고
무명또한 없거니와 무명다함 마저없고
노사또한 없거니와 노사다함 마저없고
고집멸도 사성제도 공속에는 하나없네
无眼界乃至無意識界无無明亦无無明盡
乃至无老死亦無老死盡無苦集滅道

알음알이 세계意識界

뜻意과 법法과 뜻意의 알음알이識 세계界다.

뜻과 법은 앞서 살펴 보았으니 예서 접고 오늘은 뜻의 알음알이
세계意識界다.

의식계意識界는 찾으면 찾을 게 없는데 막상 건드리려면 너무
엄청나 어디서 어디까지 범위를 잡을지 난감하다.

논문은 주제와 목차의 집약이다. 전체를 건드리는 것은 상식常
識이지 연구논문이라 할 수가 없다.

그렇다면 어찌한다?

사람으로서 사람의 생각意과 생각이 생각해내는 삶의 이치法와
그러한 생각意의 알음알이識 세계界를 하나하나 생각해나가다가
요즘 가장 많이 생각하는 게 생사生死다.

다른 두 개념을 하나로 묶은 것이다. 삶生과 죽음死의 개념이다. 도대체 삶이란 무엇인가? 무엇을 일컬어 우리는 삶이라 하는가?

솔직히 삶과 죽음이란 표기 이전의 세계다.

삶生과 죽음死 사이에 두 가지가 있다. 이른바 '늙음老'과 '질병病'이다. 요즘은 '생로병사生老病死' 가운데 특히 '늙음(=老+翁)'에 관심이 집중된다. 늙음老이 동사라면 늙은이翁는 명사가 아닐까?

2005년 봄, 아프리카 있을 때니 세간 나이 쉰세 살 때다.

현지 젊은이들이 내게 물었다.

"마스터는 성함이?"

"으음, 게으른 태늙은이 옹翁, 태~옹~스~님"

옆에 있던 교민이 현지어로 풀어주자 다들 박수를 치며 즐거워했다. '게으른 늙은이怠翁' 대신 나는 '게으른 비구' 'idle비구'로 바꾸었다.

아프리카에서 생긴 이름이 Kipoo다. 키포Kipoo는 킬리만자로 정상을 가리킨다. '다르'에 학교부지와 함께 종단에 기증한 킬리만자로 마랑구 게이트 옆 사찰부지를 매입한 뒤 받은 닉네임이었다. 나는 키포Kipoo에 한자 起泡를 입혔다.

나는 늙은이老翁다.

그것도 게으른 늙은이怠翁이다.

늙는다는 것은 지극히 자유로운 현상이다.

효孝가 어르신耂과 젊은이子가 마음을 열고 서로 사랑함이라고 한다면 늙음老은 철학자耂로 변신ㄴ함이다. 나이가 들면서 자신을 돌아보는 철학자, 삶의 철학자가 되어감이 곧 늙음老이라 하리라.

늙은이 옹翁 자에는 무슨 뜻이 담겨 있을까?

공평함公에는 사사로움厶이 담겨있다. 사사로움厶을 날려버림八이 공평함公이다. 사사로움을 날려버린 뒤 완벽하게 공평한 사람이 되었을 때 그는 바야흐로 공인公人이라 불릴 수 있다. 이 공인公이 자유의 날개羽를 지니면 그는 마침내 훌륭한 어르신翁이 될 것이다. 나이가 들수록 공인公이 되고 그 공인이 자유로운 해탈의 날개羽를 달 때 이 해탈의 날개는 영혼을 자유롭게 한다.

고려말 조선초에 나옹懶翁스님이 있었고 근대에는 전조계종정 퇴옹退翁스님이 있었다. 퇴옹은 성철대종사의 아호다.

게으른 늙은이 나옹懶翁화상과

물러난 늙은이 퇴옹退翁대선사

이들은 공인公이 되고 날개羽를 단 분들이다.

늙어감이란 자유로움으로 가는 길이며 늙어감이란 집착을 떨쳐버림이며 늙어감이란 모든 것을 훌훌 털어버림이다.

'노옹수老翁鬚'를 손으로 쓰다듬으며 나는 자유로운 영혼으로 돌아가고 있는가?

나는 공인이 되고 자유의 날개를 달아가는가?

생노병사로부터 자유로워지고 있는가?

늙을 노老, 늙은이 옹翁, 될 화化, 개 구狗

'노옹화구老翁化狗'라는 고사가 있다.

글자 그대로 '노인이 개로 변신하다'의 뜻이다.

김유신金庾信(595년~673)을 찾아온 한 노인이 변신술을 부렸다는 내용의 설화로 신이담神異譚 중 변신담變身譚에 속한다. 한 노인이 예고 없이 김유신 집을 찾았다. 유신은 그를 안으로 데리고 들어와 자리를 펴 놓고 앉게 한 뒤 노인에게 물었다.

"노인장, 혹시 옛날처럼 변신할 수 있으신가?"

김유신의 말이 떨어지기 무섭게 노인은 그 자리에서 호랑이가 되었다가 다시 닭이 되고 곧바로 이어 매로 변하더니 나중에는 개가 되어 밖으로 나갔다.

'노옹화구'는 마지막 변신 상태를 가리킨다.

(1)노옹화호老翁化虎

(2)호화변계虎化變鷄

(3)계화변응鷄化變鷹

(4)응화변구鷹化變狗

이처럼 변화신의 상태는 다중적이다.

노옹화구老翁化狗가 소설일까?

소설 내용이니 나와는 상관이 없는 걸까?

이 소설은 어느 노인의 얘기면서 동시에 나와 우리 모두의 이야기이다.

나는 전생에 누구였을까?

누구가 아니라 어떤 생명이었을까?

어느 생에는 개였다가, 그 다음 생에는 매였다가, 또 그 다음 생에는 닭이었다가, 닭의 몸이 끝나고 호랑이 몸을 받았다가, 어떤 선근을 심었는지 모르나 이생에 사람 몸을 받고 불법까지 만났을까?

개가 사람과 가장 가깝다 하던데 꼭 그렇지 않은지도 모른다.

개가 매가 되고 매가 닭이 되고 닭이 호랑이가 되고 호랑이가 사람이 되었다고 한다면 생이 바뀔 때마다 종種이 바뀐다는 얘기다.

종種species의 변화는 쉽지 않다. 매와 닭은 같은 조류鳥類이기 때문에 매우 비슷한 유전자 구조를 지닐 것이고 개와 호랑이는 같은 척추 동물이면서 네 발 달린 짐승이니까 DNA가 비슷할 것이다. 이들 두 부류 난생卵生과 태생胎生과 달리 사람은 척추동물이면서 태생이다. 그리고 같은 포유류이다. 그렇다면 조류며 난생인 닭과 매보다는 포유류면서 태생인 호랑이와 개가 나와 가깝다.

윤회 과정은 DNA법칙을 따르지 않는다. 따라서 포유류는 포유류로 조류는 조류로 균류는 균류로 파충류는 파충류로 윤회한다는 법칙이 없다. 육신의 윤회는 헤쳐 모여인 까닭이다. 다시 말해서 죽음과 동시에 생전에 지녔던 몸은 완벽하게 흩어지고 그 다음 생의 새로운 몸을 받을 때 완벽하게 새로운 원자/분자가 모이는 것이다. 따라서 '노옹화구老翁化狗'의 윤회법칙은 1400년 전 이야기를 전해 온 것이지만 물리의 입장에서 보더라도 전혀 손색이 없다. 윤회는 업業이 주측이 되어 이끌 뿐이다. 업은 쉽게 사라지지 않는다.

이 말이 과연 정말일까?

베타Beta 방식에서 쓰던 비디오테이프를 나중에 VHS방식으로 복사하면 VHS방식에서 출력이 가능하였다. 이들 비디오 장치가 CD 장치로 바뀌고 CD가 윤회를 거듭하고 거듭한 끝에 유니버설 Universal 시리얼Serial 버스Bus, 곧 유에스비USB로 겉모습이 바뀌더니 이제는 그런 겉모습마저 사라져 버리고 말았다. 그러나 변치 않는 것이 있다. 질량을 지니지 않은 이치理致의 내용이다.

이와 같이 윤회 과정에서 겉모습은 비록 무한정 바뀔 수 있으나 모습 안에 담긴 업業의 내용물은 그대로다. 그러나 내용물은 수정할 수 있다. 이는 자동사가 아닌 타동사다. 저절로 바뀌는 게 아니라 바꿈이다. 생명의 DNA법칙은 수정이 쉽지 않으나 DNA에 담긴 생명의 카르마Karma業는 타동사 바꿈의 법칙에 따라 바꿀 수가 있다.

뜻意의 세계界와 이치法의 세계界와 뜻意의 알음알이識 세계界를 나는 '노옹화구老翁化狗'라는 고사故事와 윤회의 법칙을 바탕으로 살펴보았는데 의계意界 법계法界 의식계意識界가 제대로 전달되었는지는 잘 모르겠다.

정종분正宗分(4) 계연제계緣諦의 자리

눈의세계 없거니와 의식계도 마저없고
무명또한 없거니와 무명다함 마저없고
노사또한 없거니와 노사다함 마저없고
고집멸도 사성제도 공속에는 하나없네
无眼界乃至無意識界无無明亦无無明盡
乃至无老死亦無老死盡無苦集滅道

십이인연 十二因緣

십이인연十二因緣은

(01)무명無明	(02)행行	(03)식識
(04)명색名色	(05)육입六入	(06)촉觸
(07)수受	(08)애愛	(09)취取
(10)유有	(11)생生	(12)노사老死

무명無明은 팔리어avijja 산스크리트어 avidya 를 옮긴 말이다.
일부 경전에서는 '치癡'로 쓰기도 했는데 '치'는 한자 어리석을 치
癡 자로서 불법에 대해 잘 알지 못하는 어리석음이다.

'무명'을 '무지無知', '무지無智'라 하고 또는 '무식無識'이라고도
한다. 내가 내 자신에게 농담 삼아 쓰는 말이 있다. 나는 무지無
知/無智하고 무식無識하다.

아는 게 없고, 지혜가 없고, 앎이 없다고…

대화 도중 '내가 그런 사람'이라 하니 상대가 정색하며 중간에서 내 말을 끊었다.

"아니, 아니, 아니지요. 큰스님 아닙니다. 큰스님께서 무지하시고 무식하다니요? 저희에게는 그 말씀이 맞을 수 있겠지만요."

내가 웃으면서 그에게 말했다.

"맞아요, 그래 젊은이 말도 맞아."

막상 무지와 무식이 자신에게 떨어지자 젊은이가 곧바로 반격해 들어왔다.

"아니, 큰스님 그게 무슨 말씀이십니까?"

누구나 스스로 못났다고는 할 수 있으나 남이 못났다고 하는 말은 받아들이지 못한다. 스스로 한 말에 맞장구를 치더라도 역시 쉽게 받아들이지 못한다. 내가 웃으면서 말했다.

"내가 무지하고 무식하다는 것은 앎知/識이 없無고 지혜智가 없無음이고 젊은이의 '무지無智, 무식無識'이란 말에 '그렇다' '맞다'고 라고 한 것은 해석이 다른데!"

그제서야 젊은이가 어떤 의미냐고 물었다.

"젊은이의 무지無知는 말일세

첫째 무無에 대해 제대로 아는知 사람이요

둘째 무無에 대해 매우 슬기智로운 사람이며

셋째 무無에 대해 제대로 인식識하는 자라네."

그러자 젊은이가 표정을 풀며 말했다.

"아하! 큰스님. 그런 해석도 있었군요. 그럼 큰스님도 이 해석에 해당하는 분이네요."

"허허! 그런가? 나도 그리 해석되는가?"

젊은이와 나는 한바탕 웃어 젖혔다. 말장난이 아니라 해석은 늘 다를 수 있다. 특히 한문 풀이는 경우의 수數를 생각하게 한다.

없을 무無 자가 주어主語가 될 경우 뒤에 붙는 지知나 지智, 식識 자 따위는 동사動詞로 쓰이는 경우가 있다. 무지無知와 무지無智, 무식無識을 비롯하여 십이연기 첫머리에 오른 무명無明은 없을 무無 자가 주어가 아니고 뒤에 나오는 명사를 부정否定하는 말이다. 으레 앎知이 없無고 지혜智가 없無고 인식識이 없無고 밝음明이 없음無이다. 따라서 일차적인 해석은 '밝음 없음無明'이다.

연기緣起란 말은 연멸緣滅을 포함한다. 곧 '연기'가 있다면 '연멸'이 있으며 연멸이 없다면 연기가 없기 때문이다.

이것이 있으므로 저것이 있고

저것이 있으므로 이것이 있음은 연緣이고

저것이 일어날 때 이것이 일어나고

이것이 일어날 때 저것이 일어남은 기起며

이것이 사라질 때 저것이 사라지고

저것이 사라질 때 이것이 사라짐은 멸滅이다.

연기 연멸의 법칙은 존재의 법칙이다.

무명無明은 밝음이 없음이니 어둠이다. 어둠이란 진리에 대한 어둠이다. 그럼 진리眞理란 무엇인가?

첫째, 시간에 대한 진리에 어둡지 않음이다.

지나간過去 시간에 어둡지 않고

다가올未來 시간에 어둡지 않고

당장當場의 시간에 어둡지 않음이다.

지금當과 여기場를 묶어 당장當場이라 한다.

둘째, 공간에 대한 진리에 어둡지 않음이다.

나의 삶, 우리 모두의 삶의 공간과

모든 생명의 삶의 공간에 대해

지구뿐만 아니라 우주에도 어둡지 않음이다. 이를 우리는 삼종

세간三種世間이라 한다.

첫째는 기세간器世間으로 환경이다.

둘째는 중생衆生세간으로 생명의 세계다.

셋째는 지정각智正覺세간으로 부처님 세계다.

이 지정각 세간을 다시 셋으로 나누니

첫째는 깨달은 자 부처님佛 세간이고

둘째는 부처님이 깨달은 진리法 세간이며

셋째는 불법을 이어가는 선지식僧 세간이다,

그리고 보면 삼보도 출세간이 아니다.

세간世間에서 중생과 함께함이다.

무명無明의 '명明'은 삼명三明으로

전생에 밝은 숙명명宿命明과

내생에 밝은 천안명天眼明과

번뇌가 다한 누진명漏盡明이다.

이 삼명에는 하늘귀가 열린 천이통天耳通과

남의 마음을 읽을 줄 아는 타심통他心通과

신통에 밝은 신족통神足通을 포함하고 있다.

하늘天귀耳가 열리고

남他의 마음心을 알고

상대 마음을 사로잡음神足은 매우 간단하다. 단지 마음을 열어 이해함이다.

밝음明의 세계도 그다지 복잡하지 않다.

낮에는 해日보다 밝은 것이 없고 밤이면 달月보다 밝은 것이 없다. 해日+달月=밝음明이다. 이들 밝음은 공간을 밝히는 밝음이다.

그러나 불교에서 말하는 밝음은 사람과 사람이 사람답게 살아가는 이치와 세간과 출세간이 조화를 이룸이다. 오방五方의 안팎 이치를 온전히 밝힘이다. 업의 원인과 결과에 어둡지 않음이며 고집멸도苦集滅道 이치에 어둡지 않음이다. 자기 인생관에 어둡지 않음이며, 인생관과 함께 인간관에 어둡지 않음이며 세계관에 대해 어둡지 않음이며 우주관에 대해 어둡지 않음이다.

이 무명無明을 어떻게 대하느냐에 따라 12연기, 또는 12인연이 바탕이 되어 순차적으로 일어나 중생이 되기도 하고 또는 거슬러 올라가 깨달음을 이룰 수도 있다.

이를 유전연기流轉緣起라 하고 환멸연기還滅緣起로 부른다.

유전연기와 환멸연기에 대해서는 《사언절 무상계無常戒》에 잘 드러나 있다.

첫 단추를 어떻게 꿰느냐에 따라 이어지는 단추가 바르냐 그르냐로 될 것이다. 이를 〈나비효과butterfly effect〉라 한다.

무명無明은 단지 '밝지 않을 뿐'이다. 미미한 나비의 날갯짓에 지나지 않는다. 그러나 그토록 작은 날갯짓이 지구 반대편에서는 허리케인이 될 수도 있다. 무명이란 게 단지 진리에 대해 어두울 뿐인데 그 끝에 삶生이 있고, 늙음老이 있고, 죽음死이 있다.

화엄칠처구회례 華嚴七處九會禮

[다게茶偈]

저희이제 부드러운 청정수를 길어다가
모든열뇌 식혀주는 감로다로 만들어서
거룩하신 진여불보 부처님께 올리오니
바라건대 사랑으로 연민으로 받으소서

거룩하신 심심법보 가르침께 올리오니
바라건대 사랑으로 연민으로 받으소서
거룩하신 청정승보 스님들께 올리오니
바라건대 사랑으로 연민으로 받으소서

[예경禮敬]

01

대방광불 화엄경의 화장장엄 세계바다
이름모습 모두떠난 암밤남함캄 대교주
맑고맑은 법신이신 비로자나 부처님께
이한생명 다바쳐서 귀명정례 하나이다

02

대방광불 화엄경의 화장장엄 세계바다
닦는인행 감응하는 아바라하카 법계주
원만공덕 보신이신 노사나불 여래전에
이한생명 다바쳐서 귀명정례 하나이다

03

대방광불 화엄경의 화장장엄 세계바다
삼계도사 사생자부 아라바자나 사바주
천백억의 화신이신 서가모니 부처님께
이한생명 다바쳐서 귀명정례 하나이다

04

대방광불 화엄경의 화장장엄 세계바다
서방정토 극락교주 미타여래 부처님과
장차오실 용화교주 자씨미륵 부처님께
이한생명 다바쳐서 귀명정례 하나이다

05

대방광불 화엄경의 화장장엄 세계바다
첫번째의 설법처로 보리도량 큰법회에
함께하신 부처님과 모든보살 마하살께
이한생명 다바쳐서 귀명정례 하나이다

06

대방광불 화엄경의 화장장엄 세계바다

두번째의 설법처로 보광당의 큰법회에
함께하신 부처님과 모든보살 마하살께
이한생명 다바쳐서 귀명정례 하나이다
07
대방광불 화엄경의 화장장엄 세계바다
세번째의 설법처로 도리천궁 큰법회에
함께하신 부처님과 모든보살 마하살께
이한생명 다바쳐서 귀명정례 하나이다
08
대방광불 화엄경의 화장장엄 세계바다
네번째의 설법처로 야마천궁 큰법회에
함께하신 부처님과 모든보살 마하살께
이한생명 다바쳐서 귀명정례 하나이다
09
대방광불 화엄경의 화장장엄 세계바다
다섯째의 설법처로 도솔천궁 큰법회에
함께하신 부처님과 모든보살 마하살께
이한생명 다바쳐서 귀명정례 하나이다
10
대방광불 화엄경의 화장장엄 세계바다
여섯째의 설법처로 타화자재 천궁법회
함께하신 부처님과 모든보살 마하살께

이한생명 다바쳐서 귀명정례 하나이다

11

대방광불 화엄경의 화장장엄 세계바다
일곱째의 설법처로 거듭되는 보광당회
함께하신 부처님과 모든보살 마하살께
이한생명 다바쳐서 귀명정례 하나이다

12

대방광불 화엄경의 화장장엄 세계바다
여덟째의 설법처로 셋째거듭 보광당회
함께하신 부처님과 모든보살 마하살께
이한생명 다바쳐서 귀명정례 하나이다

13

대방광불 화엄경의 화장장엄 세계바다
아홉째의 설법처로 서다림의 큰법회에
함께하신 부처님과 모든보살 마하살께
이한생명 다바쳐서 귀명정례 하나이다

14

대방광불 화엄경의 화장장엄 세계바다
열번째의 설법처로 법계말회 큰법회에
함께하신 부처님과 모든보살 마하살께
이한생명 다바쳐서 귀명정례 하나이다

15

대방광불 화엄경의 화장장엄 세계바다
쉰세분의 다양하신 여러모든 선지식과
한생애에 모든경지 증득하신 선재동자
이한생명 다바쳐서 귀명정례 하나이다

16

대방광불 화엄경의 화장장엄 세계바다
십육성자 비롯하여 오백성자 독수성자
일천이백 거룩하신 여러모든 아라한께
이한생명 다바쳐서 귀명정례 하나이다

[탄백歎白]

다함없는 삼보자존 크나크신 자비로서
저희정성 받으시고 명훈가피 하옵소서
다만오직 바라오니 법계모든 중생들이
아미타불 원력바다 한가지로 들어지다

저본으로는 ≪釋門儀範≫ 卷上 7-9쪽입니다. 본디 [七處九會]라고 한다면 화엄경을 설하신 설법 장소와 설법 횟수를 가리키는 말입니다. 이 [칠처구회례]에서는 입법계품 마지막 법회를 열 번째 설법처로 하나 더 곁들이고 있습니다.

정종분正宗分(4) 계연제계緣諦의 자리

눈의세계 없거니와 의식계도 마저없고
무명또한 없거니와 무명다함 마저없고
노사또한 없거니와 노사다함 마저없고
고집멸도 사성제도 공속에는 하나없네
无眼界乃至無意識界无無明亦无無明盡
乃至无老死亦無老死盡無苦集滅道

십이인연탑十二因緣塔

(01)무명無明/분명치 않음/어둠

(02)행行/옮김/움직임/수행

(03)식識/알음알이/인식계

(04)명색名色/이름 빛깔

(05)육입六入/여섯 듦

(06)촉觸/닿음/접촉

(07)수受/받아들임

(08)애愛/이끌림

(09)취取/지님

(10)유有/있음

(11)생生/삶

(12)노사老死/늙음 죽음

나는 '십이인연'을 거꾸로 놓고 싶다. 마치 12층 석탑을 쌓듯이 무명無明을 맨 아래층으로 놓고 그 위로 행行 식識 명색名色 육입六入 순으로 그리하여 '삶生'과 '늙고 죽음老死'을 맨 꼭대기에 올리면 이해가 빠를 듯 싶다. 식품구성탑食品構成塔을 쌓아가듯 연기연멸탑緣起緣滅塔을 쌓는 것이다. 십이층짜리 연기연멸탑을 쌓아 이들의 인연관계를 보면 어떨까 싶다.

(12)노사老死/늙음 죽음

(11)생生/삶

(10)유有/있음

(09)취取/지님

(08)애愛/이끌림

(07)수受/받아들임

(06)촉觸/닿음/접촉

(05)육입六入/여섯 듦

(04)명색名色/이름 빛깔

(03)식識/알음알이/인식계

(02)행行/옮김/움직임/수행

(01)무명無明/분명치 않음/어둠

늙음과 죽음은 삶이 있기 때문이고
삶이란 존재요 있음 때문이고

있음은 지님과 집착 때문이고

집착은 이끌림 때문이고

이끌림은 받아들임 때문에 생기는 현상이다.

느낌과 받아들임은 접촉 때문이고

접촉은 여섯六 가지 경계入 때문이고

경계가 생긴 까닭은 이름과 빛깔 때문이고

이름과 빛깔은 알음알이 때문이다.

알음알이는 움직임 때문이고

움직임은 어둠 때문이다.

이를 《무상계無常戒》에서는

무명無明이 행行을 반연攀緣하고

행이 식識을 반연하며

식이 명색名色을 반연하고

명색이 육입六入을 반연하고

육입은 촉觸을 반연하고

촉은 수受를 반연하고

수는 애愛를 반연하고

애는 취取를 반연하고

취는 유有를 반연하고

유는 생生을 반연하고

생은 노사老死를 반연한다고 한다.

'반연'은 더위잡을 반攀에 인연 연緣이다.

반연에는 3가지 뜻이 있는데

첫째, 휘어잡고 의지하거나 기어올라감이고

둘째, 의지하여 연줄로 함, 또는 그 연줄이며

셋째, 원인을 도와 결과를 맺게 하는 일이다.

'더위잡다'는 높은 곳에 오르려고 손을 크게 뻗어 뭔가를 끌어잡다의 뜻이다. 등반登攀이 높고 가파른 산 따위를 오름이듯 울타리柵를 두大 손手으로 잡음이 반攀이다. 반연攀緣이란 곧 관계성이다.

1층 진리에 대한 무명無明은

2층 행行을 쌓고

3층 식識을 쌓고

4층 명색名色을 쌓고

5층 육입六入을 쌓는다.

6층 촉觸의 층을 올리고

7층 수受의 층을 올리고

8층 애愛의 층을 올리고

9층 취取의 층을 올리고

10층 유有의 층을 올린다.

11층 생生의 층을 그 위에 쌓고

12층 마침내 노사老死의 층을 쌓는다.

아래층이 있기 때문에 차곡차곡 위층을 올릴 수 있듯 맨 위층

'늙고 죽음'은 유有가 있기에 가능하다. 두루 알다시피 《백유경百
喩經》에서는 '삼층집을 지으려면 1층부터 지으라'고 한다.

　1층 없이 2층을 지을 수 없고

　1층, 2층 없이 3층을 지을 수는 없다.

　따라서 12층짜리 십이인연탑十二因緣塔은 제일 아래층이 무명
층無明層인데 이게 바탕이 되어 노사층老死層을 쌓는다.

　만일 기반基盤인 무명층이 없어지면

　으레 제2의 행층이 무너지고

　행층이 없어지면 제3 식층이 무너진다.

　식층이 무너지면 당연히 명색층이 무너지고

　명색층 없이 육입층이 존재할 수 없으며

　육입층 없이 촉층觸層이 있을 수 없고

　촉층 없이 수층受層이 떠있을 수 없다.

　수층이 없는데 애층愛層이 있을 것이며

　애층 없이 취층取層이 있을 수 없다.

　취층이 없이 유층有層이 있을 것이며

　유층이 없이 생층生層이 있겠는가.

　으레 제12 마지막 노사층老死層도

　제11 생층으로 인해 존재할 수 있는 법이다.

　무명無明으로 인因해 행行이 생기고

　행으로 인해 식識이 생기며

식으로 인해 명색名色이 생기듯

나아가서는 유有로 인해 생生이 생기고

생으로 인해 노사老死가 생긴다.

인因이란 바탕이 되는 질료인質料因이고 연緣이란 도움을 주는 보조연補助緣이다. 위에서처럼 무명이 행을 반연함은 무명이 질료인이고 행은 보조연이다. 따라서 여기에서처럼 무명으로 인해 행이 생긴다면 이는 행의 질료인이 곧 무명이란 뜻이다.

말은 다르지만 의미는 같다. 아랫것이 윗것의 바탕質料因이 된다면 그대로 윗것은 아랫것의 도움補助緣이 된다. 무명으로부터 마침내 노사가 생김은 사슬의 법칙을 따라 앞의 것에서 이어지지만 무명이 사라지면서 노사까지 무너짐은 꼭 사슬의 법칙을 따르지는 않는다. 이를테면 12층 탑을 쌓을 때는 한 층 한 층 쌓아 올라가지만 12층 탑이 무너질 때는 질서를 따르지 않는다.

1층이 무너진 뒤 2층이 무너지고 2층이 무너진 뒤 3층이 무너지며 나아가 10층이 무너진 뒤 11층이 무너지고 11층까지 차례차례로 모두 무너진 다음에 12층이 무너지지는 않는다는 것이다. 쌓을 때는 철저히 순서의 법칙을 따르나 무너질 때는 순서를 따르지 않는다.

12인연으로 쌓는 탑은 공덕탑이 아니라 중생의 업을 쌓는 업보業報의 탑이다. 중생이 쌓는 업보탑은 오랜 시간이 걸린다.

중생이 중생으로 되는 데는 다겁생에 걸려 이루어질 수 있으나 중생 업보가 사라지는 것은 짧은 순간이다. 움막과 동굴을 만드는 데는 많은 시간이 걸리나 불을 밝힐 때 어둠이 사라짐은 순간이다. 이처럼 무명탑 건립에는 시간을 요하나 무명탑이 사라지는 것은 동시적이다.

한 층 한 층 무너지는 게 아니라 붕괴공법에 따라 순간에 무너지는 빌딩처럼 중생의 무명탑은 동시에 허물어진다.

삶의 시간은 80이고 90이고 100년이나 죽음의 시간은 순간적瞬間的이다. 내쉰 숨 들이마시지 못하거나 들이마신 숨 다시 내쉬지 못하면 죽음이다. 다시 말해 호흡을 하면 살아있음이요, 호흡이 멈추면 그대로 죽음이다. 삶과 죽음의 간극은 이처럼 매우 짧다.

십이인연十二因緣도 복잡하게 늘어놓았으나 알고 보면 매우 단순한 구조가 12연기다. 중생이 중생으로 사는 시간이 무한하지만 중생이 부처가 되는 시간은 순간이다.

가령 십이인연탑十二因緣塔에서 기반인 무명층無明層이 무너진다고 했을 때 맨 위에 놓여있는 늙고 죽음 층老死層은 결코 오랫동안 유지될 수가 없다. 물리적物理的 입장에서 보더라도 아래층 없는 위층은 있을 수 없는 까닭이다.

아무튼 무명탑을 쓰러뜨리는 일은 순간적이다. 거듭 말하거니와 '중생이 부처 됨'은 참 쉽다. 천만억 년 어두웠던 어둠이라 하더라도 불을 켰을 때 어둠이 사라짐은 매우 순간적이다.

그런데 정말 그럴까?

정종분正宗分(4) 계연제界緣諦의 자리

눈의세계 없거니와 의식계도 마저없고
무명또한 없거니와 무명다함 마저없고
노사또한 없거니와 노사다함 마저없고
고집멸도 사성제도 공속에는 하나없네

无眼界乃至無意識界无無明亦无無明盡
乃至无老死亦無老死盡無苦集滅道

인연설因緣說

(12)노사老死/늙음 죽음

(11)생生/삶

(10)유有/있음

(09)취取/지님

(08)애愛/이끌림

(07)수受/받아들임

(06)촉觸/닿음/접촉

(05)육입六入/여섯 듦

(04)명색名色/이름 빛깔

(03)식識/알음알이/인식계

(02)행行/옮김/움직임/수행

(01)무명無明/분명치 않음/어둠

인연설因緣說이 차지하는 비중은 불교의 전반적이라 할 것이다. 특히 '십이인연설'은 연기설 중 '흰눈썹百眉'이다. 서가모니 부처님이 처음 깨달으신 내용은 인연설이며 동시에 '십이인연설'이다. 따라서 열두 가지 인연설을 온전히 이해하면 그는 부처님佛의 가르침教을 아는 자요, 열두 가지 인연설에 이해가 가지 않는다면 더 닦지 않으면 안 된다고 할 수 있을 것이다.

무명無明으로부터 노사老死에 이르기까지 열두 가지 인因은 인因의 세계요, 이들 열두 가지 인因을 잇는 끄나풀이 다름 아닌 연緣의 세계에 해당한다. 열두 가지 질료인質料因은 몸과 마음이며 이들 몸과 마음이 일으키는 작용에 불과하다. 열두 가지가 질료인이라 완전하더라도 질료인과 질료인을 잇는 보조연이 없다면 점성粘成viscosity이 없는 질료인일 뿐이다.

특히 열두 가지 인연설은 사람의 한 생애를 연결짓는 시간 코드다.

이 '십이연기설'에는 하나의 소중한 생명이

모태에 잉태되기 전부터 시작하여

어떤 인연으로 모태에 들게 되었으며

세상에 태어나서는 한 고귀한 생명으로

어떻게 살아가는가 하는 과정을 그리고 있다.

게다가 늙고 죽음에 이르기까지의 과정을

한눈一目에 볼 수瞭然 있게 나타내고 있다.

내가 이 세상에 존재하기 위해서는 첫째 어머니와 아버지의 인연이 있어야 하고 둘째 두 분과 함께 '나'라는 인연이 필요하다. 나와 양친이라는 세 인연이 있다고 해서 덜컥 임신이 되고 세상에 태어나는 것은 아니다. 아버지 어머니가 가임기를 지나 만났거나 어느 한쪽이 결격사유가 있다거나 태어날 '나'의 인연이 무르익지 않았다면 분명 나는 이 세상에 태어나지 않았을 것이다. 이들 세 가지 인연이 고르게 갖추어져 비록 모태에 잘 들었다 하더라도 부모가 원하지 않을 때는 불가능하다.

세상에는 실로 많은 생명체가 살아가고 있다. 오늘날 생물학계의 보고에 따르면 지구상에는 식물계가 대략 50만 종이고 동물계가 100만 종을 훌쩍 뛰어넘는다고 한다. 사람은 이들 가운데 한 종種일 뿐이다. 이들 100만 종이 넘는 동물 생명체 중에서 오직 사람만이 태내 생명을 중도에 아웃시킨다. 물론, 생기는 대로 다 낳아야 한다고 하면 그에 비해 지구가 너무 좁은 편이다. 지구의 크기가 인구비례에 따라 때로는 커졌다 줄어들었다 한다면 좋겠다. 100년 전 지구 인구가 약 25억 명이었을 때 오늘날보다 지구가 조금 여유가 있었다. 지금은 2.5배를 뛰어넘는 70억 명이나 된다. 앞으로 100년 뒤 2.5배가 또 늘어나면 지구 인구는 170억 명에 이를 것이다. 그렇다고 우리 지구가 따라서 커지지는 않는다.

이런 얘기를 하면 어떤 이들은 말한다.

앞으로는 출산율이 점점 줄어들어 선진국에서는 오늘날보다 인구가 주는 까닭에 170억 명이라는 숫자는 불가능하다고 한다.

어떻게 보면 비록 모든 생명체 중에서 임신중절妊娠中絶을 하는 게 인간뿐이라 해도 지구의 앞날을 생각하면 필요하기는 하다. 아무튼 '나'와 '양친' 세 가지 인연 중에서 '양친'의 중절의지만으로도 태어날 수는 없다.

무명으로부터 노사에 이르기까지 연기법칙이 그대로 쭉 이어지기도 하지만 때로는 무명에서 행으로 이어지지 않고 식이나 명색에서 멈추기도 한다. 육입에서, 촉에서, 수에서, 또는 애나 취에서 연기의 법칙이 끊어질 수도 있다. 생生까지 이어져 세상에 태어난다 하더라도 늙음의 과정을 거치지 않은 채 숨질 수도 있다. 그렇다고 했을 때 12연기/인연 전체가 처음부터 끝까지 제대로 이어지기도 하지만 중간에서 끝나는 경우도 많다.

12인연법은 사람에게만 국한되지 않고 모든 생명에게 고루 해당된다고 할 수 있다. 12인연법을 사람에게만 대입했을 때 이 법칙은 그리 존경받을 만한 게 못 된다. 가령 '환멸연기還滅緣起'만을 존중한다면 지구상에 태어난 자는 이미 태어났기 때문에 자신을 환멸연기로 되돌릴 수 없다 하더라도 그 대신 후손을 잇지 않아야 하기에 비구 비구니나 신부 수사 수녀들처럼 평생을 독신으로 살아야 한다는 것이다.

그러므로 나는 대안을 생각한다.

12인연설은 생명 존속성 법칙이지만 생명 존속성 법칙이 나쁜 게 아니라는 것이다. 유전연기流轉緣起는 중생으로 가는 길이고 환멸연기還滅緣起는 부처로 가는 길이니 따라서 환멸연기는 권장할 만한 일이고 유전연기는 권장할 만한 게 못된다고 한다면 '십이인연법'이 과연 '아름다운 진리'이냐이다. 부디 중생놀음을 그치라고 다그치지만 그러한 중생 없이 부처는 생겨날 수가 없다.

생명은 태어날 때부터 중생이 아니다. 그냥 하나하나가 소중한 생명일 따름이다. 갓 태어난 생명에게 구별區別이란 없다. 디스크리미내이션差別discrimination은 없다. 구별이니 차별이니는 성장하면서 생긴다. 모든 아기, 모든 어린이는 준準 부처다. 아기의 응석과 투정은 그 자체가 순수purity다. 이런 아기들에게 진리의 어둠을 덧씌우고 행과 식과 명색 따위를 덧씌움은 옳지 못하다.

그러므로 12인연설은 욕망으로부터 시작한다.

순수 생명이 중생 된 까닭은 무명이 바탕이다. 진리에 대한 무지無知에서 시작한다. 예전에 불교방송BBS 라디오 프로그램에 '무명을 밝히고'라는 상담 코너가 있었다. 오후 방송이었던 것으로 기억되는데 꽤나 많은 청취자들이 관심을 가진 방송이다. 분명 '무명無明을 밝히고'가 맞을 것이다. 그때 그 '무명'이 '십이인연탑'의 1층이다. 이 1층을 그대로 두면 유전연기로 중생이 되고 이를 환멸연기로 무너뜨리면 부처가 된다.

무지無知 무지無智 무명無明 이들은 중생으로 가는 로드맵road map이다. 그 대신 이들을 소멸시키면 어찌 될까?

부처로, 깨달음으로 가는 로드맵이 펼쳐진다. 모름無知, 어리석음無智, 어둠無明은 고집멸도苦集滅道에 대해 모름이고 고집멸도 가르침에 관한 어리석음이며 특히 고집멸도 가운데서도 도道의 가르침인 팔정도八正道 거룩한 진리에 어두운 자다.

이 땅에 태어난 모든 생명들을 12인연설에 따라 윤회를 끊지 못한 채 중생衆生 세계에 그대로 뛰어들었다 해서 너 나 할 것 없이 무명의 끄나풀을 풀어던지고 부처님 세계로 함께 나아가자고 하지만 이는 몸은 중생이면서 마음만 부처일 뿐이다.

이를테면 '윤회 금지no samsara법칙'은 지금 준비하여 죽음 이후부터나 가당한 일이다. 만일 모든 생명이 환멸연기 법칙에 따라 윤회를 끊는다면 지구는 언젠가 텅텅 비겠지!

인연설因緣說

정종분正宗分(4) 계연제界緣諦의 자리

눈의세계 없거니와 의식계도 마저없고
무명또한 없거니와 무명다함 마저없고
노사또한 없거니와 노사다함 마저없고
고집멸도 사성제도 공속에는 하나없네
无眼界乃至無意識界无無明亦无無明盡
乃至无老死亦無老死盡無苦集滅道

무명無明 행行 식識 명색名色

(12)노사老死/늙음 죽음

(11)생生/삶

(10)유有/있음

(09)취取/지님

(08)애愛/이끌림

(07)수受/받아들임

(06)촉觸/닿음/접촉

(05)육입六入/여섯 듦

(04)명색名色/이름 빛깔

(03)식識/알음알이/인식계

(02)행行/옮김/움직임/수행

(01)무명無明/분명치 않음/어둠

'구슬이 서 말이라도 꿰어야 보배'다. 귀한 옥玉이 한 알 한 알 흩어져 있으면 한 줄에 꿰어진 구슬玉보다 가치가 줄어든다. 옥을 끈에 꿰기 위해서는 멀쩡한 옥에 구멍을 뚫어야 한다. 가령 '화씨지벽和氏之璧'같은 명옥名玉에 구멍을 뚫는다면 다듬음의 차원을 넘어 천하의 명옥에 흠집을 낼 우려도 있다. 그렇다면 옥을 쪼고 다듬는 일은 좋으나 단지 꿰기 위해 구멍을 뚫는 일은 의미가 작다.

요즘은 화폐가 동전에서 지폐로, 지폐에서 다시 카드로 바뀌고 카드에서 스마트폰 칩으로 바뀌었다. 구태여 스마트폰 따로 카드 따로가 아니라 아예 스마트폰에 페이pay로 들어가 있다. 가령 IC나 톨게이트를 통과할 때 현금이나 카드로 통행료를 내기보다 하이패스hi-pass로 결제하도록 만들었다.

지금은 은본위제銀本位制가 아니더라도 금본위제金本位制인 것만은 맞다. 이른바 은본위제silver standard와 금본위제gold standard가 서로 번갈아 가며 세계 금융권을 지배해 왔다.

요즘 미 공화당 트럼프 행정부의 금융정책은 금본위제의 부활을 꾀하고 있다고 한다. 이들 금본위제나 은본위제가 있기 전 옛날에는 소위 동본위제銅本位制도 있었고 좀 더 역사를 거슬러 올라가게 되면 옥玉이 화폐로서 거래 수단이 된 적도 있었다. 그때 필요한 게 꿴 구슬玉이다.

알알이 옥을 세기도 좀 번거로웠을 것이고 다발로 취급하기에는 끈에 꿰어야 했다. 옥은 잘못 다루면 쉽게 깨질 수 있고 자칫하면 마루 사이로 굴러들어갈 수도 있다. 이런 것을 방지하기 위해 옥을 꿰었다. 이러한 옥의 꿰미 문화가 동전으로 이어졌다. 동전에 구멍을 뚫고 이를 끈으로 꿰자 많은 양을 세기 편하게 했을 뿐 아니라 아울러 동전의 흩어짐도 막을 수 있었다.

그런데 구슬과 동전꾸러미 얘기가 왜 나왔을까?

전체 속에 들어있는 개체는 개체도 중요하지만 전체도 중요하다. 개체는 전체로 인해 그 존재 가치를 얻게 되고 전체도 개체에게서 가치를 얻는 까닭이다. 구슬 하나하나의 가치를 무시한 채 꾸러미가 지닌 가치만을 얘기할 수는 없다. '12층 인연탑'에서 어느 한 층을 빼내어 따로 독립시켜 놓는다고 했을 때 그 한 층 인연이 인연의 역할을 다할 수 있을까? 으레 전체 층이 조화를 이루는 가운데 '12층 인연탑'의 이름과 그 가치는 빛날 것이다.

행行은 제1층 무명층無明層과 제3층 식층識層 사이에 있는 제2층이다. 위 '십이인연탑十二因緣塔'에서 보듯 탑의 모든 층은 각기 위아래로 이어져 있다. 어느 층도 독립되어 있는 층은 없다. 가령 12알로 된 단주短珠가 있다고 했을 때 이들 12알 단주 알갱이 하나하나는 서로서로 옆의 다른 것들과 연계되어 있다. 어느 하나도 따로 독립된 단주는 없다. 만일 낱낱이 독립되어 있다면 단주가 아니다. 이름 붙일 수 없는 어떤 알갱이粒子일 뿐이다.

행行은 무명無明을 바탕으로 하여 식識에게 영향력을 행사하는 움직임이다. 이동성, 전염성을 지닌 꿈틀댐이다. 앞서 본 것처럼 전달의 역할도 맡는다.

행에는 크게 3가지가 있는데

첫째는 몸짓身行이고

둘째는 언어語行이며

셋째는 마음意行이다.

이들 몸짓과 언어와 마음의 움직임을 어떻게 쓰고 다스리느냐에 따라 윤회 고꿈가 생기고 열반 기쁨이 생긴다. 알고 보면 신어의身語意 3가지 행이 결국 팔만사천 가지 업業을 만들어낸다. 그 업이 선업이라면 고꿈를 떠나 열반을 얻고 그게 악업이라면 고에 끄달려 윤회를 거듭한다. 어떻게 겨우 세 가지 업으로 인해 열반을 얻고 윤회를 거듭하느냐고 묻는다면 색의 삼원색과 빛의 삼원색이 예가 될 것이다.

첫째 빛의 삼원색三原色은 빛을 더함이니 가산혼합加算混合 법칙을 따라 점점 밝아지고

둘째 색의 삼원색三原色은 색을 줄임이니 감산혼합減算混合 법칙을 따라 점점 어두워진다.

우리가 짓는 세 가지 업도 마찬가지다.

빛의 삼원소 법칙을 따르면 점점 밝아지고

색의 삼원소 법칙을 따르면 점점 어두워진다.

물론 빛의 삼원소 가산혼합설과 함께

색의 삼원소 감산혼합설은 예로 들었을 뿐이다.

이처럼 삼원색이 어떻게 섞이느냐에 따라 수천 수만 가지 빛깔

과 색깔을 낼 수 있듯이 몸짓身行과 언어語行와 마음意行이 아래로는 어떻게 무명층無明層과 섞이고 위로는 어떻게 식층識層과 섞이느냐다.

산스크리트어 아비드야avidya를 어찌하여 구어체 '어둠'이라 번역하지 않고 문어체 '무명無明'으로 옮겼을까?

'밝음이 없다'와 '어둠'은 같으면서 다르다. '밝음이 없다'란 용어에는 밝음이 숨겨져 있다. 어둠도 밝음의 상대적 개념이기는 하지만 '밝음이 없다'처럼 복잡하지는 않다. 따라서 무명無明에는 혼돈混沌이 깃들어 있다. 밝음과 어둠이 뒤섞인 혼돈chaos 그 자체다. 밝음이 전혀 없는 완전한 어둠이 아니라 몇% 밝음이 깃든 어둠이기에 무명無明이다.

완벽한 어둠에서 행行은 불가능하다. 몸짓身行이든 언어語行든 마음意行이든 이들 세 가지가 움직일 수 있다는 것은 완벽한 어둠이 아니라 밝음이 좀체 없을 뿐이다. 그러기에 이러한 상태를 바탕으로 하여 몸짓하고 말하고 마음을 움직여 갈 때 알음알이識를 더위잡아攀 이어갈緣수가 있다. 이러한 알음알이識가 바탕이 되어 명색名色이 자리를 잡도록 터전을 마련한다.

명색이란 글자 그대로 이름名이고 빛色이다.
이름名은 수상행식受想行識 4가지이고
빛色은 색수상행식色受想行識에서 '색色'이다.
결국 이름名과 빛色이라는 질료인質料因에 다섯五 가지 끄나풀

蘊이 죄다 담겨 있다. 따라서 《반야바라밀다심경》은 매우 간결하다. 다섯五 가지 끄나풀蘊의 텅밤 빔空이다. 다섯 가지 끄나풀이 만일 텅 비어있다면 그는 윤회苦厄를 끊고 열반에 이를 것이지만 다섯 끄나풀이 비어있음空을 모르無知면 결국 '12인연법'대로 윤회의 고통을 이어간다.

이들 열두十二 가지 인연因緣에 앞서 있던 여섯六 가지 감각기관根을 비롯하여 여섯六 가지 티끌대상塵, 여섯六 가지 알음알이識 그리고 열두 가지 인연법은 물론 뒤의 고집멸도 네 가지 성스러운 진리도 다섯五 가지 끄나풀/쌓임蘊의 다른 모습이다. 다섯 가지 끄나풀이 텅 비어있음을 알면 이러한 복잡한 내용들은 저절로 풀릴 것이다.

명색名色은 불교에서는 매우 중요한 단어다.

이는 '십이인연'의 질료인이기도 하지만 이름名과 모습色이 불가분의 관계인 까닭이다. 《명심보감明心寶鑑》〈성심편省心篇〉에 하늘은 복록이 없는 사람은 내生지 않고 땅은 이름 없는 풀은 기르지 않는다.

'천불생무녹지인天不生無祿之人

지부장무명지초地不長無名之草'라 하듯

이름名이 있으면 반드시 모습色이 있다. 다른 말로 '모습이 있으면 반드시 이름이 있다.'

이 '십이인연설'이 한 생애에 걸쳐 이어질까?

사람이 태중에 들기 전부터 시작하여 태어나 성장하고 때로 병

들어 신음하다가 마침내 늙고 죽음에 이르기까지의 전 과정일까?

아니면 순간순간 인간 삶의 중첩성일까?

이는 어느 한쪽이 아니라 포괄적이다. 인간 삶의 전체 과정을 담고 있으며 동시에 찰나찰나를 표현한 진리라 하겠다. 유전연기, 환멸연기의 가치를 얘기했으나 십이연기만큼 과학적 가르침은 찾기는 어렵다.

정종분正宗分(4) 계연제界緣諦의 자리

눈의세계 없거니와 의식계도 마저없고
무명또한 없거니와 무명다함 마저없고
노사또한 없거니와 노사다함 마저없고
고집멸도 사성제도 공속에는 하나없네

无眼界乃至無意識界无無明亦无無明盡
乃至无老死亦無老死盡無苦集滅道

찰나생 찰나멸刹那生刹那滅

(12)노사老死/늙음 죽음

(11)생生/삶

(10)유有/있음

(09)취取/지님

(08)애愛/이끌림

(07)수受/받아들임

(06)촉觸/닿음/접촉

(05)육입六入/여섯 듦

(04)명색名色/이름 빛깔

(03)식識/알음알이/인식계

(02)행行/옮김/움직임/수행

(01)무명無明/분명치 않음/어둠

'찰나생 찰나멸刹那生刹那滅'이다. 범어 ksana를 한자로 음역音譯한 '刹那', 이를 다시 우리말로 음사音寫한 게 '찰나'며 영어로는 모멘트moment/인스탠트instant다. 이 찰나를 두고 어떤 스님은 1/75초라 하고 어떤 학자는 1/100초라 하기도 한다. 1/75초도 1/100초도 빠르긴 무척 빠르다. 어찌씨 '무척'은 매우, 많이, 굉장히처럼 다른 것과 견줄 수 없다고 할 때 쓴다.

우리말 '무척'은 '무척無尺'에서 온 말이다. 무척無尺은 도저히 상식常識 밖이라서 '잴尺 수 없無다' '엄청very much'의 뜻이다. 1/100초가 무척 빠른 것은 맞지만 10의 −18승분의 1초에 비하면 너무 느리다. 찰나는 75분의 1초도 100분의 1초도 아니다. 자그마치 100경분의 1초가 찰나다. 100경은 10억을 10억으로 곱한 수로 1나노초를 다시 1나노초로 나눈 시간이다.

이 짧은 시간에도 생명계는 생멸을 반복한다. 24시간을 산다는 하루살이의 삶은 어마어마하게 긴 찰나 시간을 사는 편이다.

십이인연에서 생애를 얘기한다면 이처럼 찰나생 찰나멸의 세계를 뜻하기도 한다. 대폭발big bang이 시작되기 전, 본디 공간宇과 시간宙은 제로零zero였다. 그러던 것이 대폭발이 시작되면서 10의 −43승초인 플랭크 시간Planck time에 이미 우주가 펼쳐지기 시작한 것이다. 플랭크 시간보다 더 짧은 시간에 대해서는 아직 어떠한 정의도 내릴 수가 없다. 왜냐하면 플랭크 시각보다 더 짧은 시간은 없다.

하이젠베르크의 불확정성 원리는 위치와 운동량에 대한 불확정성 원리이다. 이에 따라 계산된 물리학이 정의할 수 있는 최소 시간의 단위가 플랭크 시간이기 때문이다.

아하! 얘기가 점점 어려워지면 안 되는데…

자, 10의 −43승초는 얼마나 짧은 시간일까?

이는 1찰나를 다시 1조로 나누고 나눈 시간을 다시 10조로 나눈 그 한 순간이다. 이처럼 짧은 시간에 우주가 이루어졌다. '우주가 이루어지다'니 대관절 무슨 말일까?

우주란 공간과 시간space and time이다. 한자 우주宇宙에 공간宇 시간宙이 들어있다. 우宇는 갓머리宀 아래 클 우亏 자로서 하늘 땅二을 관통亅 하는 틀宀로서 공간이고 주宙는 갓머리宀 아래 말미암을 유由 자로서 '말미암다'라는 시간성由이 내재된 틀宀이다. '우주'에는 이처럼 시공간이 들어있기에 우주 따로 시간 따로 계산할 게 전혀 아니다.

아무튼 우주의 열림 세계 대폭발을 놓고 보면 100경분의 1초인 찰나도 많이 느린 편이다. 우주 열림의 역사를 다시 들여다 보자. 10의 −43승초에서 10의 −35승초 사이를 GUT era 곧 대통일 이론 시대라 부른다. 당시 우주의 온도는 무릇 10의 27승°C였으며 중력gravity을 제외한 자연계의 3가지 힘이 갖추어졌기에 대통일 이론 시대다. 그 후 우주는 급팽창inflation 시대를 맞이한다. 10의 −35승초에서 10의 −32승초 대代다.

급팽창이 어느 정도기에 이런 이름이 붙었을까?

우주 지름 기준으로 10의 43승배 정도이며 부피로는 자그마치 10의 129승배에 이른다. 어마어마한 팽창 속도와 팽창 크기이다. 그 후 10의 −32승초에서 10의 −4승초 사이에 강입자 시대 hardron era가 열리고 10의 −4승초에서 1초 사이에 입자粒子와 반입자反粒子가 탄생하며 1초에서 3분 사이에 핵합성이 이루어진다. 이때 우주의 온도는 100억°C에서 거의 1억°C까지 낮아진다. 우주 나이 3분에서 38만 년 사이에 전자와 양전자(전자의 반입자)가 충돌하여 쌍소멸雙消滅pair annihilation한 뒤 감마선 gamma ray이나 다른 입자가 생겨난다. 우주 나이 38만 년 이후는 언급하지 않겠다.

내가 여기서 가져올 소재는 찰나刹那다. 매우 짧다고 여기는 찰나라는 시간성이다. 불교는 이미 2600여 년 전에 찰나를 설했다. 말을 바꾸어 찰나는 불교설이 아니라 수학에 밝은 인도의 문화였다고 해도 좋다. 일기생멸一期生滅이 있듯 찰나생멸이 있다. 이처럼 매우 짧은 순간에도 생과 멸은 반복한다.

앞서 짚었듯 찰나생 찰나멸은 매우 순간적이다. 비록 찰나가 10의 −18승초라 하더라도 플랭크 시간 10의 −43승초에 비해 긴 시간이다. 십이인연설의 '유전연기'와 '환멸연기'를 놓고 유전연기는 업을 쌓아 중생으로 가는 과정이고 환멸연기는 업을 녹여 부처로 간다고 하였다. 따라서 이미 부모로부터 생生을 받았으니 무명을 소멸하고 행과 식을 소멸하고 명색, 육입과 나아가서는 생을 소멸하고 난 뒤 늙고 죽음을 소멸하는 것은 거의 불가능하다.

십이인연설은 일기생멸에 국한되지 않는다.

무간지옥에서 하루낮一日 하룻밤一夜에 일만 번 죽었다 일만 번 소생한다고 하였는데 이는 무간지옥의 나고 죽음만이 아니다. 인간을 비롯한 모든 '생명 흐름의 법칙'이다.

"생명은 전류처럼 끝없는 흐름의 연속이다."

이는 고故 청화스님(1924~2003) 말씀이다.

스위치를 켜면 곧바로 전기가 들어오고

스위치를 끄면 전기는 곧바로 끊어지고 만다.

생명도 전류처럼 흐름의 연속과정이다.

무명無明에서 행行을 거쳐 식識으로 이어지고 식은 이름과 빛名色으로 명색은 여섯 가지 듦六入으로 호수의 파동波動wave motion처럼 이어진다.

호수에 돌을 던지면 돌이 떨어진 데로부터 둥글게 원을 그리며 밖으로 번져간다. 파동은 밖으로 번져나가나 물의 이동은 아니다. 이는 긴 줄을 잡고 위아래로 흔들면 줄이 골과 마루를 만들며 파동을 드러내지만 줄 자체가 옮겨간 것은 아닌 것과 같다. 전류電流도 그렇고 생명도 또한 마찬가지다.

이를테면 앞의 것이 뒤의 것을 반연하고 뒤의 것이 앞의 것을 이어받음이 인연이지만 무명無明이 그대로 노사老死는 아니다. 십이인연 줄string의 한쪽을 잡은 나의 힘이 줄 반대쪽을 잡은 당신에게 영향은 미치나 내가 잡은 지점이 당신에게 옮겨간 것은 아니다. 어떻게 움직이든 줄은 줄 그대로일 뿐이다. 따라서 무명 그

찰나생 찰나멸刹那生刹那滅

대로가   곧 노사가 아니듯 늙고 죽음老死도 그대로 어둠無明은 아니다. 하여 중간 어디에서 영향력을 미치더라도 좋다.

아예 처음 무명無明에서부터 길을 바꾸든 명색까지는 중생의 길을 잘 걸어왔으니 육입에서부터 유전流轉연기의 흐름을 환멸還滅연기로 바꾸어 닦아간다고 하더라도 생사윤회生死輪廻의 고리를 끊어버리고 자유自由, 해탈解脫 열반의 길을 갈 수가 있다.

반드시 무명까지 되돌아갈 필요는 없다.

깨닫는 자리가 그대로 길을 바꿀 꼭짓점이다. 가령 60년 동안 이미 중생으로 살아왔다면 다시 부모미생전으로 돌아갈 필요가 있겠는가?

지금 깨달았다면 지금이 바로 길을 바꿀 때다. 가령 목포에 가기 위해 서울에서 버스를 탔다. 그런데 대구쯤 가서 노선이 바뀐 줄 알았다. 이때 그는 대구에서 목포행으로 갈아타면 된다. 반드시 출발지인 서울까지 되돌아간 뒤에 거기서 목포행 버스를 탈 필요는 없다.

십이인연十二因緣의 이치도 이와 마찬가지다.

일기생 일기멸은 으레 말할 것도 없고 찰나생 찰나멸이 비록 짧은 순간이라 하더라도 잘못을 깨달은 바로 그 순간 거기에서 생각을 바꾸고 나아갈 길進路을 바꾸면 된다.

관음청【觀音請】

[거불擧佛]

중생들의 온갖소리 남김없이 들으시는
관음보살 이근원통 다시없는 자비로서
스물다섯 보살행자 으뜸가는 원통교주
관음보살 마하살님 사랑으로 나투소서

곧은마음 깊은마음 넓은마음 높은마음
여섯가지 바라밀다 실천하는 보살마음
자비희사 사무량심 모두갖춘 도량교주
관음보살 마하살님 방편으로 베푸소서

일천이백 공덕으로 동서남북 사유상하
삼천대천 모든세계 남김없이 두루하고
과거현재 미래세에 영원토록 이어지는
원통회상 불보살님 슬기로서 주옵소서

보소청진언
나무 보보제리 가리다리 다타아다야

[유치由致]

관음보살 크신사랑 우러르어 뵈옵나니
자애로운 모습이여 다시없이 미묘하고
관음보살 크신마음 심사숙고 생각하니
연민의정 서원력은 다시없이 깊으시네

중생들을 맞아들여 바른길로 이끄시려
언제든지 변함없는 아미타불 좌보처로
서방정토 극락세계 미타불찰 머무시며
고요하고 평화로운 삼매들어 계시오네

또한다시 백화도량 떠나는일 없으시고
시방세계 모든국토 두루두루 응하시며
중생들의 소리찾아 고를구원 하시옵고
한걸음도 옮기잖고 온세계에 나투시네

공양하려 마음내고 실행하는 모습보면
감응하는 생각빌어 어디에나 통하시되
구하는바 무엇이든 완벽하게 이루시고
원하는바 따라주지 아니함이 없으셔라

그러기에 사바세계 사천하중 남섬부주

맑고맑은 수월도량 우리절에 법석열고
깨끗하고 정성스레 공양물을 올리오니
원통교주 관음보살 자비로써 살피소서

은근하온 예법으로 묘한구원 바라는자
이와같이 오체투지 큰절올려 청하옵고
작은지혜 마음향을 몸소사뤄 표하오니
불없어도 향내음이 널리풍기 옵나이다

사랑의문 바라뵈며 은근하게 원하오니
둥근달이 허공떠나 온누리를 비추듯이
보배궁전 잠시떠나 이향연에 오옵소서
한마음을 기울여서 거듭청하 옵나이다

[청사請詞]
자비하신 관세음께 목숨다해 귀의하고
한마음을 다기울여 간절하게 청하오니
바다물결 굽이치는 성스럽고 외로운곳
보타낙가 떠나잖고 대천세계 응하시네

넓은지혜 원통교주 크신사랑 도량교주
서른둘의 자재하신 응화신을 나투시되

열네가지 무외력을 적절하게 쓰시옵고
네가지의 부사의덕 걸림없이 쓰시오네

팔만사천 삭가라의 번뜩이는 지혜얼굴
팔만사천 모다라의 부드러운 자비손길
팔만사천 아름답고 깨끗하온 보배의눈
사십이수 십일면과 천수천안 모습으로

어느때는 인자하기 어머니와 같으시고
어느때는 근엄하기 아버지와 같으시며
어느때는 친근하기 단짝처럼 느껴지고
어느때는 스승처럼 애인처럼 다가오네

여러가지 몸의모습 어디든지 나투어서
모든중생 원을따라 하나하나 응하시고
마음속의 바라는바 모두이뤄 주시오나
날카로운 지혜보검 녹슨일이 없으시네

팔만사천 온갖고통 남김없이 제거하고
중생들의 소원대로 즐거움을 주옵시는
대자대비 크신사랑 다시없는 분이시여
관자재여 보살이여 거룩하신 마하살님

두손모아 합장하고 다만오직 바라오니
크나크신 자비로써 이도량에 강림하사
정성어린 저희들의 이공양을 받으소서
간절하온 저희들의 이마음을 받으소서

흰옷입은 관음보살 설함없이 설하시고
남순하는 선재동자 들음없이 법을듣네
꽃병속의 푸른버들 영원토록 여름이요
바위앞의 푸른대는 온누리의 봄이로다

한잎사귀 붉은연꽃 바다위에 솟아있고
푸른물결 깊은곳에 자비신통 나투시네
어젯밤에 보타산중 머무시던 보살께서
오늘낮엔 수월도량 우리절에 오셨어라

듣는성품 되들으사 이근원통 깨치시매
관음부처 보살에게 관음이라 이름했고
위아래로 자비의힘 차별없이 베푸시어
서른둘의 자재응신 티끌세계 두루하네

보타산위 맑고맑은 유리세계 그가운데
대승정법 명왕이신 관음보살 크신행자

그림자는 삼악도의 중생에게 드리우고
그모습은 육도중에 쉴사이가 없으시네

아미타불 관음세지 닦아쌓은 공덕들은
티끌모래 초월하여 허공처럼 가없어라
시방제불 진사겁에 모두함께 찬탄해도
겨우조금 소화할뿐 전체공덕 어림없네

정종분正宗分⑷ 계연제界緣諦의 자리

눈의세계 없거니와 의식계도 마저없고
무명또한 없거니와 무명다함 마저없고
노사또한 없거니와 노사다함 마저없고
고집멸도 사성제도 공속에는 하나없네

无眼界乃至無意識界无無明亦无無明盡

乃至无老死亦無老死盡無苦集滅道

명색名色과 육입六入

(12)노사老死/늙음 죽음

(11)생生/삶

(10)유有/있음

(09)취取/지님

(08)애愛/이끌림

(07)수受/받아들임

(06)촉觸/닿음/접촉

(05)육입六入/여섯 듦

(04)명색名色/이름 빛깔

(03)식識/알음알이/인식계

(02)행行/옮김/움직임/수행

(01)무명無明/분명치 않음/어둠

이름名과 빛色이 육입六入을 반연한다.

알고 보면 지구상에서만이 아니라 우주에는 빛을 가진 게 있고 없는 게 있다. 빛을 가진 것은 빛이 도달한 곳이고 빛을 지니지 않았다면 없는 게 아니라 빛의 한계성 때문이다. 빛을 가진 것은 태양처럼 스스로 빛을 발하고 빛이 없는 것은 행성처럼 자체 빛이 없거나 빛의 세계로부터 너무 멀리 떨어져 모습을 드러낼 수 없는 한계성 때문이다.

왜 '우주 내에서는' 이라 표기하지 않고 그냥 단순하게 '우주에는'이라고 표현하는가?

무엇보다 우주는 안팎이란 게 없는 까닭이다. 왜냐하면 우주 자체가 공간이며 시간이라 시공간 밖의 다른 세계를 상상할 수가 없다. 만에 하나 우주 밖에 다른 공간이 있고 우주 밖에 다른 시간이 있다면 으레 있을 수도 없거니와 이는 다중多重우주다.

우주가 시공간을 얘기하는 것이라면 시공간 안이 있고 시공간 밖이 있을까?

우주 밖은 설정할 수 없으나 우주 안은 생각할 수 있고 설정할 수 있다. 이유는 내가 이 우주 안에 머물기 때문이다. 보통 우주라고 하면 공간과 함께 그 공간에 들어 있는 천체를 생각할 수 있으나 우주는 어디까지나 공간宇과 시간宙이다. 이 우주 안에 있는 것 가운데 눈에 띄는 것은 물질物質matter이고 눈에 띄지 않는 것은 암흑물질暗黑物質이다. 중요한 것은 물질이거나 암흑물질이거나 또는 암흑 에너지도 이름을 갖고 있다는 것이다.

이름名과 빛色에서 물질色로 표현되든 또는 표현되지 않든 다 이름이 있는데 이를 명색名色이라 한다. 명색이 무엇과 반연攀緣 climbing하는가?

이른바 여섯六 가지 빨아들임入이다.

여섯 가지 빨아들임에는 안팎이 있는데 안에서 빨아들임을 내육근內六根이라 하고 밖에서 빨아들임을 외육처外六處라 한다. 내육근은 눈, 귀, 코, 혀, 몸, 뜻이고 외육처는 빛깔, 소리, 냄새, 맛, 촉감, 법이다.

많은 학자들이 육입六入을 육처六處로 풀어 여섯 가지 감관의 대상으로 보고 있는데 무리가 있다고 할 수는 없다. 이는 감각기관인 눈, 귀, 코, 혀, 몸, 뜻이 빨아들이는 대상이 바로 감각대상인 까닭이다. 눈에 들어오는 빛깔, 귀에 들어오는 소리처럼 나아가 이치法는 생각意에 끌려 들어온다. 따라서 여섯六 가지 빨아들임入은 바깥 경계다. 여섯 가지 빨아들임을 외육처로만 보지 않고 내육근으로까지 함께 보아야 함이다.

내육근은 '빨아들임'이란 표현이 맞겠지만 외육처는 '빨아냄'이 맞는 것 아니냐 할 것이다. 외육처도 내육근 쪽에서 보면 빨아냄이나 외육처 쪽에서 보면 빨아들임이다. 서로 간에 상대를 자기 쪽으로 빨아들임을 인력引力, 또는 중력重力gravity이라 한다. 눈이 사물을 봄과 동시에 사물을 빨아들이고 사물도 사물을 바라보는 눈을 유혹한다. 귀가 소리를 들으면서 소리를 빨아들이듯 소리도 소리를 듣는 귀를 빨아들인다. 향기를 맡는 코가 향기를 빨아들이듯 향기는 분자를 흩날려 후각嗅覺을 자극한다. 가령 향기, 또는 냄새에 빨아들임이 없다면 아무리 꽃이 흐드러지게 피었더라도 벌과 나비 따위를 불러들이지 못한다. 음식물이 부패하면서 냄새를 풍기지 않는다면 파리, 바퀴벌레 등 곤충들이 다가오지 않는다. 이는 향기와 냄새에 후각을 빨아들이는 나름대로의 인력gravity이 작용하는 까닭이다.

어디 빛과 소리와 냄새뿐이겠는가. 혀는 맛을 느끼며 맛을 빨아들이고 동시에 맛은 생명이 지닌 미각을 유혹한다. 아름다운 음식이 혀와 미각만을 자극할까? 눈의 시각을 자극하고 귀의 청각을 자극하고 코의 후각을 자극하고 피부의 촉각을 자극하고 생각의 감성을 자극하여 빨아들인다. 따라서 육입六入은 여섯 가지 빨아들임이다. 여기에는 앞서 얘기한 육근과 육처가 서로 밀어내斥力고 동시에 끌어당긴引力다.

감각기관根과 감각대상塵은 이처럼 서로 다른 위치에 처해 있으면서 밀어내는 힘斥力과 끌어당기는 힘重力이 양쪽에 동시에 존재한다는 사실이다. 어떤 감각기관도 오직 받아들이지만은 않듯이 감각대상도 일방적으로 끌려가지만은 않는다. 팽팽한 긴장과 이완 속에서 이루어지는 동적평형動的平衡dynamic equilibrium이다.

연기관계에서는 동적평형이 근간根幹이다. 다이나믹 이퀼리브리엄dynamic equilibrium이 결여된 연기는 쏠림현상distortion phenomenom일 뿐이다.

이는 명색名色과 육입六入의 관계만이 아니다. 무명無明으로부터 노사老死에 이르기까지 12가지 현상現象phenomenom들은 완벽한 동적평형의 관계를 유지하고 있다. 열두 가지 현상 가운데 어느 하나 빠져 있는 연기관계란 없다. 이를테면 12연기는 흐르는 강물과 같고 끊임없이 이어져 있는 자동차 전용도로와 같다. 지류에서 시작한 강물이 바다에 이르고 어느 지점에서 시작한 자동차 도로가 끝날 때까지는 팽팽하게 이어져 있음과 같다.

끊어지면 그냥 끊어질 따름이다. 다만 끊어지기까지의 그 거리, 그 길이가 지극히 짧다 하더라도 이어져 있음은 사실이다. 일기생 일기멸一期生一期滅뿐만 아니라 찰나생 찰나멸이라는 짧은 순간에서도 12가지 인연의 연기연멸緣起緣滅은 내재한다. 하나의 고귀한 생명이 모태에 착상되기까지 대략 265일 동안을 모태내에서 자란 뒤 엄마의 산도를 따라 세상 밖으로 나올 때까지 그리고 세상에서의 삶이 다하는 날까지 끊임없는 긴장과 이완은 동적평형을 유지한다.

어둠無明, 전달/움직임行, 알음알이識, 이름 빛名色과 여섯六 빨아들임入의 관계, 이들이 모두 동적평형을 이루고 있듯이 이어지는 닿음/접촉觸과 받아들임受과 이끌림愛과 지님取도 긴장과 이완의 연속이다.

뿐만 아니다. 이어지는 존재有가 있다. 존재에는 보통 4가지를 들고 있다.

첫째는 태어남生有이고

둘째는 삶本有이고

셋째는 죽음死有이고

넷째는 죽음과 태어남의 중간中有이다.

　존재有 속에는 삶生과 늙음 죽음老死이 함께 들어있다. 삶과 늙음 죽음이 간단한 문제일까? 십이인연 중에 중요하지 않는 게 있을까마는 세상에 태어나生 살아가生는 과정 속에서 늙음老과 질병病과 죽음死은 작은 게 아니다.

　아상, 인상, 중생상, 수자상我人衆壽相이 이른바《금강경》사분면quadrants이요 고집멸도苦集滅道가 진리의 사분면이라면 도단학성度斷學成은 원력의 사분면이다. 흙 물 불 바람이 원소의 사분면이라면 시간 공간 물질 에너지는 우주의 사분면이다. 관혼상제冠婚喪祭가 예의 사분면이라면 생유 본유 사유 중유는 윤회의 사분면이고 생노병사生老病死는 삶의 사분면四分面이다. 12인연 법칙은 연기의 사분면을 확대한 것이다. 앞과 뒤 왼쪽과 오른쪽前後左右 동양과 서양 예와 이제東西古今까지도 시공간의 사분면을 벗어나지 않는다.

　아름다운 한 송이 연꽃을 바라보며 꽃에서 풍기는 빛깔色과 함께 연꽃이 지니고 있는 향기를 맡는다. 꽃은 무심인 듯하지만 벌과 나비를 부르고 마냥 사람의 마음을 끌어당긴다. 여섯六 가지 끌어들임入은 연기의 근간이다. 12연기의 근간根幹은 끌어들임이다. 내가 연꽃을 사랑하기에 넋을 잃고 바라보듯 연꽃도 나를 사랑하기에 향기를 풍긴다. 연꽃이 나를 마냥 끌어들인다.

정종분正宗分⑷ 계연제界緣諦의 자리

눈의세계 없거니와 의식계도 마저없고
무명또한 없거니와 무명다함 마저없고
노사또한 없거니와 노사다함 마저없고
고집멸도 사성제도 공속에는 하나없네
无眼界乃至無意識界无無明亦无無明盡
乃至无老死亦無老死盡無苦集滅道

내지乃至

(12)노사老死/늙음 죽음

(11)생生/삶

(10)유有/있음

(09)취取/지님

(08)애愛/이끌림

(07)수受/받아들임

(06)촉觸/닿음/접촉

(05)육입六入/여섯 듦

(04)명색名色/이름 빛깔

(03)식識/알음알이/인식계

(02)행行/옮김/움직임/수행

(01)무명無明/분명치 않음/어둠

《반야바라밀다심경》에서는 말씀하신다. "무명세계 없거니와 무명다함 마저없고 늙고죽음 없거니와 늙고죽음 다함없고

无無明亦无無明盡乃至无老死亦無老死盡."

이 글은 매우 뛰어난 함축성을 지니고 있다. '내지乃至'라는 언어는 넓은 오지랖이다.

乃 : 이에 내/노 젓는 소리 애 자와

至 : 이를 지/덜렁대는 모양 질 자다.

이에 내乃의 '이에'는 발어사發語詞이고 이를 지至의 소릿값 '지'는 오히려 '질'에 가깝다. 막힐 질窒, 조카 질姪, 음도 질膣, 차꼬 질桎, 어리석을 질侄, 거머리 질蛭, 늙은이 질耋, 질 질絰, 심지어 방 실室 자 소릿값도 '질'이다.

'내지'라는 2글자에는 어떤 내용이 들어있을까?

만약 《반야심경》 원문을 펼쳐놓으면 이러하다.

무무명역무무명진无無明亦无無明盡

무행역무행진无行亦无行盡

무식역무식진无識亦无識盡

무명색역무명색진无名色亦无名色盡

무육입역무육입진无六入亦无六入盡

무촉역무촉진无觸亦无觸盡

무수역무수진无受亦无受盡

무애역무애진无愛亦无愛盡

무취역무취진无取亦无取盡

무유역무유진无有亦无有盡
무생역무생진无生亦无生盡
무노사역무노사진无老死亦無老死盡

나의 사언절 역譯 방식을 빌리면 여기에 담긴 뜻은 아래와 같이
번역된다 하겠다.

무명세계 없거니와 무명마저 다함없고
움직임이 없거니와 움직임이 다함없고
알음알이 없거니와 알음알이 다함없고
이름빛이 없거니와 이름빛이 다함없고

여섯닯이 없거니와 여섯닯이 다함없고
접촉함이 없거니와 접촉마저 다함없고
받아들임 없거니와 받아들임 다함없고
이끌림이 없거니와 이끌림도 다함없고

지님또한 없거니와 지님마저 다함없고
존재함이 없거니와 존재마저 다함없고
삶의세계 없거니와 삶마저도 다함없고
늙고죽음 없거니와 이들마저 다함없네

반야심경은 오온五蘊을 부정하였으며 십팔계十八界를 부정하고 마침내 십이인연十二因緣을 부정한다. 십이인연의 부정은 두 가지로 대별되는데,

첫째는 무명으로부터 늙고 죽음에 이르기까지 무명을 바탕으로 중생의 탑을 쌓음이고

둘째는 무명으로부터 늙고 죽음에 이르는 탑을 처음 탑의 기저부터 무너뜨리는 작업이다.

무너뜨릴 것도 없이 아예 쌓지 않는다.

탑을 쌓기 위해서는 반드시 기초를 다진다. 나중에 지반 침하로 탑이 무너지면 안 되니까. 그런데 아예 무명의 기반을 놓지 않으니 기반 위로 쌓을 탑층이 과연 있겠느냐이다. 무명의 탑을 쌓는 유전연기流轉緣起의 일은 다겁생多劫生에 걸쳐 일을 했겠으나 환멸연기還滅緣起 탑은 애초에 쌓지 않으니 무명에서 그냥 마음만 비우면 그만이다. 유전연기와 더불어 환멸연기 길에서 볼 때 유전연기의 길은 12인연이 세트로 표기된다.

환멸연기도 12인연을 세트로 표기하지만 유전연기 법칙과 다르게 작동한다. 왜냐하면 유전연기는 12인연을 다 활용하지만 환멸연기는 무명無明에서 노사老死까지 처음부터 놓여있는 탑을 허물기도 하겠지만 아예 마음을 내는 바로 그 순간부터 탑 층을 더 올릴 필요가 전혀 없다는 것이다. 무명의 탑은 미리부터 쌓여져 있지 않다.

다시 말해서 십이인연탑은 기성탑이 아니다. 중생이 삶을 살아가면서 쌓아가는 것이다.

순으로 흘러내려가는 유전연기의 법칙과 역으로 거슬러 오르는 환멸연기의 법칙은 시간이 흐를수록 전자는 더욱 커지고 후자는 시간에 비례하여 점차로 작아진다. 사실 작아지는 게 아니라 그냥 쌓지 않음이다. 아무튼 이 두 가지 로드맵road map을 어떻게 이용하여 나아갈 것인가에 대해 정말이지 깊이 있고 신중하게 생각해 볼 일이다.

그럼에도 불구하고 《반야심경》의 특징은 이들 유전연기와 아울러 환멸연기를 모두 부정하는 데 그 목적이 있다. 그렇다면 불교는 허무주의虛無主義인가?

불교는 결코 허무주의가 아니다. 그렇다고 불교는 반드시 행동주의도 아니다. 건듯하면 피켓 들고 일어서는 행동파도 아니다. 여기에 불교가 지향할 중도中道가 있다. 허무와 실천, 행동과 은둔이 함께 어우러진 게 다름 아닌 불교라는 거룩한 세계다.

요즘 유행어가 '적폐積弊'다. 오랫동안 뿌리가 박힌 폐단이 적폐. 영어로는 deep-rooted evil이다. 적폐란 용어를 불교에 그대로 들이대고 있다. 정확하게는 불교의 고칠 점이 아니라 불교를 이끌어가는 이들의 쌓여온 폐단이다.

며칠 전 어느 후배가 전화를 걸어왔다. 지금 불교의 적폐를 뿌리뽑기 위해 뛰는데 종단 종정스님이나 원로 어른스님들께서는 왜 발 벗고 나서지 않느냐는 것이다.

낮저가로

여기서 그치지 않고 입에 담기조차 민망한 막말까지 곁들였다. 적폐청산에 참석하여 촛불을 들면 다 고승이고 집회 참석하지 않고 자기 수행에 전념하면 천하에 몰가치한 원로로 몰아가는 게 과연 올바른 적폐청산일까 싶다.

가령 건물을 짓는 것으로 예를 들면 반드시 굵은 기둥과 들보만 필요한 게 아니다. 가느다란 서까래도 짧은 부연도 필요하다. 자갈도 모래도 흙도 시멘트도 있어야 한다. 설계사도 기술사도 있어야 하고 전체를 관리감독하는 제도도 함께해야 한다. 심지어 지붕을 이을 이엉을 생산하는 농부의 손길도 필요한 법이고 생산자와 함께 공급하는 업체도 있어야 한다. 누구나 다 대패를 잡은 목수이어야 하고 누구나 다 설비를 맡아야 하는 것은 아니다. 따라서 모든 수행자가 선방을 뛰쳐나오고 법당을 뛰쳐나와 손수 기와를 나르고 들짐을 져야 하는 것은 아니다.

세상이 제대로 돌아가려면 자동차 부품과 같이 움직여야 한다. 자동차 한 대에 든 부품이 1만 가지라면 1만 가지가 모두 다 엔진이어야 함은 아니다. 타이어는 타이어대로 제 역할을 해야 하고 핸들은 핸들로서의 할 일이 있다. 연료탱크는 아무것도 안 하는 것 같지만 연료를 담아 밖으로 새지 않으면 된다. 네비게이션이나 블랙박스 카메라도 각기 맡은 바 제 역할이 있고 룸밀러 사이드밀러와 라이트도 역할이 있다.

불교는 허무주의도 아니고

불교는 행동주의도 아니다.

불교가 불교인 것은 나름의 역할에 충실함이다.

어떤 것도 절대란 존재하지 않는다.

이는 어떤 것도 몰가치하지 않다는 것이다.

공양간에서 마지를 짓는 공양주가

피켓을 든 집회참가자만 못한 것인가.

선방에서 자신을 반조하는 선객이

단식하는 수행자만 못한 것인가.

복지관에서 요양원에서 어르신을 돌봄이

단식하는 이들보다 몰가치한가.

정종분正宗分(4) 계연제界緣諦의 자리

눈의세계 없거니와 의식계도 마저없고
무명또한 없거니와 무명다함 마저없고
노사또한 없거니와 노사다함 마저없고
고집멸도 사성제도 공속에는 하나없네
无眼界乃至無意識界无無明亦无無明盡
乃至无老死亦無老死盡無苦集滅道

촉觸 수受 애愛 취取 유有

(12)노사老死/늙음 죽음

(11)생生/삶

(10)유有/있음

(09)취取/지님

(08)애愛/이끌림

(07)수受/받아들임

(06)촉觸/닿음/접촉

(05)육입六入/여섯 듦

(04)명색名色/이름 빛깔

(03)식識/알음알이/인식계

(02)행行/옮김/움직임/수행

(01)무명無明/분명치 않음/어둠

촉觸은 닿음이고 접촉이다.

여섯六 가지 빨아들임入을 통하여 이름名과 빛깔色을 빨아들여入 접촉觸한다. 접촉을 통해 받아들受인다. 받아들이면서 느낌을 3가지로 구별한다.

첫째, 마음에 안 든다苦受

둘째, 마음에 든다樂受

셋째, 관심 없다不苦不樂受

똑같은 것을 어떤 이는 좋다 하고 어떤 이는 별로라고 하며 또 어떤 이는 관심 없다고 한다. 받을受 때는 두 손爪又이 함께 나간다. 왼손爪만 나갈 수도 있고 오른손又만 나갈 수도 있으나 뭔가 조심스레 잘 포장冖한 물건이라면 필히 두 손이 함께 나가서 받는다.

물건冖을 받는受 이는 두 손爪又이지만

물건冖을 주는授 사람은 더 겸손하다.

그러므로 마음손忄이 하나 더 곁들여진다. 다시 말해서 왼손爪 오른손又 마음 손忄이다. 주고받는受 것이 마음心이라면 이를 무엇이라고 표현하면 좋을까? 그래 '사랑愛'이라 하는 게 좋지 않을까?

사랑 애愛 자는 받을 수受 자에 마음 심心 자다. 물론, 오른손을 뜻하는 또 우又 자 왼쪽에 마음의 기하幾何인 삐침丿을 덧붙여 조심스러움夂을 표현하고 있다. 사랑愛이란 마음心이 바탕이 되는 까닭에 더 조심스럽고 서로 공경하지 않으면 안 된다.

받음受에는 줌授이 포함된다. 주는 이가 있기에 받는 이가 있고 주는 게 있으므로 따라서 받는 것도 있다. 주는 이 없이 어떻게 받을 것이며 받고 싶다고 한들 혼자 어떻게 받겠느냐다.

줄 수授 자와 받을 수受 자는 소릿값이 같으나 줄 때는 세 손이고 받을 때는 두 손이다. 그런데 줄 정/받을 청情/晴 자는 같은 글자를 놓고 소릿값만 다르게 한다. 줄 때는 오로지 깊은 정情으로 주고 받을 때는 맑고 깨끗淸하게 받으라는 뜻이다.

아무튼 받음受에서 그리고 받아들임受에서 결국은 사랑愛의 싹을 틔우는데 마음心이 없으면 그냥 '주고받음受'이고 주고받음受에 만약 마음心이 더 곁들여진다면 이는 영락零落없는 사랑愛의 증표證票다. 따라서 마음心이 빠진 사랑受은 없다.

이 사랑愛을 불교에서는 두 가지로 본다.

첫째는 순수한 '사랑慈'으로 보고

둘째는 집착이 함께한 애욕愛慾으로 본다.

애욕과 사랑은 다 함께 집착을 유발한다. 남녀 간의 사랑만이 아니고 부모와 자녀 간의 사랑도 집착은 따른다. 집착 없는 사랑은 오직 불보살의 사랑뿐이다. 사랑의 성격을 분석해 볼 때 중생의 사랑은 집착과 소유가 바탕이고 불보살의 사랑은 자유와 해탈이 뿌리고 줄기다. 그러므로 세간의 사랑은 윤회를 가져오고 불보살의 사랑은 윤회와 생사를 끊는다.

이 십이인연에서의 사랑愛은 집착이 바탕이다. 따라서 애욕의 뜻으로 사랑愛을 쓰는데 나는 이를 '이끌림愛'으로 풀었다. 이끌림이란 시나브로 상대에게 다가감이다.

자연계를 움직이는 힘에 4가지가 있는데

첫째가 중력重力gravitational force이고

둘째는 전자기력電磁氣力electromagnetic force이며

셋째는 약력弱力weak force이고

넷째는 강력強力strong force이다.

여기서 전자기력을 내치는 힘斥力이라 하는데 반중력反重力 anti gravity이 더 맞을지 모른다. 반중력은 중력으로부터의 자유로서 중력에 끌려가지 않는 상태다. 그러나 이는 증명되지 않은 가설假說이다. 가설hypothesis이란 추측일 뿐이다. 그렇다고 가설이 잘못된 논리는 아니며 다만 공인公認을 거친 이론이 아닐 뿐이다.

아무튼 사랑愛은 일차적으로 중력을 지닌다. 이끌려감과 동시에 상대를 끌어들인다. 대개 중력의 법칙은 위에서 아래로 높은 곳에서 낮은 곳으로 끌린다고 보는데 이는 좁은 견해短見의 중력일 뿐이다.

'물은 중력의 법칙을 따른다'고들 한다. 그런데 실은 큰 강물이 시냇물을 끌어당기고 광활한 바다가 강물을 끌어당기는 것이다. 으레 물이 낮은 곳으로 흐르는 것은 사실이지만 중력의 세계는 언제나 크기에 비례한다. 질량이 크면 클수록 작은 질량을 빨아들인다. 서울이 수도권과 경기도를 빨아들이고 이들 힘이 모여 온 나라를 은근히 빨아들임이 높낮이 때문이 아니라 질량 때문이다. 중

력의 법칙이 높낮이에만 적용된다면 서울 경기 수도권보다는 바다가 훨씬 더 낮다.

거듭 말하거니와 사랑愛은 이끌림이다. 물리학 용어로는 '중력의 법칙'이다. 사랑이 미움으로 바뀌면 힘의 성격이 바뀐다.

중력이 척력斥力repulsive force이 된다. 사랑하는 힘이 미워하는 힘이 되고 혐오감, 불쾌감, 역겨움, 냉담한, 쌀쌀한, 반발하는 힘으로 바뀌게 된다. 실로 이는 중력이 척력이 된 게 아니라 본디 있던 반중력이 힘을 발휘한 것이다. 십이인연 유전연기의 이끌림愛이 환멸연기로 바뀔 때 이끔은 곧 밀어냄이 된다.

애욕愛의 성질이 끌어당김이라면 지님取은 소유하려는 힘이다. 불보살의 사랑처럼 집착을 떠난 게 아니므로 이 집착愛을 근본 바탕으로 하여 취取는 소유하려는 그의 본능을 드러낸다. 취取는 한자 자전에 가질 취取 자로서 오른손又과 귀耳가 어우러져 생긴 글자다. 옛날 전쟁에서 적을 죽이게 되면 한쪽(왼쪽) 귀耳를 잘라 취取하였다. 참으로 슬픈 역사가 담겨 있는 글자라 하겠다.

취取는 12인연 중 애愛에서 온 집착이다.

'가지다'로 새겨지는 한자는 대개 손수변扌이다. 그런데 가질 취取 자는 손扌이 없다고들 한다. 가질 취取에 손이 없는 것이 아니다. 또 우又 자가 곧 오른손을 뜻하는 까닭이다. 오른손은 왼손體과 달리 쓰임새用를 뜻한다. 전세계 인구 중 93%가 오른손잡이다. 오른손으로 포로의 왼쪽 귀를 잘랐다 해서 취할 취取 자가 생겼다고 한다. 아무래도 수행자는 거리를 둘 글자인 듯 싶다.

취取하면 그때부터 뿌듯함을 느낀다. 뿌듯함을 느끼는 글자가 있을 유有 자다. 12인연因緣 가운데 열번째 질료인質料因이다.

고지告知하건대 '없을 유冇' 자가 아니라 분명히 이는 '있을 유有' 자다. 있을 유有에는 초승달月이라도 있지만 없을 유冇는 초승달조차 너무 멀기冂만 하다.

아니다.

그게 아니다.

초승달月의 달이 아니라 육달월月로서 육신月이 있으면 곧 있는有 것이고 육신月이 없冂으면 그대로 없는冇 것이다.

예로부터 실존철학이 발달하여 육신이 없으면 실제로도 없는 것이고 육신이 있다면 아무튼 있는 것이라 보았다. 이건 어디까지나 내 생각인데 유전연기에서는 있을 유有 자를 쓰지만 환멸연기에서는 없을 유冇 자를 쓰면 어떨까. 유전연기流轉緣起의 유전은 물氵이 낮은 곳으로만 흐르듯㐬이 수레車 바퀴가 한(앞)쪽으로만 구르듯專이 번뇌를 싣고 끊임없이 흐름을 뜻한다.

이에 비해 환멸연기還滅緣起의 환멸은 본디 고요寂滅의 세계에서 와서 다시 그 고요의 세계로 되돌아감이다. 유위로부터 돌아가還 멸滅이 되는 게 아니다. 본디 이 세상에 중생으로 오기 전 머물던 자리가 고요寂滅의 세계였고 그 고요滅로 이제 되돌아감還이 환멸還滅이다. 고 피천득 시인의 시를 빌리지 않더라도 우리는 이 사바세계에 잠시 소풍을 온 것이다.

나중에 분명 본래 자리로 되돌아갈 것이다.

정종분正宗分⑷ 계연제界緣諦의 자리

눈의세계 없거니와 의식계도 마저없고
무명또한 없거니와 무명다함 마저없고
노사또한 없거니와 노사다함 마저없고
고집멸도 사성제도 공속에는 하나없네
无眼界乃至無意識界无無明亦无無明盡
乃至无老死亦無老死盡無苦集滅道

생生 노사老死

(12)노사老死/늙음 죽음

(11)생生/삶

(10)유有/있음

(09)취取/지님

(08)애愛/이끌림

(07)수受/받아들임

(06)촉觸/닿음/접촉

(05)육입六入/여섯 듦

(04)명색名色/이름 빛깔

(03)식識/알음알이/인식계

(02)행行/옮김/움직임/수행

(01)무명無明/분명치 않음/어둠

아무도 죽기를 원하지 않는다. 그래도 죽음은 우리 모두의 숙명이다. 아무도 피할 수 없다. 왜냐하면 삶이 만든 최고의 발명품이 죽음이기 때문이다.

애플 창업자 스티브 잡스(1955~2011)

태어남과 삶을 한데 묶은 것이 생生이고 죽음死 직전까지의 삶이 생生이다. 흐름을 따르면 생사生死이겠으나 대전제大前提 major premise로서 죽음을 앞에 놓으면 곧 사생死生이 된다. 어떻게 죽음이 대전제일 수 있느냐 하겠지만 살아있는 사람에게는 죽음이 대전제다. 어찌 보면 죽음보다 소중한 것이 없지만 죽음 뒤는 어찌 될 것인가가 더 큰 관심사다.

'살아있다'는 '살肉이 있다'와 같다. '살이 있다'는 것은 '몸肉이 있다'이고 몸이 있으면 이는 생명이 '꿈틀거림'이다. 사람뿐만 아니라 다른 생명체들도 육신이 살아있다면 그는 살아있는 것이다. 정신세계가 살아있음도 살아있다고 하지만 정신에는 본디 삶도 없고 죽음도 없다. 왜냐하면 삶과 죽음을 기준할 때 숨을 쉬느냐 아니냐로 가름하는 까닭이다. 비록 정신을 전혀 가다듬지 못한다 하더라도 숨을 쉬고 있는 한 몸은 부패하지 않는다.

숨이 멎으면 몸의 호칭이 달라진다. 숨을 쉴 때는 육신肉身/육체肉體지만 숨이 멎고 나면 시신屍身/시체屍體라 한다. 시신, 시체라 할 때의 주검 시屍 자에 이미 죽음을 뜻하는 두 글자가 들어 있다. 주검 시尸 자와 죽을 사死 자다. 단, '사체死體'는 모든 생

생로병사生老病死

물의 죽은 몸이다. 움직이는 생명은 죽으면 호흡이 멎는다. 그렇다면 풀과 나무 등 식물은 어떻게 될까? 식물도 호흡을 하는데 숨이 멎으면 그들은 무엇보다 광합성 작용을 멈출 것이다.

대부분의 생명체는 자연적인 원인에 의해 그에게 주어졌던 삶의 시간을 마감한다. 중요한 것은 왜 숨이 멎느냐이다. 멀쩡한 사람이 숨이 멎을 수도 있는데 여기에도 원인이 있고 동기가 있을 것이다. 건강하던 사람이 심장이 멎었다면 왜 그럴 수밖에 없었는지 까닭이 있을 것이다. 뜻하지 않은 사고가 있었다거나 종전부터 앓아 온 지병持病이 있을 수 있다. 또는 남에게 죽임을 당하거나 법에 의해 사형을 당할 수도 있고 스스로 자신의 목숨을 끊을 수도 있는데 '핑계 없는 무덤은 없다'고 하듯 다 까닭이 있다. 그러나 많은 핑계와 이유 중에서 죽음을 가져오는 대부분 이유는 질병이다. 노화老化로 인하여 천수를 누림보다 대체적으로는 질병으로 인해 삶을 마감한다. 죽음에 대한 정의는 아무나 내릴 수 없고 법에 따르거나 의학계의 판단 정의에 따른다.

생사生死는 커플 단어couple words다. '삶'과 '죽음'으로 분리된 게 아니다. 그냥 '삶죽음'이거나 '죽음삶'의 뜻이다. 생명에게는 두 가지 단어밖에 없다. 삶生과 죽음死이 한 카테고리에 묶여 있다. 이들 삶과 죽음 가운데 늙음과 질병이 있다. 따라서 생노병사는 생명에게 있어서는 필수다. 늙음老이란 그로우 올드grow old로서 나이 들어 피부에 주름이 생기는 현상인데 나이와 상관 없는 정신의 쇠약해짐이 큰 문제다.

늙음老은 늙음耂으로 변화匕함이다. 늙음耂은 그 자신 흙土으로 바뀌어丿간다. 흙은 흙地, 물水, 불火, 바람風 중에서 대표적인 요소이기에 흙만을 들었으나 우리가 사는 이 지구土를 중심으로 하여 물과 불(에너지)과 바람(산소)이 함께한다. 하여 이 몸이 이렇게 분명하다고는 하나 문득 삶을 제치고 죽음이 앞으로 한 발 나서면 그간 살아왔던 삶은 종말을 고할 수밖에 없다. 늙음耂은 그래서 변화匕의 정점이다.

질병疾病은 어떠한가?

신체의 온갖 기능이 장애를 받음이다. 건강하지 못한 상태가 곧 질병이다. 뜻을 나타내는 병질엄疒에 소릿값 질矢이 만난 게 병질疾 자다. 전쟁터에서 많은 이들이 화살의 상처를 입었다. 질疾이란 화살矢을 맞아 생긴 상처疒다. 나중에 질투의 질嫉과 소릿값이 같다 하여 미워하다 빠르다의 뜻으로 쓰이게 되었다. 병疒의 전염 속도가 빠를矢 때를 질疾이라 한다.

병病은 질병疒과 덧남丙을 묶은 단어이다. 예로부터 동양철학東洋哲學에서는 남쪽을 '붉다'와 함께 '불'에 견주곤 하였다. 동청東靑, 서백西白, 남주南朱, 북현北玄으로 파랑 하양 빨강 까망이 동서남북인데 남쪽은 붉음이며 붉음은 태양에 해당한다. 남반구와 달리 북반구에서는 해가 동쪽에서 떠서 서쪽으로 넘어간다. 이때, 23.5° 기운 지구축으로 인하여 해가 남쪽으로 약간 기울어진 채 지나간다. 그러므로 한낮에 해가 머리 위에 있지 않고 약간 남쪽으로 기울어져 있다. 한여름夏至 뒤 3번째 천간 경庚이 들 때

마중쉼, 이른바 초복初伏이 시작되고 4번째 천간 경庚일 때 버금쉼仲伏이 들며 선가을立秋이 지난 뒤 첫째 경庚일에 마지막으로 배웅쉼末伏을 보낸다. 바로 이 삼복三伏이 남쪽하늘에서 작열한다. 이 남쪽 하늘의 뜻 덧병病이 들었기에 병 병病 자는 병이 더욱 악화됨을 뜻한다.

삶生과 죽음死 사이에서 늙음老과 질병病은 거의 필수必需다. 한데 무명으로부터 마침내 늙고 죽음까지를 여기《반야심경》에서는 부정하고 있다. 윤회하는 중생들 세계로 나아가는 유전연기만을 부정하는 데서 그치지 않고 윤회를 끊고 해탈세계로 나아가는 환멸연기마저《반야심경》은 부정하고 있다. 이래도 공空하고 저래도 텅眞 비空어 건질 것 하나 없고 설명할 것 하나 없는데 지금까지 여러 번에 걸쳐 나는 해설하였다.

어차피於此彼, 곧 이쪽이든 저쪽이든 부정되어야 할《반야심경》의 가르침이다. 그럴 것이라면 아예 처음부터 열지 말 것을 경제經題와 서분序分과 더 나아가 정종분正宗分에 이르기까지 하마 70회째다.

부처님께서 하신 말씀이 생각난다.

해인사 팔만대장경각 주련에 적힌 글이다.

사십 년 동안 어떤 법을 말씀하셨는가?

육천 권 경전이 외로이 여기에 있어라!

사십년설하증법四十年說何曾法

육천권경독차방六仟券經獨此房

정종분正宗分(4) 계연제界緣諦의 자리

눈의세계 없거니와 의식계도 마저없고
무명또한 없거니와 무명다함 마저없고
노사또한 없거니와 노사다함 마저없고
고집멸도 사성제도 공속에는 하나없네
无眼界乃至無意識界无無明亦无無明盡
乃至无老死亦無老死盡無苦集滅道

고제 苦諦

비록 《반야심경》에서는 부정하지만 사성제를 접하면서 나는 늘
감격에 젖는다.

세상에 이토록 아름다운 말씀이 있을까!

세상에 이토록 거룩한 가르침이 있을까!

이보다 더 소박한 진리가 있을까!

이보다 더 논리적인 체계가 있을까!

이처럼 이해하기 쉬운 말씀이 있을까!

이처럼 완벽한 성스러움이 있을까!

그럼에도 불구하고 《반야심경》의 맛은 이 고귀한 진리마저 깡그
리 부정함에 있다. 만일 《반야심경》 말씀을 늘이면 아래와 같다.

첫째 공중무고空中無苦요

둘째 공중무집空中無集이며

셋째 공중무멸空中無滅이요

넷째 공중무도空中無道다.

공 속에는 괴로움의 진리가 없고

공 속에는 집착의 진리가 없고

공 속에는 소멸의 진리가 없고

공 속에는 길의 진리가 없다.

고제苦諦duhakaha satya다.

깨치지 못한 사람의 삶은 고苦라는 진리이다.

인간은 색色, 수受, 상想, 행行, 식識 다섯五 가지 끄나풀蘊로 이루어진 존재다. 아직까지 부처의 경지에 오르지 못한 사람, 깨닫지 못한 사람凡夫들에게 있어서 그의 삶은 온통 고통이라는 뜻이다. 고제苦諦의 고苦는 괴로울 고苦 자 외에 씀바귀 고苦, 땅이름 호苦 자로 새기기도 한다. 씀바귀는 고들빼기와 함께 봄나물 중 하나다.

쓴苦 맛으로 치자면 한약韓藥이다.

양약은 복용하는 이의 미감味感을 생각하여 가루를 캡슐이나 정제錠劑로 만들어 물과 함께 삼키는 쪽으로 발전시켰으나 한약은 쓰면 쓴 대로 달면 단 대로 시거나 떫거나 맵거나 그대로 약을 짓는다. 양약과 한약이 지닌 약효를 비교할 수는 없으나, 아무튼 한약은 오리지널 맛을 바꾸지 않는다. 나는 쓴맛과 신맛이 싫어 한약을 피했으나 실제 한약은 부작용이 거의 없다고 한다.

고제苦諦에서 말하는 고는 쓴맛과는 다르다. 쓴맛은 잠시이나 건강에는 좋다. 불교에서 말하는 고苦는 괴로움이다. 여기에 삼고三苦, 사고四苦, 팔고八苦가 있다. 삼고란 세 가지 괴로움이고 사고는 네 가지 괴로움이며 팔고란 여덟 가지 괴로움을 일컫는 말이다. 세 가지 괴로움은 중생 괴로움의 기본이고 사고는 생로병사고生老病死苦며 여덟 가지 괴로움은 세 가지 괴로움의 세분화다. 그렇다면 소위 삼고三苦와 팔고八苦는 어떠어떠한 것들이 있을까?

첫째는 고고苦苦다.

사람이라면 누구나 느낄 수 있는 고통으로 태어남/삶生과 늙음老, 질병病과 죽음死이다. 생로병사 중에서 특히 삶生과 죽음死은 윤회를 벗어나지 못한 중생의 괴로움이다. 윤회를 벗어났다면 태어날 일도 죽을 일도 없다. 태어날生 일도 죽을死 일도 없으니 태어남과 죽음의 괴로움이 있을 수 없다. 어찌하여 윤회를 벗어나지 못할까? 아직 깨달음을 성취하지 못한 까닭이다. 고고苦苦란 한마디로 생명을 가진 자의 괴로움이다. 태어나生 늙고老 병들어病 죽는다死는 것은 생명을 가진 자가 느끼는 고통이다.

앞서 윤회를 벗어나지 못한 범부 중생이 삶을 살아가는 가운데 느끼는 고통이 삶의 고통, 늙음의 고통, 질병의 고통이라면 죽음조차도 결국 생명있는 자의 괴로움이다. 죽음은 단지 죽어가는 자의 고통이지 살아가는 자의 고통이 될 수 없다고들 한다. 그런데 죽어가는 자는 으레 고통이겠지만 죽음을 맞기 전 건강한 자의 고통이기도 하다.

여기에는 두 가지 두려움이 있는데 첫째는 죽음 자체에 대한 두려움이고 둘째는 죽음 뒤에 올 저승에 대한 두려움이다. 여기에 생명이 느끼는 고통이 또 있다. 여덟 가지 고통에 들어가는 고통 중 둘이다. 애별이고愛別離苦와 원증회고怨憎會苦로 사랑하는 이와 헤어짐의 고통이며 미워하는 사람과 만나게 되는 고통이다.

삼고三苦의 둘째로 괴고壞苦가 있다.

이는 한마디로 변화變化의 고통을 가리킨다. 직역하면 '무너지는壞 고통苦'이다. 삼법인三法印 중 제행무상諸行無常이다. 변화의 법칙인 제행무상이 왜 고통일까? 인간은 젊음을 젊은대로 유지하고 싶어한다. 하지만 젊음은 항상 그대로 있지 않다. 늘씬한 몸매였는데 아랫배가 나오며 얼굴과 피부에 점차 주름살이 만들어진다. 늙지 않을 수 없고 쇠약해지지 않을 수 없다.

어디 본인의 늙음과 쇠약뿐이겠는가. 건강하시던 부모님이 점차 힘들어하시고 사랑하는 아내와 믿음직한 남편이 점점 힘을 잃어가는 것도 무너지는 고통이다. 모든 것이 연기의 법칙을 따라 변화한다. 한 번 지은 집도 영원히 새 집이면 좋겠는데 10년 20년 3~40년이 지나면서 점차 낡아간다. 자동차도 늘 새 차였으면 얼마나 좋을까마는 십 년 정도 타면 고칠 곳이 많아지고 새 차를 사고 싶지만 어즈버! 돈이 없다. 한마디로 '구부득고求不得苦'다.

행고行苦는 제행무상고諸行無常苦다.

행고의 '행行'은 제행무상의 '행行'을 가리킨다. 다섯五 가지 끄나풀蘊에서 기인하기도 한다. 인간은 다섯 가지 끄나풀로 엮인 존재다. 이를 오취온五取蘊이라고도 한다. '오온' '오취온'은 취할 취取 자의 유무일 뿐 같은 뜻을 지닌 중생의 몸과 마음이다. 중생들은 다섯 가지 끄나풀을 자기라고 여긴다. 그러면서 이들 끄나풀이 전체라 집착한다. 결국은 집착하는 데서 고통이 따른다. 자기라고 여긴 몸도 마음도 뜻대로 안 되니까.

이를 오취온고五取蘊苦라 하고 또는 오음성고五陰盛苦라고도 한다. 오음五陰과 오온五蘊은 다 같은 말이다. 다만 구역舊譯과 신역新譯을 달리할 뿐이다.

다섯 가지 끄나풀五蘊panca sakandha 또는 오취온五取蘊은 다음과 같다.

첫째는 색色루파rupa이고

둘째는 수受베다나vedana며

셋째는 상想삼즈나samjna이고

넷째는 행行삼스카라samskara며

다섯째는 식識비즈나나vijnana다.

나는 여기에 다른 고苦를 곁들인다. 다섯五 가지 욕망欲과 쾌락樂이 괴로움이다.

돈을 벌고 싶음은 재물욕財物欲이다.

짝이 그리움은 색욕色欲이다.

배가 고픔은 식욕食欲이다.

자고 싶음은 수면욕睡眠欲이다.

자리가 탐남은 명예욕名譽欲이다.

다섯 가지 욕락에 플러스 알파가 있다.

앞서가고 싶음은 스피드욕speed欲이다.

싸워서 이기고 싶음은 게임욕game欲이며

이를 다른 말로 전쟁욕戰爭欲이라 해도 좋다.

인간의 욕망은 끝이 없다. 인간 외 지구상 어떤 생명체도 내가 알기로는 욕망에 절제가 있다고 본다. 배 부른 사자는 사슴을 잡지 않는다. 재지 않으니 창고도 냉장고도 필요 없다. 졸리면 자고 주리면 그때 사냥한다. 지구상 어떤 생명체도 과욕이란 게 없다. 그런데 사람은 끝없이 재어 두고 높은 데 오를수록 더 많이 소유하려 한다. 따라서 지위가 높으면 재산도 함께 늘어난다.

이들 욕망이 무엇을 가져오는가?

그렇다.

고통이다.

삶의 고통이고

늙음의 고통이고

온갖 질병의 고통이고

죽음을 바라보는 고통이다.

3가지 4가지 8가지 고통이다.

이들 고통의 뿌리가 과연 무엇일까.

정종분正宗分(4) 계연제界緣諦의 자리

눈의세계 없거니와 의식계도 마저없고

무명또한 없거니와 무명다함 마저없고

노사또한 없거니와 노사다함 마저없고

고집멸도 사성제도 공속에는 하나없네

无眼界乃至無意識界无無明亦无無明盡

乃至无老死亦無老死盡無苦集滅道

집제 集諦

애써 모으려고 하지 말라.

모인 것은 반드시 흩어지나니

애써 쌓으려고 하지 말라.

쌓은 것은 마침내 무너지나니

애써 오르려고 하지 말라.

오른 자는 언젠가 내려오리니

어떤 것에도 집착하지 말라.

어떤 것도 변화하지 않는 것은 없나니

고통苦에도 집착하지 말고

즐거움樂에도 집착하지 말라.

고통도 즐거움도 모두 다 영원하지 않나니

고통苦은 집착執着에서 온다.

집착의 뜻으로서 집集 자를 쓴 이유는 뭘까?

집착執着의 근원이 집集인 까닭이다. 집착의 집執은 쇠고랑幸이 움직씨이고 무릎을 꿇은 채 두 손을 내밀고 있는 모습丸이 죄지은 사람을 상형像形으로 나타낸 그림씨다. 곧 죄인丸에게 쇠고랑幸을 채운다는 뜻이다. 쇠고랑 행幸 자는 놀랠 녑/엽䇂 자와 같이 경찰이 느닷없이 수갑을 채움으로써 놀라는 모습을 그리고 있다.

이처럼 '집착'의 '집'자를 자세히 살펴보면 다행할 행幸 자에 둥글 환丸 자를 쓰고 있다. 쇠고랑, 곧 수갑手匣을 뜻하는 행幸 자가 포도청에 놀란 놀랠 녑/엽䇂 자이면서 행복幸福happiness을 뜻하는 행幸 자라니 행복幸이란 고난辛과 함께한다는 뜻일 것이다. 행복할 행幸과 고생할 신辛은 한 획 차이다. 고생辛에서 하나一를 더하면 행복幸이고 행복幸에서 하나一를 빼면 고생辛이다. '하나'는 곧 '올곧은 한마음一心'을 가리킴이다.

알고 보면 부처와 중생 차이도 딱 한 가지로 번뇌가 있느냐 없느냐다. 번뇌가 없으면 겉모습과 상관없이 부처이고 번뇌가 있으면 누가 뭐라든 그는 중생이다. 이처럼 올곧은 한마음의 여하如何에 따라서 때로 고생도 되고 또 때로 행복도 된다. 행복幸이 고난辛임을 알지 못한 채 집착執하면 윤회의 굴렁쇠丸만이 그를 기다릴 것이다. 따라서 집착의 집執은 윤회의 시작이다.

'집착'의 착着은 크게 2가지로 새긴다.

첫째는 붙을 착着 자로 새기고

둘째는 나타날 저着/著 자로 새긴다.

일반적으로 '착着'은 집착의 뜻으로 풀이하지만 움직씨動詞 뒤에 이 착着 자를 놓을 경우 영어 킵keep의 뜻을 지니고 있다. 어떤 동작이나 상태를 계속 유지함이다. 가령 킵 아웃keep out이라 할 경우 '밖out에 있는 상태를 유지keep하라.'로 '밖에 그대로 머무르라' '들어가지 말라'의 뜻이다. 따라서 집착執着이 지니고 있는 뜻은 집執한 상태를 계속 유지함이다.

가령 어떤 현상에 집執하였다 하더라도 곧바로 마음을 바꾸면 해탈의 상태가 되는데 집執한 상태를 계속 유지着한다면 중생이 부처 될 가능성은 분명 요원할 것이다. 가령 '팡샤저放下着' 화두를 예로 든다면 '놓은放下 상태를 계속 유지着하라'는 것이다. '팡샤저放下着'는 문어체가 아닌 구어체다. 그러므로 이는 우리 발음이 아닌 중국어 현지음으로 발음해야 제맛이 난다.

가령 일본어 '오나마에お名前'를 '오명전'이라 읽는 사람은 아무도 없다. 오お를 뺀 채 나머지 '나마에名前' 자체로도 역시 '이름'이란 뜻을 지니고 있다. 가령 이를 '명전'이라 읽으면 뭐라고 할까 단언하건대 어떻게 그렇게 읽을 수 있느냐며 읽는 방법을 친절하게 가르쳐 줄 것이다. 그런데 팡샤저放下着는 '방하착'이라 한다. '팡샤저'로 발음하면 곧바로 수정해준다. '팡샤저'가 아니라 '방하착'으로 발음하라면서…

징기즈칸成吉思汗은 징기즈칸이라 읽으면서 어쩐 일인지 같은 시대 같은 몽골 정치가였던 위에리추차이耶律楚才에 대해서는 우리 한자읽기를 따라 '야율초재'로 발음한다. 우리는 중국어 구어체 '시썸머是甚麽'를 시썸머가 아닌 '시삼마'로 읽으라 가르친다. '시삼마'로 읽으라는 것은 그래도 나은 편이다. 아예 "이 시是, 깊을 심甚, 무엇마麽"라 하면서 '시심마'로 읽고 발음하라고 가르친다. '팡샤저'의 저著로 인하여 얘기가 옆길로 샜다.

집착의 뿌리를 '집集'이라 하였다.

집제集諦samudaya sacca는 사성제의 둘째 고통의 원인에 관한 진리다. 앞서 고통이 어디서 왔느냐며 끝을 맺었는데 고통은 분명 집착執着에서 왔으며 그 집착은 끌어모음集에서 기인起因한다. 모을 집集 자는 모을 집雧 자에서 왔고, 이 모을 집雧 자는 곧 이 모을 집雥 자에서 왔다. 나무木 위 한 마리 새隹로는 모임이 못 된다. 세 마리 새雥는 되어야 모였다고 할 수가 있다.

이처럼 세 마리 이상의 새들雥이 나뭇가지木 위에 옹기종기 모여雧 있음이 바로 모임의 뜻을 드러낸다고 하겠다. 새 추隹 자는 꼬리가 짧은 새를 가리키지만 새 조鳥 자는 모든 새를 통째로 가리킨다. 꼬리가 짧은 메추라기나 참새 따위는 항상 떼거리로 이리 날고 저리 앉는다. 그러므로 집集은 집雧 자의 간체자로서 온갖 잡다한 욕망을 모은다는 뜻을 갖고 있다. 비움이 아니라 모으려는 데서 괴로움이 생긴다.

남방 상좌부 불교에서는 번뇌 중에서 인간 내면에 자리한 갈애渴愛와 갈망渴望, 망집妄執을 고통의 원인으로 생각한다. 고통의 원인은 바로 이들에 집착하기 때문이다. 그런데 대승불교에서는 약간 다르다. 대승불교에서는 '나' '나의 것'이 중심이 된다. '나'도 '나의 것'도 본디 실재하지 않는데 실재한다고 보는 무지無知와 무명無明에서 아집我集이 생기고 망집妄集이 생긴다고 본다. 이 아집과 망집이 곧 고통의 주된 원인이 된다.

　　우리절이 속한 데가 워낙 깊은 산중이어서일까. 나는 매일 새들의 움직임을 바라보곤 한다. 숫자를 헤아릴 수 없는 것은 아니지만 실로 엄청난 작은 새들이 떼거리로 난다. 이들 움직임에는 동작의 지속성이란 것이 없다. 어떤 나뭇가지에서도 1분 이상 머물지 않는다. 떼를 지어 이리 푸드득 저리 파르륵 끊임없이 장소를 옮겨다니곤 한다. 한 가지 집集의 상태가 오래 지속되지 않는다. 그래서 나는 생각한다 '집集도 영원한 것은 아니구나!' 하고...

모으면 흩어질까를 염려하고
쌓으면 무너질까를 염려하고
오르면 내려올까를 염려하고
믿으면 변화할까를 염려하고
만나면 헤어질까를 염려하고
미우면 만나질까를 염려하고
죽으면 윤회할까를 염려하고
이래저래 윤회의 굴레는 염려와 집착 뿐이다.

괴로움苦의 원인은 집착 때문이고 집착은 결국 끌어모으려는 데서 시작된다. 끌어모으려는 데서 끝없는 욕망이 일어나고 끝없는 욕망에서 삼매samadhi를 잊게 된다.

어느 날 흰구름白雲이 청산靑山에게 묻는다.

"너는 왜 맨날 같은 장소에 있는 거니?"

그러자 청산이 흰구름에게 되묻는다.

"그럼, 그런 너는 왜 잠시도 가만 있지 못해?"

흰구름이 할 말을 잊었다.

청산도 끝내 뒷말을 잇지 못했다.

개미가 성을 쌓지 않으면 어찌 되지?

그래, 개미성이 마침내 무너지는 거지.

만약에 탑을 쌓다가 중간에 그만 두면?

그래, 결국에는 미완성 탑으로 남아 있겠지.

마음을 닦다 만약 중도에서 그만 두면?

그래, 입만 살아서 주저리주저리 떠벌리겠지.

아으! 이게 나를 두고 한 말이렷다.

입만 살아있고

펜만 살아있으니 말이다.

정종분正宗分(4) 계연제界緣諦의 자리

눈의세계 없거니와 의식계도 마저없고
무명또한 없거니와 무명다함 마저없고
노사또한 없거니와 노사다함 마저없고
고집멸도 사성제도 공속에는 하나없네
无眼界乃至無意識界无無明亦无無明盡
乃至无老死亦無老死盡無苦集滅道

멸제 滅諦

　고꿈의 세계가 중생계라면 멸滅의 세계는 부처님 세계다. 멸이
란 중생고衆生꿈의 진멸盡滅이다. 중생의 괴로움은 3고꿈 4고꿈
8고꿈로서 세 가지, 네 가지, 여덟 가지 괴로움이다. 이들 괴로움
을 모두盡 없앰滅이 진멸이다. 이들 괴로움의 쏘시개는 번뇌煩惱
다. 백팔번뇌를 뛰어넘어 팔만사천번뇌이고 팔만사천번뇌를 뛰어
넘어 다함없는 번뇌다. 번뇌와 더불어 사는 자는 모두가 번뇌다.

　번뇌煩惱는 번뇌를 끌어들이고 진멸盡滅은 더욱더 진멸을 끌어
들인다. 이는 선지식은 선지식을 모여들게 하고 불한당은 불한당
을 계속 만들어냄과 같다. 불한당不汗黨의 뜻이 무엇인가?

　글자 그대로 땀흘리지 않는 무리들이다. 남들은 농사짓고 장사
하고 열심히 일하는데 땀 한 방울 흘리지 않고 뒤통수치는 자들이
다. 이를 우리는 강도라 하고 깡패라 한다. 부처 옆에는 부처요 중

생 옆에는 중생이다.

누군가가 대문 밖에 던진 쓰레기 봉투 하나가 끊임없이 쓰레기 봉투를 불러들인다.

"여기에 쓰레기를 버리지 마세요. 이곳은 대문 옆이랍니다.

부탁합니다."

그러나 쓰레기는 없어지지 않고 계속해서 점점 쌓여만 갔다. 주인은 궁리 끝에 쓰레기를 말끔히 치운 뒤 예쁜 꽃 화분을 가져다 놓았다. 그 뒤로 쓰레기는 사라졌다고 한다.

번뇌로 인해 괴로워하는 자에게 번뇌는 끊임없이 다가와 그를 괴롭힌다. 생각을 바꾸어 부처님의 미소를 떠올리며 우아하고 화사한 표정을 지으면 주위는 온통 밝은 표정으로 가득 찬다. 그래서일까 불행은 불행을 데려오고 행복은 끊임없이 행복에 행복을 데려온다. 고苦를 없애고 멸滅의 세계를 불러오려면 고를 없애려는 것도 중요하지만 곧바로 멸의 세계를 추구追究할 일이다.

그렇다면 멸滅은 어떤 세계일까?

사성제 중 셋째 멸제滅諦nirodha satya다.

고통의 소멸에 관한 진리를 가리키며 괴로움 원인의 완전한 소멸에 관한 진리다. 고통의 원인인 갈애渴愛를 비롯하여 아집我執과 나아가서는 잘못된 집착妄執이 완전히 사라지도록 통찰하는 것이다. 고통의 원인이 완전히 소멸된 상태를 열반涅槃이라 하고 해탈解脫이라고도 한다.

이는 깨달은 거룩한 부처님의 세계다.

꺼질 멸/멸할 멸滅 자에 담긴 뜻을 보자.

범어 '니로다nirodha' 속에 이미 담겨 있는 의미와 견주었을 때 한자의 멸滅 자가 제대로 전달하는지 보자.

멸滅 자에는 꽤 다양한 뜻이 들어있다. 멸할 멸滅 자는 꺼질 멸滅 자로도 새기는데 꺼질 멸로 새기는 게 불교의 멸과 더 가깝다. 그리고 꺼질 멸/멸할 멸滅 자에는 이수변冫에 쓴 꺼질 멸滅 자도 있고 간체자로서의 꺼질 멸灭 자도 함께 쓰인다.

꺼질 멸滅 자를 파자하면 아래와 같다.

1. 물冫로 씻어 깨끗하게 한다.
2. 불火로 태워버린다.
3. 주살弋로 쏘아 없앤다.
4. 창戈으로 찔러 무찌른다.
5. 얼음冫으로 얼려버린다.
6. 불火을 덮어一 꺼灭버린다.
7. 한 쪽丿으로 아예 밀쳐버린다.
8. 역시 창戊=矛으로 무찌른다.
9. 개戌가 와서 통째로 먹어버린다.

이 밖에 대여섯 가지로 더 파자할 수 있으나 여기서는 이것으로 만족하고 생략한다. 아무튼 꺼질 멸/멸할 멸滅 자 한 글자 속에 '니로다nirodha'의 뜻이 다 담겨 있을지 모른다. 불교의 멸은 그냥 단순한 멸이 아니라 고요할 적寂 자가 앞에 놓인 적멸寂滅이다.

위경으로도 너무나 잘 알려진 《원각경圓覺經》3번째 챕터 〈보안보살장普眼菩薩章〉에 '원각보조적멸무이圓覺普照寂滅無二'가 있다. 이는 어떻게 해석하느냐에 따라 뜻이 달라진다.

지금까지 해석은 대개 현토懸吐를 따르고 있다.

'원각圓覺이 보조普照하니 적멸寂滅이 무이無二라.' 라고 토를 달아 '원각圓覺이 두루普 비추照니 적寂과 멸滅이 둘二이 아니不다'로 달리 생각할 것도 없이 간단하게 풀어내고 있다.

퇴옹 성철 대종사의 종정법어도 이에 준한다. 그런데 이 해석이 과연 올바른 해석이냐. 잘라 말斷言하건대 이는 원각의 뜻이 아니다. 원각의 뜻은 이렇게 얼버무림이 아니다.

한자는 토吐를 달지 않는 것이 원칙이다. 이는 영어에 토를 달아 읽지 않는 것과 같다. 어디 영어뿐이겠는가. 모든 외국어에는 토라는 것이 없다. 심지어 현대 중국어에도 토란 것이 없다. 그런데 우리나라는 한문을 쉽게 이해시키려 모든 한문 문장에 토를 달아 읽는다. 어린이 교재 《小學》《明心寶鑑》정도라면 토도 달고 삽화도 넣을 수 있겠으나, 중고등 과정의 《論語》《孟子》를 비롯하여 심지어 《大學》《中庸》따위도 토를 달았다.

토를 다는 게 반드시 나쁘다는 것은 아니다. 토를 달면 토 단 사람의 생각을 따라간다. 생각의 날개를 마음껏 펼칠 수 없다. 한데 《圓覺經》〈第三普眼菩薩章〉에 '원각圓覺이 보조普照하니 적멸寂滅이 무이無二라' 라고 하여 다르게 해석할 여지를 아예 막아버린 것이다.

그러다 보니 종정법어조차도 이를 따를 수밖에…

그런데 나는 이를 이렇게 풀이한다.

'원각圓覺에는 보조普照와 적멸寂滅이 둘이 아니다'로…

분명하게 얘기하건대 원각圓覺의 세계는 고루固陋하거나 고루孤陋하지 않다. 원각에는 성성惺惺의 세계 보조普照만 있거나 적적寂寂의 세계 적멸寂滅만 있는 게 아니다. 이 두 가지가 늘 함께한다는 것이다. 그러므로 보조와 적멸이 원각에서는 하나다.

이처럼 매우 확연한 이치를 버려두고 '원각圓覺이 두루普 비춘照다.' 하고 적멸寂滅을 나누어 적과 멸이 둘이 아니라니 잘못되어도 정말이지 한참 잘못된 것이다.

보조普照와 적멸寂滅은 대칭이 되지만 적과 멸을 나누어 대칭화시킬 수는 없는 법이다. 원각의 세계는 묘유妙有로서의 보조普照와 진공眞空으로서의 적멸寂滅이 하나다. 이를 분리시켜 둘로 보지 않는다. 가령 부처님 열반에 적멸만 있고 보조가 없다면 그야말로 부처님의 해탈 열반은 몰가치하다.

부처님 세계는 대적大寂의 세계이면서 또한 대광大光의 세계이기에 이를 한데 묶어서 대적광大寂光이라 한다.

내가 해인사에 몸을 의탁한 이듬해 그러니까 1976년 여름 치문반緇門班 때다. 당시 같은 반 동갑내기 대일스님과 함께 해인사 대적광전大寂光殿 앞에서 "아! 대적광전이여! 참으로 놀랍다!"라고 했다.

433

멸제 滅諦

그러자 옆에 있던 대일스님이 물었다.

"대적광전 간판에 무슨 깊은 뜻이 들어있남유?"

내가 싱긋 웃으며 말했다.

"네, 대일스님. 제가 출가하길 정말 잘했네요. 오늘 이 대적광전을 만나려고 그랬나 봐요."

대일스님은 내가 워낙 크게 감탄하니까 오히려 내가 이상하게 느껴졌나 보다. 그는 오른손으로 머리에 동그라미를 그리면서

"아이구! 정휴스님. 뭐 잘못 드신 거 아닌감유?"

내가 정색을 하고 얘기했다.

"보세요, 스님, 고요寂하면서 빛光나는 곳殿 그것도 아주大 거룩한 곳이잖아요!"

사성제의 멸滅의 세계는 적멸寂滅의 세계다. 그러나 그 적멸에는 보조普照를 머금고 있다. 대적광大寂光 세계가 그대로 해탈 열반 세계다.

정종분正宗分⑷ 계연제界緣諦의 자리

눈의세계 없거니와 의식계도 마저없고
무명또한 없거니와 무명다함 마저없고
노사또한 없거니와 노사다함 마저없고
고집멸도 사성제도 공속에는 하나없네
无眼界乃至無意識界无無明亦无無明盡
乃至无老死亦無老死盡無苦集滅道

도제 道諦

고품가 무엇인가?

무명無明 때문에 연기緣起를 모름이고 무지無知로 인해 자성
自性을 알지 못함이다. 자신을 포함한 생명의 실상이 무엇인지
자신이 살아가는 시공간時空間에 대하여 어느 것도 확신確信할
수 없음이다. 고품는 쓸 고/괴로울 고품 자이기는 하나 몸과 마음
의 아픔을 두고 하는 말이 아니다. 어디서 와서 지금 어떤 길을 가
고 있으며 삶을 마감한 뒤에는 어떤 세계로 갈 것인지 아무것도
모르는 것이 곧 고품다.

그렇다면 이 고품는 어디서 왔는가?

이는 으레 집착執着에서 왔으며 집착은 쌓음蘊과 모음集에서
기인한다. 모음集이란 곧 연기緣起의 끄나풀蘊이며, 끄나풀로 말
미암아 생긴 그늘陰이다. 하여 끄나풀蘊과 그늘陰은 같은 뜻으로

새긴다. 무명無明과 그늘陰은 모두 어둠이다. 다섯五 가지 그늘 陰에서 어둠無明이 생겼고 이들 어둠이 12가지 유전연기를 만들 며 12가지 유전연기는 집착과 괴로움을 낳았다.

중생고衆生苦의 원인이 집착임을 알고 집착을 멈추면 깨달음의 세계 해탈 열반의 경지를 얻었다 하더라도 어떻게 집착을 멈추고 끊을 것이며 어떤 방법道들이 있을 것인가를 알아야 한다.

이를 8가지로 제시한 게 팔정도八正道다. 팔정도는 여덟八 가 지 바른正 길道이다. 바른 길正道이란 '올바른 방법'이며 이는 매 우 성聖스러운 가르침道이기에 팔성도八聖道라 이름하기도 한 다.

'바르다/옳다正'란 어떤 뜻일까?

한자에 담긴 뜻은 '하나一에 머무름止'이다. 하나는 무엇이고 어 떻게 머무를 것인가?

하나는 다름 아닌 한마음一心이며 움직이고 고요함에 한결같음 動靜一如이다. 함께 있거나 홀로 있거나 늘 계를 지니며 욕락欲 樂의 대상 앞에서도 흔들리지 않음이다. 한결一같이 머무止는 삶 이 곧 바름正이다. 성聖스러움은 마음의 자유로움이다. 귀耳로 듣고 입口으로 표현함에 있어서 생각대로 맡기王되 그릇됨이 없 음이 성聖이다.

도道는 길이며 방편이며 법칙이다. 다 제쳐두고 으뜸首으로 갈 辶 길이 도道다. 머리카락丷이 눈目 위로 있음이 바름首이요, 머 리카락八이 눈目 아래로 있으면 거꾸로頁다. 따라서 바른 길正道

을 걸어가는 이는 언제나 머리가 하늘을 향하지 않으면 안 되며 고개 숙여頁 빌 일을 만들지 않아야 한다. 그만큼 도道는 매일 걸어가는 길이되 언제 어디서나 겸손下心하며 당당할 일이다. 여기에 여덟 가지가 있으니 이른바 팔정도다.

사성제 중 도제道諦marga satya다

도제가 중요한 것은 바로 실천 수행인 까닭이다. 아무리 고苦의 원인이 집集인 줄 알고 집착을 소멸하면 열반의 세계인 줄 알더라도 실제 열반으로 가는 길을 걷지 않는다면 으레 깨달음에 이룰 수는 없는 일이며 자유와 해탈을 스스로의 삶으로 만들 수 없다. 그러므로 도제는 사성제 중 가장 중요하다.

팔정도를 떠나 실천을 말할 수 없다. 실천實踐은 실實로 발을 떼어 걸어감踐이다.

도제에는 상좌부 불교의 37 조도품이 있고 대승불교의 육바라밀, 십바라밀이 있으며 대표적으로 원시불교의 팔정도가 있다.

팔정도는 아래와 같다.

1. 정견正見 바르게 보기
2. 정사유正思惟 바르게 생각하기
3. 정어正語 바르게 말하기
4. 정업正業 바르게 행동하기
5. 정명正命 바르게 생활하기
6. 정정진正精進 바르게 정진하기

7. 정념正念 바르게 기억하기

8. 정정正定 바르게 집중하기

정견正見samma ditthi이다.

사성제와 팔정도를 바르게 보는 견해다.

바르게 말하기

바르게 행동하기

바르게 생활하기가 계율戒의 길道이라면

바르게 정진하기

바르게 기억하기

바르게 집중하기는 선정定의 길道이며

바르게 보기와 더불어

바르게 생각하기는 지혜慧의 길道이다.

정사유正思惟samma sankappa다.

정사유는 줄여서 정사正思라고도 한다. 언제 어디서나 올바른 사고방식을 바탕으로 올바른 마음가짐을 갖도록 노력함이다. 삿된 말, 삿된 생각에 이끌려가지 않고 항상 바르게 사유思惟하되 내가 서 있는 자리가 어디며 나는 정진에 있어서 게으르지 않은지 나는 부처님의 가르침대로 잘 닦아가는지 나는 과연 누구인지를 늘 바르게 생각함이다.

정어正語samma vaca다.

나는 참된眞 말語을 하는가.

나는 실다운實 말語을 하는가.

나는 사실과 같은如 말語을 하는가.

나는 속이는誑 말語을 하지는 않는가.

나는 다른異 말語을 하지는 않는가.

저주를 비롯하여 욕설惡口이나 더 나아가서는 중상모략兩舌이
거나 쓸데없는 말綺語로 현혹하지는 않는가.

거짓말妄言로 자신과 남을 속이지는 않는가.

정업正業samma kammanta이다.

몸가짐을 반듯하게 함이 이른바 정업이다.

살아있는 생명을 함부로 죽이지 않고

시도 때도 없이 주먹질에 폭행하지 않고

패거리로 남을 따돌리지 않고

주지 않는 남의 물건을 훔치지 않고

불륜不倫을 저지르지 않고

언제 어디서나 바르게 살아감이다.

언어와 마음가짐만이 중요한 게 아니다.

수행은 몸가짐조차도 바르게 지녀야 한다 .

정명正命samma ajiva이다.

목숨 명命 자에 담긴 뜻이 중요하다.

생명命은 모든 사람人에게 있어 하나ー뿐이다.

생명이란 먹ロ지 않고는 살 수 없다.

그리고 생명이란 끊임없는 두드림叩이다.

베토벤의 교향곡 '운명運命'처럼 두드림이다.

무엇이 두드리는가?

맥박이 뛰고 심장이 두드린다.

무상살귀無常殺鬼가 노크knocking함이다.

몸과 말과 마음 세 가지를 바르게 할 일이다.

정정진正精進samma vayama이다.

정정진은 곧 바르고 부지런함正勤이다.

정精은 풋풋하靑고 총총한 마음으로 수십 번米이고 자기 자신을 되돌아봄이며 올바른 노력과 올바른 용기를 지님이다.

몸의 올바른 노력과 마음의 올바른 용기를 가지고 새隹처럼 앞으로辶만 나아간다進면 반드시 자유와 해탈과 열반을 이룰 수 있다. 어떤 경우도 새에게 뒷걸음질이란 없다.

정념正念samma sati이다.

생각할 념念 자는 두 가지 뜻이 있다. 첫째는 기억하기이고 둘째는 시간時間이다.

기념紀念commemoration에서 보듯 생각 념念 자는 생각보다 되려 기억의 뜻이다.

염불念佛도 부처를 생각하기에서 더 나아가 부처를 뇌리腦裡에 기억하기다.

둘째 가령 시간으로 새길 경우 염념보리심念念菩提心의 염념念念 은 처처안락국處處安樂國의 처처處處처럼 공간의 대칭인 시간 이지 '생각'으로 풀지 않는다.

정정正定samma samadhi이다.

수행자가 선정定을 바르게正 닦아갈 때 바른 지혜智慧가 제대 로 싹을 틔울 수 있다.

선정으로 마음이 안정되고 고요해지면 사물을 정확하게 보는 바 른 지혜가 발현되며 이에 따라 언제든지 바르게 행동하고 어디서 나 바르게 생활할 수 있을 것이다.

바른 선정이 마지막에 놓임으로 하여 맨 앞에 놓인 바른 견해와 전체를 감쌀 수 있다. 앞서 바르게 보고 마침내 바르게 집중할 때 여덟 가지 성스러운 길은 곧고 넓을 것이다.

엇각錯角alternative angle일까?

아니면 착각錯覺illusion일까?

착각이라면 사성제는 환영幻影이고 팔정도는 결국 환각幻覺에 지나지 않는다.

부처님은 말씀하신다.

"공 속空中에 사제四諦가 있느냐?

고집멸도苦集滅道 사제는 본디 없다.

하물며 팔정도八正道이겠는가?"

나는 부처님의 이 말씀을 분명히 알고 있다.

이는 착각錯覺이 아니다.

부처님의 《반야심경》에서의 위 말씀은 착각이 아닌 엇각錯角 alternation이시다.

부처님 말씀을 '착각'이라 착각하지 말라.

번갈아 일어나는 엇각의 현상을 드러내심이다. 중생들의 집착을 떨어내고자 하심이 아닌 현상의 엇갈림을 그대로 드러내심이다.

아! 반야심경은 엇각의 가르침이다.

분명 얼터내이션alternation의 가르침이다.

쉬어가기
정근의례 精勤儀禮

1. 서가모니불

[서송緒誦]

욕계색계 무색계의 자상하신 길잡이요
태란습화 모든생명 자애로운 어버이며
사바세계 교주이신 저희들의 크신스승
서가모니 부처님께 귀명정례 하나이다

서가모니불
서가모니불
서가모니불.....

[탄백歎白]

하늘위나 하늘아래 부처같은 이가없고
시방세계 누구와도 비교할자 하나없네
온세상을 두루두루 남김없이 살펴봐도
부처님과 견줄이는 어디에도 없나이다

2. 미타정근

[서송]

서방정토 극락세계 아름답고 쾌적한곳

고통받는 중생들을 극락으로 이끄시는

무량수며 무량광인 미타여래 부처님께

두손모아 마음모아 귀명정례 하나이다

나무아미타불

나무아미타불

나무아미타불.....

아미타불 본심미묘진언

다냐타 옴 아리다라 사바하(3번)

[탄백]

아미타불 부처님이 어느곳에 계시는가

마음속에 잡아두어 결코잊지 말지니라

생각하고 생각해서 무념처에 이르르면

여섯개의 감관마다 자금광명 발하도다

3. 관음정근

[서송]

팔만사천 보문으로 두루몸을 나투시는

밝은지혜 깊은원력 거룩하신 분이시여

대자대비 크신사랑 관음보살 마하살께

두손모아 마음모아 귀명정례 하나이다

관세음보살

관세음보살

관세음보살.....

관세음보살 멸업장진언

옴 아로늑게 사바하(3번)

[탄백]

신통하고 미묘한힘 빠짐없이 갖추시고

반야지혜 방편법을 널리닦고 두루닦아

시방삼세 모든세계 언제어디 할것없이

자비모습 나투시지 않는곳이 없나이다

4. 지장정근

[서송]

남섬부주 대원본존 지장보살 마하살님

유명교주 대원본존 지장보살 마하살님

지옥문전 공덕여래 지장보살 마하살님

두손모아 마음모아 귀명정례 하나이다

지장보살

지장보살

지장보살.....

지장보살 멸정업진언

옴 바아라 마니다니 사바하(3번)

[탄백]

지장보살 크신성자 뛰어나신 위신력은

항하사겁 설하여도 다하기가 어려워라

보고듣고 우러르고 예경하는 일념간에

인간천상 이익된일 헤아릴수 없나이다

5. 약사정근

[서송]

여러가지 질병으로 고통받는 중생들을

남김없이 건지고자 크신원력 세우옵신

동방만월 유리세계 약사여래 부처님께

두손모아 마음모아 귀명정례 하나이다

약사여래불

약사여래불

약사여래불.....

[탄백]

열두가지 크신원력 중생들을 이끄시되

대자대비 사랑일뿐 다른마음 없으시네

범부들의 전도몽상 죄의뿌리 아주깊어

약사여래 못만나면 이를어찌 하오리까

6. 화엄성중

욕계색계 무색계에 두루하신 성중이여
과거현재 미래제에 모든중생 돌보시는
거룩하신 성중이여 화엄회상 성중이여
두손모아 마음모아 지성귀의 하나이다

화엄성중
화엄성중
화엄성중.....

[탄백]

화엄성중 밝은지혜 중생들을 살피심에
동서남북 사주인사 한생각에 모두아네
중생들을 사랑함에 자식처럼 여기시니
그러므로 저희이제 공경예배 하나이다

7. 산왕정근

[서송]

고매한덕 편한성정 거룩하신 산신이여
이산중에 상주하는 크신성자 산신이여
영험하고 성스러운 시방법계 산신이여
두손모아 마음모아 지성귀의 하나이다

산왕대신
산왕대신
산왕대신.....

[탄백]

영산회상 법회에서 여래부촉 받으시고
크신위엄 떨치시며 중생제도 하옵시네
눈이부신 흰구름과 깊고푸른 자연에서
학이끄는 수레타고 소요자재 하시어라

정종분正宗分(5) 이무득과以無導果

지혜또한 없거니와 얻을것도 바이없어
얻을것이 없으므로 상구하화 보살행자
반야지혜 의지하여 바라밀다 하는고로
수행하는 그마음에 거리낄게 전혀없고

거리낌이 없으므로 두려움이 또한없어
전도몽상 멀리떠나 구경에는 열반하며
삼세제불 부처님도 반야지혜 의지하여
바라밀다 하는고로 아뇩보리 얻으리니

無智亦无得以無所得故菩提薩埵依般若波羅蜜多故
心無罣㝵無罣㝵故無有恐怖遠離顚倒夢想究竟涅槃
三世諸佛依般若波羅蜜多故得阿耨多羅三藐三菩提

반야般若

삼반야三般若에 실상반야實相般若와 관조반야觀照般若를 앞에 놓고 맨 마지막에 문자반야文字般若를 두는데 왠지 나는 문자반야에 더 관심이 간다. 단어單語word가 주는 미묘한 느낌 때문일까?

이 《반야심경般若心經》의 포인트는 자비도 아니고 방편도 아닌 지혜智慧다. 지혜가 수식修飾하는 알맹이는 마음이지만 자비에서 풍기는 따뜻함보다 지혜가 주는 느낌은 차고 날카롭다. 지혜智 자는 부수가 날 일日이다. 태양日은 열원熱源으로서 매우 뜨겁고 또한 빛光의 근원源으로서 어둡지 않다. 알知되 아주 또렷日하게 앎을 지혜智라 한다.

앎知이란 언어口로 표현되는 것이다. 아무리 스스로 알고 있다 하더라도 말로 표현될 수 없다면 공인된 앎이 아니다. 앎이란 화살矢처럼 빠르고 날카로우며 심장心 갈피賦까지 깊이 박히는 힘이다. 앎知이란 혼자만의 느낌이 아니다. 언어口와 문자矢라는 소리와 기호를 통해 누구나 다 이해했을 때 비로소 앎이다.

그늘陰에서는 누구나 다 알아차릴 수 없다. 밝은 태양日 아래서라야 모두 알 수 있다. 앎知이 온전해지려면…

그렇다. 밝음日이 필요하다.

알 지知 자가 대충 혼자 아는 것이라면 지혜 지智 자는 많은 사람이 다 알게 함이다. 슬기, 지혜, 재능, 꾀, 기지, 모략의 뜻과 지혜로운 사람, 총명한 사람의 뜻을 담고 있다. 사물의 도리에 대해 옳고 그름을 정확히 판단하고 선과 악을 분별하고 처리하는 마음 작용이 지혜 지智 자이며 때로 알 지知 자로도 쓴다.

　나아가 바르고 삿됨을 분별하고 단정짓는다. 번뇌를 뿌리째 없애는 정신작용이다. 한자의 음을 빌려 지혜智慧라 하고 우리말로 슬기라 하는데 나는 슬기가 더 좋다. 세상을 밝게 두루 안다는 태양日의 뜻과 부처님의 말씀 앎知이 만나 지혜智가 되었다.

　슬기智慧wisdom가 무엇인가?

　슬기란 방금 언급했듯이　세상을 살면서 생긴 풍부한 경험이며 살아가면서 삶의 이치를 하나하나 깨달음이다. 서로 간의 도리를 제대로 알아　일을 바르고 공정하게 옳게 처리하는 마음이나 두뇌의 능력을 슬기라고 한다. 그러니까 지혜와 슬기는 실제로는 같은 것이다. 나아가 삶에서 어둠의 미혹을 없애고　깨달음菩提을 성취하는 힘을 슬기라 한다.

　지혜에는 지혜 지智 자도 있으나 으레 지혜 혜慧 자도 있는데 지혜 혜慧 자는 지智 자와 같으면서 다르다.

　무엇이 어떻게 같으면서 다르다는 것인가?

　슬기로울 혜慧 자로도 새기는 지혜 혜慧 자에는 마음 심心이 붙어 있다. 혜慧가 마음에 있어서는 더 직접적이다. 지혜 지智 자에는 환경日이 들어있으나 지혜 혜慧 자에는 생명의 마음心이 들어 있다.　같은 '지혜'이면서도 지智와 달리 혜慧는 태양日 대신 살별彗을 소릿값으로 하고 있다.

살별이 무엇일까?

한마디로 혜성彗星이다. 살별 혜慧는 혜성 혜彗로도 새긴다. 밤하늘에 긴 꼬리를 남기며 타는 별이기에 이 살별을 유성流星이라고도 한다. 꼴소리문자形聲文字에서는 부수의 의미소意味素만 중요한 게 아니라 소릿값에 들어있는 의미소도 똑같이 중요하다.

다시 말해서 지智 자의 소릿값 지知와 혜慧 자의 소릿값 살별 혜彗 자는 똑같이 살矢/彗을 표현하면서도 시矢는 시위에 먹여 쏘는 화살arrow이고 혜彗comet는 밤하늘 빛을 남기는 빛살이다. 혜慧에 담긴 뜻은 지智와 대부분 같다.

슬기롭다, 총명하다, 사리에 밝다, 교활狡猾하다, 간교奸巧하다, 상쾌하다, 시원스럽다 따위와 함께 슬기, 능력, 지혜, 깨달음 등을 들 수 있다. 게다가 사물의 이치에 통달하여 어떤 것이 올바름이고 어떤 것이 삿된 것이며 어떤 것이 득得이 되고 실失이 되는지 정확하게 가려 좋은 것을 취하고 나쁜 것을 버리는 슬기를 우리는 혜慧라 한다. 그러기 위해서는 날카로움이 필요하다.

이 날카로운 마음心을 살별彗로 드러낸다. 지智가 한낮의 태양日처럼 밝음이라면 혜慧는 한밤중 어둠을 가르는 별의 빛살이다.

여섯 가지 바라밀六度은 대승불교의 꽃이다.

첫째는 보시布施 바라밀이고

둘째는 지계持戒 바라밀이고

셋째는 인욕忍辱 바라밀이고

넷째는 정진精進 바라밀이고

般若

다섯째 선정禪定 바라밀이고

여섯째 반야般若 바라밀이다.

반야바라밀이 다름 아닌 지혜바라밀이다. 화엄의 십바라밀十波
羅密에서는 지智 바라밀이 따로 있고 방편과 원願과 역力 바라밀
이 더 있다.

여섯 가지 바라밀을 크게 둘로 나누는데

첫째가 복바라밀福波羅密이고

둘째가 혜바라밀慧波羅密이다.

이를 복도福度와 혜도慧度라고도 한다.

복바라밀에는 보시로부터 선정까지이고 혜바라밀은 오직 반야
바라밀 하나뿐이다. 앞의 다섯 바라밀 무게를 한데 달고 뒤의 혜
바라밀 하나만을 올려 놓은 채 달면 저울추가 어디로 기울 것이
라 보는가. 양쪽 무게가 같아 저울대는 기울지 않는다.

이게 무엇을 의미할까?

몸을 구성하는 세포는 약 100조 개다. 이 100조 개 세포 가운데
뇌가 차지하는 세포는 의외로 적다. 몸무게가 60kg 나가는 사람
에게 있어서 뇌의 무게는 1.5kg미만이다. 만일 이런 계산이라면
뇌세포가 2조 개가 넘어야겠지만 실제로는 2천억 개에 지나지 않
는다. 몸이 복바라밀이라면 뇌는 혜바라밀이다.

숫자와 무게의 많고 적음 가볍고 무거움을 떠나 복과 지혜는 그
가치가 동일同一하다. 작지만 두뇌가 차지하는 가치와 크지만 몸
전체가 차지하는 가치가 동일하다. 그만큼 지혜가 차지하는 무게

는 대단하다.

하물며 《반야심경》에서 반야지혜이겠는가.

그러나 그럼에도 불구하고 여기 《반야심경》에서는 말씀하신다.

"공空 속中에는 지혜가 없노라無智"고...

부처님께서 말씀하신 '없다'는 무슨 뜻일까?

공 속에 지혜가 없다면 정말 없는 것일까?

그렇다면 공空 밖外에도 역시 지혜는 없다.

나는 그렇게 생각하지 않는다.

분명 공 속에는 지혜가 없지 않으며 역시 공 밖에도 여전히 지혜는 없지 않다. 공 속에 지혜가 묘유妙有하듯 공 밖에도 분명 지혜는 묘유妙有하다. 공에 지혜가 없다는 것은 초월의 뜻이다.

만일 공 속에 지혜가 없다면 공 밖에는 반드시 지혜가 있어야 한다. 만일 공 밖에 반드시 지혜가 있다면 논리적으로 공 속에도 지혜가 있어야 한다. 왜냐하면 지혜는 안팎을 초월하고 안팎을 초월하였기에 있고 없음을 초월한다. 있고 없음을 초월하였다면 영역도 없다. 영역이 없다면 어디에나 두루 한 게 옳다.

정종분正宗分(5) 이무득과以無탯果

지혜또한 없거니와 얻을것도 바이없어
얻을것이 없으므로 상구하화 보살행자
반야지혜 의지하여 바라밀다 하는고로
수행하는 그마음에 거리낄게 전혀없고

거리낌이 없으므로 두려움이 또한없어
전도몽상 멀리떠나 구경에는 열반하며
삼세제불 부처님도 반야지혜 의지하여
바라밀다 하는고로 아뇩보리 얻으리니

無智亦无得以無所得故菩提薩埵依般若波羅蜜多故
心無罣㝵無罣㝵故無有恐怖遠離顚倒夢想究竟涅槃
三世諸佛依般若波羅蜜多故得阿耨多羅三藐三菩提

다 비우라

무지無智하다.

슬기智가 없고 지혜慧가 없다.

소위 《반야바라밀다심경》에 반야가 없다.

부처님께서는 경에서 분명하게 말씀하신다.

"공 속에는 지혜가 없느니라."

공 속에는 오온五蘊을 비롯하여 육근六根 육입六入 육식六識 등 18계가 없고 12가지 유전연기와 환멸연기가 없고 사성제와 그에 따른 팔정도가 없고 심지어 지혜마저 없다고 말씀하신다.

원! 세상에! 말이 되는가?

화엄경, 법화경, 열반경, 금강경도 아니고 이름하여 《반야심경》에 지혜가 없다니! 그러나 단 한 글자도 오식誤植이 없다. 반야심경 260자 속에 오식은 단 한 자도 없다. 만일 지혜 없음이 사실이라 한다면 지혜를 통해서 얻을 수 있는 것은 무엇인가?

미리 단언하건대 아무것도 없다. 보시도 없고 지계도 없고 인욕도 없으며 으레 정진도 선정도 지혜도 존재하지 않는다.

만약 《반야심경》에 실린 이 말씀을 빌어 지혜가 없고 얻을 것이 없다면 거기에 무엇이 있을 수 있겠는가?

우선 '거기'니 '여기'니 하는 공간도 없고 있었느니 있느니 앞으로 있을 것이니 전에 없었느니 없느니 없을 것이니와 같은 어떠한 시제時際조차도 찾아볼 수 없을 것이다.

그렇다면 진공 세계는 있을까?

묘유 세계를 과연 인정할 수 있을까?

진공도 묘유도 없는데 얻을 것이 있겠는가?

반야심경의 가르침을 배워 얻으려는 게 있다면 그것은 무엇일까?

경제적 이익은 접어두고라도 천국에 갈 수 있는 길이 열릴까?

서방정토 극락세계에 태어날 수 있을까?

완벽한 깨달음을 얻어 부처와 노닐며 거룩한 대승보살들과 소요자재할 수 있을까?

과거 연등불燃燈佛에게서 불법을 전해 받고 이른바 아눅다라삼먁삼보리를 얻을 수 있을까?

언제 어디에서도 얻을 것이란 없다.

공 속에 공간이 부정되고 시간이 부정되는 상태에서 사성四聖과 육범六凡은 얻을 수 있을까?

부처와 보살, 연각과 성문은 존재할까?

하늘 신들과 하늘 그 자체는 있을 것이며 아수라는 과연 그 이름을 지닐 수 있을까?

아귀는 굶주린 배를 움켜쥐고 괴로워할까?

인간은 과연 생명의 영장일 수 있으며 축생은 인간과 더불어 살아갈 수 있을까?

지옥의 고통이 인간계에 전해질 수 있을까?

그 어떤 것도 그 어떤 존재도 공의 세계에서는 이름을 드러낼 수 없다. 그렇다면 얻을 수 없단 말씀이 옳다.

지혜가 없기 때문에 얻을 게 없는 게 아니라 앞서 열거한 오온, 십팔계, 십이인연과 사성제에 이르기까지 모두 없기 때문이다.

내가 없다면, 가정법假定法도 있을 수 없겠지만 가령 내가 이 지구상에 없다고 했을 때 단지 내 부모님의 존재부정만으로 가능할까?

거슬러 올라가 어머니 부모님이 부정되고 아버지 부모님이 부정되어야 할 것이다. 나의 친할아버지 할머니의 부정과 외할아버지 외할머니 부정에서 그치지 않고 다시 그 위로 계속 거슬러 올라가더라도 결코 관계의 인연이 단절되지 않았어야 한다.

전세계 200여 국가에 분포된 70억 인구가 오늘 이렇게 살아가는 데 있어서 상상을 초월한 '복잡계 법칙'이 있다. 요즘 새롭게 떠오르는 학문의 세계 복잡계complexity system는 실로 아름답다. 복잡계를 화엄에서는 '인타라망網'이라 한다.

'인타라망' 얘기가 나왔으니 열十 가지 현묘玄 문門에 대해 살펴보자.

一. 동시구족상응문同時具足相應門

무한한 과거와 끝없는 미래 그리고 현재 미세한 공간과 드넓은 우주 내에서 거대한 천체와 미세한 원자가 상응하는 문이니, 문은 드나듦에 자재한 뜻을 지니고 있다.

二. 광협자재무애문廣狹自在無碍門

넓고 좁음에 상관없이 자유자재한 문이니 우주와 시간 그 자체를 일컫는다.

三. 일다상용부동문一多相容不同門

하나와 여럿이 서로 용납하면서도 독특한 특성을 지니므로 같지 않은 문이다. 마치 화이부동和而不同처럼 서로 조화를 이루면서도 섞이지 않음이다.

四. 제법상즉자재문諸法相卽自在門

모든諸 법法이 서로가 서로에게 즉卽하면서 스스로自의 있음在을 오롯이 드러내는 문이다. 곧 모든 만물과 만물에 담겨있는 이치가 스스로 존재하며 서로 관통하는 원리를 말한다.

五. 은밀현료구성문隱密顯了俱成門

감춰짐과 함께 자연스레 드러냄이 은밀하게 성립되는 신비의 세계를 가리킨다. 멋진 참모는 자신을 드러내지 않음으로서 오히려 주군을 더욱 돋보이게 한다.

六. 미세상용안립문微細相用安立門

미세한 티끌 속에 무한한 세계가 존재한다. 그와 같이 무한하게 펼쳐지는 세계 속에 계속해서 무한한 세계가 존재하는 원리이다. 이른바 프렉탈 기하학fractal geometry이다.

七. 인타라망경계문因陀羅網境界門

앞서 언급한 인타라망網의 본문本門이다. 공간과 시간의 인과성因果性마저도 초월한 무한 반사 무한 복잡계의 그물 구조다. 화엄의 십현문 가운데 가장 대표적인 문이다.

八. 십세격법이성문十世隔法異成門

과거 현재 미래 삼세三世의 각각으로부터 다시 과거 현재 미래의 삼세가 생겨나 아홉九 세대世가 서로 분리되고 스스로 이룬다. 그러나 그들 아홉은 나머지 하나 한 찰나에 모두가 조화를 이루며 동시에 서로 포섭한다.

九. 탁사현법생해문託事顯法生解門

하나의 아주 미세한 먼지 속에 대우주의 법칙이 그대로 드러나는 원리이다. 문자반야로 관조와 실상반야를 드러내고 관조반야는 실상과 문자반야를 비추며 실상반야는 문자와 관조반야의 알갱이가 된다.

十. 주반원명구덕문主伴圓明具德門

주체와 객체가 서로 원만히 비추어 밝은 덕을 고루 갖추고 있는 원리의 문이다. 나와 부처는 누가 주인이고 누가 객일까? 내가 주인이고 나 이외에는 모두가 객이다.

그러나 어쩌겠는가. 반야심경에서는 이들 십현문마저도 부정된다.

얻을 수 없음에는 십법계十法界와 함께 화엄 십현문十玄門도 모두 포함되어 있다.

사성육범四聖六凡의 십법계가 생명의 세계요 또한 존재 세계라 한다면 십현문은 시간과 공간과 존재계가 어떻게 서로 조화를 이루며 성립하는가를 연기의 법칙에 따라 보여주는 현상계現像界다. 그런데 이들 두 세계도 공 속에는 모두 없다.

비우라

다 비우라

비움을 비우라

비움을 비우고 비우라

비우라 한 생각을 비우라

이미 비웠다는 생각을 비우라

바로 그런 생각마저도 텅 비우라

텅 비우라 한 생각마저도 또 비우라

이렇게 해서 10번 15번 20번 21번까지

앞의 것을 차례로 비우고 비우고 또 비우라

이 비움으로 인해 뭔가를 얻을 것인가.

그대, 닦는 자여!

얻기를 기대하지 마라!

얻기를 기대하지 않을 때 얻어지리라.

정종분正宗分(5) 이무득과以無㝵果

지혜또한 없거니와 얻을것도 바이없어
얻을것이 없으므로 상구하화 보살행자
반야지혜 의지하여 바라밀다 하는고로
수행하는 그마음에 거리낄게 전혀없고

거리낌이 없으므로 두려움이 또한없어
전도몽상 멀리떠나 구경에는 열반하며
삼세제불 부처님도 반야지혜 의지하여
바라밀다 하는고로 아뇩보리 얻으리니

無智亦无得以無所得故菩提薩埵依般若波羅蜜多故
心無㝵無㝵故無有恐怖遠離顚倒夢想究竟涅槃
三世諸佛依般若波羅蜜多故得阿耨多羅三藐三菩提

보리살타菩提薩埵

　보살은 보리살타菩提薩埵의 준말이다. 그리고 보리살타는 보디 사트바의 음사다. 그렇다면 보디사트바bodhisattva에는 대관절 어떤 뜻이 담겨 있을까?

　자원봉사자 볼룬티어volunteer의 뜻이다. 자원봉사란 누가 시켜서 하는 게 아니라 자기 스스로 남을 돕기를 청한 사람이다. 따라서 볼룬티어가 그대로 보살이다. 보살의 몸이고 손길이고 행동이며 보살의 넉넉한 마음이고 지혜고 사랑이다.

　대부분 대승경전에서는 '보살'이라 하되 '보리살타菩提薩埵'까지는 표기하지 않는다. 그럼에도 불구하고 《반야심경》에서는 공설空說이 끝난 여기에 이르러 '보살'이 아닌 '보리살타'로 이야기한다. 나는 늘 보살에 대해 얘기하지만 보살은 끊임없이 이웃을 잘 보살피는 자다. 아픈 사람이 있으면 함께 아파해 주고 헐벗고 굶주린 사람이 있으면 비록 작더라도 함께 나누는 사람이다.

　억울한 사람이 있으면 함께 위로해주고
　죄 없이 죽게 된 생명이 있으면 방생하고
　지쳐있는 사람에게는 용기와 희망을 주고
　경기에 임하는 자에게는 '파이팅'을 외친다.
　흥정하는 사람에게는 더 흥정하게 하고
　싸우는 이들은 말리는 것을 잊지 않는다.

그래서 나는 곧잘 얘기하곤 한다.

보살은 보리살타의 준말이기도 하지만 분명 '보살피다'의 이름씨 '보살'이라고...

보리살타는 어떤 일을 하는가?

보리살타는 깨달음을 목표로 하여 고통받는 중생을 교화하는 사람으로서 넉넉한 마음을 지닌 구도자다. 이들 구도자에게는 닦아나가야 할 여섯 가지 덕목이 있으니 육바라밀이다. 대승불교에서는 육바라밀이 그대로 꽃이다. 육바라밀을 실천하면 곧 보살이요, 실천하지 못하면 비록 지혜가 뛰어나도 결코 '보살'이란 이름을 붙여줄 수 없다.

첫째는 보시바라밀이니 나눔이고

둘째는 지계바라밀이니 예를 지님이며

셋째는 인욕바라밀이니 참음이고

넷째는 정진바라밀이니 쉼 없이 닦음이고

다섯째는 선정바라밀이니 마음 챙김이요,

여섯째는 지혜바라밀이니 어둡지 않음이다.

보리살타는 이 여섯 가지 바라밀다를 뿌리根와 줄기幹의 덕목으로 삼아 중생들에게 다가가는 거룩한 이들이다. 곧 자원봉사자 볼룬티어volunteer들이다.

자녀들의 보살은 어버이시니

사랑으로 슬기로 자녀를 보살핌이고
제자들의 보살은 스승이시니
자신이 깨달아 안 것을 다 깨우쳐줌이며
남편의 보살은 가정을 돌보는 아내요,
아내의 보살은 땀흘리고 일하는 남편이다.
요즘은 아내라 해서 집안일만 하고
바깥 분이라 하여 바깥 일만 하지는 않는다.
벗보다 더 뛰어난 보살이 있을까?
벗을 아끼는 마음처럼 자신도 보살필까?

나의 '보살피는 사람' 개념의 보살과 달리 기록상에 나타난 보살은 많이 다르다. 보디사타bodhisatta는 깨달은 사람이며 부처님, 곧 깨달은 존재가 되기 위해 바라밀을 닦고 행하는 사람을 가리킨다. 여러 생을 거치며 부지런히 선업을 닦아 높은 깨달음의 경지에 다다른 사람으로서 특히 대승불교에서 강조되었다. 보리살타는 깨달은覺 중생有情이다.

대승불교는 재가자在家者가 중심이 되어 기원을 전후해 일으킨 사부四部 불교다. 부처님 당시에도 유마힐 거사와 급고독給孤獨 수달다 장자, 승만 부인과 녹자모의 원력이 숭고하다. 종래 부파불교 출가수행자들의 전유물이요 독점물이다 싶었던 것들을 불교도 전체의 종교로 만들어갔다. 사실 보리살타는 오직 한 분뿐이었다. 오직 한 분뿐이라면 그 한 분이 누구인가?

부파에서는 부처님 전생이 보살이었다. 부처님 한 분만을 지칭할 뿐이었다. 그런 까닭에 보살은 부처님 이전 단계다. 보살과 부처는 시간적으로 이어져 있을 뿐 같은 공간 내에서 자타로 이어지지 않았다. 거기서 나온 설이 '보살 다음이 부처'였다.

구도자가 보살의 단계를 거치지 않고 곧바로 부처로 나아간다고 하는 게 부파불교에서는 인정되지 않았다.

그러다가 대승불교로 넘어가면서 수행과 깨달음이란 세계는 결코 겉모습에 있지 않고 말 잘하고 솜씨 좋은 데만 머물지 않았다. 마음 씀씀이가 늘 남을 배려함이며 남이 번거로움을 느끼지 않게 함이며 사랑과 지혜를 키워나가도록 힘썼다. 대승불교의 가르침은 지금도 잘 전해진다. 그런데 문제는 가르침은 잘 전해지는데 실제 재가불자의 참여는 외호에만 그친다.

재가불교의 불교정치 참여는 쉽지가 않다. 적어도 한국불교에서는 그런 편이다. 그만큼 우리나라 보살은 자유롭기도 하다. 자유와 해탈이 곧 보살이기 때문일까. 자유와 해탈은 보살에게 주어진 권리이다. 겉모습에서 보더라도 보살은 다양하다. 승僧과 속俗 모두를 포함하였다. 지장보살은 비구 비구니 모습이고 관세음보살은 우바새 우바이 모습이다. 그런 까닭에 보살은 가교의 역할이다.

텅 비어 그 속에 아무것도 들어있지 않고 오직 지혜를 바탕으로 한 《반야심경》에 지혜도 없고 얻을 것도 없다시며 얻을 것 없는 상태에서 보살이 등장한다.

그렇다면 텅 빈 세계 속에서 몸과 마음과 자연현상과 연기법은 물론 중생이 중생된 까닭과 함께 중생이 부처에게로 나아갈 수 있는 길마저 완벽하게 빈 상태에서 보살은 등장한다. 그러므로 보살은 법의 가교역이다.

보리살타를 각유정覺有情이라 옮기는데 이는 깨달음을 지향하는 중생으로서 위로는 깨달음을 구하고 아래로 중생들을 교화한다는 뜻이다. 이 말씀이 지금까지의 일반적 해석이다. 따라서 여기에 토를 달 수는 없다.

그런데 나는 각유정을 달리 풀고 싶다.

부처님 마음으로 중생들에게 다가감이고 부처覺와 중생有情이 함께함이다. 중생을 저버린 부처는 존재하지 않음이다.

보살은, 보리살타는 매우 특이한 분이다. 심지어 빛까지 다 빨아들여도 사건의 지평선 너머 블랙홀black hole 만큼은 여전히 거기 남아 제 역할을 하는 것처럼 오온, 십이처, 십팔계, 십이인연, 사제와 지혜도 없고 얻을 것이 없다 하더라도 반야바라밀다는 살아있다는 것이다. 물병 안에 들어있는 물을 다 마시더라도 물병 그 자체는 남아 있는 까닭에 물을 담아 제2 제3자에게 건넬 수 있다.

모든 것이 죄다 없는 상태에서 보살의 역할은 무엇일까?

출가자의 모습인 지장보살이었다가

어떤 때는 재가자의 모습인 관세음보살로

자유롭게 몸을 나타낼 수 있는 보살!

하여 《관음경》〈삼십삼응신〉조에서
비구 비구니의 모습도 나투시고
장자 거사 우바새 우바이로도 나투시는가.
보살계는 오직 재가자만 받는 줄 알지만
출가자도 반드시 '대승보살계'를 받는다.

정종분正宗分(5) 이무득과以無㝵果

지혜또한 없거니와 얻을것도 바이없어
얻을것이 없으므로 상구하화 보살행자
반야지혜 의지하여 바라밀다 하는고로
수행하는 그마음에 거리낄게 전혀없고

거리낌이 없으므로 두려움이 또한없어
전도몽상 멀리떠나 구경에는 열반하며
삼세제불 부처님도 반야지혜 의지하여
바라밀다 하는고로 아뇩보리 얻으리니

無智亦无得以無所得故菩提薩埵依般若波羅蜜多故
心無罣㝵無罣㝵故無有恐怖遠離顛倒夢想究竟涅槃
三世諸佛依般若波羅蜜多故得阿耨多羅三藐三菩提

연고 고 故, 의지할 의 依

복잡하겠지만 한문에 대해 볼 게 좀 있다.

연고 고故 자는 등글월문攵 부수에 옛 고古 자를 소릿값으로 지니고 있다. 담긴 뜻으로는 연고, 사유를 비롯하여 까닭, 이유, 도리, 사리가 있고 친숙한 벗, 잘 아는 친구가 있는가 하면 관례, 관습, 선례, 사건 따위와 고의로 한 일, 일부러 한 일로 풀고 있다. 예, 이미 지나간 때, 옛날, 옛일 따위와 원래, 본래, 죽은 사람, 나이 많은 사람, 거짓, 꾸민 계획, 끝, 가르침 따위가 있다.

고故 자에 들어있는 뜻이 어디 그뿐인가. 고로, '까닭에'를 비롯하여 그러므로, 일부러 반드시 따위와 참으로, 확실히의 뜻도 함께 들어있다. 처음부터, 옛날부터, 옛, 예전의, 옛날의, 일부러, 짐짓, 고의로, 죽다, 시키다, 하게 하다 따위의 뜻이 들어있기도 하다. 죽은 사람의 성명이나 호 앞에 쓰여 이미 옛 사람이 된 이라거나 이미 세상을 떠난 사람 등으로 쓰이고 있다.

연고 고故 자는 한자의 여섯 가지 법칙 중 꼴소리形聲 문자에 해당한다.

뜻을 나타내는 등글월문攵=攴 자는 스승이 회초리로 치다의 뜻을 지니기에 칠 복攴 자로 새기기도 한다. 소릿값이 옛 고古 자인 것으로 보아 '오래 되다'의 뜻을 바탕으로 하고 있으며 예로부터 습관에 따라 하는 일을 나타낸다. 그러므로 옛 고古 자와 마찬가지로 오래되었다는 뜻으로도 많이 쓰이고 있다.

요즘도 많이 쓰이는 단어가 고인故人이다. 고인의 고故 자는 죽을 고故 자로 새긴다. 혹은 '유고시有故時'란 말도 꽤 쓰는데 유고시란 '죽음이 있을 때'니 죽었을 때다.

여기 《반야심경》은 내용이 좀 다르다. 앞의 말을 마무리 지으며 쓸 경우 연고 고故 자가 앞에 붙어 까닭을 드러낸다. 이때는 연고 고故 자 뒤에 명사가 오고, 앞 문장을 끝낸 뒤 연고 고故자를 쓸 경우 고故 자 뒤에 동사나 형용사가 온다.

여기서는 '무소득인 까닭에'라 하여 이무소득고以無所得故로 끝에 붙이고 '고지故知'의 경우에는 문장 앞에 놓여 '고로 알라'라는 식으로 번역한다. 따라서 연고 고故 자를 문장 끝에 놓느냐 아니면 새로운 문장 앞에 놓느냐는 문장 전체의 흐름과 결코 무관하지가 않다. 앞에서부터 공 중에는 오온, 육근, 육처와 십팔계, 십이인연, 사제, 지혜, 얻음까지 모두 존재하지 않는다는 뜻을 이어받는다. 그러므로 문장 끝에 고故가 붙는다.

'얻을 바가 없기 때문'이라는 말은 중요하다. 지혜도 얻을 것도 없기 때문에 보리살타는 반야바라밀다를 의지한다. 고故는 부사副詞로서 겨우 한 글자이지만 이 고故 자를 제대로 이해하느냐에 따라 한문의 내용이 완전하게 바뀔 수도 있다. 가령 망원경이나 현미경에서 같은 렌즈라도 눈 쪽에 붙이느냐 사물 쪽에 붙이느냐는 생각보다 매우 중요한 것과 같은 이치다.

'얻을 것이 없으므로 상구하화上求下化 보리살타'라 했는데 무엇을 일컬어 '상구하화'라 했을까?

짐작하겠지만 위로는 깨달음을 구하고 아래로는 중생을 교화한다는 뜻이다. 보살을 '각유정覺有情'이라 풀이함도 위上로는 깨달음覺을 구求하고 아래下로는 중생 교화化함을 가리킨다. 사실 따지고 보면 깨달음은 높이 있고 중생들은 낮은 데 존재하는 것이 아니다. 가령 깨달음이 높은 데 있다면 낮은 중생 입장에서 볼 때 요원한 것이고 또 가령 중생이 낮은 곳에만 있다면 높은 곳의 깨달음과는 무관하다.

깨달음菩提과 번뇌에 높낮이가 있을까?

단언하건대 깨달음과 번뇌에 높낮이는 없다. 중생衆生과 부처佛에게도 높낮이는 없다. 부처와 중생에게 높낮이가 없다면 부처 그대로가 그냥 평범한 중생이며 중생 그대로가 거룩한 부처님이다.

중생生과 부처佛가 차별이 없다면 중생이라 해서 낮지 않고 부처라 해서 높지 않을 것이다. 중생과 부처의 차이는 높낮이가 아니다. 부처님과 중생 차이는 넓고 좁음이 아니고 아름다움美과 추함醜이 아니다. 이들 두 부류의 차이는 번뇌의 유무有無다. 번뇌가 있으면 그는 중생이고 번뇌가 없으면 그는 깨달은 보살이다.

그렇다면 번뇌는 무엇일까?

이는 부처와 중생을 차별하는 마음이다.

의지할 의依 자는 사람인변亻에 소릿값 옷 의衣 자를 놓고 있다. 왜 이런 글자를 '의지하다'로 표현했을까?

옷衣에 의존하는 생명체는 사람人뿐이다. 어떤 생명도 옷을 만

들어 입지 않는다. 오직 사람亻만이 옷衣에 의존依한다. 이 말은 사람도 동물animal이라는 뜻이다. 동물은 겉모습과 덩치로 힘을 과시한다. 동물에게는 사장도 없고 사원도 없다. 장차관長次官의 서열도 존재하지 않는다.

동물들은 첫째 덩치로 힘을 쓰고 둘째 무기와 독성으로 힘을 가늠하곤 한다. 이빨이 날카로우면 그것으로 힘을 삼고 뿔이 있으면 그 뿔로 힘을 겨루게 된다. 동물은 화려한 빛깔로도 상대를 제압한다. 사람人이 옷衣에 의지依한다는 것은 사람도 옷을 따라 서열을 정한다는 뜻이다. 사람의 옷은 그의 계급을 상징한다. 동양이나 서양이나 다 마찬가지이겠지만 옷과 배지badge로서 서열을 가늠한다.

똑같은 양복을 입었다고 하더라도 어떤 배지를 달았느냐에 따라 국회의원이 되고 도의원, 시의원이 되며 어떤 계급장을 달았느냐에 따라 군인도 경찰도 결국 서열이 정해진다.

의지할 의依 자에 담긴 뜻은 아래와 같다. 의지하다, 기대다, 전과 같다, 좇다, 따르다, 순종하다, 동의하다, 허락하다, 용서하다, 우거지다, 돕다, 믿다, 비기다, 견주다 따위가 들어있다.

의지할 의依 자는 꼴소리문자形聲文字다. 사람인변亻에 소릿값을 나타냄과 더불어 '달라붙다'의 뜻 옷衣으로 이루어졌다. 옷이란 반드시 몸에 착 달라붙어 있다. 몸과 몸의 피부와 동떨어진 옷이란 없다. 옷이 몸에 비해 너무 크거나 작으면 맞춤이란 말을 잘 쓰지 않는다. 옷이 몸에 딱 맞을 때 '안성맞춤'이라 한다.

사람亻은 누구나 옷衣에 의지依한다.

보리살타, 보살은 과연 어디에 의지할까?

《반야심경》에 따르면 '반야바라밀다'다.

반야바라밀다에 의지하기 때문에 보살은 걸림으로부터 벗어난다.

걸림이란 마음의 걸림이다. 세상 어느 누구도 진공眞空의 세계에서 묘유妙의 아름다움을 발견해내지 못했다. 그런데 보살은 그게 가능하다. 보살은 그 '없음'을 제대로 활용하였다. 공 속에는 어떤 것도 없다 하였으나 보리살타는 진공에서 묘유를 발견하였다.

영국의 평론가이자 역사가인 토마스 칼라일Thomas Carlyle은 《프랑스 혁명사》《영웅숭배론》을 비롯하여 《과거와 현재》《의상철학》 등을 썼는데 특히 나는 《의상철학》을 관심있게 읽었다. 옷이 인간에게 주는 의미는 크다. 목욕탕에 들어가면 다 같은 사람이지만 옷을 입고 나오면 서열이 달라진다. 한자 의지할 의依 자에 담긴 뜻이 생각보다 매우 사회적이고 또 철학적이다.

정종분正宗分(5) 이무득과以無得果

지혜또한 없거니와 얻을것도 바이없어
얻을것이 없으므로 상구하화 보살행자
반야지혜 의지하여 바라밀다 하는고로
수행하는 그마음에 거리낄게 전혀없고

거리낌이 없으므로 두려움이 또한없어
전도몽상 멀리떠나 구경에는 열반하며
삼세제불 부처님도 반야지혜 의지하여
바라밀다 하는고로 아뇩보리 얻으리니

無智亦无得以無所得故菩提薩埵依般若波羅蜜多故
心無罣㝵無罣㝵故無有恐怖遠離顚倒夢想究竟涅槃
三世諸佛依般若波羅蜜多故得阿耨多羅三藐三菩提

무가애 無罣导

의지依支하라 그대여!
반야바라밀다를 의지하라.
이 세상 모든 수행자들이여!
이르노니 반야바라밀다를 의지하라.
겉옷衣이 비록 신분의 보여주기일지라도
사람亻은 겉옷衣을 반드시 걸쳐야 하듯
그대여, 필히 반야바라밀다를 의지하라.
속옷裳은 함부로 보여줄 수 없나니
겉옷衣을 통해 자신의 신분을 드러내라.
의상衣裳이란 겉옷과 속옷이 아니라
윗도리와 아랫도리라고?

오직 반야바라밀다에 의지하라.
반야바라밀다는 공空 중中 반야이나니
공 중 반야는 텅 빈 데서 빛나는
미묘妙한 있음有의 성덕性德이어라.
텅眞 비었空으나 묘유妙有로 가득하나니
이를 무엇으로써 증명할 수 있겠는가.
페트병에 담긴 음료를 마시고 난 뒤
병 속에 담긴 공기까지 모두 뽑아내면

병은 사정없이 짜부라질 것이니
빈 병은 완전한 빈 병이 아님을 알겠도다.

진정한 진공眞空은 반야바라밀이니
반야바라밀은 짜부라진 페트병이 아니라
빈 병 속에 공기空氣가 채워져 있음처럼
빈 병을 빈 병 형태로 유지하게 함이어라.
마음을 비웠을 때 마음 그릇이 그대로임은
빈 마음 속에 성덕性德이 있음 때문이어라.
마음을 비운다 하여 성덕까지 비우면
마음 그릇은 짜부라진 페트병처럼 되리라.
내 얘기하나니 마음을 비우고 또 비우되
대자대비 불성佛性까지는 비우지 말라.

반야바라밀다는 짜부라진 게 아니니
완공頑空의 페트병이 아니라,
묘유妙有를 머금은 진공眞空이어라.
비운 마음도 이와 같나니
완고한頑 비움空의 마음이 아니라,
반야바라밀다의 참眞 빔空의 마음이어라.
보리살타菩提薩埵는 반야바라밀다가
유위有爲로 얻을 것이 아닌 이치인 줄 알고

참 빔의 반야바라밀다에 의지하여

그 마음에 거리낌마저 없어라.

'가애罣㝵'의 '가罣'는 걸 괘罣 자로 자전 어디에서도 '가'로 읽지는 않는다. 걸 괘罣 자는 그물망머리罒가 부수部首며 홀 규/서옥규圭 자가 소릿값이다. 걸 괘罣 자는 새김에서 보듯 걸다, 매달다, 마음에 걸리다, 거리끼다, 연루되다, 연좌되다 따위의 뜻으로 쓰인다. 거리낄罒 일이 있다면 죄를 지은 것이다. 죄罪의 그물망머리罒와 같은 뜻이다. 죄罪와 괘罣는 소릿값만 다를 뿐 똑같다.

잘못非을 저지르면 그물罒에 걸린다. 법法의 그물網에 걸려들어 죄罪를 받는다. 만일 마음心에 거리낌罣이 있다면 생활에 제약㝵을 받음은 당연한 일이다. 이와 마찬가지로 괘罣는 거리낌이다. 홀圭의 가치를 훼손하여 죄罒를 얻음이다. 옛날 천자는 제후에게 홀圭로써 신분을 추인追認하고 봉작封爵하였다. 봉작의 '봉'에 홀圭이 들어가 있듯 홀의 가치를 훼손하면 때로 죽임을 당했다.

홀 규圭 자를 쌍토 규圭 자로도 새기는데 이는 흙 토土 자가 겹친 데서 나온 말이다. 천자로부터 봉작과 함께 봉토를 받으면 제후는 봉토封土 지역을 재어 다스린다. '재다'는 '쌓다' '모으다'의 뜻으로서 봉토 받은 지역을 넓히면 넓혔지 개인적으로 처분하여 줄일 수는 없었다. 그러므로 쌍토 규圭 자로 봉封을 표시했다. 홀은 서옥瑞玉으로 위는 둥글고 뾰족하며 아래는 삼각 또는 사각으로 펑퍼짐하다.

가애罣㝵는 거리낄 괘罣에 거리낄 애㝵다. 괘애罣㝵 자체를 한데 묶어 거리낌이다. 그럼에도 불구하고 거리낄 괘罣 자를 왜 '가'로 읽는지 이해가 안 간다. 이에 대한 시원한 답을 기다린다. 소릿값 '가'에 대해 시원한 답을 주는 이가 있었으면 싶다.

어찌하여 '괘애'를 '가애罣㝵'로 읽는지?

쉬앤짱玄奘 삼장법사 《반야심경》에는 '가애罣㝵' 두 글자를 중요시한다. 애㝵 자는 거리낄 애礙 자의 간체자며 거리낄 애碍 자의 또 다른 글자다. 두 글자의 의미소意味素는 돌 석石 자다. 밥에 돌이 들어있다면 이는 거리낄 일이다. 논畓에 돌이 있다면 이도 거리낄 일이다. 요도나 신장에 돌이 있다면 큰 문제다. 시속 7만 km로 허공을 날아오는 돌石은 어떤 총알보다 공포 그 자체다.

그러므로 '가애罣㝵' 2글자에는 어떤 경우라도 문제가 있는 게 맞다. 문제라면 어떤 문제일까?

반야바라밀다를 제대로 이해하지 못함이고 반야바라밀다 공空을 짜부라진 공으로 봄이다. 항하사 같은 성덕性德이 없는 공이다. 다시 말해서 묘유妙有 없는 진공眞空은 공으로서의 가치가 없는 완공頑空이다. 완공頑空은 공 사상에서 꺼리는 공空이다. 페트병에서 공기조차 뽑아낸 짜부라짐이다.

이러한 반야바라밀다를 의지하기에 수행자의 수행하는 마음에는 걸림이 없다. 걸림이 없고 거리낌이 없다면 페트병의 진공을 떠올릴 수 있을 것이다. 거리낄 애/푸른 돌 의礒 자 역시 돌석 石

자가 부수部首로 의미소다. 이 거리낄 애礙 자에 담긴 뜻을 살펴본다면 거리끼다, 장애되다, 지장을 주다, 방해하다, 거치적거리다, 거북하다, 막다, 그치다, 해치다 따위다.

왜 거리끼고

어찌하여 걸리적거리는가?

사람亻이 뭔가를 얻기得 위해서는 우선 거리낌㝵이 있어야 한다. 거리낌㝵과 얻음得은 같은 선상에 놓였다. 여러 가지 힘든 과정을 거치지 않은 채 행복의 열매를 기대할 수는 없다. 이는 마치 고생辛 다음에 행복幸이 오듯 한 끗 차이로 이어진 세계라 할 것이다.

거리낌㝵과 얻음得은 두인변亻 차이다. 마음 한 조각 차이이고 단지 티끌 한 점 차이일 뿐이다.

반야바라밀다를 의지하라.

마음에 걸림이 없다면 거리낌이 없고

그와 같이 마음에 거리낌이 없다면 걸림이 없다.

걸림과 거리낌이 없다면 상큼함 그 자체다.

반야바라밀다는 완전한 설거지 상태다.

비워낼 것은 다 비워낸 까닭이다.

가령 설거지가 덜 된 그릇에는

어떤 음식도 맛깔나게 담을 수 없다.

설거지가 제대로 되어야 음식을 담을 수 있다.

정종분正宗分(5) 이무득과以無昻果

지혜또한 없거니와 얻을것도 바이없어
얻을것이 없으므로 상구하화 보살행자
반야지혜 의지하여 바라밀다 하는고로
수행하는 그마음에 거리낄게 전혀없고

거리낌이 없으므로 두려움이 또한없어
전도몽상 멀리떠나 구경에는 열반하며
삼세제불 부처님도 반야지혜 의지하여
바라밀다 하는고로 아눅보리 얻으리니

無智亦无得以無所得故菩提薩埵依般若波羅蜜多故
心無罣昻無罣昻故無有恐怖遠離顚倒夢想究竟涅槃
三世諸佛依般若波羅蜜多故得阿耨多羅三藐三菩提

무유공포 無有恐怖

'무유공포無有恐怖'의 '무유無有!'

한문漢文에서는 많이 쓰이는 글이다. 풀이는 여러 가지가 있을 수 있다. 없다無와 있다有가 만나 이루어진 단어, 가령 무유공포無有恐怖라면 어떤 때는 없다 어떤 때는 있는 두려움일까? 두려움이 없기도 하고 있기도 할까?

왜냐하면 공포란 늘 있는 게 아니니까.

어디 공포뿐이랴!

생각은 눈앞의 대상에 따라 때로 있기도 하고 때로 없기도 한다.

가령 공수증恐水症hydro phobia의 경우 사나운 개에게 물린 적이 있거나 또는 개만 보면 피해서 다른 길로 가지만 개를 만나지 않으면 공포는 사라진다.

나는 물을 두려워하는 편이기에 약간 깊은 물만 보더라도 두려움을 느끼나 모든 물이 다 두려운 것은 아니다. 그런 것처럼 두려움嫌惡의 대상이 앞에 있거나 생각에 떠오를 때만 혐오스럽게 여겨 기피하게 될 뿐 365일 24시간 '싫증' 속에 사는 것은 아니다.

무유無有라는 부정사는 많이 쓰이나 하나의 '단어'로 사전에 올라있지는 않다. 게다가 무유無有는 문어체일 뿐 구어체가 아니라 생활에서는 잘 쓰지 않는다. 없을 무無 자 한 글자 만으로도 부정否定의 뜻을 충분히 표현하는데 굳이 있을 유有 자를 뒤에 붙일

게 있을까?

중국어에서는 주로 '메이沒mei'를 쓰며 메이여우沒有meiyou로 쓴다. 메이여우는 '아니다' 보다는 '없다'이다.

'우여우콩푸無有恐怖wuyoukongpu'는 '공포가 없다가 있다가'가 아니라 '공포가 있을 수 없다'로 읽어야 맞는 말이다. 그냥 '없다無'가 아닌 매우 강한 부정사다.

이와 같이 완벽한 문장임에도 불구하고 나는 '우여우콩푸無有恐怖'를 없다가 있다가 하는 두려움으로 읽고 싶다. 하지만 문장 전체로 이어놓고 보면 '없다가 있다가'로 읽을 수 없는 까닭에 그냥 '있을 수 없다'로 읽고 풀이한다.

그런데 어떤 《반야심경》 풀이에서도 '무유공포'의 '유有'를 풀이한 곳은 없다. '~ 얻을 바가 없기 때문에 보리살타는 반야바라밀다를 의지하여 마음에 걸림(거리낌)이 없고 마음에 걸림이 없으므로 두려움恐怖이 없다~'로 풀어 놓았다.

나도 사언절에서 그냥 '없다'로 옮겼지만 '무가애'는 왜 무유가애無有罣㝵가 아니고 무유공포는 왜 '무공포無恐怖'가 아닐까?

'있을 유有' 자가 부정사 뒤에 놓이면 비록 새기지 않는다 하더라도 그만큼 강한 부정을 이끌어올 수 있다. '없다'가 아니라 '있을 수 없다'이다. '반야바라밀다'는 그만큼 큰 힘을 지닌다. 이는 '반야바라밀다'라는 지혜 그릇이 짜부러진 페트병처럼 일그러지지 않고 모든諸 법法 모든諸 행行이 텅 비어 있으되 그릇 형태를 오롯이 지니고 있는 까닭이다.

두려울 공/무서울 공恐 자는 자지러지게 하다의 뜻을 지니고 있는 굳을 공巩 자가 소릿값에 해당하고 마음 심心 자가 부수로 의미소意味素다. 무섭다, 두렵다는 마음의 현상인 까닭이다. 두렵다, 두려워하다, 무서워하다, 공갈하다, 위협하다, 으르다, 무서운 말이나 행동으로 위협하다, 염려하다, 조심하다 따위와 아마도, 두려움, 무서움의 뜻이 들어있다.

두려울 공恐 자는 꼴소리形聲문자다. 굳을 공巩 자는 가죽 혁革 부수의 굳을 공鞏 자와 같이 쓰고 있다. 굳을 공鞏 자에서 위 왼쪽 장인 공工 자는 대장간의 모루를 형상화한 글자다. 요즘은 아이 빔I-beam을 뜻하기도 한다. I-빔보다는 H-빔으로 더 많이 알려진 철골 자재는 수직으로 세울 때는 I-beam이든 H-beam이든 무관하나 가로 얹을 때는 I-beam이 힘을 받는다.

그리고 위 오른쪽 무릇 범凡 자는 앉은 의자案席/几 등받침을 형상화했으나 대장간 모루 옆 불을 지피는 풀무風爐다. 풀무가 있고 모루가 있는 대장간에서 쇠를 다루는 기술의 하나가 담금질이다. 연장의 굳기硬度는 담금질에서 비롯된다. 그만큼 쇠 다루는 일巩은 마음心이 쓰이고 하여 늘 염려스럽고 두려운恐 일이다. 특히 칼과 창 등 무기를 다루는 데서 두려운 마음은 배가倍加하기 마련이다.

두려워할 포怖 자는 심방변忄 부수에 소릿값으로 펼 포布 자를 쓰고 있다.

1. 두려워하다, 두렵다

2. 놀라게 하다, 으르다

3. 무서운 말이나 행동으로 위협하다.

위에서처럼 두려워할 포怖 자도 심방변忄에 마음을 표현하고 있으며 소릿값音을 나타내는 포布가 부수와 합하여 포怖 자가 생겨났다. 두려울 공恐이 마음心의 위축巩이라면 두려울 포怖는 두려움忄의 극대布다.

두려울 공恐, 두려워할 포怖, 증세 증症

강박관념强迫觀念을 비롯하여 신경증神經症의 한 틀로 이루어졌다. 어떤 일에 대한 병적인 공포감을 가리킨다. 보통 사람에게는 아무렇지도 않은 것이 어떤 사람에게는 공포의 대상이 된다.

일명 두렴증, 무섬증이라고도 한다.

공포증에는 여러 가지가 있는데 나는 고소 공포증이 있어서 높은 곳에 서면 족심足心이 간지럽고 장딴지가 서늘하다.

어디 공포증들을 한번 좀 훑어볼까.

영어로는 포비아phobia가 대표적이지만 다르게 표현되는 경우도 꽤 있다. 공포증恐怖症phobia/against 따위다.

거미 공포증 arachne phobia

적면赤面 공포증 erythro phobia

폐소閉所 공포증 claustro phobia

고소高所 공포증 acro phobia

공습 공포증 air-raid psychasthenia

광장 공포증 agora phobia

남성 공포증 andro phobia

여성 공포증 gyne phobia

결혼 공포증 gamo phobia

고독 공포증 mono phobia

대인 공포증 anthro phobia

먼지塵埃 공포증 amatho phobia

뱀 공포증 ophidio phobia

혈액 공포증 hemato phobia

컴퓨터 공포증computer phobia

마이크 공포증mike fright(phobia)

죽음 공포증 necro phobia

어둠 공포증 nycto phobia/achluo phobia

정신병精神病psychasthenia

공포증을 없애다 dissipate a phobia

이 밖에도 관공서 공포증이 있고 심지어 경찰 공포증이 있으며 특히 외국인 혐오증으로 나타난 사건 제노포비아xeno phobia는 실로 끔찍하다. 이 제노포비아는 한때 남아공에서 많은 사상자를 낸 유혈 사건이었다.

정종분正宗分(5) 이무득과以無畢果

지혜또한 없거니와 얻을것도 바이없어

얻을것이 없으므로 상구하화 보살행자

반야지혜 의지하여 바라밀다 하는고로

수행하는 그마음에 거리낄게 전혀없고

거리낌이 없으므로 두려움이 또한없어

전도몽상 멀리떠나 구경에는 열반하며

삼세제불 부처님도 반야지혜 의지하여

바라밀다 하는고로 아뇩보리 얻으리니

無智亦无得以無所得故菩提薩埵依般若波羅蜜多故

心無罣导無罣导故無有恐怖遠離顚倒夢想究竟涅槃

三世諸佛依般若波羅蜜多故得阿耨多羅三藐三菩提

잘못顚倒된 몽상夢想

반야바라밀다에는 공포가 없다. 공포 이전에 이미 걸림罣碍이 없었다. 걸림이라니, 무슨 걸림이었을까?

마음의 걸림이고

마음의 거리낌이다.

이런 일련一連의 사건들을 반야바라밀다에서는 찾아볼 수가 없다. 왜냐하면 주체가 묘유한 진공인 까닭이다. 묘유한 진공이기에 짜부라들지 않는다. 이른바 '반야바라밀다' 마음 그릇은 결코 짜부라들지 않기 때문이다.

공포는 두려움이기도 하지만 혐오嫌惡며, 싫증이며, 싫어함이다. 반야바라밀다에는 아름다움과 추함이 없다. 아름다움과 추함을 벗어났기 때문에 마음에 어떠한 거리낌도 남아있지 않다. 거리낌이 없는 반야바라밀다에 싫은 감정인 혐오가 남아 있을 리 없다. 혐오/공포가 있을 수 없다면 잘못顚倒된 몽상夢想도 있을 수 없다. 따라서 반야바라밀다는 순수함 그 자체다.

한 젊은 수좌가 전화를 걸어왔다. 동국대 대학원에서 불교를 전공하고 난 뒤 지금은 작은 포교원을 운영한다고 했다.

"큰스님의 《반야심경》 강의를 읽으며 저는 매일 논문 한 편씩 읽는 느낌입니다. 특히 오늘 '기포의 새벽 편지'에서 무유공포無有恐怖를 색다르게 푸셨습니다. 없無다 여겼는데 문득 뭐가 나타난有다면 귀신인 줄 알고 두렵恐怖지 않겠습니까?"

내가 웃으며 답했다.

"그래요. 스님 그렇게 해석할 수도 있지요. 그러나 경전의 기본을 바꿀 순 없어요. 그리 본다면 어디 무유공포뿐이겠어요? 심무가애心無罣㝵도 달리 풀 수 있지. 이를테면 마음心이 없어無지면 마음 없어짐 자체가 걸림罣㝵이 될 수 있지요."

젊은 스님은 수긍하는듯 싶었다.

감사하단 말을 여러 번 반복한 뒤 끊었다.

반야바라밀다 공은 묘유공妙有空이다. 묘유공이기에 5온, 18계 12인연, 4성제와 지혜智와 얻음得까지 모두 부정하더라도 반야바라밀다 병bottle은 짜부러들지 않는다. 묘유로 가득한 진공이기 때문이다. 따라서 있음과 없음에 무심하고 묘유와 진공에서도 온전하게 벗어났기에 유무有無에 걸림 없는 마음이 생겨난다. 여기 공포증/혐오증이 있을 수 있겠는가?

연역적 논리의 《반야심경》 가르침!

하마 원리전도몽상遠離顚倒夢想이다.

뒤바뀐顚倒 몽상夢想을 멀리 떠나고 항상 올곧은 가르침만을 생각하란 것이다. 전도에는 무릇 네 가지가 있다. 이를 사도四倒, 사전도四顚倒라 한다.

중생들은 덧없음을 영원하다고 보고

괴로움을 즐거움으로 보며

깨끗하지 않음을 깨끗하다 보고

무아를 '나'로 잘못 보는 뒤바뀜이다.

멀 원遠 자는 나들이 원/소풍 원遠 자다. 나들이에서 '엔소꾸えんそく遠足'란 말이 나왔다. 우리 말로는 소풍逍風에 해당한다. 소풍 나가는 사람은 천천히辶 걷는다. 비록 가까운 곳이라도 옷을 갖추어 입는다. 쉬엄쉬엄 가다의 책받침辶 부수에 낙낙하고 긴 옷袁을 입었다 하여 멀리 갈 차비를 차린 것으로 생각하였다. 멀다, 멀리하다, 심오하다, 깊다, 많다, 세월이 오래되다, 멀어지다 따위와 먼 데, 또는 선조先祖의 뜻을 담고 있다.

떠날 리/이離는 복잡하면서 간단하다. 붙을 려/여離, 교룡 치離 자로도 새긴다. 새 추隹 부수에 산신 리离가 소릿값이다. 새는 태생胎生이 아니라 난생卵生이다. 포유류가 아니기에 엄마의 젖을 물지 않고 알에서 깨어나자마자 먹이를 먹는다. 새는 성장하면서 나는飛 법을 익힌習다. 날 비飛 자는 날개를 펼친 모습이고 익힐 습習 자는 날개 펴기 이전 모습이다. 처음白 날갯짓羽을 시작하기에 습習이다.

떠날 이/리離 자는 꼴소리形聲문자다 뜻을 나타내는 새 추隹 자와 소릿값인 동시에 노란 꾀꼬리를 뜻하는 꾀꼬리 이/떠날 이离 자로 되어 있다. 새는 성장하면 둥지를 떠나는 생명체다. 나중에 다시 돌아온다 하더라도 새로운 장소에 새로 둥지를 틀지언정 지난해 태어나고 성장한 둥지는 아니다. 둥지 떠나离는 새隹에서 리離 자가 나왔다.

엎드러질 전/이마 전顚 자는 꼴소리形聲 문자로 머리혈頁이 부수다. 담긴 뜻으로는 엎드러지다, 뒤집히다, 공간 거리나 수준 따위가 일정한 선에 닿다, 거꾸로 하다, 넘어지다, 미치다 따위다. 지난해 9월 21일 병원에 입원하여 22일 요추 수술을 받았으니 하마 일년 세월이 흘러간 셈이다. 당시 간호사가 진찰하더니 이렇게 말했다

"전도열顚倒熱이라 수술이 힘드시겠어요."

나는 그게 무슨 말이냐 물었다.

간호사가 매우 친절하게 답해주었다.

"네, 정상 체온과 달리 아침에는 오르고 저녁에는 내리는 열형熱型의 하나입니다."

하여 '전도열'이란 말을 이해하게 되었다.

또 통각수通脚睡라고도 불리는 전도수顚倒睡가 있는데 좁은 방에 여럿이 잘 때 자는 취침법이다. 서로 어긋매끼로 누워서 자는 잠이다. 전도를 얘기하다 보니 전도수가 생각난다.

넘어질 도倒 자는 사람인변亻에 이르다의 뜻을 지닌 도到 자로 되어있다. 앞의 엎드러질 전顚 자와 뜻이 대부분 같다. '새厶가 땅土의 지평선一에 앉음'을 이를 지至 자로 표현하였는데 사람亻이 그와 같으면至 곤두박질刂이다.

전도顚倒란 한마디로 뒤바꿈이다. 사람亻 이기에 누구나 넘어질刂 수 있다. 머리頁가 땅眞에 닿을 수도 있다. 그러나 한편 사람이기에 일어설 수도 있다.

꿈 몽夢 자는 저녁 석夕이 부수다. 다른 꿈 몽 자들이 여럿 있다.

1. 꿈 몽夢
2. 꿈 몽癔
3. 꿈 몽夣
4. 꿈 몽梦
5. 꿈 몽夛

5가지 글자들이 모두 같은 뜻이다.

꿈, 공상, 꿈꾸다, 혼미하다, 흐리멍덩하다, 똑똑하지 않다, 마음이 어지러워지다, 뒤숭숭하다, 어둡다, 희미하다, 흐릿하다.

'꿈 몽' 자가 다섯 자나 되는데 빠지지 않고 들어있는 게 저녁 석夕 자다. 꿈은 어스름에, 저녁에, 밤에 꾼다. 물론 대낮에 꾸는 백일몽白日夢도 있다. 그러나 대개 잠자는 시간은 저녁이다. 밤 야夜 자에도 저녁 석夕 자는 들어있다. 저녁夕은 모양으로 보아 반달夕이다. 둥근달月의 절반이기에 반달이기도 하다. 달이 있으면 꿈을 더 잘 꾼다고 한다. 꿈 꾸면서 꿈에 생각하는 게 몽상夢想이다.

생각 상想 자는 꼴소리 문자로 마음심心에 서로 상相 자로 이루어져 있다. 마음心에 상대相를 그리워함이 상想이고 상대를 조용히木 바라보는目 게 상相이다. 다들 《금강경》의 사상四相을 풀이하면서

'나' 라는 생각我相

'사람'이라는 생각人相

'중생'이라는 생각衆生相

'어른' 이라는 생각壽者相이라 하여

버젓이 생각 상想 자를 버려두고 서로 상相 자를 '생각'으로 새기고 있다.

상相은 생각이 아니라 틀型이다.

그러니까

'나我'라는 틀相이고

'사람人'이라는 틀相이며

'중생衆生'이라는 틀相이고

'나이 좀 들었다壽者'는 틀相이다.

전도몽상顚倒夢想의 상은 생각 상想이니 틀相의 규정을 벗어나 생각함이다.

'공중空中에 왜 오온 따위가 없다는 거지?'

하는 생각에 너무 오래 얽매이지 말라.

왜냐하면 '반야바라밀다'이니까.

거두절미去頭截尾하고 붙이는 말着語

"쓸데없는顚倒 꿈夢 속 생각想일랑

멀찌감치遠 떠나離보내라!"

정종분正宗分(5) 이무득과以無曻果

지혜또한 없거니와 얻을것도 바이없어
얻을것이 없으므로 상구하화 보살행자
반야지혜 의지하여 바라밀다 하는고로
수행하는 그마음에 거리낄게 전혀없고

거리낌이 없으므로 두려움이 또한없어
전도몽상 멀리떠나 구경에는 열반하며
삼세제불 부처님도 반야지혜 의지하여
바라밀다 하는고로 아뇩보리 얻으리니

無智亦无得以無所得故菩提薩埵依般若波羅蜜多故
心無罣㝵無罣㝵故無有恐怖遠離顚倒夢想究竟涅槃
三世諸佛依般若波羅蜜多故得阿耨多羅三藐三菩提

구경열반 究竟涅槃

어즈버! 구경열반究竟涅槃이다.

궁극究의 마침竟은 열반涅槃이다.

열반涅槃으로 마치竟길 바람究도 좋다.

모든 수행자의 궁극은 열반이다.

불교에서 열반은 죽음이기도 하다.

따라서 수행자의 마지막은 죽음이다.

죽지 않고 열반의 향기를 맡을 수는 없다.

문제는 무엇이 어떻게 죽느냐이다.

몸 셋, 입 넷, 뜻 셋의 죽음이다.

몸 셋身三, 입 넷口四, 뜻 셋意三이다.

첫째 몸 셋은 살생, 횡령, 사음이고

둘째 입 넷은 거짓말, 꾸밈, 이간, 모진 말이고

셋째 뜻 셋은 탐욕, 성냄, 어리석음이다.

이들 몸과 입과 뜻으로 지은 업만 죽이면 열반의 향기는 자연히 맡을 수 있을 것이다. 구경究竟은 궁극窮極이며 필경畢竟으로 현상事과 이치理의 마지막이다. 열반 역시 이치와 현상의 꼭짓점이다

연구할 구/궁구할 구究 자는 굴 혈/구멍 혈穴에 소리값 아홉 구

九 자다. 우리말에 '굽이굽이'란 말이 있다. 길이 꾸불꾸불 굽어있음을 뜻하는 말이며 인생 길이 굽이굽이임을 뜻하는 말이다. 본디 구비구비九非九非에서 시작되었으나 나중에 구비구비仇非仇非로 바뀌었다가 굽이굽이로 언어의 변천을 가져왔다. 아홉九 번 잘하라 지적非 받더라도 구비구비 인생길 꾸준히 걸어갈 일이다.

가까운 인연仇을 잘못非 만나 걸어가는 길仇이 고난非일지라도 삶의 터널穴 따라 끝九까지 가는 것이다. 연구硏究는 학문 세계에서 끝까지 감이고 궁구窮究는 인생길을 끝까지 감이다. 연구의 '연硏' 자는 징검다리를 놓을 때 돌石의 높이를 가지런幵하게 함이고 궁구의 '궁窮' 자는 몸身의 수련弓이다. 그러면서 둘 다 터널穴 끝까지 가는 것이다. 비록 굽이굽이九非九非 힘든 길일지라도…

마침 경/마침내 경竟 자는 어진사람인발儿 부수에 소리 음音이 더한 뜻모음會意 문자다. 어진사람儿이란 석가, 공자, 예수와 같은 그런 사람을 가리키는 게 아니다. 그러나 남보다 좀 더 훌륭하거나 앞서가는 자의 생각임에는 틀림이 없다. 마침내 경竟 자는 나중에 보고, 어진사람인발儿 부수의 40여 글자 가운데 스물 대여섯 글자들을 먼저 살펴보자.

우뚝할 올兀 자를 비롯하여

으뜸 원元

맏 윤允

형 형兄

빛 광光

먼저 선先

조 조兆

이길 극克

처음 시兝

면할 면免

아이 아兒

기쁠 태兌/兗/兌 자 따위는 등급이 높고

밀리그램milligram 모兓 자를 비롯하여

센티그램centigram리/이兤

데시그램decigram분兛

데카그램decagram십兝

헥토그램hectogram 백兝

킬로그램kilogram천兝 자는 셈씨數詞며

떨릴 긍兢

투구 두兜

나아갈 신兟

형 곤/섞일 혼兝

날카로울 침兝

외뿔소 시兕 자 따위는 대칭어 문자다.

도량형度量衡 한자가 모두 어진사람인발儿의 이길 극克 자
는 아니다. 이길극克 자는 무게로 그램gram의 뜻이며 길이로 미

터meter는 쌀미변米이므로 미리 알아두면 물건을 고를 때 쓸모가 있다. 중국어로 된 '원소주기율표'를 보면 삼수변 딱 하나 브롬bromine/br을 빼고는 모두 쇠금변釒 돌석변石 기운기엄气이다. 현재까지 밝혀진 112가지 원소素가 금속, 비금속, 과도원소인데 이는 원소 성분과 성질을 따라 붙인 변이다.

마침내 경竟 자는 소리음音를 올려儿 놓았다. 《능엄경》에서는 이 근원통耳根圓通이라 하여 듣는 공덕이 보는 공덕에 비해 50%가 높다. 빛의 직진성에 비해 소리는 회절성이어설까? 망원경 현미경이 나오기 전 옛사람들은 육안으로는 먼 데 사람의 구분이 어려워도 목소리로는 쉽게 분간할 수가 있었으며 설령 가까이 있더라도 어두컴컴한 데서는 시각보다 청각으로 알아차릴 수 있었다.

그렇다면 마칠 경/마침내 경竟 자에 왜 소리 음音 자가 올려져 있는지 생각해보면 짐작이 가고도 남을 것이다. 마침내 경竟의 또 다른 뜻은 음악의 한마디節가 끝나는 때를 가리킨다. 소리 음音은 '말씀曰을 세움효'이다. 말씀을 세우다니 말도 섰다 누웠다 하는가! 그게 아니라 입체효적 말씀曰이란 뜻이다. 초등학교 저학년들이 국어책을 읽듯이 음악을 연주하고 노래하지는 않을 것이다.

입 구口 자 가운데를 가로지른 것一이 무엇을 표현한 것이라 보는가? 입술을 열어 이야기를 하고 있는 것이다. 이른바 말씀이며 '가라사대曰'이다. 이 가라사대를 3D로 세운 것이 음악이다.

음악音을 높임儿이야말로 궁극竟이다.

《반야심경》'구경열반究竟涅槃'에서 궁구할 구究 자가 수행자의 마음가짐이라면 여기 마침내 경竟은 감성感性의 궁극이다. 궁극적으로 열반에 도달하기 위해 구경원究竟願을 세워 물러서지 않는다. 그렇다면 구경원이란 어떤 것일까? 아미타불의 마흔여덟 가지 원력이고 서가모니 부처님의 여섯 해 고행이다. 그리하여 이른 경지가 구경즉究竟卽이다. 본디 갖추어진 불성이 온전히 나타나 다시는 더 깨달을 것도 없거니와 끊을 번뇌도 없는 가장 높고 원만한 경지다.

구경각究竟覺이란 말이 있는데 최상의 불과를 얻은 마지막 깨달음이다. 그리하여 얻은 몸이 구경법신究竟法身이니 이는 법성을 깨달아 이룬 몸으로서 영원히 변함 없는 심성心性의 법신이다. 이 심성법신 자리가 그대로 구경위究竟位다. 이는 오위五位의 한 단계로서 보살 수행의 마지막 단계에 해당한다. 모든 번뇌를 끊어 없애고 진리를 증득하여 부처님 지위에 도달하는 단계를 가리킨다.

보살마하살이 반야바라밀다를 의지해 얻는 경지가 구경열반究竟涅槃이라면 부처님이 반야바라밀다를 의지하여 필경필경에 얻는 경지는 어떤 것일까? 앞으로 《반야심경》에서 언급하겠지만 참으로 거룩한 '아뇩다라삼먁삼보리'이다. 아뇩다라삼먁삼보리는 너무나도 유명하여 새삼스럽게 필설할 필요가 없겠지만 그러나 근본 뜻만 살펴보면 이렇다.

'무상정등정각無上正等正覺'이다.

무無/아阿a

상上/녹다라耨多羅nuttara

정正/삼三sam

등等/먁藐yak

정正/삼三sam

각覺/보리菩提bodhi이다.

정종분正宗分(5) 이무득과以無罣果

지혜또한 없거니와 얻을것도 바이없어
얻을것이 없으므로 상구하화 보살행자
반야지혜 의지하여 바라밀다 하는고로
수행하는 그마음에 거리낄게 전혀없고

거리낌이 없으므로 두려움이 또한없어
전도몽상 멀리떠나 구경에는 열반하며
삼세제불 부처님도 반야지혜 의지하여
바라밀다 하는고로 아뇩보리 얻으리니

無智亦无得以無所得故菩提薩埵依般若波羅蜜多故
心無罣㝵無罣㝵故無有恐怖遠離顚倒夢想究竟涅槃
三世諸佛依般若波羅蜜多故得阿耨多羅三藐三菩提

三世諸佛依般若波羅蜜多

삼세모든 부처님도 반야지혜 의지하여

바라밀다 하는고로 아뇩보리 얻으리니

많은 분들이 나의 《사언절반야심경》에서 번역에 문제가 있다고
느끼셨겠지만 나는 반야바라밀다를 한 단어로 읽지 않고 반야와
바라밀다로 둘로 나누어 읽는다.

서분 '행심반야바라밀다시行深般若波羅蜜多時'는 '심오한 반야
를 닦고 행하여 저 언덕에 건너가는 바라밀다할 때'로 풀었다.

그리고 여기에 이르러서

보리살타 '반야를 의지하여 바라밀다하기에

마음에 걸림이 없고

마음에 걸림이 없으므로

두려움恐이 없고 혐오怖가 없으며

전도몽상을 멀리 떠나 마침내 열반하며'

라 하여 역시 '반야'와 '바라밀다'를

2개 파트로 나누어 풀이하고 있다.

'반야般若'는 지혜로서 이름씨名詞고 '바라밀'은 도피안到彼岸
이라 번역되듯 부림말目的語을 머금고 있는 움직씨動詞다. 따라
서 '반야바라밀다'는 하나의 숙어이면서 둘 이상으로 나누어 해석
할 수도 있다. 가령 '보시바라밀布施波羅蜜'은 나눔 행을 통하여

바라밀을 실천함이니 윤회하는 중생의 사바세계此岸에서 해탈열반의 불국토彼岸로 건너到가는데 물질財을 베풀施고 부처님 법法을 전施하고 삶에 대해 편안함無畏을 갖게施 함이다. 지계와 바라밀, 인욕과 바라밀, 지혜와 바라밀에 이르기까지도 동일하다.

이와 같이 삼세 모든 부처님도 반야를 의지하여 바라밀다到彼岸하신다.

그리고 그 결과로 얻어지는 것이 보리살타는 구경究竟의 열반涅槃이지만 과거 현재 미래의 모든諸 부처님佛들은 최상의 바른正 평등等 바른正 깨달음覺인 이른바 '아뇩다라삼먁삼보리'를 얻는다.

열반彼 언덕岸에 이르到는 바라밀이 반야라는 지혜를 의지한 까닭에 가능하다. '아뇩다라삼먁삼보리'라는 최고 경지도 반야를 의지하여 바라밀하기에 가능하다.

과거 현재 미래의 모든 부처님뿐 아니라 모든 보살과 모든 중생의 궁극窮極은 열반 임계점臨界點critical point 너머 '아뇩다라삼먁삼보리'를 얻는 것이다.

무無/아阿a

상上/뇩다라耨多羅nuttara

정正/삼三sam

등等/먁藐yak

정正/삼三sam

각覺/보리菩提bodhi

'삼세제불三世諸佛'의 삼세는 시간 삼세다. 과거세, 현재세, 미래세를 가리킨다. 지나過 간去 세대世 부처님이요 나투어現 계신在 세대世 부처님이며 아니未 온來 세대世 부처님이다.

그런데 이 삼세에는 시간만 있는 게 아니다. '모든諸 부처님佛'이라는 복수複數가 그 시대 시대마다의 공간을 표현하고 있다. 시공간은 언제나 쌍둥이twins 체계다. 홀로 있는 시간과 홀로 있는 공간은 없다.

가령 2017년 9월 22일 새벽(한국시간), 동시대를 살아가는 사람들을 얘기할 때 반드시 범위範圍를 먼저 설정한다. 그것이 가까운 시야scope든, 혹은 주변ambit이든, 아니면 영역extent이든, 또는 광역province이든 더 나아가 비록 지구촌spher일지라도 범위를 설정한다는 것은 공간의 인정이다. 같은 시대에 설정된 범위 내에서 몇 사람이 살아가고 있을까 하는 것처럼 삼세제불도 시공간적 부처님이다.

과거세 현재세 미래세를 중심으로 무한 공간에 계시는 무한 부처님까지도 반야般若를 의지依하여 바라밀다하신다. 윤회를 벗어난 저彼 언덕岸으로度 말이다. 그리고 거기서 얻는 게 최상의 경지로 이른바 '아뇩다라삼먁삼보리'이다. '아뇩다라삼먁삼보리'는 실로 대단하다. 대승불교에서 내세우는 최상의 경지로서 아직 '아녹다라삼먁삼보리' 이상은 없다.

'아뇩다라삼먁삼보리'에 대한 말씀은 대승경전에서는 거의 빠짐없이 실렸으며 이에 대한 언어적 풀이도 다양하다. 그런데 내가 가장 좋아하는 표현은 조계종 소의경전인 《금강경金剛經》 중 〈제7. 무득무설분無得無說分〉에 나온다.

부처님께서 수보리 존자에게 물으신다.

"수보리야! 네 생각이 어떠하냐?

여래가 아뇩다라삼먁삼보리를 얻었느냐?

여래가 설하신 법이 있더냐?"

우문현답愚問賢答이다.

스승이신 부처님 물음은 평범하신데

제자인 수보리 답은 매우 뛰어나다.

수보리 존자가 답한다.

"제가 부처님께서 말씀한 뜻을 알기로는 고정시킬 수 없는 법無有定法이 곧 '아뇩다라삼먁삼보리'이오며 또한 고정시킬 수 없는 법이기에 여래께서는 설하실 수 있으시나이다."

아! 이토록 아름다운 답이 또 있을 것인가!

《금강경》에서 수보리 답을 빼고 나면 두뇌 없는 몸뚱이요, 눈 없는 생명체나 다름이 없다. 부처님께서는 소설법所說法을 물으셨는데 수보리는 소설의所說義로서 답하였다.

三世諸佛依般若波羅蜜多

묻기는 '아뇩다라삼먁삼보리의 얻음'인데 답변은 아뇩다라삼먁삼보리의 정의定義다.

그 뒤로 이어지는 수보리 답변은 앞의 아뇩다라삼먁삼보리의 정의보다 더없이 소중하지만 여기서는 생략한다.

《금강경》무유정법無有定法의 풀이는 앞의《반야심경》무유공포無有恐怖처럼 '있을 수 없다'로 새기는 것이 좋다.

'혐오恐와 무서움怖이 있을 수 없듯'이 '정해定진 법法이 있을 수 없다'고 새긴다.

무유정법의 '정定'은 정할 정定 자다. 정할 정定 자는 갓머리宀 부수에 소릿값으로 '걷는바를정正' 자를 놓았다. 발 족足, 달릴 주走 자와 같은 모양새다. 걷는바를정 자는 정지停止될 수밖에 없다.

왜냐하면 울宀 안에 갇혀있기 때문이다. 비록 걷고 싶고 달리고 싶더라도 울에 갇혔으니 어떻게 달릴 수 있겠는가. 따라서 무유정법無有定法의 진정한 뜻은 고정定된 틀法로 묶어둘有 수 없음無이다. 아뇩다라삼먁삼보리는 무유정법이다. 고정된 틀에 묶이지 않음이 그대로 '아뇩다라삼먁삼보리'이고 고정된 틀에 묶이지 않았기에 부처님께서는 비로소 설하셨다 할 수 있다.

이어지는《금강경》수보리의 답변!

누구든지 이 답변을 제대로만 이해한다면 금강경을 더 이상 읽을 필요가 없다. 아뇩다라삼먁삼보리를 이렇게 풀이한 이는 수보리 존자를 제외하고는 아무도 없다. 수보리 존자는 부처님 당시

석덕碩德이다. 그 이후로 《금강경》을 공부한 이들이 공간橫說과 시간竪說을 가득 채웠지만 아직까지 이렇게 아름다운 답변은 없다.

아뇩다라삼먁삼보리는 무유정법이다.

무유정법은 어떤 틀에 얽매이지 않음이다. 연꽃은 진흙탕에서도 고고하게 핀다. 그런데 왜 연꽃만 그러하다고 생각하는가?

모든 식물은 뿌리 가까이 거름이 있다. 거름을 온몸으로 빨아들이며 꽃을 피운다.

그러기에 '아뇩다라삼먁삼보리'는

무상정등정각無上正等正覺인 동시에

무심정등정각無深正等正覺이고

무광정등정각無廣正等正覺이며

무량정등정각無量正等正覺 따위의 뜻이다.

다시 한 번 덧붙인다.

아뇩다라삼먁삼보리는 위가 없고

아뇩다라삼먁삼보리는 깊이가 없고

아뇩다라삼먁삼보리는 넓이가 없고

아뇩다라삼먁삼보리는 헤아릴 수 없고

아뇩다라삼먁삼보리는 고정된 틀이 없다.

아뇩다라삼먁삼보리는 그냥 아뇩다라삼먁삼보리다.

판소리 대본 '부처님 생애, 붓다여! 붓다여!'

01. 도솔내의상兜率來儀像

아니리 : 저 때에 호명보살이 도솔천 내원궁에서 사바세계 인연처를 가만히 살펴보니

중모리 : 수미산을 중심으로 동쪽의 승신주는 신장이 열두 자에 수명은 이백오십이요, 서쪽의 우화주는 신장이 스물네 자에 수명은 오백 세며 북쪽의 구로주는 신장이 마흔여덟 자에 수명은 천년이라. 또 헌 군데 살펴보매 남쪽의 섬부주로 신장은 여섯 자에 수명은 백 세이니 그곳 중생이 진실로 불쌍허여 인연처가 분명허다. 남쪽의 섬부주를 다시 은근히 살펴보는디, 해동의 조선땅은 나라는 작으오나 백두산을 중심으로 북으로는 만주벌 요동벌이 멍석처럼 주르르르 펼쳐 있고, 남으로는 반도인디 묘향산 금강산과 설악 태백 지리산으로 저 - 한라산에 이르도록 불끈불끈 솟아있어 웅크린 범일러라. 골골이 냇물이요 버덩마다 장류수라 기맥이 이러하니 분명코 여기로구나! 호명보살이 역사를 더듬고는 어허! 좋기는 장히 좋다마는 지금 이땐 아니로다. 어찌하여 이때가 아닌고 허니, 과거세의 여섯 부처 조선 땅에 나리셨고 도리천궁 제석천의 환웅태자 영을 받아 단군천손 낳으시고 지덕겸비 단군왕검 천시

를 여신지가 우금 일천칠백 년이 되었구나. 지세와 역사가 이러헌디 인심 또한 농후허여 높은 담장 필요없고 너 내 것이 따로 없어 우선은 인연처가 아니로다.

아니리 : 이리 한참을 살펴보다가 딱 눈이 맞는 곳이 있었으니

중모리 : 인도의 동북방에 작은 나라 있었으니 이름은 가비라요 국왕은 정반으로 감자왕의 후손이며 왕후는 마야로다. 주변으 나라를 볼작시면 마가다 코살라 반사국 아반티와 카시국 코삼비 마투라 간다라 등 크고 작은 나라들이 십륙대국으로 벌려 있고, 석가족 말라족 바찌족 리차비족 팔만사천 부족들이 바둑판에 돌 놓이듯 질서 없이 모였는디 바라문 찰제리 폐사 수다라와 불가촉천민의 계급제도 뚜렷하며 구십육종 외도들의 허고많은 사상들이 우후죽순이라 서로가 영토분쟁 편할 날이 전혀 없이 날만 새면 으르렁이요 달만 뜨면 호시탐탐이니 지옥 극락 헌데 엉켜 지척을 분간키가 어렵구나. 엎친 데 덮친 격으로 정반왕과 마야부인 아직꺼정 세자 없어 눈물로 지새이니 저들 몸을 의탁하여 인간하생 하리로다.

02. 비람강생상毘藍降生相

자진모리 : 도솔천 내원궁의 미래부처 호명보살 부처 근기 이미

익고 인연처를 바로 찾자 육아백상 코끼리 등에 서부렁섭쩍 뛰어 올라 마야태중에 드는구나. 정반왕궁 마야부인 춘곤증을 못이기 여 잠시 졸음 청하올 적 꿈인지 생시인지 비몽사몽간에 육아백상 흰코끼리 붉은 해를 등에 얹고 품으로 달려드니 태몽이 분명허다. 그로부터 정반왕도 생기를 되찾았네. 어화둥둥 내사랑 어화둥둥 우리사랑 이리보아도 우리 마야 저리보아도 우리 정반 얼씨구나 절씨구 가비라국 경사로세. 현숙하온 마야부인 태교를 실천허니 어화 불자들아! 그녀으 거동을 들어보소. 맵고 시고 떫고 짜고 자 극적인 음식일랑 드시지 아니하고 모난 음식 부스러기 일체 입에 대지 않고, 앉을 때는 한가운데 가장자리 취치 않고 비탈지고 울 퉁불퉁 거친 자리 앉지 않고, 잠자리에 들 적에는 침상자리 올바 른지 다시 한 번 돌아보고, 걸음걸이 보폭 좁게 조심 조심 조심 조 심. 대인접화 허올적엔 자비로운 그 미소를 얼굴에 잃지 않고, 베 다성전 옆에 두고 시시때때 염송하고, 경쾌하고 부드럽고 좋은 음 악 가려듣고, 한서질천 자나깨나 태아만을 생각허네.

아니리 : 이러구러 열 달이 가득차서 마야부인의 부른 배가 남산 만이나 허였겄다. 정반왕께 아뢰기를 "해산일이 가까와오니 친정 에 가서 낳으오리다. 허락하소서." 정반왕이 정색하며 "그 무슨 말씀이요. 나라 풍습도 그러하니 친정에 가서 아이를 낳는 것은 당연하지 않소이까. 염려 말고 다녀 오시구려." 이때 마야부인이 출산을 허기 위해 친정인 구리성으로 향하는디.

중모리 : 비람동산 다다르니 기화요초 만발허고 벌 나비는 훠얼 훨 - 날아든다. 근심 걱정 없앤다는 무우수 꽃향기에 듬뿍 취한 마야부인 오른손을 살폿 들어 나뭇가지 잡는 순간 홀연 산기 느끼면서 우리본사 서가세존 우협탄생 허시었네. 이때가 어느 땐고 갑인 사월 초파일로 우금 이천육백십육년이 되였어라. 태어난 그 자리에 꽃비가 흩날리고 하늘음악 장엄하니 성인 오심 완연허다. 하늘 선녀 목욕 준비 향탕수를 마련하고 연못아닌 비람동산 온갖 연꽃 피었으니 붉은 꽃 푸른 꽃과 노리고도 하얀 꽃이 아기부처 발 아래에 천지사방 피었도다. 아기부처 사방으로 일곱 걸음 걸으시며 "천상천하 유아독존" 사자후를 외치시니 이 말뜻이 무엇인고 성인 중의 성인이요 하늘 중의 하늘이라. 얼씨구나 절씨구 씨구씨구 어절씨구 오시었네. 오시었네. 삼계도사 우리 스승 부처님이 오시었네. 오시었네. 오시었네. 태란습화 사생자부 대보살이 오시었네. 경사로세. 경사로세. 육도중생 의지처니 참으로 경사로세. 어화 우리 불자님네 모두 함께 기뻐하세. 광명으로 복덕으로 아기부처 오셨네라. 우리 모두 찬양하세. 연꽃이라 하는 것이 탁한 물에 피건마는 탁한 물 아니묻듯 오탁악세 사바세계 자비로 오셨으니 어화어화 불자님네 우리 모두 찬양하세.

03. 사문유관상四門遊觀相

아니리 : 갓 태어난 태자이름을 실달타라 하였으니 모든 것을 다

성취하라는 뜻이렸다. 헌디, 옛말에 호사다마라 좋은 일에는 마가 많이 끼는 법이라 허였거니와 산후조리가 부실허였던지 아기 낳은 칠일만에 마야부인이 그만 덜컥 세상을 떠나가니 생명있는 모든 중생 한 번은 가는 것이지만 어허! 이 무슨 시샘이란 말이더냐. 가비라국으 백성들과 정반왕궁은 온통 슬픔에 잠기고 마는구나. 그로부터 실달태자 파사파제부인 손에 양육되니 아무리 이모지만 계모임에 틀림없어 콩쥐가 따로 없고 장화홍련 따로 없다. 허나 워낙에 총명한 태자인지라 보고도 모르는 체 가슴 속에 묻어 두고 듣고도 못들은 체 바람결에 날려 보내니 느는 것은 우울과 사색이라. 태자 나이 점점 자라 학문을 연마할제 바라문의 베다학문 오의서와 예의범절 낱낱이 섭렵하고 구십육종 사상가인 제자백가 이론들을 빠짐없이 익힌 뒤에 병법으로 들어가서 말달려 활쏘기며 진지구축 전차몰이 신체단련 창검술 등을 낱낱이 익혔겄다. 허지만 제자백가와 온갖 병법을 다 익혀도 오롯이 남는 의문 "우리 모후 어디 계시며 도대체 인생이란 무엇인가?" 시위를 벗어난 화살마냥 세월이 흘러감에 태자 나이 열 아홉이라 부왕이신 정반왕께서 태자비를 물색헐 제

진양 : 오천축 전역에서 최고 미인 뽑았으니 그녀 이름은 야수다라요 꽃다운 나이 십륙세라. 총명하고 상냥하고 예의범절 분명하여 아미를 살짝 들면 하강한 선녀인듯 눈부시고 황홀하여 마주보기 어려웁고 고운 자태 맑은 용모 요조숙녀 장히 좋다. 두 사람 마

음 맞아 돌쩌귀 아귀맞듯 안고지고 사랑하기 한낮도 야밤인 듯 주야를 잊었구나. 그러구러 십년 세월이 얼른얼른 지나갈 적 야수다라 잉태하여 아들을 하나 낳았으니 이분이 뉘시던가 부처님의 십대제자 밀행제일 라후라라.

아니리 : 하루는 실달태자 마음이 답답하고 심사가 울적하여 부왕의 허락 받아 시종 하나 대동하고 동문을 썩 나서니 노인이 있었겄다.

중모리 : 저 노인네 거동 보소! 허리는 꼬부라져 무릎은 어깨를 지나는데 지팡이를 짚었으니 다리가 셋일러라. 허연 머리 합죽이에 큰비 온 뒤 골 패이듯 깊은 주름 사이사이 검버섯은 어인 일고. 남문으로 나가노니 담장 아래 거적 깔고 병들어 신음하고, 서문 밖 썩 나서매 상두소리 구슬프다. 구중심처 실달태자 이런 광경 처음이라 시종다려 이르기를, "저것들이 다 무엇이더냐?" 시종이 흠칫하며 할 수 없이 답을 하되 "노인이요, 병든이요, 죽은이인 줄 아뢰오." "나도 저리 되겠느냐?" "생명을 가진 자는 피할 수 없는 줄 아뢰오." 가위에 눌린 가슴 천만근을 더했구나. "아이고! 답답하여라! 얘, 다른 문으로 나가 보자!" "예이!" 북문 밖 썩 나서자 단정하고 기품있고 당당한 이 만났어라. 시종이 여짜오되 "불사의 도를 찾아 근심 걱정 생사윤회 뚜렷이 초월하온 출가수행자인가 하나이다."

04. 유성출가상跆城出家相

진양 : 라후라와 야수다라 곤히 잠든 모습 그윽이 바라보며 실달태자 하직인사를 허는구나. "여보! 미안하오! 야수다라여! 미안하오! 검은머리 파뿌리 되도록 같이 사자 하였으나 생사길이 예 있음에 내 갈길이 급하구려. 아들아! 내 아들아! 사랑하는 라후라야! 모후 없이 자란 내가 외어미 맡기려니 참으로 미안하구나. 그저 아무쪼록 티 없이 자라거라. 다시 볼 날 있으리라."

중모리 : 하직인사 하는 중으 첫새벽 닭이 홰를 치니 하마 이월 초여드레가 시작되였구나. 이때으 실달태자 마부 차익 불러내어 애마를 대령하여 안장지우라 이른 뒤에 말안장에 덥썩 올라 살금살금 살금살금 성문 빠져 나오는디 "가자 가자 어여 가자! 어서 가자 바삐 가자! 삼계고해 갖은 욕망 끊기 위해 어여 가자! 팔만사천 번뇌적을 반야지혜으 보검으로 서부럭 선뜩 베어내고 생사윤회 없는 길로 애마야 어서가자. 과거세으 모든 부처 이 길로 가시었고 미래세의 부처님네도 이 길을 가시리니 나 또한 대장부라 부처의 길 가리로다." 실달태자 태운 말이 성벽을 훌쩍 넘자 속삭이던 별빛마저 숨죽여 지켜보고 새봄을 준비허던 다람쥐 청살모 잔나비도 멈칫헌다. 동으로 말을 달려 구리족 너른 영토 한달음에 가로질러 남으로 내려가다 아노마강을 건넜구나.

아니리 : 옛말에 든 흔적은 없어도 난 흔적은 크다고 허였으니 태자 떠난 정반왕궁에 올 사람은 아니 오고 태자의 옷 한 벌과 소지품 신고 마부와 애마만이 쓸쓸히 돌아오니 태자으 소식에 목을 빼던 야수다라는 혼절하였다 일어나서는 방바닥을 쥐어뜯고 자그마나 큰 가슴을 두 주먹으로 두드리며

진양 : "아이구머니나! 그예 가셨군요! 지아비 있을 적엔 설산처럼 의지허여 마음이 편하기가 대지와 같았더니 나더러 어찌 살라 허시구 혼자서만 가오니까. 견우와 직녀는 오작교라도 있거니와 당신과 야수다라넌 무엇으로 이으오리. 무심하고 야속하오 실달다여! 야속하오 으흐흐흐흑! 어차피 떠날 양이면 귀띔이라도 주실일이지. 어허! 당신 본디 이런 사람이었소? 아이구우! 여보! 여보! 여보!"

05. 설산수도상雪山修道相

아니리 : 한편, 실달다 대보살은 삼단같던 긴머리를 작두에 여물 썰듯 싹뚝 자른 뒤에 일천 오백리 머너먼 길을 구도의 일념으로 걷고 걸어 히말라야 설산의 고행림에 들었겄다. 육사외도 여섯 명의 고행자를 차례로 벗을 삼아 그들으 경지를 터득한 뒤 물어 가로되 "고행의 목적이 무엇이오?" "하늘에 태어나기 위해서외다" 보살이 이 말을 듣고 "생천을 목적으로 한 고행은 의미가 없다.

그것은 다만 육체를 괴롭힐 뿐이니 쾌락의 추구보다 나을 게 없으리라." 허고 미련없이 곁을 떠나 다음으로 두 명의 명상가를 스승으로 모셨으니 아라람과 울두람이라. 이들의 최고 경지인 비상비비상처정도 수삼삭만에 터득하고 보니 그 역시 궁극은 아니었다. 보살이 생각하되 "이제 이 세상에 나의 스승이 될 만한 이 없다. 나 자신을 스승삼아 깨달음을 이루리라." 허고는 저 전정각산 중턱 한적한 곳에 터를 잡아 깨달음을 향한 일념으로 육년 간을 고행허였겄다. 육년 자란 터럭 위는 새들의 보금자리 움푹 패인 눈자위는 깊이가 팔십리라 뱃가죽 등에 붙고 얼굴에는 거미줄 해골인 듯 빨래판인 듯 드러난 갈비뼈에 어허! 참으로 목불인견이로구나. 하루는 보살이 가만히 생각하되 '깨달음이란 중도를 택해야 하리라 고행만으로도 쾌락만으로도 깨달음은 이루어지지 않는다. 이제부터는 소위 고행만을 위한 고행은 그치리라.'

진양 : 이리 비틀 저리 비실 술객인가 거지인가 전정각산을 내려간다.

06. 수하항마상 樹下降魔相

아니리 : 흐르는 니련선하에 목욕을 마친 뒤 수자타녀 공양을 받고 기력을 되찾았다. 보리수 아래 금강보좌 길상초 듬뿍 깔고 결가부좌 맺고나니 섣달 초하루 신새벽이 되었구나. 보살이 결심허

되 "도를 깨닫기 전에는 내 결단코 일어나지 않으리라." 하루 가고 이틀 가고 사나흘 닷새 엿새 밤 떠난 그 자리엔 새벽이 자리하고 한낮을 언뜻 지나 땅거미 스며든다. 저때에 마왕 파순이 가만히 생각허니 보살이 도를 깨닫게 되면 마왕으 궁전이 깡그리 무너지게 되었더라. 이에 보살의 성도를 방해할 양으로 가진 계책을 꾸미는디

중모리 : 마왕의 거동보소 마왕 파순의 거동을 보아라. 의관을 정제허고 점잔빼고 다가와서 갖가지로 회유를 헌다. "당신도 참 어리석소. 좋은 옷 좋은 음식 부귀공명 마다허고 우짤려고 그 고생을 짐짓 사서 허려 하오." "마왕아 파순아! 너의 속셈 내가 안다. 너의 짓이 구름이면 내 마음은 하늘이요, 너의 속셈 계란이면 내 결심 바위이며, 너의 방해 티끌이면 이내 또한 수미산이라." 마왕이 할 수 없이 미인계로 공격하니 큰딸 이름 욕염이요, 능열인이 지차이며 가애락은 막내로서 다시 없는 절세가인 세상 미녀 아닌데다 잠자리 날개인가 물항라 비단인가 비칠 듯 안 보이고 안 뵈듯 비치는디 가슴 따로 허리 따로 엉덩이 따로 춤을 춘다. 악마 속셈 아는 보살 점잖게 호령하되 "마녀야! 썩 물러가거라!"

아니리 : 마왕이 다시 전열을 가다듬어 보살을 공격하는데 이러허였겄다.

판소리 대본 '부처님 생애, 붓다여! 붓다여!'

중중모리 : 마왕 파순 명령따라 온갖 마군 모여든다. 어떤 놈은 창을 쥐고 어떤 놈 칼을 들고 어떤 놈은 삼지창에 어떤 놈은 금방망이 말채찍 쇠사슬과 톱 들고 도끼 든 놈, 돼지 나귀 말대가리 낙타 들소 낮짝이며 족제비 몸집에다 코끼리 다리인 놈 한 몸뚱이 여러 머리 배불뚝이 키다리며 외눈박이 되빡이마 흡혈귀 이빨이며 호랑이 가죽옷에 입에서 불 뿜는 놈 독사허물 목에 걸고 왕방울눈 번뜩이며 방앗간에 참새꾀듯 보살에게 달려든다. 보살이 꾸짖어 왈 "나는 이미 선과 악의 두 극단을 여의였으며 사랑도 미움도 떠났도다. 내 너희의 본체를 알거니 더 이상 너희 스스로를 수고롭히지 말라." 봄바람을 가름인가 하늘에 침 뱉긴가 깊은 골의 메아린가 보살마음 부동이라 날아드는 화살들은 무지개 수를 놓고 잡은 병기 던진 창은 봉황되어 춤을 추고 후려치던 번개 천둥 하늘 음악 대신하고 쏟아지던 우박들은 연꽃으로 피어나고 하늘로 솟았는가 땅 밑으로 꺼졌는가 협박하던 마군들은 흔적없이 사라진다.

아니리 : 신새벽의 샛별을 바라보는 순간, 번쩍! 우르르르르 꽝! 이게 무슨 광경인고 허니 취모리 보검으로 무명업식의 싹을 싹뚝 자르는 모습이며 마왕의 궁전이 와그르르르 무너지고 대보살이 부처님으로 거듭 태어나는 소리이니 부처님의 나이 서른 다섯 되던 섣달 초여드레였다.

중모리 :"얼씨구나 절씨구 이리도 좋단말가! 얼씨구나 저절씨구 저리도 좋단말가! 설산을 번쩍들어 방외로 던져볼까 도도한 항하수로 조어채찍 삼어볼까. 삼천세계 너른 우주 한 손으로 걷어 내고 무시무종 항사겁을 또 한 손에 거머쥘까 삼계육도 중생계에 마니보주 나눠주고 과현미래 불국토에 심외무법 알려볼까" 되셨구나, 되셨어. 부처님 되시었네! 열렸구나, 열렸어. 불국토가 열리었네!

07. 녹원전법상鹿苑傳法相

아니리 : 깨달음의 기쁨을 고이 간직한 채 열반에 들까 허시던 부처님께선 중생을 교화해야겠다는 마음으로 마가다국 불타가야를 출발 육백리 머너먼 길을 열 이틀 간 걷고 걸어 바라나의 녹야원에 당도하셨다. 일찍이 대보살을 모시고 설산에서 고행하다가 보살이 수자타녀에게 유미죽 받아 드심을 보고 타락하였다 허여 버리고 떠났던 다섯 명의 비구가 거기에 있었으니 모두가 부처님의 인척으로 그들의 이름은 교진여 액비 발제 십력가섭 마남구리였겠다. 부처님을 보자마자 저들끼리 수작을 헌다. "타락한 수행자니 아는 체하지 마세." "그리 합세." "약속 어겨 맞이허면 무슨 벌칙 정해 볼까." "군밤이 어떠헐지." "그거 좋지."

중모리 : 오비구의 거동보소. 다섯 비구의 거동을 보아라. 서가세존 부처님 가까이 다가오자 금세 약속 잊었는가 자리 털고 일어서서 두 손 모아 합장하고 쭈르르르 달려나가 가사 발우 받는 비구 보리수 금강보좌 길상초 까는 비구 선수 놓친 한 비구는 손씻을 물 길어오고 한 비구는 풀잎 묶어 주변을 청소하고 또 한 비구 들꽃 꺾어 무릎꿇고 공양을 헌다. 그때에 서가세존 보좌 위에 선뜻 올라 자비광명 놓으시고 금구성언 열으시니 칠년대한 가문날에 단비를 내림인가. 구년지수 장마 끝에 밝은 해 비침인가. 이역만리 타국에서 온갖 고초 겪는 중에 고향의 까막까치 홀연히 만남인가. 육칠십 늙은 과부 외자식 잃은 줄로 눈물 뿌려 지새다가 생존소식 접했는가. 사나흘 굶주린 이, 만반진수 이 아닌가. 모랫바람 너른 사막 맑은 샘이 분명허다. 필두로 야사장자 그의 아들 오십인과 사리불 목건련의 이백제자 다음이고 삼형제 삼가섭과 천명대중 교화하니 일천이백 오십명의 상수제자 어엿허다. 그중의 십대제자 어떠한 분이던가, 지혜제일 사리불과 신통제일 목건련과 두타제일 대가섭과 천안제일 아나율과 해공제일 수보리와 설법제일 부루나와 논의제일 가전연과 지계제일 우바리와 밀행제일 라후라와 다문제일 아난타라 법고소리 두웅둥! 뛰는 즘생 제도되고 목어소리 따르륵따륵! 비늘즘생 교화되고 운판소리 데엥뎅! 깃털즘생이 마음을 열고 범종소리 꾸웅꿍! 지옥마져 사라졌다. 밤하늘 수를 놓는 별들의 화음으로 진리의 수레바퀴 영원히 굴러간다. 밤하늘 수를 놓는 별들의 화음으로 진리의 수레바퀴 영원히 굴러

간다. 밤하늘 수를 놓는 별들의 화음으로 진리의 수레바퀴 영원히 굴러간다.

08. 쌍림열반상雙林涅槃相

아니리 : 항아리 속의 막걸리 익어가듯 중생들의 근기는 서서히 익어가고 때가 되었음을 아신 부처님께서는 제자들을 이끌고 구시라성으로 향하셨다. 두 그루의 사라수가 쌍으로 서 있는 곳에 이르러 제자에게 자리를 마련하게 하시고 마지막으로 유언허시되

중모리 : "보라! 저 앙상한 나뭇가지들이 보이느냐. 물 오르고 꽃 피고 잎 피우고 비바람 몰아치고 뙤약볕 천둥 번개 시련으로 무성하고 단풍에 낙엽지고 앙상한 가지 위에 눈보라 사나웁고 또다시 물오르고...비구들이여! 게으르지 말고 부지런히 정진하라. 고기를 낚은 뒤엔 통발을 잊고 호수를 건넌 후 뗏목은 두고 가듯 옛 부처 남기신 법 오롯이 전해받아 너희에게 전하노라" 달기똥 굵은 눈물 제자들 울먹이며 "만경창파 거센 파도 돛대 우지끈 부러지고 삿대 철부럭 놓쳤으니 무엇을 의지하리. 대스승 가시옴이 이다지도 속하온가 삼계도사 사생자부 부처님 가시다니 어미 잃고 방황하는 어린 사자 어이하리." 마지막 남긴 말씀 "스스로를 등불삼아 그 자성을 밝히우고 진리를 등불삼아 중생계를 비추어라. 이제 여래가 반열반에 들려하니 더 이상 슬퍼하지 말라." 제자들 목이 메

어 말을 잇지 못하는데 쉬는 듯 잠자는 듯 대열반에 드셨으니 이 월의 보름날로 세수가 여든이라. 두 그루 사라수도 슬픔을 못이기여 학인듯 고니인듯 소복을 입었으며 하늘도 울고 땅도 울고 나는 새 닫는 짐승 물고기도 슬피 울고 구름도 울고 가고 바람도 울고 가고 해와 달 흘린 눈물 타는 노을 꺼져가네.

아니리 : 이리 한참 슬피 울 적 한 파수가 지나갔겄다. 변방에서 전법하던 대가섭이 늦게 도착하여 무릎 꿇고 두 손으로 부처님의 관곽을 부여잡고 "부처님, 정말 가셨나이까. 영원한 이별이옵니까. 아직도 못다허신 교화 중생이 무량하온데 그들 남겨 두고 그냥 가셨나이까." 그때 부처님이 관 밖으로 두 발 내어 보이시니 천폭의 연화문에 법륜이 뚜렷허였겄다.

엇중모리 : 보이는 모습으로 여래를 판단하고 들리는 음성으로 여래를 구한다면 나무를 사랑하여 물고기 구함이요. 잔나비 연못에서 둥근 달 건짐이라. 가신 자 누구이며 남은 자 누구인가 다비장 타는 불꽃 부처 모습 완연허다. 더질더질.

결분結分(01) 반야주般若呪

고로알라 반야로써 바라밀다 하는말씀
아주아주 크나크게 신비로운 주문이며
크게밝은 주문이며 위가없는 주문이며
견줄수가 없으면서 평등하온 주문이라
故知般若波羅蜜多是大神呪是大明呪
是無上呪是无等等呪

반야바라밀다 般若波羅蜜多

탄자니아 수도 다르에스살람에는 1928년에 세워진 스리랑카 사원이 있다. 내가 탄자니아에 체류하고 있을 때 다르에스살람에 가면 꼭 들르는 곳이다. 2005년도 가을 랑카절에 처음 들렀다. 주지 판냐 세까라 스님이 반갑게 맞으며 한국말을 몇 마디 한다며 친근감을 표했다.

그러면서 자신을 가리키며 '나'라고 했고 나를 가리키면서 '너'라고 했다. 초면이라 내가 큰절을 하는데 그는 고개 하나 까딱하지 않은 채 묵묵히 내 절을 받아내고 있었다. 그는 합장도 하지 않은 채 차를 우렸다. 속에서 슬슬 부아가 치밀어오르고 있었다.

그때 마침 예전에 타일랜드泰國에 갔을 때 타일랜드 스님들이 우리 한국인 승려를 소 닭 보듯 하던 게 생각이 났다. 그래서 슬며시 마음을 안으로 눙쳤다. 스리랑카 티black tea에 설탕을 듬뿍 넣어 내게 건네며 그가 입을 열었다.

"나 봤냐!"

말 끝을 올리지 않았다. 나를 알고 있느냐고 묻는 게 틀림없었다. 내가 고개를 가로 저으며 말했다.

"으음, 처음 보는데!"

그가 입가에 미소를 지으며

"너 점보 나 봤냐!"

점보Jumbo라면 '거대하다'는 뜻이니 좋다. 그런데 스와힐리어로 잠보Jambo가 우리말 '안녕'처럼 인사말이다. 아무렴 나를 점보로 부르진 않을 터 어쩌면 스와힐리어를 섞은 인사일 것이다. 분명 내게 '잠보'라 인사를 건넸으리라. 내가 고개를 끄덕이며 스와힐리어로 답했다.

"으음! 잠보 잠보! 지나 랑구 키포!"

그가 그제서야 자기 이름을 영어로 말했다.

"오, 기포! 디씨즈 세까라, 판냐 세까라!"

비로소 우리는 크게 너털웃음을 웃었다. 판냐 세까라Pannya-Sekara였다. 나는 그의 판냐를 '봤냐'로 알아들었고 그는 내 '처음 보다'를 '점보'로 들은 것이다. 산다는 게 이처럼 재미있다.

빛은 저 멀리 태양으로부터 자그마치 1억 5천만km를 단숨에 달려와 우리 지구를 비추고 사물을 비추고 산과 들, 강물과 바다를 고루 비추면서 사람을 비롯하여 숱한 생명을 살리는 참으로 소중한 그 무엇이다.

석가 예수는 없을지언정 빛이 없고서야!

모하메드와 공자는 없을지언정 태양으로부터 날아온 빛과 에너지 없이 어떻게 생명이 존재할 수 있겠는가?

그래서 나는 2014년 이맘 때《아미타경을 읽는 즐거움》을 집필하면서 새로운 삼보설新三寶說을 제창하였다. 새로운 삼보는 곧 해와 달과 별이다. 만 서너 해가 지났지만 내 생각은 여전하다. 태양빛과 태양에너지는 소중하다. 물론, 그럴 일은 전혀 있을 수 없겠지만 비록 태양이 있더라도 빛과 에너지가 없다면 그래서 열원熱源이 되어주지 못한다면 아무리 생각해도 너무 끔찍한 편이다.

빛을 담고 있는 이 고귀한 에너지를 지구는 프리즘prism을 통하여 지구촌 모든 생명들에게 전해주고 있다. 이때 프리즘은 대기권atmosphere이다. 대기권을 통과한 빛과 에너지는 다시 모든 낱낱 생명에게 필요한 성분과 빛과 에너지를 공급한다.

이들 세부적인 프리즘이 복福바라밀이다. 보시 지계 인욕 정진 선정바라밀 5가지다. 그럼 반야慧바라밀은 어떤 것일까?

이어져 온 글에서 이미 느꼈을 터이지만 대기권大氣圈이란 프리즘이다. 이 말은 무엇을 의미할까?

복덕바라밀이 비록 뛰어나다 하더라도 반야지혜가 결여된 복(덕)바라밀은 살아가면서 행복을 느낄 수는 있겠으나 무명업식無明業識을 완전히 녹이고 윤회를 벗어나는 게 그리 녹록하지 않다. 반야바라밀이라는 거룩한 프리즘은 이처럼 총체적인 분광分 光 스펙트럼이다.

이태 전 이 즈음《금강경》을 풀면서 여섯 가지 바라밀을 프리즘 에 견주었는데 그 말이 결코 틀린 것은 아니다. 단, 그때는 프리 즘에 비유하기는 했으나 대기권이 '반야 프리즘'이라 하지 않았다. 반야에는 오직 반야 성분만 들어있지 않다. 반야에는 보시 지계 인욕을 비롯하여 정진 선정바라밀 성분이 일정량 들어있다. 이는 마치 모든 바닷물에는 35‰(퍼밀)의 '염분비일정의 법칙'이 적용 됨과 같다.

퍼센트percent(%)가 '백분율'이라면 퍼밀per mill(‰)은 '천분율' 이다. 경전 이름에《반야바라밀다심경》과 아울러《금강반야바라 밀경》은 있는데 보시바라밀경이라든가 나아가 선정바라밀경이란 경전 이름은 없다. 바라밀에서는 '반야'가 으뜸이기 때문이다. 이 《반야심경》의 '반야바라밀'이 나머지 다섯 바라밀의 성질을 담은 채 대기권이라는 거대한 프리즘을 통과한다.

이처럼 대기권을 통과한 빛과 에너지가 모든 사물 모든 생명체 하나하나마다 개별 프리즘을 통과시켜 빛을 선사한다. 프리즘을 통과한 빛은 크게 일곱 색을 띤다. 이른바 일곱 가지 무지개 빛깔 이다. 이 일곱 가지 빛깔은 눈으로 볼 수 있다. 이들 가시광선可 視光線 양쪽으로 눈으로는 볼 수 없는 불가시광선이 있다. 왼쪽 이 긴 파장의 적외선赤外線이고 오른쪽이 짧은 파장의 자외선紫 外線이다. 적외선은 붉은赤빛 바깥外 선線이고 자외선은 보랏紫

빛 바깥外 선線이란 뜻이다. 인프러레드 레이즈infrared rays와 울트라바이올렛 레이즈ultraviolet rays에 인간이 지닌 시력의 한계성이 담겨 있다. 육안으로 적외선과 자외선은 볼 수가 없다. 이처럼 가시광선과 불가시광선 모두를 다 안에 지니고 있는 게 무엇일까?

바로 '반야바라밀다'라는 가르침이다.

'반야바라밀다'라는 신비한 가르침이다.

반야심경에서는 말씀하신다.

'고로 알라 반야로써 바라밀다 하는 말씀 아주아주 크나크게 신비로운 주문이며...'

앞의 경전 말씀 모두를 인정하고 이처럼 인정한 가르침을 바탕으로 하여 반야바라밀다에 담긴 위대성을 말씀하신다. '반야로써 바라밀다 하는 말씀'에서도 나는 '반야바라밀'을 한 단어로 풀지 않고 '반야'와 '바라밀다' 둘로 나누어 풀었다. 이렇게 하는 게 반야바라밀다에 담긴 뜻을 이해하기 쉽게 드러낼 수 있는 까닭이다.

이是는 크大고 신비神로운 가르침呪이다.

'크다'라는 그림씨形容詞 안에는 절대성absolute character이 들어있다. 절대성에는 그림씨가 적용되지 않는다. 아름다움과 추함을 뛰어넘었는데 어떻게 미추美醜가 있을 것이며 길고 짧음을 이미 훌쩍 초월하였는데 거기 어떻게 장단長短이 있을 수 있겠는가. 절대絶對는 글자 그대로 대對가 끊어絶져 어떤 그림씨도 성립되지 않음이다.

신비로움神은 마술魔術magic이 아니다. 사람들의 눈을 속이는 게임이 아니다. 《반야심경》의 반야사주般若四呪 가운데 대신주大神呪의 신神은 신비가 아니다. 상식적으로 알고 있는 그런 신비가 아니다.

첫째 대신주에 대해서는

둘째 대명주大明呪

셋째 무상주無上呪

넷째 무등등주無等等呪 등에서

좀 더 설명할 것이기에 여기서는 생략한다.

앞서 스리랑카 스님 이름에서 보듯 스님들 이름法名에 '반야'가 많이 들어있다. 우리나라 스님들이 지혜 지智 자와 지혜 혜慧 자를 법명에 많이 쓰듯 말이다. 불명에 반야를 많이 쓴다는 것은 그만큼 수행의 대부분을 반야에 둠일 것이다. 스리랑카 태국 미얀마 등은 초기불교인데 이름은 대승불교의 용어 '반야'를 즐긴다.

지구촌 어디에 어떻게 살더라도 대기권 프리즘을 통과한 빛과 에너지를 수용하듯이…

결분結分(01) 반야주般若呪

고로알라 반야로써 바라밀다 하는말씀
아주아주 크나크게 신비로운 주문이며
크게밝은 주문이며 위가없는 주문이며
견줄수가 없으면서 평등하온 주문이라
故知般若波羅蜜多是大神呪是大明呪
是無上呪是无等等呪

시대신주 是大神呪

[1]. 시대신주是大神呪
[2]. 시대명주是大明呪
[3]. 시무상주是無上呪
[4]. 시무등등주是无等等呪

대신주와 대명주는 큰 대大 자 돌림이고 무상주와 무등등주는
없을 무無 자 돌림이다. 큰 대大 자는 클 대, 클 태, 클 다로 새긴
다. 팔다리를 벌리고 서 있는 사람 모습이다. 본디 사람 인人 비
수 비匕 자처럼 사람의 옆모습을 표현한 그림문자였다. 담긴 뜻으
로는 '크다' '높다' 외에 아주, 매우, 거룩하다, 성스럽다 따위와 존
귀하다, 훌륭하다, 뛰어나다, 자랑하다, 중히 여기다, 무척 아끼
다, 엄청나다, 일정한 정도를 넘다, 하늘, 극치, 존경하거나 찬미
할 때 쓰는 말 따위다.

대체로 어떤 이름씨 앞에 붙여 큰, 으뜸가는, 뛰어난, 위대한, 멋진, 대단한 따위 그림씨로써 나타내는 말이다. 존경이나 찬미의 뜻으로 표현하기도 한다. 양력으로 31일인 달을 '큰달'이라 하고 음력으로 30일인 달을 가리키기도 한다. 이처럼 생긴 큰 대亣 자도 있는데 이는 큰 대大 자가 자체 부수인 반면 돼지해머리두亠 부수에 들어있음이 다르다.

귀신 신神 자는 꼴소리形聲문자다. 뜻을 나타내는 보일 시示와 소릿값 납 신申 자가 만나 이루어졌다. 다시 말해 만물을 주재하는 신示과 소릿값 신申이 서로 합하여 신神이 되었다. 한자에서 보일 시示 자가 들어간 글자는 신神, 조상祖上, 제사祭祀 따위와 관련이 있다. 그렇다면 신示은 어떤 능력이 있을까? 번갯불申처럼 엄청난 힘을 가졌을 것이다.

신神은 여러 가지 변화를 부리는 존재다. 아주 옛날 사람들은 천체의 변화를 알 수 없는 신비로운 신示의 행위라 보고 번갯불申과 연결지어 신神 자로 썼다. 귀신 신神 자에 담긴 뜻으로는 귀신 외에 신령, 정신, 혼, 마음, 덕 높은 사람, 해박한 사람, 불가사의한 것, 고상하고 신비스러운 운치 따위가 있고 영묘하다, 신기하다, 변화하다, 영험스럽다, 몸가짐이나 언행을 조심하다, 소중히 여기다 따위의 뜻이 담겨 있다. 초인간적 위력威力을 가지고 세계를 지배한다고 하는 존재가 신이다. 대부분 어두컴컴함 속에서 활동하며 불가사의한 능력으로 화복禍福을 내린다. 종교적으로 귀의의 대상이 되며 공경敬과 두려움畏의 대상이기도 하다.

하느님, 귀신, 신명, 삼신, 산신 등과 사람의 지혜로써는 헤아릴 수 없는 존재, 감히 침범할 수 없는 신성神性 등을 가리킨다.

여기에 불교의 '부처님'은 빠져 있다. 신비주의에서 부처님이 왜 빠졌을까?

한마디로 불교는 신비주의가 아니다. 부처님의 신족통神足通에 대해 본연부 경전에서는 자주 말씀하고 있지만 불교는 신비주의를 내세우지 않는다. 우주와 태양계, 지구 관계가 신비로움이다. 지구에 생명체가 산다는 게 신비며 지구촌에서 호흡할 수 있음이 곧 신비다. 이를 떠나 어떤 신비를 추구할까!

납 신申 자는 펼 신申으로도 새기고 아홉 번째 지지 신申으로 새긴다. 더 직접적 풀이는 번개 신屯 자인데 발음은 '전'으로 나기에 번개 전屯 자다. 번체자에서는 번개 전電 자를 쓸 때 부수 비 우雨 자를 위에 살그머니 얹었는데 이해를 도우려 만든 글자로 보는 게 좋다. 지구상에서는 소나기와 번개를 연결 지으나 다양한 기상관계를 살펴야 하므로 번개에 꼭 소나기를 관련지을 필요는 없다.

우리 태양계 내에는 목성木星이 있다. 목성은 400년 이상 지속되는 폭풍과 함께 지구에서의 1000배를 뛰어넘어 이는 강력한 번개가 끊임없이 번쩍이고 있다. 그런데 소나기로 인한 게 아니라는 것이다. 한자 전電 자가 만들어진 것은 목성이 아닌 지구 일반에서 생겨난 기상현상이다. 비 우雨에 번개 전屯 자를 넣은 글자가 번체자 번개 전電 자인 게 이상할 리 없다. 하늘에서 번개가 번뜩

시대에신주 是大神呪

이고 우레가 우는 것이 옛사람들에게는 아마 신비 그 자체였을 것이다. 첨단과학의 21세기 오늘날에 있어서도 번개가 번뜩이고 우레가 심하게 칠 때 '혹시 죽을 죄를 짓지는 않았을까?' 자신을 뒤돌아보며 기도한다고 한다. 그만큼 우레도 번개도 두려움의 대상이다. 하물며 옛사람들이야 말해 무엇하겠는가.

52개월 머물던 동아프리카 지역 탄자니아 북동부 마운틴 킬리만자로는 우기에는 비가 제법 많이 내린다. 특히 우레와 번개가 시작되면 그야말로 우렛소리가 콩볶듯 타닥거린다. 번개 없이 우레가 없듯 번갯불은 반드시 우레를 남긴다. 현지인들은 가톨릭이거나 개신교 신자며 또는 무슬림도 꽤나 많은 편이다.

"마스터 키포! 어떻게 해 봐요. 무서워요!"

물리학에 관심이 많은 나도 무섭긴 마찬가지다. 한참 번개와 우레가 지나가고 나면 킬리만자로 2,000고지 자락 산기슭에는 벼락 맞아 새카맣게 그을린 나무가 서 있고 더러 안 좋은 소식도 들려오곤 한다. 물리와 과학으로 이해될 수 있다 하여 감전될 염려까지 전혀 없는 것은 아니다. 스스로 지은 죄가 있고 없고를 떠나 자연이 주는 불가사의한 힘이 아니라 해도 엄청난 재해 앞에서 사람은 나약해진다.

결분結分(01) 반야주般若呪

고로알라 반야로써 바라밀다 하는말씀
아주아주 크나크게 신비로운 주문이며
크게밝은 주문이며 위가없는 주문이며
견줄수가 없으면서 평등하온 주문이라
故知般若波羅蜜多是大神呪是大明呪
是無上呪是无等等呪

신비여, 신비여

반야바라밀다주般若波羅密多呪여!

신비로워라

크나크셔라

거룩하셔라

반야바라밀다 주呪여!

중생의 번뇌를 없애시나니

이보다 더 신비로울 수 있을 것이며

온갖 집착을 다 터시옵나니

이보다 더 날카로움이 있을까 보냐.

부처님 말씀은 날카롭지 않나니

그러기에 더욱 신비로워라.

아! 신비神秘여! 신비神秘로움이여!
한 톨 곡물禾에 담긴 뜻을 다 알까?
다만 그저 마음心으로 느낄丿뿐
이것이 신비神秘일러니.

어즈버! 신비로움이여!
신神의 뜻을 신示인들 다 알까?
계시示하는 신의 생각을
역시 마음心으로 느낄丿뿐이니
이것이 곧 신비神秘일러라.

생각 하나로 글을 쓰고
쓴 글을 편집하고
편집한 글을 올리고
좋아하고 공감하고 공유하고
이웃에게 전하고 하는 일이
이 스마트폰 하나에서 다 이루어지니
이보다 더 신비로운 게 있을까?

지구 자전 때문에
하늘을 이리저리 누비는
고추잠자리 비상보다 더 신비로울까?

결분結分(01) 반야주般若呪

고로알라 반야로써 바라밀다 하는말씀
아주아주 크나크게 신비로운 주문이며
크게밝은 주문이며 위가없는 주문이며
견줄수가 없으면서 평등하온 주문이라
故知般若波羅蜜多是大神呪是大明呪
是無上呪是无等等呪

시대명주是大明呪

'시썬머是甚麼shishenme'에서 시是의 해석은 크게 2가지다.
첫째는 지시대명사 '이' 또는 '이게'이고 둘째는 is처럼 서술격조사
로도 풀 수 있다. 첫째라면 "이게 뭐지?"의 뜻이겠지만 둘째라면
그냥 "뭘까?"정도로 끝난다.

시대신주是大神呪

시대명주是大明呪

시무상주是無上呪

시무등등주是无等等呪도 이에 준準한다.

'이는 매우 신비로운 주문이고

이는 매우 밝은 주문이고

이는 위 없는 주문이고

이는 견줄 수 없지만 평등한 주문이다.'처럼

앞에 낱낱이 지시대명사를 넣을 수 있다.

아니면 서술격 조사로 명사 뒤에 붙여

'매우 신비로운 주문이고

매우 밝은 주문이고

위 없는 주문이고

견줄 수 없지만 평등한 주문이다.'로 새긴다.

오늘의 주제는 '시대명주是大明呪'다.

반야바라밀다주般若波羅密多呪는 매우大 신비神로운 주문呪
일是 뿐 아니라 매우大 밝은明 주문呪이다是.

그렇다면 주문呪이란 어떤 내용일까?

주呪는 부처님의 거룩한 말씀이거니와 미리 앞당겨 얘기한다면
'아제주揭帝呪'다.

아제주의 '아제揭帝'는 소리音번역譯이다. 범어를 중국의 한자
로 음사하였기에 한문에 들어있는 게 뜻이 아니다. '아제주'는 앞
글을 따 내가 붙인 이름이고 '반야주般若呪'가 본디 옳은 이름이
다.

주술(문) 주/빌 주呪 자가 몇 개 있는데 우선 크게 5자로 간추릴
수 있다.

빌 주/주술 주呪

빌 주/주술 주咒

빌 주/주술 주詶

빌 주/방자 주訊

빌 축/저주 주祝

빌 주/주술 주呪 자에 담긴 뜻은 좋은 쪽으로 빌다, 기원하다 따위가 있고 나쁜 쪽으로는 저주하다, 방자하다 따위다. 방자方呪는 미운 자에게 재앙을 받도록 사특한 귀신에게 빌어 저주하거나 그런 방술을 쓰는 일을 가리키는 말이다. 그 밖에도 주술을 부리다, 주문을 외거나 또는 술법을 부리다, 진언이나 다라니를 외는 일이며 다라니를 다르게 표현하는 말이기도 하다.

주술 주呪/呪 자를 좀 들여다보면 2개의 입 구口 자에 어진사람 인발儿이다. 신령 령靈 자는 입 구口 자가 3개나 되는데 빌 주呪 자는 왜 입 구口 자가 2개뿐일까? 다라니나 진언을 뜻하는 주呪는 대개 불보살님의 가르침을 압축한 것이다. 그러므로 다라니를 지송하면서 불보살님의 언어口와 지송자의 언어口가 끝내 하나가 되어 사람을 어질儿게 한다. 주呪/呪 자에 담긴 뜻이 그러하다.

그런데 신령 령靈 자는 주呪와 다르다. 신령 령靈 자는 무당巫의 입口을 빌어 굿하는 자의 말口을 신령에게 전하고 신령 말씀口 그대로를 굿하는 자에게 전한다. 따라서 신령 령靈 자에는 입口이 셋이다. 신령의 언어와 굿하는 이의 언어 그리고 매개자 무당의 언어다. 신령의 언어가 무당의 입을 통해 비雨 내리듯 환자에게 전해지는 시스템이다. 무당을 매개로 하여 오가는 기원자의 언어와 신령의 언어에서는 때로 많이 부풀려지기도 하고 때로는 많이 빠트린 채 전해지기도 한다. 통역자 입장에서는 늘 걸러지

시대엽주是大明呪

는 게 좀 있다. 이쪽 말이 저쪽에게 상처를 입히거나 저쪽 말이 이쪽에게 거칠게 다가올 때 통역자는 좀 더 순화된 언어로 가다듬는다. 내용 자체를 깡그리 바꿀 수는 없으나 더러 없는 말을 애드리브로 넣기도 한다.

그러나 다라니를 지송하고 부처님의 참된眞 말씀들을 외고 주력呪力하는 사람은 고스란히 전한다. 부처님 말씀이 행자에게 그대로 다가오고 행자 생각이 고스란히 부처님께 전달된다. 주력은 그래서 직접적이고 사실적이다. 행자가 외우는 진언은 부처님 말씀이다. 진언과 다라니를 지송하는 행자가 스스로 말을 꾸며서 하는 게 아니기에 여기에 어떤 경우도 거짓은 없다. 진리眞의 말씀들이니까!

진리의 말씀이기에 거짓이 없고 그늘이 없고 음흉함이 없다. 진언에 속임이란 존재하지 않는다. 그야말로 화반탁출和盤托出이다. 음식뿐만이 아니라 소반까지도 내놓는다. 그러하건대 반야주에 그늘이 있겠는가. 또한 반야주에 속임이 있을 것이며 지하에서나 오갈 '꺼리'가 있겠는가. 따라서 반야주는 그대로 대명주大明呪다.

'밝다'에는 움직씨動詞가 있다.

어둔 밤이 지나고 환한 새벽이 옴이다.

'밝다'에는 그림씨形容詞가 있다.

빛깔의 느낌이 산뜻하고 환하다든가 불빛 따위가 매우 환할 때 쓰는 말이다.

'밝다'를 표현할 때 한자는 밝을 명明 자다.

밝을 명明 자는 크게 세 가지가 있는데

첫째 날일日 부수의 밝을 명明 자다.

둘째 눈목目 부수의 밝을 명眀 자다.

셋째 달월月 부수의 밝을 명朙 자다.

시대명주是大明呪여!

솟구쳐오르는 밝은 태양日이여!

세상에 당신보다 더 밝은 것이 있겠는가.

그래, 태양은 밝은 대낮을 비추지만

어둠을 비추는 건 달月이니

밝음을 비추는 태양日과

어둠을 비추는 달月은 사랑이었네.

내 눈目이

달月이었더라면

당신 마음을 제대로 이해했으련만

정작 내 눈이 어둡다 보니

소중한 당신을 바로 보지 못했네.

당신의

그 눈빛目 속에

사랑이 그윽이 담겨 있어

일천 눈으로 세상을 바라보고

일천 손으로 생명붙이를 어루만지니

당신은 실로 달月빛 사랑이었네.

멀ㄇ면 어떻고

가까우ㅁ면 또 어떠리.

왼쪽ㅣ도 오른쪽ㄱ도 다 나의 몸

새로운 왼쪽 버려 두고

눈에 익은 오른쪽만 택할까.

그동안 익숙해진 오른쪽일랑 제쳐 두고

모험venture삼아 왼쪽으로만 따라가 볼까.

멀리ㄇ 비춤ㅅ이여

가까이ㅁ 비춤ㅅ이여

어둠을 밝히囧는 게 달月이 아닐까.

보름囧 달月이 밝朙구나.

그대여,

그거 아는가.

세상에서 가장 밝은 게 있나니

이는 사랑도 미움도

모두 비워낸
반야바라밀다주呪라네.

밝음도 어둠도
다 떠난 반야주라네.
해와 달과 별만 아니라
마음까지 다 비워낸
아제주揭帝呪
반야주般若呪라네.
아! 반야바라밀다주라네.

결분結分(01) 반야주般若呪

고로알라 반야로써 바라밀다 하는말씀
아주아주 크나크게 신비로운 주문이며
크게밝은 주문이며 위가없는 주문이며
견줄수가 없으면서 평등하온 주문이라
故知般若波羅蜜多是大神呪是大明呪
是無上呪是无等等呪

시무상주是無上呪

시무상주是無上呪다.

'위가 없는' 가르침이 아니라 그냥 '위 없는' 가르침이다. '위가 없고'와 '위 없고'는 느낌이 다르다. 어떻게 다르냐고 만약 되묻는다면 솔직히 답변하기가 참 궁색하다. 사언절은 글자 수를 맞추기 위해 '위가 없는'이라 했으나 깔끔한 맛이 적다. 생각한 것을 글로 표현한다는 게 그래서 어려운지도 모른다.

무상無上의 뜻을 풀이한다면 그 위에 더 없이 높고 좋다는 뜻이다. 그런데 진정한 무상無上이 뭘까? 어떤 것을 무상이라 할까?

위 상上 자와 아래 하下 자는 사진 편집 시스템에서 수직회전에 따라 상上을 아래로 내리면 하下가 되고 하下를 위로 올리면 상上이 되는 것처럼 알고 보면 매우 간단한 문제다.

한글 모음 ㅏ 자를 놓고 내가 보면 ㅏ 자가 되지만 내 상대가 보

[09] 결분結分(01) 반야주般若呪

면 ㅓ 자로 보일 것이고 오른쪽 사람이 보면 분명 ㅜ 자이지만 왼쪽 사람은 으레 ㅗ 자로 읽을 것이다. 이 얘기는 하나의 실험에 불과하다. 가령 우리가 지구 밖으로 나가거나 아니면 지구를 객관화시켜 놓고 볼 때 어디가 위고 어디가 아래일까. 북극이 위가 되고 남극이 아래가 될까?

부처님의 가르침을 놓고 특히 온갖 상대를 초월한 법을 놓고 시대신주是大神呪와 시대명주是大明呪에서 신비롭다거나 밝다는 것은 모르겠으나 크다는 그림씨는 전혀 어울리지 않는다. 게다가 여기 이르러 '위가 없다'니 초월의 가르침 '반야주'를 놓고 어떻게 위 없고 있고를 논할 수 있겠는가.

가령 반야주가 질량을 지닌 물체라면 위가 없다고도 할 수 있고 아래가 없다고도 할 수 있겠지만 반야바라밀다주는 모든 것을 떠난 주呪다. 색수상행식色受想行識도 없고 눈眼, 귀耳, 코鼻, 혀舌, 몸身, 뜻意도 빛, 소리, 향기, 맛, 닿임, 법도 없고 눈의 알음알이眼識界로부터 뜻의 알음알이意識界에 이르기까지 열 여덟 가지 세계도 다 벗어난 주呪다.

어디 오직 그뿐이겠는가. 무명無明, 행行, 식識, 명색名色으로부터 육입六入, 촉觸, 수受, 애愛, 취取와 유有, 생生, 노사老死에 이르기까지 꼬리에 꼬리를 물고 생성하는 12가지 유전연기流轉緣起도 당연히 없고 도미노 효과domino effect처럼 무명이 무너지면 노사도 삽시에 무너지는 환멸연기還滅緣起마저 다 없는 마당에 어떻게 위가 없고 있고 할 게 있느냐다.

12연기의 유전과 환멸이 '생명의 나무tree of life'의 세계라면 사성제, 팔정도의 거룩한 진리는 중생과 부처의 동기를 파헤친 가르침이다. 게다가 지혜도 얻을 것도 없다 했으니 혜도慧度와 복도福度마저 완전히 비워낸 그야말로 티끌 하나 없는 반야주인데 어떻게 모나고 둥글고 길고 짧으며 위 아래, 큼 작음, 많고 적음이며 밝고 어둡고 신비로움을 논할 수 있겠는가.

반야주에 그림씨를 쓴다는 것은 엄청난 자종위배自宗違背라 할 것이다. 스스로 세운 정의에 어긋남이다. 유세에서 세운 공약을 당선되자마자 깡그리 저버림이다.

반야주에 모양이 있는가.

반야주에 무게가 있는가.

반야주에 색깔이 있는가.

반야주에 부피가 있는가.

반야주에 수량이 있는가.

반야주에 크기 따위가 있을 수 있는가.

모양이 있고 무게가 있고

색깔과 부피가 있고

수량과 크기 따위가 있을 수 있다면

우리는 얼마든 마음껏 얘기할 수가 있다.

어찌하여 하느님을 논할 수 없는가.

모습이 없고 무게 색깔 부피 수량이 없고

크기와 향기와 맛과 촉감이 없고
심지어 목소리조차 없기에
하느님을 생각대로 얘기할 수 없다.
그런데 어떻게 신비로움을 얘기하고
밝음과 위 없음을 논할 수 있겠는가 말이다.

어항에 물을 가득 채우고 붕어를 집어넣은 뒤 모이를 주었다. 매일매일 모이를 넣어주자 붕어는 하루가 다르게 자랐다. 많은 시간이 흐르고 물은 점차 탁해졌다. 붕어가 내놓는 배설물도 장난이 아니다. 맑은 물로 새롭게 갈아주지 않는 한 숨쉬기 힘들 정도로 혼탁하다. 붕어가 조금만 움직여도 탁수로 어항이 뿌옇다.

어항을 비우고 새로운 물로 갈았다. 이제 붕어가 멋대로 헤엄을 치더라도 물은 결코 흐려지지 않는다. 왜냐하면 모두를 다 비웠기 때문이다. 반야주도 새로 물을 간 어항과 같다. 붕어가 마음껏 헤엄쳐도 다시는 흐려지지 않듯이 어떤 그림씨 움직씨 어찌씨를 쓰더라도 반야주는 전혀 영향을 받지 않는다.

반야주가 매우大 신비롭다神 하더라도
반야주는 아무런 거리낌이 없고
반야주에게 매우大 밝다明고 한들
반야주가 그런 말에 관심이나 갖겠는가.
반야주가 '위 없다無上'고 추켜준다 해서

황홀해하며 어쩔 줄을 모르겠는가.

그러므로 일차적으로는 자종위배이겠으나

이는 중생의 견지에서 보는 것일 뿐

반야주 자체에는 그런 논리가 아예 없다.

그러므로 반야주에 대해

크다 작다 많다 적다 모나다 둥글다

길다 짧다 아름답다 추하다고 할 수 있다.

밝다 어둡다 신비롭다 평범하다

옳다 그르다 빠르다 더디다

높다 낮다 따위를 마음껏 논할 수 있다.

하여 하느님에 대해서도 마음껏 표출한다.

그림으로 그려내고

조각으로 깎고

주물로 붓고

시와 소설로 수필로 맘껏 표현해도 된다.

옛날 윈먼云门yunmen(?~949)선사에게 어떤 남자가 물었다.

"큰스님, 무엇이 부처입니까?"

이에 윈먼선사禪師가 그 자리에서 답했다. 불교사전을 뒤적이

지도 않았고 경전에서 찾지도 않았다.

"깐시줴에乾屎厥ganshijue니라"

깐시쥐에가 똥 치는 막대기든 또는 마른 똥덩어리든 신성한 존재나 물질이 아닌 것은 분명하다.

부처님을 '깐시쥐에'로 부른다 해서 부처님이 깐시쥐에가 되는 것도 아니듯 하느님을 어떤 모습으로 표현하든 각자 마음에 자리한 하느님은 늘 그대로다. 이처럼 반야주에 최고 찬사를 바치더라도 반야주는 늘 그대로 반야주이고 내버려 두어 상대하지置之度外않더라도 반야주는 스스로의 격을 낮추지 않는다. 아! 어찌 찬탄하지 않을 수 있으며 어찌 이를 염송念誦하지 않을 수 있겠는가.

시무상주是無上呪

결분結分(01) 반야주般若呪

고로알라 반야로써 바라밀다 하는말씀
아주아주 크나크게 신비로운 주문이며
크게밝은 주문이며 위가없는 주문이며
견줄수가 없으면서 평등하온 주문이라
故知般若波羅蜜多是大神呪是大明呪
是無上呪是无等等呪

시무등등주是无等等呪

아! '시무등등주是无等等呪'라!

지금까지의 번역에 대해 나는 늘 얘기한다.

"무등등주无等等呪는 잘 풀어야 한다."고. 만약 지금까지의 일반적 해석에 따르면 '견줄 수 없는 주문'에서 그친다.

그동안 우리나라 역대 고승들을 비롯하여 석학들 중 어느 누구의 번역과 해설도 이런 범주를 벗어나지 않는다.

가령 '견줄 수 없는 주문'이라 한다면 구태여 '등등等等'처럼 글자를 겹칠 필요가 없다.

왜냐하면 '무등无等' 2자 만으로도 견줄 수 없다는 뜻이 잘 드러나고 있는데 무등无等 뒤에 등等을 덧붙일 까닭이 없다. 이는 '무등이등주无等而等呪'에서 가운데 '이而' 자를 생략했을 뿐이다. 따라서 여기에 담긴 뜻은 '견줄 수 없지만 두루한 주문'이다.

나의 이 주장은 정확하다.

반야주般若呪는 모든 것을 비운 상태다.

이를 진공眞空이라 부른다.

이 진공은 완전한 비움의 상태가 아니다.

번뇌와 잡념만을 텅 비웠을 뿐

항하사 성덕性德까지 비운 것은 아니다.

앞서 짜부라진 페트병을 한 예로 들었듯이

성덕을 비우면 빈 병에 공기까지 뽑아내

짜부라진 패트병처럼 온전하지 못하다.

성덕을 뽑아내어 모두 비우고 나면

성불할 수 있는 원인마저 없어지는 것이다.

그러므로 묘유妙有한 진공이야말로

온전한 진공으로 부를 수 있다.

그러기에 나는 늘 얘기한다. 적어도 이《반야바라밀다심경》에서 '시무등등주是无等等呪'만 이해한다면 그는《반야심경》을 제대로 아는 이요, 반야심경을 제대로 이해한다면 그는《금강경》을 제대로 이해한 사람이고 금강경을 제대로 이해했다면 600부 반야를 완벽히 이해한 사람이다. 반야부를 통째로 이해한 사람은 초기 대승불교를 제대로 깨달은 사람이다.

반야주는 너무나 소중하여 가치로는 어떤 것도 비교가 안 된다.

어떤 바라밀다도 반야주를 넘는 것이 없고

백천 가지 삼매도 다 반야주에서 나온다.

그만큼 반야주는 지극히 고귀하다.

지극히 고귀한 것은 반드시 평등해야 한다.

어떤 존재

어떤 생명

어느 시공간

어느 누구에게나 두루한 것이고

지혜와 원력과 덕성을 지니고 있다.

이럴 때 비로소 반야주에는 그 가치를 지닌다.

반야주가 신비롭고 밝고 위 없고

견줄 수 없이 위대한 것은 무엇 때문일까?

열 번 백 번 천만 번 곱씹더라도

모든 생명들에게 두루等한 까닭이다.

모든 존재에게 평등等한 까닭이다.

시공간時空間

언제 어디서도

늘 함께等하는 진리이기에

반야주般若呪는 참으로 거룩하다.

【10】
결분結分(02) 진실불허眞實不虛

이세상의 온갖고를 남김없이 제거하고
참스럽고 실다워서 허망하지 아니하니
그러므로 반야로써 바라밀다 하는주문
내가이제 설하리니 그주문은 이러니라
能除一切苦真實不虛故說般若波羅蜜多呪卽說呪曰

능제일체고 能除一切苦

'능能하다'라는 말과 '알知다'라는 말은 때로 전체일 수 있다. 능지능행총시사공能知能行總是師功이다. 어떤 사물과 이치에 대해 제대로 알고 이를 실천에 옮길 수 있음은 스승이 계셨기에 가능하다는 말인데 삶에 있어서 스승보다 소중한 게 있으랴. 옛사람들은 스승을 어버이에 견주었고 나라를 다스리는 군주에 견주고는 하였다. 능하다skillful라는 말에는 숙련熟練되고 노련老練하며 교묘한 솜씨라는 뜻도 담겨 있으나 스킬풀 외에도 영리하고 빈틈없다는 뜻의 dexpert/dexterous로 표현되기도 한다. 애드로이트adroit라 하여 재치있다고 한다. 완숙의 의미 프로피션트proficient와 유능하다, 상당하다의 뜻을 담은 컴퍼턴트competent로 표현되기도 한다.

553

능제일체고 能除一切苦

보통 능할 능能 자는 이렇게 생긴 능할 능骺 자의 본자로서 뜻모음會意 문자로 분류하고 있으나 그림像形 문자로 보기도 한다.

능할 능能 자를 보고 있노라면 앞발을 들고 뒷다리로 곧게 선 곰과 함께 곰의 커다란 앞발바닥 모습이 떠오른다. 아마 '대웅제약' 광고 때문일 것이다. 대웅제약 광고 곰 웅熊 자가 참 대단했었다.

내셔널 지오그래픽 채널에서 실제 큰 곰의 움직이는 모습을 접하면서 아! 곰은 대단한 동물이구나. 만일 다 큰 곰과 다 큰 호랑이가 싸운다거나 다 큰 곰 다 큰 사자가 싸우면 누가 이길까?

경전에 따르면 '사자는 백수의 왕이다.'

The lion is(the) king of beasts.

백수白手inoccupation가 아니라,

백수百獸all kinds of animals의 왕이다.

나는 경전을 읽을 때면 '사자가 백수의 왕'이란 말씀에서 멈췄는데 주변의 아는 몇몇 동물학자로부터 실제 다 큰 곰과 다 자란 사자가 싸우면 다 큰 곰이 이긴다는 얘기를 듣고 인도에는 곰이 살지 않았나 보다 생각했다. 아무튼 곰은 힘이 세다는 데서 능能이고 '재주는 곰이 부리고 돈은 사람이 챙긴다'에서 곰의 재능이 다양하다는 것을 떠올리곤 했다.

능할 능能 자 왼쪽 위 마늘모厶는 사사로울 사厶 자로 새기지만 모양은 곰의 머리를 형상화한 것이고 왼쪽 아래 육달월月은 곰의 큰 덩치인데 오른쪽에 비수 비ヒ 자를 겹쳐 놓은 것은 곰이 일

어섰을 때 드러난 발바닥 모습이다. 단군신화에서 곰은 호랑이를 이겼다. 마늘ㅅ만 먹고도 끝내 호랑이를 이긴 동물 곰은 어떤 일이든 해낼 수 있다. 여기서 만능萬能이란 말이 나왔다.

덜 제除 자를 보면 떠오르는 게 있다. 섣달 그믐 날 제야除夜의 종이다. 제야는 다른 말로 제석除夕이라 한다. '음력 사월 여除' 자로도 새기고 가감승제加減乘除에서 덧셈은 더할 가加 자를 놓고 뺄셈은 덜 감減 자를 놓으며 곱셈은 탈 승/곱할 승乘 자를 놓고 나눗셈에는 덜 제/나눌 제除 자를 놓는다. 이처럼 능제能除라는 말씀에는 완벽하게 다 없앤다는 뜻을 담고 있다. 제거除去라는 말에는 또 다른 뜻이 있다.

첫째 군주余를 묻어ㅏ 없앰으로서 쿠데타coup detats의 의미를 지니고 있고 둘째 옷衤 태워버림去을 상징하면서 세상으로부터 완전한 제거袪를 뜻한다. 따라서 능제일체고能除一切苦의 '능제'는 다시는 살아서 고개를 들 수 없도록 완벽能한 제거除를 의미한다.

그렇다면 무엇을 능제能除하는가?

괴로움苦이고 아픔痛이다. 앞서 '무고집멸도無苦集滅道'에서 고통을 언급했듯 괴로움도 다양할 수밖에 인간의 고통과 생명의 고통을 제거함이다. 끓는 물을 식히려면 열원을 없애면 된다. 가열을 누른 채 물이 식기를 바랄 수는 없다. 그와 같이 고통을 제거하는 일은 고통의 원인이 무엇이었는가를 알아 아예 원인을 없애고 뿌리째 뽑는 것이다.

고苦는 쓸 고/괴로울 고苦 자로 새기지만 씀바귀 고/땅이름 호苦 자로도 새긴다. 씀바귀는 국화과 여러해살이풀로 쓴맛을 지니고 있기에 씀바귀라 부른다. '입에 쓴 약이 몸에는 좋다' 하듯이 겪어보지 않은 고통을 없앨 수는 없다. 본디 고락苦樂이란 다른 성질의 한 단어다.

이는 N극과 S극을 함께 지닌 자석과 같다. 북쪽N과 남쪽S이 한 지구의 다른 극이다. 이 말은 매우 중요하다. 다른 극끼리는 서로 당기고 같은 극끼리는 서로 밀어낸다는 원리, 고통辛과 행복幸은 단지 한 획一 차이다. 둘이 완벽하게 다른 듯 싶지만 한 획이 없으면 힘들 신/매울 신辛 자고 한 획이 있으면 다행 행/행복할 행幸 자다. 고통을 완벽하게 없애고자 한다면 생각 하나만 바꾸면 된다.

그렇다면 바로 그 하나가 무엇일까?

그거 아는가?

반야바라밀다주呪는

생각보다 참으로 멋지고

생각보다 참으로 깔끔하다.

생각보다 더없이 고귀하고 아름답기에

어떤 것도 여기에 견줄 수 없다.

그러나 모든 사물 모든 존재에 평등하다.

공간宇space 어디든 두루하고

시간宙time 언제든 이어져 있다.

반야주般若呪를 뛰어넘는 진리法는 없다.

따라서 반야바라밀다주는
어떤 괴로움도 완벽하게 없앨 수 있다.
까닭은 반야주는 무유정법無有定法이니까.
왜냐하면 '아뇩다라삼먁삼보리'니까.
아뇩다라삼먁삼보리는 아름다우니까.
이른바 아뇩다라삼먁삼보리는
무유정법으로 틀에 얽매이지 않는다.
총체적 모습總相과 개별적 모습別相
같은 모습同相과 다른 모습異相
생기는 모습成相과 무너지는 모습壞相에 있어
그대로 바탕이고 줄기이고 또한 뿌리니까.

반야주는 고통을 제거할 뿐 아니라
동시에 기쁨과 행복까지 가져다 준다.
이는 명암明暗의 법칙과 같다.
명암이란 것이 무엇인가?
명明은 해日에 달月이 빛을 더함이고
암暗은 해日가 어둠音에 깃든 상태일 뿐이다.
한데 어둠이 따로 있고 밝음이 따로 있어
한쪽은 어둠이고 한쪽은 밝음이 아니다.

어둠이 있는 곳에는 필경 밝음이 없고
밝음이 있는 곳에 어둠이 없는 이치와 같다.

가령 어둠 속에 불을 켰을 때
어둠은 곧바로 사라졌으나
밝음은 아직 오지 않았다고 하면 맞겠는가?
밝은 방에 커튼을 내려 어둠이 왔으나
밝음은 아직 사라지지 않았다고 한다면
그런 이치가 있을 수 있겠는가?
따라서 고통苦이 사라진 뒤
즐거움樂을 따로 초대하지 않더라도
즐거움으로 가득히 차게 함이 곧 반야주다.

결분結分(2) 진실불허眞實不虛

이세상의 온갖고를 남김없이 제거하고
참스럽고 실다워서 허망하지 아니하니
그러므로 반야로써 바라밀다 하는주문
내가이제 설하리니 그주문은 이러니라
能除一切苦眞實不虛故說般若波羅蜜多呪卽說呪曰

진실眞實하고 불허不虛하다

하늘이 열린 때를 개천절開天節이라 한다.

그런데 이 개천절을 꼭 이렇게 풀어야 하나.

열린開 뒤 하늘天이 생긴 게 아닐까?

대폭발bigbang 사건이 터지면서 시공간의 우주가 열렸다는 쪽
에서 보면 어느 날 하늘이 열렸다기보다 빠방~하고 터지고 나서
하늘땅이 생기고 점차 생명과 만물이 생긴 게 아닐까 싶다.

과연 하늘天이 무엇이고 땅地이 무엇이냐가 중요하다. 하늘天
은 서 있는 사람大이 중심이 되어 위一에 놓인 것을 가리킨다고
보며 땅이란 지평선一 위에 자리한 십十법계를 땅地 덩어리球로
본 것이다. 불 보살 연각 성문 등 네 성자들 부류와 하늘 아수라
인간 축생 아귀 지옥 등 여섯 가지kinds 범부 세계를 일컫는다.

땅地은 일반적으로 땅一 위에 초목 등 식물十이 자라는 모습이
라지만 땅一 위 직립ㅣ보행一하는 사람이기도 하다. 오른쪽 잇

기 야也 자는 소릿값으로서 잇기 야也 자가 들어간 한자들은 대개 'ㅣ'모음으로 난다는 것을 알 수 있다. 땅은 그냥 흙土 한 가지만이 아니다. 흙에는 기본적으로 십법계가 깃들어 있다.

하늘 신들은 분명 하늘에 있어야 하는데 어떻게 땅 위에 있느냐며 반박할 수도 있다.

혼돈chaos의 세계에서 질서의 세계가 열렸다고 보는 것이 우리 동양의 우주관이라고 한다면 서양 우주관은 단순singularity 세계에서 the principle of increase of entropy 곧 '엔트로피 증대 법칙'으로 나아간다. 우주가 열리기 전에는 단순했다. 대폭발로 우宇space주宙time가 열리자 상상을 초월하는 혼란이 시작되었고 오늘날의 복잡한 세상으로 전개되었다.

불교의 우주관에서 보면 본디 텅眞 빔空에서 우주가 열렸다. 그리하여 우주가 생겨成나고, 생겨나서는 그 상태가 유지住되고, 유지되다가 점차 허물어壞지고, 우주 이전 진공眞空 상태로 되돌아간다. 그 공의 세계에서 다시 우주가 생기고, 우주가 유지되고 허물어지고, 마침내 공으로 되돌아가기를 되풀이한다. 대함몰大陷沒bigcrunch을 설정한 물리학의 순환 구조가 불교의 우주관이다.

빅뱅bigbang이 우주의 탄생이라면 빅크런치bigcrunch는 우주의 함몰이다. 불교는 이처럼 성주괴공成住壞空으로서 우주의 순환 구조의 법칙을 2,600여 년 전에 이미 설명하고 있다. 그러기에 과학이 발달하면 발달할수록 불교의 가르침은 더욱더 빛을 발한

【10】결분結分(02) 진실불허眞實不虛

다. 이렇게 논리구조가 완벽한 가르침이 뭘까 바로 '반야바라밀다주呪'다.

반야바라밀다주呪는 '진실眞實'하다.

진실truth은 곧 사실reality이다. 진실은 그대로가 실제fact며 현실이다. 진실은 정직sincerity하고 성실하며 진실은 올곧고 truthfulness 참되다. 개천開天의 세계를 놓고 나는 여러 가지로 예를 들었으나 나의 이 논리는 매우 성실sincerity하다. 억지로 찍어다 붙이는 게 결코 아니다.

따라서 진실하기에 헛되지 않다. 이를 《반야심경》에서는 불허不虛라 한다. 헛되지 않기 위해서 진실해야 하고 진실하면 마침내 헛되지 않다. '참眞됨'이란 게 과연 무엇일까?

사방十과 팔방八에서 본다目 하더라도 결코 도리에 어긋나지 않는 것이 참眞이다. 콩즈孔子는 이를 '신독愼獨'이라 했다.

열매 실/이를 지實 자는 갓머리宀가 부수며 뜻모음會意 문자다. 이렇게 쓰는 열매 실実 자의 본자다. 꿸 관貫 자는 끈으로 꿴冊 재물貝이다. 재물과 화폐의 뜻을 함께 지닌 글자로써 집안에 금 은 재물 보배가 가득함을 뜻한다. 이것이 하나의 계기가 되어 씨가 잘 여문 열매를 가리킨다던가 참다움, 알맹이의 뜻으로 표현되고 있다.

만일 한자의 대표적 부정사를 꼽으라면 서슴지 않고 '아닐 불不bu' 자를 든다. '아닐 불'이라 새기지만 '아닐 부'로 새기기도 한다. 있다 없다의 부정사라면 무無wu이겠으나 무無보다는 메이沒

mei, 메이여유沒有meiyou라 하여 '있음'을 부정하는 쪽으로 쓰고 있다. 존재의 부정 사물의 부정 생각의 부정까지 무無 자보다는 메이여유沒有를 쓴다.

아닐 불不 자는 그림象形문자로서 꽃의 씨방 모양을 본떴다고 본다. 씨방이란 암술 밑에 있는 불룩한 곳으로써 나중에 열매果實가 되는 곳을 가리킨다. 마침내 새가 하늘 높이 날아 올라 내려오지 않음을 본뜬 글자라 하는데 파자법에서 보면 아무래도 설명이 부족하다. '솟아오름个을 가로막아一방해가 된다.'라고 풀면 오히려 이해가 빠를 것이다.

빌 허虛 자는 범의 문채와 함께 범 가죽의 뜻이 있는 범호엄虍 아래 큰 언덕丘의 의미를 지닌 빌 허虛 자다. 사자가 머무는 곳에 여우가 없듯 호랑이가 사는 곳에 다른 짐승은 없다. 그런 뜻에서 비다, 공허하다, 아무것도 없다는 뜻이 되었다고 본다.

그런데 반야주는 비었으되 비어 있지 않다.

묘유妙有로 가득 차 있다.

진실眞實하고 불허不虛하다.

결분結分(2) 진실불허眞實不虛

이세상의 온갖고를 남김없이 제거하고
참스럽고 실다워서 허망하지 아니하니
그러므로 반야로써 바라밀다 하는주문
내가이제 설하리니 그주문은 이러니라

能除一切苦眞實不虛故說般若波羅蜜多呪卽說呪曰

진眞, 실實, 불不, 허虛

진실불허眞實不虛!

사자성어四字成語 가운데 이토록 아름답고 멋진 말씀이 있을까!

우리가 《반야심경》을 정의할 때 이 넉 자를 벗어나 마무리 지을 수 있을까!

참眞하고 실實답고 크不고 빔虛이라니...

아닐 불不 자는 부정사의 대표다. 그런데 때로는 '크다'로 새기기도 한다. 게다가 클 불不 자로 새길 경우에는 크기가 일반상식을 벗어났을 때다.

크기의 상식은 다양하다.

작은 데서 큰 데까지

가까운 데서 먼 데까지

낮은 데서 높은 데까지

착한 데서 나쁜 데까지 따위다.

여기서 클 불不 자로 새길 때에는

너무나 커서 부피를 잴 수 없고

너무 멀어 그 끝을 알 수 없고

너무 높아 바라볼 수가 없고

너무 좋아 뭐라 표현할 수가 없고

너무 포악스러워 상상을 초월할 때다.

참 진眞 자에 담긴 뜻으로는 진리, 진실을 비롯하여 본성, 본질, 참으로, 정말로 따위와 진실하다, 사실이다, 참되다, 명료하다, 또렷하다, 뚜렷하다, 똑똑하다 따위이다. 그렇다면 '참'이란 게 무엇일까?

상식에 따르면 거짓이나 허례허식이 아니다. 진실한 도리로 진리에 어긋나지 않음이다. 일시적이거나 변하지 않는 것으로 상주불변常住不變함이다.

이 '일시적이거나 변하지 않는 것' 나아가 '상주불변常住不變'이란 표현은 사실 진리인 듯 하지만 진리가 아니다. '항상常 고스란히 그대로住 있어 변變하지 않는不 게 진리'라고들 한다.

"세상이 다 변해도 내 마음은 변치 않아!"

"몸은 늙되 마음은 늙지 않는다."고 하지만

변하지 않고 늙지 않는 것은 없다. 마음도 늙게 마련이고 변하게 마련이다.

진실眞實이란 변하지 않음이 아니라 끊임없이 변한다는 사실을 받아들임이다. 마음은 결코 변하지 않는다 하여 어른이 되어서도 늘 어린애로 살 수 없고 나이가 팔구십이 되어서도 자신의 나이에 적응하지 않는다면 한마디로 이는 진리가 아니다. 변치 않는 마음이라는 것은 상황 따라 변치 않는 절개를 가리킴이다.

평소 눈물이 많고 잘 운다고 하여 축하할 자리에서 꺼이꺼이 곡을 하거나 평소 잘 웃는 성격이라 하여 남의 불행 앞에서 까르르르 웃을 수는 없다. 상황 따라 웃을 자리에서는 웃고 울 자리에서는 함께 울어주는 게 필요하다. 사전事典마다 사람마다 하는 말 상주불변常住不變이 진리라지만 단언하건대 제행무상諸行無常이 진리다.

참됨은 순수하여 다른 것과 섞임이 없고 매우 천연스럽고 자연스럽다. 참됨眞의 본질은 매우 간단하다. 변화ヒ하면서 사실目적이고 은근ㄴ하게 끊임없이 확장ㅅ해 감이다. 확장은 우주宇宙라는 세계에서 공간宇의 3차원 세계만이 아니라 시간宙이라는 4차원 세계까지 포함한다. 진리라는 것이 확장성ㅅ만 있고 수축성丶이 없다면 이는 진리가 아니다.

이를테면 기쁠 열悅 자를 쓸 때 이처럼 확장ㅅ 자 '悅'로 써도 좋고 축소丶 자 悦 자로 써도 좋다.

행복을 가꾸는 데는 3가지가 있으니

첫째는 참眞이고

둘째는 좋음善이며

셋째는 아름다움美이다.

이들은 독립성이기도 하지만 언제나 나머지 둘을 함께 데리고 다닌다.

참은 좋음과 아름다움을 붙좇아 따르고

좋음은 아름다움과 참을 붙좇아 따르며

아름다움은 참과 좋음을 붙좇아 따른다.

마음은 매우 진솔한데 행동이 거칠고 겉모습이 볼품 없다면 진솔한 마음의 격格이 떨어지고 행동은 그런대로 착한 편인데 마음이 음흉하고 게다가 피부마저 거칠면 착함이 얼마나 좋게 다가올까 이와 마찬가지로 생김새든 피부든 다 괜찮은데 만일 속마음이 진솔하지 않거나 하는 짓이 거칠면 고운 게 곱게 보일까?

간딘스키가 내세운 점선면點線面, 이른바 dotted line and surface 구조는 예술적인 면에 있어서만이 아니라 그만큼 참眞 세계에서도 중요하다고 본다. 좋음善과 아름다움美을 함께 지닌 참眞, 이처럼 미美의 3요소를 갖춘 참 속에 실다움實과 큼不과 비움虛이 채워질 때 참眞은 가치로서의 참을 지닐 수 있다.

따라서 이들 진실불허眞實不許야말로 소중함 가운데 소중함이다.

참하고truth/the true

좋고good/the good

아름다움beauty/the beautiful은

행복한 삶에서 빠질 수 없는 요소들이다.

카메라를 고정시키는 삼각대에서 어느 한 다리라도 없으면 나머지 두 다리로는 불안하다. 새나 사람처럼 생명을 가진 게 아니라면 두 다리로 버티는 것은 한계가 있다. 진선미眞善美의 예술성도 그와 같다.

진실불허眞實不虛는 삼각대 논리가 아닌 테이블 다리 논리다. 네 개의 다리로 된 테이블이나 네 개 타이어로 굴러가는 자동차에서 가령 어느 다리 하나가 없거나 또는 어느 타이어 하나라도 없으면 나머지 셋으로는 서 있을 수 없고 세 개의 바퀴만으로 달릴 수는 없는 이치다.

진眞, 실實, 불不, 허虛 넉 자는
《반야심경》을 받쳐주는 정의定義다.

참眞으로 큰大 것은 겉으로 드러난 형체를 따르지 않고 차實되늘 비어있음虛은 숨은 마음 세계를 고루하지 않게 한다. 종전의 해석 '참眞스럽고 실實다워서 허망虛하지 아니不하니'도 좋지만 이런 뜻이 들어있음을 알고 나면 《반야심경》을 읽는 즐거움이 갑절로 는다.

결분結分(3) 즉설주왈卽說呪曰

이세상의 온갖고를 남김없이 제거하고
참스럽고 실다워서 허망하지 아니하니
그러므로 반야로써 바라밀다 하는주문
내가이제 설하리니 그주문은 이러니라
能除一切苦真實不虛故說般若波羅蜜多呪卽說呪曰

행의지설行依知說

반야바라밀다를 행의지설하라.

이게 도대체 무슨 뚱딴지 같은 말일까?

나는 《반야바라밀다심경》의 구조를 '행의지설론行依知說論'으로 명명하였다.

하나의 주제를 놓고 1/N로 나눔이 아니라 어느 누가 통째 다 가져가더라도 여전히 N분의 몫은 그대로 남아있다.

그렇다면 과연 그게 무엇일까?

바로 '반야바라밀다주呪'다.

《반야심경》을 시작할 때는 관자재보살이 반야바라밀다를 행하고 중간에 이르러 보리살타菩提薩埵가 반야바라밀다를 의지한다. 그리고 나서 다시 세 번째로 반야바라밀다를 의지하니 부처님이다. 이들 부처님은 한두 분이 아닌 여러 분이다. 그래서 '삼세제불三世諸佛'이다. 앞서도 얘기했듯이 삼세제불은 복잡하다.

시간불佛×공간불佛=삼세제불이다.

넷째 반야바라밀다의 공능을 알리고 끝으로 반야바라밀다주呪를 몸소 설하신다.

첫째 심오한 반야바라밀다를 닦아 오온이 텅 빈 이치를 깨달아 여러 가지 고통과 액난으로부터 벗어나고

둘째 반야바라밀다를 의지하여 보살이 구경에는 열반 경지를 체득한다.

셋째 삼세제불은 반야바라밀다를 의지하여 마침내 '아뇩다라삼먁삼보리'를 얻고

넷째 반야바라밀다에 담긴 공능을 소개한다.

그리고 여기 마지막에 이르러 반야바라밀다를 외기 좋게 주呪로 만들어 모든 수행자들에게 익히도록 하신다.

나는 《반야심경》의 마지막 대목 '고故로 반야바라밀다주呪를 설한다'는 이 대목을 다른 데보다 특히 좋아한다. 마치 먹기 좋게 썬은 김치가 생각나고 한입에 쏘옥 들어갈 수 있게 썬 김밥말이가 떠오른다면 엉뚱한 생각일까!

나는 어릴 때부터 이齒牙가 부실不實했다. 그래서 늘 배추김치나 총각김치를 낼 때 칼이나 가위로 좀 숭숭 썰어놓으면 먹기가

행의지설行依知說

얼마나 편할까를 생각했다. 특히 김장을 담그는 날 저녁이면 어머니는 으레 긴 배추김치 이파리를 내놓으셨다. 김장 김치는 길면 긴대로 먹어야지 중간 중간 자르면 제맛이 안 난다고 하시며 썰지 않은 채 그대로 내놓곤 하셨다

내가 다른 반찬은 다 먹으면서도 애써 담그신 김장 김치를 안 먹고 있으면 김장 김치 이파리를 세로로 잘게 찢어 내 밥숟가락에 척척 올려주곤 하셨다. 그제서야 나는 김치를 먹었지만 그렇다고 썩 마음이 내키는 건 아니었다. 입 주변에 고춧가루가 묻는 게 싫었고 앞니와 송곳니 사이에 여기저기 끼고 어금니까지 제 역할을 못하는 게 영 내 마음에 들지 않았다.

그래설까? 나는 가위 사길 좋아한다. 차인茶人이 좋은 다기茶器를 좋아하듯이 내가 주로 생활하는 책상이나 찻상에는 으레 가위 하나씩은 반드시 꽂혀 있다. 이를테면 책상에 가위가 있다 해서 찻상에 가위가 없는 게 아니라 문지방 하나 차이라도 가위는 곳곳에 있다. 긴 배추김치를 먹기 좋게 숭숭 썰어 놓듯 반야바라밀다를 주呪로 만들어 놓으신 부처님의 자비가 돋보이는 대목이다.

아! 부처님 자비의 끝은 어디인가?
'반야바라밀다'를 주呪로 만드시다니
그리하여 모든 반야행자에게 외게 하시니
이에 대해 나는 감히 얘기할 수 있다.

'반야바라밀다'의 '행의지설行依知說'에서

부처님 사랑이 깃든 곳을 가리키라면

머뭇거리지 않은 채 대답할 수가 있다.

'고설반야바라밀다주'의 '고설故說'이라고.

설說은 말씀 설說 자로 뜻은 '기쁨'이다. 설說 자에서 말씀 언言은 부수이고 오른쪽에 붙인 기쁠 열兌 자가 소릿값인데 이 소릿값 기쁠 열兌/兑/㠯 자는 기쁠 열 외에 바꿀 태, 기쁠 태로도 새긴다. 머리를 들고 엎드려 기거나 뒤뚱거리며 걸음마 하는 아기 모습을 상형화象形化한 글자가 기쁠 열兌 자다. 두 발로 완벽하게 걷지 못하기에 한쪽은 무릎을 꿇은 모습으로 표현했다. 아기가 걸음마兌를 시작하면서 한마디씩 말言을 하니 기쁘다說는 뜻이다. 엄마나 아빠에게는 물론이거니와 할아버지 할머니에게 있어서도 아기의 첫걸음마는 으레 기쁨이겠지만 옹알이 그 자체가 또한 기쁨일 수밖에 없다. 하물며 소통이 가능한 '말 배우기' 이겠는가.

기쁠 열兌 자를 자세히 보노라면 분명 정장을 갖춰 입은 어른이 아니라 겨우 기저귀를 찬 아기 모습이다. 따라서 열兌 자에는 옷 벗음脫衣이 있다. 옷을 벗어던지고 욕조에 들어갔을 때 그 홀가분함을 해탈解脫에 견주었는데 여기서 가져온 말이 자유요 해탈解脫이다.

아기兌의 옹알이言는 기쁨說이다.

부처님 말씀言은 기쁨兌이다.

불편했던 생각을 풀解고 대화說를 나눔은 분명 이해理解로 가

는 기쁨의 길이고 바로 자기 자신을 해방시키는 지름길이다. 화
난다고 해서 말 안 하고 있으면 상대방보다도 자신이 더 답답하고
괴롭다.

하물며 모든 고통을 제거하고
진실불허眞實不虛한 참된 이치의 세계랴!
신비롭고, 밝고, 위 없고, 견줄 수 없고,
그러나 모든 생명에게 고루 기쁨을 주는
반야바라밀다를 주문으로 만들어 내심이랴.
주呪를 설하시는 거룩하신 사랑이여!
어찌 기쁘지 않고 기쁘지 않겠는가?

말씀言이여!
기쁨兒이여!
유세遊說여!
허물 벗음蟬蛻이여!
소중한 말씀說 반야여!
진실한 주呪의 말씀이여!
아! 이해口와 사랑口이 담긴 말씀儿이여!

결분結分(3) 즉설주왈卽說呪曰

이세상의 온갖고를 남김없이 제거하고
참스럽고 실다워서 허망하지 아니하니
그러므로 반야로써 바라밀다 하는주문
내가이제 설하리니 그주문은 이러니라

能除一切苦眞實不虛故說般若波羅蜜多呪卽說呪曰

즉설卽說하여 주呪로 말曰한다

우리가 가끔 쓰는 말이 있다.

"말로는 하루에도 골백 번 준다고 하지. 하지만 내 손에 들어와야 준 게 되지."라고.

늘恒 차茶마시고 밥飯먹는 일事처럼 빌리고 갚는 일은 일상日常이다. 요즘 사람 살아가는 사회가 신용사회로 나아가고 있다고는 하는데 개인적으로 돈을 빌려 주고 나서 약속한 때 되돌려 받는 문제는 그게 말처럼 그리 쉬운 게 아니다.

상업상의 신용信用을 우리는 보통 크레디트credit라 한다. 신용카드를 크레딧 카드라고 하지 아마?

거래상 크레디트에 문제가 불거지면 곧바로 컨피덴스信賴confidenc로 이어진다. 사람 자체에 대한 신뢰가 떨어진다. 행동 하나하나 말 한마디 한마디에 신뢰감이 떨어질 수밖에 없다. 이때 신임할 수 있느냐 없느냐 하는 이른바 트러스트trust 문제가 대두

즉설卽說하여 주呪로 말曰한다

되기도 한다.

　점차 그러다가 나중에는 신망信望reputation에 금이 간다. 레퓌테이션은 명성/명예를 뜻하는 말이다. 세상 어느 누구도 그를 인정하지 않는다. 마침내 종교적 믿음faith까지 잃으면 그야말로 하늘 아래 머리 둘 곳이 없다. 얘기가 엉뚱한 방향으로 흐르기는 했으나 문제는 아주 작은 거래에서 시작된다. 이는 이른바 돈거래만이 아니라　말과 약속, 생각의 거래도 마찬가지다.

　'즉卽의 법칙'은 매우 단순하다.

　생각의 세계가 현실로 이루어짐이고 말의 약속이 그대로 이행됨이 '즉의 법칙'이다. 부동산이나 상품 거래에서도 쓰는 말인데

　"아무리 많은 이야기가 오가더라도 말은 단지 말에서 끝날 뿐이다. 계약서에 사인을 해야 일이 성사된다."라고.

　'즉의 법칙'이 이루어지는 순간이다.

　이른바 '화엄법계연기華嚴法界緣起'는 '즉의 법칙'을 떠나 설명할 수 없다. 이를 '상즉상입相卽相入'이라고 한다.

　그렇다면 '즉卽'과 '입入'의 뜻이 무엇일까?

　즉卽은 내가 상대에게 나아가 하나 됨이고

　입入은 상대를 받아들여 나와 하나 됨이다.

　나를 낮출 때 상대와 어울릴 수 있고

　나를 비울 때 상대를 받아들일 수 있다.

　천장에 1만 개 전등이 설치되어 있다. 서로서로 비추며 홀을 대낮처럼 밝힌다. 어떤 전등도 상대의 빛을 거부하지 않으며 자신

의 빛에 대해 인색하지도 않다. 9,999개의 빛을 온통 다 받아들이되 결코 차별하거나 거부하지 않는다. 마찬가지로 동시에 자기가 지닌 빛을 9,999개 등에게 골고루 나누어 주되 어떤 경우도 인색하거나 차별하지 않는다. 등은 사랑과 미움을 모두 비웠기 때문이다.

이처럼 1만개 낱낱 등불이 자신을 상대 불빛에 투영시킴이 즉卽이고 9,999개 불빛을 받아들임이 입入이다.

만에 하나 서로 내 빛은 좋은 빛이고 상대 빛은 나쁜 빛이라 하여 거부한다면 빛과 빛이 혼돈을 일으켜 엉망이 된다. 그러나 물리의 세계에서 그러한 일은 없다. 애증愛憎과 호오好惡가 없는 까닭이다. 내가 나를 비우고 상대 속으로 들어감이 이른 바 '즉의 법칙'이라고 한다면 '즉설'은 이미 설說과 하나가 된 것이다.

앞에서도 잠깐 언급했듯이 설說의 영양소營養素는 기쁨이다. 말씀說에 '기쁨'이란 영양소가 빠져 있다면 백천만겁 외더라도 공염불空念佛일 뿐이다. 기쁨의 영양소가 없는 까닭이다.

이제 '즉설卽說하여 주呪로 말曰한다.'

주呪에는 2개 입口이 들어있다.

첫째는 능왈자能曰者이니

염불하는 반야행자般若行者의 입이고

둘째는 소왈설所曰說이니

부처님께서 설하신 '반야바라밀다주呪'다.

지금까지 일반적인 해석은 '곧 주문을 설하여 말씀하시되'이며 나의 《사언절 반야심경》에서는 '내가이제 설하리니 그주문은 이러니라'이다. 그러나 조금만 더 깊이 들어가면 '즉설卽說하여 주呪로 말씀하시되'가 된다.

즉설이란 이미 위에서 살펴본 것처럼 중생에게 기쁨을 주는 설說과 하나 됨이다. 이를 삼밀三密 중 구밀口密이라 한다.

지금은 부처님께서 살아계신 때가 아니다. 물론 정신에는 삶과 죽음이란 게 없다. 그러나 그분의 몸은 지금 남아있지 않다. 따라서 신구의身口意 삼밀 가운데서 신밀身密은 있을 수 없는 일이다. 다만 율장의 가르침만을 따를 뿐이다. 하지만 부처님 말씀은 기록으로 남아있다. 기록은 무엇으로 이루어져 있는가. 으레 '문자반야文字般若'로 새겨져 있다.

부처님 말씀說은 모두 기쁨이다. 중생의 고통을 뽑고 기쁨을 주는 말씀이다. 부처님 말씀을 감로甘露로 표현함은 들어있는 영양소가 온통 기쁨인 까닭이다. 기쁨으로 충만한 부처님 말씀을 접하며 그 속에 든 영양소를 섭취하지 않은 채 그냥 '수박 겉핥기식'으로 혀만 움직인다면 평생 남의 다리만 긁는 꼴이 되어 몸소 시원함을 전혀 느끼지 못할 것이다.

이렇게 부처님 경전에 담겨있는 단이슬甘露 영양소를 제대로 섭취하면서 가르침을 접할 때 비로소 제 것이 된다.

어떤 이들은 이렇게 토를 달기도 한다.

"알고 먹거나 모르고 먹거나 약에 들어있는 성분은 그대로여서 마음 쓰지 않아도 몸의 병을 낫게 한다."고.

그러나 이는 몸 병에 관한 것이지 마음 병을 다스림과는 다르다는 것이다.

'곧 즉卽/即' 자는 그림문자象形文字로서 음식물皀 앞에 무릎卩 꿇은 모습이며 부처님 전에 공양皀 올리는卩 모습이다. 부처님 전 공양은 말로만 하는 게 아니라 손수 법당에 올라가 마지를 저 쑤어야 한다.

'즉卽'에는 '이미旣'의 뜻이 들어있다. 이미 기旣 자와 곧 즉卽 자의 의미소皀가 같음은 둘 다 비슷한 뜻이 담겼다는 방증이다. 이미卽 설說에 들어가 설과 하나가 되었다면 주呪로 외는 것만 남아있을 따름이다.

결분結分(3) 즉설주왈卽說呪曰

아제아제 바라아제 바라승아제 모지사바하

揭帝揭帝 般羅揭帝 般羅僧揭帝 菩提僧莎訶

가자!

가자!

저 언덕으로 가자!

저 언덕으로 함께 가자!

깨달음이여!

영원하라!

아제아제 바라아제 바라승아제 모지사바하

[1] 반야주의 범어 발음

가테 가테 파라가테 파라상가테 보디스바하

[2] 반야주의 범어 표기

gate gate pāragate pāra-saṃgate bodhi svāhā

[3] 일본어 소리 옮김 발음

갸테이 갸테이 하라갸테이 하라소우갸테이 보우지소와까

[4] 고려대장경본 소리 옮김 발음은 어떨까?

옛 사람들이 불경佛經을 한역漢譯할 때 옮길 수 있는 것은 물론 다 옮기고 옮길 수 없는 내용들은 그냥 읽도록 했다. 그래서일까 고유명사 가운데 범어 발음 그대로 쓰는 경우가 많다. 사리불, 목건련, 우바리, 수보리 따위도 뜻 옮김意譯이 아니라 소리 옮김音譯이고 반야, 바라밀(다), 선禪을 비롯하여 아뇩다라삼먁삼보리도 소리 옮김이다.

불제자가 가장 많이 부르는 '부처님'도 범어 붇다Buddha가 불타佛陀로 불타가 다시 부테 부텨 등으로 내려오다가 마침내 부처가 되고 '님'자를 덧붙여 역사상 가장 거룩한 이름 '부처님'이 되었다. 인칭대명사 뒤에 '님'을 부치는 나라는 지구상에 그리 많지 않다. 일본이 '사마'나 '상'을 붙여 경칭을 삼고 우리나라에서는 '님'을 붙여 경칭으로 쓴다.

'님'자의 쓰임새에 대해 어떤 때는 참 재미있다는 생각을 한다. 본디 자기 직계 가족에 대해서는 예로부터 '님'자를 붙이지 않는 것이 예다. 이를테면 열린 공간 남들 앞에서 자기 아버지 어머니를 높여 부르고자 '우리 아버님' '어머님' 따위로 호칭하는데 그것이 예법에는 어긋난다는 걸 잘 모른다.

여기에는 반드시 기준이 있다.

아내의 어머니를 '장모님'이라 부르고 남편의 아버지를 '아버님'이라 부르는 것은 나를 낳아주신 어머니가 아니고 나를 길러주신 아버지가 아닌 까닭이다. 마찬가지로 친형제 친남매의 경우 '큰

형', '둘째 형', '작은형' 이라든가 '큰누나', '작은누나' 등으로 부를 수 있으나 '큰형님', '작은누님'으로 부를 수는 없다. 이처럼 '아버지', '어머니'로 부름이 옳다.

심지어 어떤 경우 방송에까지 나와 자신의 남편을 소개하며 '선생님'이니 '박사님'이니 하고 게다가 '하시다'를 붙여 극존칭의 언어로 표현하는 것은 예가 아니다. 부부夫婦는 나이의 많고 적음을 떠나 언제 어디서나 동격이기 때문이다. 단 두 사람이 있을 때만큼은 예외로 친다. 그러나 '스승님'이나 '선생님' 등은 '님'자를 붙이는 게 맞다. 나 개인의 스승이며 선생이 아닌 까닭이다.

그렇다면 '부처님'은 어떠한가?

부처님은 개인의 세계를 벗어난 분이다. 인류의 스승이시고 생명의 리더시다. 개인의 부처가 될 수 없으시되 낱낱 중생들에게 다가가시는 분이다. 워낙 거룩한 분이시기에 '님'이 가능하다. 비록 개별 부처라 해도 '님'자를 붙인다. 이는 우리나라에만 있는 호칭 문화이지만, 아무튼 문화는 문화 자체로 소중하다.

우리가 쓰는 용어 가운데 라디오radio나 TV의 경우 우리말로 번역하지 않은 채 그대로 쓴다. 중국인들은 라디오를 radio 외에 서우인지收音机shouyinji로 번역하고 텔레비전을 television/tv 외에 디엔시电视dianshi로 번역하기도 한다.

이는 우리나라도 마찬가지다. 어디 예를 하나 들어볼까?

가령 '필수아미노산'을 얘기할 때 가운데 '아미노amino'를 빼고 앞뒤의 필수必需와 산酸은 다 한자에서 가져왔다. 전체 영어 essential amino acids가 '필수'는 한자에서 빌려왔으나 한글로 쓰고 '아미노'는 영어이나 역시 한글로 표기하고 '산'도 한자이지만 역시 한글로 표기한다. 차라리 한자로만 표기하든가 영어로만 그대로 표기하든지 하지 글자는 다 한글인데 실제 우리말이 아니다.

이에 비해 '반야주呪'는 순수하다.

범어로 된 주呪를 그대로 가져오거나 소리대로 중국어로 음역하고 한글로 음역하고 일본어 등으로 음역하고 있다.

음역이기 때문에 나라마다 발음에는 약간의 차이가 있을지 모르나 담긴 뜻은 언제 어디서나 한결같다. 뜻 옮김은 문화에 따라 달리 받아들이지만 소리 옮김은 나라와 문화에 관계가 없다.

다시 말해서 《반야바라밀다심경》 내용이 '관자재보살'로부터 '즉설주왈'까지는 번역하는 이에 따라 달라질 수 있으나 '아제아제'에서 '모지사바하'까지는 어떤 경우도 담긴 뜻이 결코 바뀌지 않는다.

주呪, 진언眞言, 다라니陀羅尼 따위는 기본적으로 원어 발음으로 읽는다. 원어 발음이라 해서 필히 범어만은 아니다. 처음 생겨났을 때의 그 언어가 중요하다.

동학東學이라 일컫는 천도교에 도 닦는 이를 위해 제시한 주문이 있는데 내용은 한자를 빌려 쓴 주문이다. 따라서 번역이 가능하지만 그대로 왼다.

나는 80년대 중반 종로 대각사에 머물 때 인근에 있는 천도교

수운회관에서 천도교 동학에 대하여 열심히 연구하면서 반야주
만큼이나 열심히 외웠다.

지기금지 원위대강 시천주 조화정 영세불망 만사지

至氣今至 願爲大降 侍天主 造化定 永世不忘 萬事知

이 주문에는 범어로 된 다라니도 진언도 주문도 없지만 주의 법
칙을 지킨다. 번역할 수 있지만 번역하지 않고 한문으로 된 주문
그대로 외우도록 한다. 따라서 《반야심경》의 풀이한 반야주보다
반야주 자체를 그대로 읽기를 권한다. 반야주라고 해서 어찌 의미
가 없겠는가. 담긴 의미를 생각하지 말라는 게 아니다. 가능하다
면 의미도 깊이 생각하라.

과거와 미래에 대해 집착하다 보면 지금now 여기here를 잊어
버릴 수 있다. 과거와 미래를 생각지 말라는 것이 아니다. 이미 어
느새 흘러 지나가버린 과거나 아직 다가오지 않은 미래에 집착하
지 말고 지금 이 순간 여기에 충실하라는 것이다.

'즉의 법칙'이 담고 있는 진리는 바로 '지금 여기에 충실하라'는
것이다.

'즉의 법칙'이 정말 멋지지 않은가?

아제아제 바라아제 바라승아제 모지사바하

揭帝揭帝 般羅揭帝 般羅僧揭帝 菩提僧莎訶

아제아제 바라아제 바라승아제 모지사바하

揭帝揭帝 般羅揭帝 般羅僧揭帝 菩提僧莎訶

아제아제 바라아제 바라승아제 모지사바하

揭帝揭帝 般羅揭帝 般羅僧揭帝 菩提僧莎訶

결분結分(3) 즉설주왈卽說呪曰

아제아제 바라아제 바라승아제 모지사바하

揭帝揭帝 般羅揭帝 般羅僧揭帝 菩提僧莎訶

가자!

가자!

저 언덕으로 가자!

저 언덕으로 함께 가자!

깨달음이여!

영원하라!

아제아제 바라아제 바라승아제 모지사바하

《반야심경》〈반야주般若呪〉를 나는 곧잘 '아제주'라 이름 붙이곤
한다.

앞 글에서 "고려대장경본 소리 옮김 발음이 어떠할까?"라고 했
는데 과연 어떻게 읽을 것인가? 평소 우리가 읽고 있는 '아제주'
소릿값은 유통본이지 고려대장경본이 아니다.

정확하게는 고려대장경 '쉬앤짱본'이 아니다.

쉬앤짱본 '아제주'는 약간 다르다.

해인사 《고려대장경》에 기록된 '아제주'다

揭帝揭帝 般羅揭帝 般羅僧揭帝 菩提僧莎訶

게제게제 반라게제 반라승게제 보제승사가

jiedi jiedi boluojiedi boluoshengjiedi putisengshahe

지에띠 지에띠 보루오지에띠 보루어승지에띠 푸티승사허

위로부터 고려대장경본 한문 우리말 음역, 웨이드식 중국어 음역, 중국어의 우리말 음역이다.

여기서 우선 눈여겨볼 음역자가 있다. 구역의 '바라波羅'를 '반라般羅'로 썼고 '사파가娑波訶'를 '승사가僧莎訶'로 썼다. 음역이기 때문에 소릿값이 같은 글자라면 더러 달리 표기하더라도 문제는 없다. 같은 고려대장경 제5책에 실려 있는 쿠마라지바《마하반야바라밀대명주경》에는 게揭를 갈竭로 쓰고 반般은 파波로 썼으며 사가莎訶가 사가沙呵로 기록되어 있다.

지우모뤄스鳩摩罗什jiumoluoshi(344~413)와 쉬엔짱玄奘xuanzang(602~664)은 중국불교 역장譯匠을 대표하는 고덕이다. 두 거장이 음역한 다할 갈竭 자와 함께 들 게揭 자는 핑인拼音pinyin이 지에jie다. 다시 말해서 게제揭帝와 갈제竭帝가 중국어 발음이 한결같이 '지에띠'로 난다. 구역의 '바라波羅'와 신역의 '반라般羅'도 중국어 발음은 다 같이 '보루오boluo'다.

뿐만이 아니다. 아제주 끝의 사가莎訶와 사가沙呵도 핑인은 다 같은 '사허shahe'로 발음이 난다. 단 구역과 신역에서 음역하는 학자들이 어떤 글자를 놓을 것인가를 놓고 생각에 생각을 거듭했을 수는 있으나 일단 소릿값이 같다고 함에는 이의가 없다.

뜻 옮김도 아니고 기껏 소리 옮김인데 뭘 그리 고민하고 있느냐

하겠지만 뜻 옮김이든 소리 옮김이든 말은 중요하다.

이런 깊은 생각을 바탕으로 한 위에서 우선 지우뭐러스의 '아제주'를 읽고 이어서 쉬엔짱의 '아제주'를 감상해 보자.

(1).

竭帝竭帝 波羅竭帝 波羅僧竭帝 菩提僧沙呵

갈제갈제 바라갈제 파라승갈제 보제승사가

jiedi jiedi boluojiedi boluoshengjiedi putisengshahe

지에띠 지에띠 보루오지에띠 보루오승지에띠 푸티승사허

(2).

揭帝揭帝 般羅揭帝 般羅僧揭帝 菩提僧莎訶

게제게제 반라게제 반라승게제 보제승사가

jiedi jiedi boluojiedi boluoshengjiedi putisengshahe

지에띠 지에띠 보루오지에띠 보루오승지에띠 푸티승사허

그러나 어떤 음역을 가져다 붙이더라도 원어 원전은 산스크리트 sanskritist어다.

가테 가테 파라가테 파라상가테 보디스바하

gate gate pāragate pāra-saṃgate bodhi svāhā

얘기는 이렇게 복잡한 듯싶지만 실제 내용은 매우 간단하다.

짓누르던 번뇌를 훌훌 털어버리고 대적광大寂光의 열반으로 가자는 것이다. 부처님께서는 주시呪詩로써 노래하신다. 광명진언을 지송持誦하듯이 신묘장구대다라니, 대비주를 외듯이 앞에서부터 《반야심경》을 읽어내린 뒤 이 '아제주'를 정성껏 소리 높여 외울 일이다.

정확히 언제인지 기억은 잘 나지 않는다. 신중기도 중 반야심경을 읽어내린 뒤, 보통 〈사언절 화엄약찬게〉를 읽곤 하는데 나는 아제주를 한 시간 넘게 지송하였다. 처음 아제주를 세 번 읽고나서 네다섯 번으로 이어지니까 한 불자님이 다가와 쪽지를 놓고 물러났다.

"스님, 아제아제가 세 번을 넘었습니다."

곁눈으로 읽고 난 뒤 나는 눈을 감았다.

아제아제 바라아제

바라승아제 모지사바하

아제아제 바라아제

바라승아제 모지사바하...

불자님들이 세고 있었을 수도 있다.

처음에는 목탁 박자를 중모리로 시작했는데 나중에 중중모리 자진모리를 거쳐 휘모리로 점점 빨라지고 있었다. 어쩌면 3분 5분 10분이 지나고 20분 30분 50분이 지났을 것이다.

나의 '아제주 삼매'는 점차 깊어져 갔다. 땀이 장삼 안쪽으로부터 젖어나와 가사까지 흠뻑 젖도록 목탁을 두들겼다.

시계를 보니 낮12시였다. 정확히 10시 30분에 시작한 신중기도가 어느새 1시간 반이 지나간 것이다. 마지를 저쑵고 축원을 올리고 끝내니 시계 바늘이 오후 1시를 가리키고 있었다. 불자님들은 저마다 소회를 얘기했다.

"세상에 대비주 기도를 올리고 아비라 기도를 몇 시간씩은 올렸어도 반야심경 아제아제 바라아제를 이리 오래하긴 처음입니다. 참 좋았어요."

틀을 깨고 격식을 깬다는 게 쉽지는 않다. 반야심경 '아제주'는 3번으로 족하다. 왜냐하면 《반야심경》 자체가 짧은 까닭에 프로그램에서 '경전봉독란'을 채우고자 이 경을 선택해서 읽는 경우가 많다. 절에서 조석으로 예불하고 사시마지를 올릴 때는 물론 모든 기도에서도 빠지지 않는 게 바로 다름아닌 《반야심경》 봉독이다. 그리고 아제주는 3번 이상 잘 읽지 않는다.

기도를 끝내고 돌아가는 길이었다. 곤지암에서 광주 방향으로 가던 중 킴스빌리지 앞 사거리에서 멈추었다가 직진 신호등이 바뀌기에 막 출발하는데 느닷없이 킴스빌리지 쪽으로 건너던 차가 운전석을 향해 돌진하면서 들이받았다. 불자님이 몰던 소나타는 박살이 났고 가해자 차량은 지그재그로 달리며 많은 차량과 측면 충돌을 일으켰다.

우리절 불자님이 몰던 차는 곧바로 폐차장으로 직행하였으나 이

불자님은 손가락 하나 다치질 않았다. 그는 그 다음 주 일요법회에 와서 자초지종과 함께 아제주 얘기를 꺼냈다.

아제주 지송공덕으로 큰 화를 면했노라고....

염송하는 경전이 따로 정해져 있지 않다.

아제주는 매우 신비롭고

매우 밝고

위 없고

견줄 수 없으되 두루한 주문이다.

우리절 《반야심경》은 사언절인 까닭에 반야심경으로 새벽쇳송을 하고 장엄염불莊嚴念佛에 올리기도 한다. 라면을 어떻게 요리하느냐에 따라 200여 가지 맛을 낼 수 있다고 한다 .

하물며 반야주를 대비주처럼 지송함이랴.

가자!

가자!

저 언덕으로 가자!

저 언덕으로 함께 가자!

깨달음이여!

영원하라!

우로보로스Uroboros 법칙에 따라 처음으로 되돌아간다.

반야바라밀다심경 [般若波羅蜜多心經]

비구 일원동봉 옮김

보살행자 관자재가 깊은반야 실천하여
저언덕에 도달하는 바라밀다 하올때에
오온모두 공한것을 분명하게 비춰보고
이세상의 일체고액 모두벗어 나느니라

사리자여 색이공과 별다르지 아니하고
그와같이 공이색과 별다르지 아니하여
색그대로 공이듯이 공그대로 색이니라
수상행식 나머지도 또한다시 이와같네

사리자여 모든법은 공이면서 상인지라
생하지도 아니하고 멸하지도 아니하며
더럽지도 아니하고 깨끗하지 아니하며
늘어나지 아니하고 줄어들지 않느니라

그러므로 공가운데 물질세계 색이없고
정신세계 구성하는 수상행식 마저없고
육근으로 눈귀코혀 몸과뜻이 일체없고
빛깔소리 냄새맛과 촉과법의 육진없고

눈의세계 없거니와 의식계도 마저없고
무명또한 없거니와 무명다함 마저없고
노사또한 없거니와 노사다함 마저없고
고집멸도 사성제도 공속에는 하나없네

지혜또한 없거니와 얻을것도 바이없어
얻을것이 없으므로 상구하화 보살행자
반야지혜 의지하여 바라밀다 하는고로
수행하는 그마음에 거리낄게 전혀없고

거리낌이 없으므로 두려움이 또한없어
전도몽상 멀리떠나 구경에는 열반하며
삼세제불 부처님도 반야지혜 의지하여
바라밀다 하는고로 아뇩보리 얻으리니

고로알라 반야로써 바라밀다 하는말씀
아주아주 크나크게 신비로운 주문이며
크게밝은 주문이며 위가없는 주문이며
견줄수가 없으면서 평등하온 주문이라

이세상의 온갖고를 남김없이 제거하고
참스럽고 실다워서 허망하지 아니하니

그러므로 반야로써 바라밀다 하는주문
내가이제 설하리니 그주문은 이러니라

아제아제 바라아제 바라승아제 모제사바하
아제아제 바라아제 바라승아제 모제사바하
아제아제 바라아제 바라승아제 모제사바하

가자!

가자!

저 언덕으로 가자!

저 언덕으로 함께 가자!

깨달음이여!

영원하라!

般若波羅蜜多心經　　　　　羽

　　　唐三藏法師玄奘　譯

觀自在菩薩行深般若波羅蜜多時
照見五蘊皆空度一切苦厄舍利子
色不異空空不異色色即是空空即
是色受想行識亦復如是舍利子是
諸法空相不生不滅不垢不淨不增
不減是故空中無色无受想行識無
眼耳鼻舌身意无色聲香味觸法无
眼界乃至無意識界无無明亦无無
明盡乃至无老死亦無老死盡無苦
集滅道無智亦无得以無所得故菩
提薩埵依般若波羅蜜多故心無罣
㝵無罣㝵故無有恐怖遠離顛倒夢
想究竟涅槃三世諸佛依般若波羅
蜜多故得阿耨多羅三藐三菩提故
知般若波羅蜜多是大神呪是大明
呪是無上呪是无等等呪能除一切
苦真實不虛故說般若波羅蜜多呪
即說呪曰

揭帝揭帝　般羅揭帝　般羅僧揭帝
菩提僧莎訶

반야심경 여행

발행   2018년 9월 15일

지은이   동봉스님

펴낸곳   도서출판 도반
펴낸이   이상미
편집   김광호, 이상미
대표전화   031-465-1285
이메일   dobanbooks@naver.com
홈페이지   http://dobanbooks.co.kr
주소   경기도 안양시 만안구 안양로 332번길 32